催化与材料化学研究生教学丛书

催化反应工程

（上册）

阎子峰　陈诵英　徐　杰　辛　勤　主编

科学出版社

北京

内 容 简 介

本书的创作宗旨是给读者提供比较系统、详尽的催化反应工程专业基础与工业应用知识，从催化反应工程的核心——“三传一反”入手，侧重于催化反应工程的基础内容（上册）和重要的工业催化反应案例（下册），并重点介绍催化反应器设计、催化反应动力学、固体催化剂中的传递过程（质量、能量和动量）规律以及工业催化剂种类及其应用情况等，以期让读者在了解催化基础理论的同时，体会催化反应工程的基本特征，认识催化反应工程在化学工业的地位、作用与本质。

本书既有催化反应工程最基础、最经典的理论与方法解析，又有最新的催化反应器设计和工业催化反应工程、典型工业催化剂案例介绍，适合于化学工程与技术、催化化学、工业催化等相关专业的高年级本科生、研究生、青年教师和从事应用基础研究、工程技术开发的专业技术人员学习和参考。

图书在版编目（CIP）数据

催化反应工程. 上册/阎子峰等主编. —北京：科学出版社，2017.10

（催化与材料化学研究生教学丛书）

ISBN 978-7-03-054628-9

Ⅰ. ①催… Ⅱ. ①阎… Ⅲ. ①催化–化学反应工程–研究生–教材 Ⅳ. ①TQ032

中国版本图书馆 CIP 数据核字（2017）第 240023 号

责任编辑：李明楠 李丽娇/责任校对：樊雅琼

责任印制：吴兆东/封面设计：铭轩堂

科 学 出 版 社 出版

北京东黄城根北街 16 号

邮政编码：100717

http://www.sciencep.com

北京中科印刷有限公司印刷

科学出版社发行 各地新华书店经销

*

2017 年 10 月第 一 版 开本：720×1000 1/16

2025 年 7 月第五次印刷 印张：23 3/4

字数：479 000

定价：98.00 元

（如有印装质量问题，我社负责调换）

催化与材料化学研究生教学丛书

总策划：辛 勤 徐 杰

《现代催化化学》

辛 勤 徐 杰 主编

《固体催化剂研究方法》

辛 勤 主编

《现代催化研究方法（新编）》

辛 勤 罗孟飞 徐 杰 主编

《催化反应工程（上、下册）》

阎子峰 陈诵英 徐 杰 辛 勤 主编

《催化史料》

辛 勤 徐 杰 主编

《中国催化名家（上、下册）》

辛 勤 徐 杰 主编

丛 书 序

受科学出版社之邀，组织编写一套催化和材料领域研究生教学丛书。与一些同仁讨论、考虑再三，这套研究生教学丛书的定位和作用为何？大家一致认为：应当是在催化和材料领域起“路线图”、“地图”、“标志性建筑”的基本入门知识的作用，强调基础，不求最新。在此基础上启发学生学会利用概念去判断、推理及运用综合分析方法去解决问题，进而培养及提高其科学思维和创新能力。基于此，规划设计了如下教材。

《现代催化化学》，简略给出有关催化的几乎全部主要内容，以期对催化有一大概了解，如催化研究的主要命题、当前科研瓶颈及工业化状况（2016年出版）。

《固体催化剂研究方法》，介绍近20种用于催化和材料方面研究入门的物理化学方法，强调这些方法是如何用于催化和材料研究的（2004年初版，2016年第三次印刷）。

《现代催化研究方法（新编）》，给出催化和材料领域的科研人员必须掌握的基本方法手段，在第一版基础上充实、更新部分内容（2018年出版）。

《催化反应工程（上、下册）》，给出从实验室研究成果到工业化应用所必需的基础知识，它包含“三传一反”、反应分离等，并通过范例加以说明。这方面内容弥补了目前研究生教育的短板（2017年出版）。

《催化史料》和《中国催化名家（上、下册）》，其设计背景为，化学工业占人类社会GDP的15%～20%，而化学工业80%产值都是由催化剂和催化过程产生。近百年来中国的催化工业从无到有、从小到大，尤其是改革开放至今中国已发展成GDP第二的世界大国，也成长为世界催化大国（当然，要成为催化强国还有很长的路要走）。如此辉煌的业绩同几代催化人的奋发努力分不开，作为后人有必要了解这段历史和有选择地传承。应中国化学会的邀请，我们收集、撰写了1932～1982年（吴学周主编，张大煜、蔡启瑞、闵恩泽等撰写）、1982～2012年（辛勤、林励吾撰写）逾八十年的中国催化发展史，为便于比较，我们还整理了这一历史时期的世界催化发展史，以及法国、日本、俄罗斯（含苏联）等国的催化发展史等。与此同时，我们还用逾十年的时间汇集、收集、撰写了百余位催化名家介绍。在做这些介绍时尽可能做到表达准确、客观、全面，不做评议、修改，允许有歧义，只想将这些“砖头”、“瓦块”收集起来留做他人后用（2017 年出版）。

上述是我们关于这套丛书的基本想法，能否实现，待观后效！由于知识面和水平受限必有不到之处，敬请斧正！

辛　勤

2016 年 8 月于大连

前言

催化是典型的跨学科综合性交叉科学与技术，这门学科位于基础研究与应用开发的交界处，涉及化学、物理、生物、数学、材料、工程等多个领域。催化作用与绿色化学、可持续发展紧密相关，也是化学工业中最核心的科学技术之一，具有非常广泛的社会经济影响。催化反应是使用催化剂的化学反应，它极大地推动了化学工业乃至人类社会的发展。20 世纪初，铁系催化剂与合成氨技术的发明推动了化肥工业的发展，从而使人类第一次从食不果腹的窘境跨越到免于饥饿的状态；20 世纪中叶，三大合成材料的工业化极大地促进了服装制造业的发展，从而使人类第一次在真正意义上改变了衣不蔽体、缺衣少穿的困境；第二次世界大战以后，快速发展的石油炼制业使得交通、航天等领域飞速发展，这更是将人类社会带入了高速发展的快车道。据统计，催化直接或间接贡献了世界国民生产总值的 20%～30%，在最大宗的 50 种化工产品中有 30 种通过催化反应制备，而在所有化工产品中这一比例高达 85%。化学工业的竞争力是一个国家综合实力的重要体现，而优质、廉价的催化剂则是化学工业竞争力的核心。化学工业是我国的支柱产业之一，也是资源、能源和环境等事关国家可持续发展的关键所在，因此有关催化的研究一直是我国科研工作者的重要研究方向之一。目前，催化无论在基础研究，还是在应用开发或工程应用方面，均是国内化工工业的主流，也是实现化工工业可持续发展的核心技术。而且，催化技术是解决人类未来所面临的能源与化工可持续发展问题的关键技术。从化石燃料的清洁、高效转化，以及生物质类可再生能源的利用，乃至温室气体减排与二氧化碳的高效利用等方面，催化作用均在其中扮演非常重要的角色。此外，催化技术还促进了绿色催化反应技术的发展、化学工业可持续发展能力的提高，以及应对催化反应复杂性能力的进步。

最初，催化是针对其改变化学反应速率而引入的一个动力学概念。但目前这一概念早已不局限于催化反应的研究者，其应用范围已延伸至社会科学领域，成为一个现代社会广泛采用的多意义综合性概念。德国哲学家黑格尔曾说“熟知非真知”，即我们最熟识的事物并不一定是我们所了解的。这句话在某种程度上表达了目前催化研究的状态——尽管目前人类在应用催化方面已经取得了巨大突破并使得现代社会快速发展，但催化研究仍处于黑箱状态而一直未能进入主流科学领域。这是由于在催化理论、分析手段与检测技术的发展瓶颈限制下，目前的催化研究仅仅停留在经验性、描述性状态，可谓“知其然而不知其所以然”。因此，即便对于专业的催化研究者来说，有关催化的真正含义及催化的本质等问题仍无法回答。但这并不影响我们利用催化优化化工生产过程，开发新型高效催化剂，并应用这一核心技术为我们服务。而催化的应用，特别是规模化催化技术的应用，将涉及更加复杂的反应容器、工艺流程等工程问题。这些问题正是本书重点介绍的内容。

催化反应是化学工业、石油炼制工业和石油化学工业的支柱和基础，由于这一过程能够降低反应的能耗、副产物的生成及污染物的排放，目前这一技术在精细化学工业包括专用化学品、药品、农药和除草剂等生产中也越来越重要。

传统化学反应工程的主要内容是“三传一反”。“三传”是指质量传递、热量传递和动量传递；“一反”是指化学反应和化学反应器。而对催化反应工程而言，“一反”则是催化反应和催化反应器，这意味着催化反应工程是化学反应工程的重要组成部分。事实上，催化反应工程在内容上占到化学反应工程的70%以上，甚至达到85%。由于工业上使用的催化剂绝大多数是固体催化剂，在反应体系中至少包含两相——反应物的流体相和催化剂的固相。因此，催化反应工程的内容涉及的几乎都是多相催化反应体系，即多相催化反应工程。

催化反应工程的目标是要设计出耗能最少且反应效益最大的用以进行催化反应的容器，从而节能、减排、降耗，并大幅提升经济效益和环境效益，这在当前的社会环境下具有非常重要的意义。催化反应工程主要包括催化反应动力学、多相催化过程中的传递和催化反应器三部分内容，是化学反应工程中最重要、最核心的部分。

一般情况下，研究者需要根据特定催化反应和催化剂设计催化反应器，而不是要求催化剂和催化反应来适应催化反应器。因此，新型催化剂的研究往往会推动不同类型催化反应器的发展，而详细了解催化反应的特点及催化剂使用的特性是选择和设计相关催化反应器的必要条件。例如，合成氨催化剂的研究和发展带动有不同换热装置的固定床催化反应器的发展和完善；分子筛催化裂化催化剂的研究和发展导致移动床、提升管式流化床催化反应器的开发；雷尼镍催化剂的开发促进浆态床反应器的发展；第三代重整催化剂的发展促使移动床催化反应器的发展等。目前，催化技术经过数十年甚至上百年的研究，已经发展出多种经典催化反应器，以适应多种类型催化反应的需求。

催化反应动力学和催化反应器设计是大部分化学品生产工艺过程的核心。催化反应工程师与其他反应工程师的最大区别就在于前者需要同时精通催化反应动力学和催化反应器设计。能否选择一个操作最安全最有效的催化反应体系是一个化工装置，甚至一个化工企业成功与否的关键。催化反应工程就是利用催化反应动力学和催化反应过程中发生传递过程的特征设计出最能发挥催化反应效能的催化反应器，即以最小的能量消耗获得最高的经济效益。因此，催化反应工程的发展能够促进节能降耗，以及污染物、特别是二氧化碳等温室气体排放量的降低，从而达到环境保护的目的。这也正是当前低碳经济所大力倡导的。

传统上，化学家对催化的研究集中于催化剂的设计与制备、活性与活性相结构与控制、转化频率与选择性、界面反应动力学和潜在毒物等基础研究方面。而化学工程师特别是催化过程工程师主要关心的是如何使反应物与所选用的催化剂的活性位最大限度地有效接触，如何快速提供或移去随反应进行而带来的反应热，如何放大反应器，以及如何能够在大规模的工业装置中重复实验室中得到的催化剂的活性和选择性。从某种意义上来说，催化反应工程作为一种方法学可以定量说明不同规模反应器上的传递现象与催化反应动力学间的相互作用，也可用于不同反应器性能的测量，如生产速率、转化率和选择性，建立定量模型及建立反应器性能和输入、操作条件间的定量联系，正确说明小试研究、中试研究的工作数据以优化生产过程的操作条件。因此，工程师们学习催化反应工程的目的是掌握任何一个化工过程，特别是反应器中质量传递、能量传递、动量传递和催化反应动力学的基本规律，以及它们在催化反应器中的相互作用，以便能够设计出满足催化剂特定要求的、最优（也就是反应物料及能量消耗最少）而有最大产出的催化反应器和相应的化工过程。

催化反应过程在化学工业中有着特别重要和非常特殊的地位，这门学科既具有化学反应工程的一般规律，又具有其特殊性。与化学反应工程类似，催化反应工程的基础也是物料平衡或摩尔平衡、反应速率方程、反应的化学计量式、能量或热量平衡，但是对催化反应工程而言，扩散和接触过程尤为重要。催化反应器的设计正是建立在这些规律及它们之间相互作用的基础上的。

在多相体系的催化加工工艺中，特定催化剂的动力学层次的改进在很大程度上会推动反应器中传输和流动的改进。与催化反应工程相关的催化研究和反应器类型发展已有很长的研发历史，这类改进在石油炼制工业中的作用非常明显，即催化反应工程的微小改进可以在炼油工业中产生很大的经济效益。例如，在石油炼制工业中，油品收率提高一个百分点就可以产生数百亿甚至更大的经济效益。相比之下，在精细化学品生产中，催化反应工程的改进带来的效益则刚刚开始显现。

基于上述背景，本书侧重于催化反应工程的基础内容（上册）和重要的工业催化反应案例（下册），并重点介绍催化反应器设计者所需要的基础知识，如催化反应动力学、固体催化剂中传递过程（质量、能量和动量）的规律和相关的传递参数以及催化反应器设计。具体内容共 15 章，其中催化反应工程基础部分（上册，第 1～6 章）由浙江大学陈诵英教授主笔，工业催化反应案例（下册，第 7～15 章）由国内催化反应工程领域的几位一线顶尖科学家撰写。第 1 章为绪论，第 2 章详细介绍和讨论催化反应动力学方程的建立即非均相催化反应动力学，包括实验室反应器及其选择、催化反应动力学实验、速率数据的分析、催化剂失活动力学等，并配合内容举例说明如何运用理论知识来解决实际问题。第 3 章主要介绍和讨论催化反应过程中传递现象的规律及外扩散和内扩散的基础知识，尤其是多孔催化剂中的扩散反应问题、三相催化反应动力学等，并列举大量的实例来说明相关应用。第 4 章主要介绍和讨论等温催化反应器设计的基本问题，包括设计方程、设计步骤和所需要的参数值的获取方法，并给出实例来说明如何进行等温催化反应器的设计。第 5 章介绍非等温催化反应器设计，包括催化反应器中涉及能量平衡和反应平衡的问题、稳态和非稳态操作下的非等温 CSTR 和管式催化反应物的设计及非理想性的校正等，并举例说明非等温催化反应器设计的思路和步骤。第 6 章介绍重要工业催化反应器，并对气固两相反应器中最广泛使用的固定床反应器和流化床反应器进行较为详细的介绍，而对各种类型的气液固三相催化反应器只做简要的介绍，包括涓流床反应器、填料鼓泡塔反应器、三相流化床反应器、机械搅拌浆态床和鼓泡塔浆态反应器。第 7 章由华东师范大学路勇教授和赵国锋博士主笔，主要介绍结构催化剂与反应器技术，这一技术以整装多孔结构材料为基体，通过黏附、化学键合、空间束缚等方法，实现纳米催化材料的“宏—微—纳”三维（3D）一体化组装而成的整装催化填料，是一种新形式的催化反应器技术。第 8 章由清华大学魏飞教授主笔，概述催化裂化反应机理和催化裂化反应动力学，催化裂化催化剂及其失活与再生方法，并重点介绍以提升管流化反应器和再生器为特征的流态化基本原理和反应—再生系统。第 9 章由中国石化抚顺石油化工研究院方向晨院长和王继锋副总工程师主笔，主要介绍加氢裂化工艺的主要特点和典型反应、加氢裂化工艺和催化剂、加氢裂化反应及其集总动力学模型、加氢裂化反应器、催化反应工程及其工业范例等。第10 章由中国石油天然气集团公司石油化工研究院加氢首席专家胡长禄、潘晖华高工、张鹏高工、李知春高工等撰写，主要介绍催化重整反应的类型和作用，催化重整反应机理、反应动力学及其集总动力学模型、催化重整催化剂及其烧焦动力学、催化重整工艺和反应器及其操作特点等。第 11 章由中国石油大学刘晨光教授撰写，主要介绍石油馏分加氢处理反应（加氢脱硫反应、加氢脱氮反应、加氢脱金属反应、加氢脱氧反应、加氢饱和反应），包括不同加氢处理反应热力学、动力学、反应历程及其影响因素，加氢处理催化剂设计、制备、预硫化、失活与再生及其催化作用机理，加氢处理工艺、反应器及其典型馏分油加氢处理过程等。第 12 章由中国科学院山西煤炭化学研究所相宏伟、杨勇和李永旺研究员撰写，主要系统地介绍煤炭间接液化的基础研究和工业化，并从催化的角度系统地梳理了费托合成反应机理、反应动力学及其高温浆态床费托合成工艺，介绍费托合成反应铁基催化剂的结构设计与制备、反应器设计与控制、工艺系统集成等，最后以成功的工业案例为线索介绍煤炭间接液化的未来产业化发展趋势。第 13 章由中国科学院大连化学物理研究所刘中民院士和叶茂研究员撰写，主要从 SAPO-34 分子筛和甲醇制烯烃（MTO）催化剂设计与制备入手，引入流化床微球状催化剂的放大制备技术，并介绍 MTO 反应网络、反应热力学与反应动力学特性和集总反应动力学规律，进而引入 MTO 工艺及其反应器设计，最后介绍以煤或天然气替代石油作原料生产乙烯和丙烯的 DMTO 技术及其工艺。第 14 章由四川大学陈耀强教授主笔，主要介绍机动车尾气污染物的种类与危害及相关的控制法规与净化对策，机动车尾气催化剂的基本组成、结构特性等；然后重点介绍汽油车与摩托车尾气净化催化剂（器）技术、压缩天然气汽车尾气净化催化剂（器）技术、柴油车尾气净化催化剂（器）技术，最后对不同工况下的机动车尾气净化催化剂的评价与匹配进行了系统分析。第 15 章由中国石化石油化工科学研究院宗保宁副总工程师撰写，主要分析己内酰胺的现有工业生产技术的现状及其问题，并介绍石油化工科学研究院历经 20 多年开发成功的己内酰胺绿色生产技术，其中包括钛硅分子筛与浆态床反应器集成用于环己酮氨肟化制备环己酮肟，纯硅分子筛与移动床反应器集成用于环己酮肟重排制备己内酰胺，以及采用非晶态 Ni 与磁稳定床集成用于己内酰胺精制，最终形成具有自主知识产权的己内酰胺绿色工业生产新技术。为了有利于主讲教师对章节内容的梳理把握和读者对内容的理解贯通，相关作者在本书中均通过引入实例来形象地描述有关内容，并给出一些必要的数学计算方法，以提升其理解的深度。

在本书的编写过程中，各位赐稿专家在非常繁忙的教学、科研和管理任务下，严谨认真，一丝不苟，以科学家的严谨和教育家的耐心，奉献了如此系统、深刻的内容，他们的从业风格和对工作的执著，特别是对科学的献身精神，浸润于本书的每一章节、每一段落和每一个文字。在此向他们表示深深的感谢及敬意！同时，非常感谢阎子峰团队全体成员，特别是博士生们，为了书稿的付梓所做出的编校、梳理及大量图表数据的确认和重新绘制等工作。其中，第 1、2、15 章由王子负责，第 3 章由刘毓翔负责，第 4、5 章由孙书桩负责，第 6、13 章由李学进负责，第 7 章由吴小中负责，第 8 章由彭鹏负责，第 9 章由张震负责，第 10 章由蔡同辉负责，第 11 章由田钰鹏负责，第 12 章由张誉负责，第 14 章由吕玉超负责。在此期间，中国石油大学重质油国家重点实验室、能源催化材料国际联合实验室和化学工程学院为本书的筹备出版提供了全方位的支持。在这里，特别感谢辛勤老先生，正是辛老的不断鞭策、鼓励和协调，才使得本书能够在不到一年的时间内编写完成并出版。也很荣幸，本书能够纳入辛老主编的催化系列著作中。在此向辛老的真诚付出、全力协调和鼎力提携表示真诚的感谢！同时，也非常感谢科学出版社的李明楠编辑，其严谨的学术态度、一丝不苟的工作作风和周到的服务，确保了本书的顺利出版。

本书是我国催化反应工程领域的第一套专著，主要面向大专院校、科研院所的师生，也适用于作为高年级本科教材、研究生教材和主要参考书，也适合工业催化剂开发与应用的研发和生产一线的技术人员阅读参考。“雄关漫道真如铁，而今迈步从头越。”尽管在编写过程中，编写专家已经不厌其烦地进行了多次的编校与审核，但由于编写者的学术水平和文字能力有限，加之写作时间的限制，书中不妥之处在所难免，恳请有关专家和读者不吝指正。希望这些不当之处在重印或再版时予以纠正！

2017 年 8 月于中国石油大学青岛校区荟萃苑

目　　录

第1章 绪 论

催化反应是使用催化剂的化学反应之一，它在化学反应中占有很重要的地位，也是最重要的和非常特殊的化学反应之一。它的特点是为了加快反应速率而使用催化剂。在这类反应中，催化剂虽然使化学反应的速率有极大改变，但并不能改变化学反应的平衡状态，即它不会改变化学反应的热力学。例如，作为第一个实现大规模工业化的催化反应，N_2+H_2合成NH_3在热力学上是非常有利的，但是没有催化剂存在时，其反应速率极低，只有在催化剂存在下，其合成氨的速率才能达到工业上的要求。催化反应和催化过程在自然界中广泛存在。例如，植物利用光将二氧化碳和水合成有机物是由于叶绿素的催化作用，因此如果没有太阳光的存在，整个地球上的生物都难以生存。在各类生物体内，包括植物和动物，从细菌到人类，其机体内部在各种类型的酶的作用下进行着多种多样的催化过程。这些酶是非常高效的催化剂，正是它们的存在，使得各种生物反应得以进行，各类生物体（包括人类）才能生存和繁衍后代。此外，催化反应作为非常重要的一大类反应，不仅广泛存在于自然界中，而且在整个国民经济中也占有极为重要的地位，在许多不同的工业领域中有着非常广泛的应用。例如，规模巨大的能源工业（如石油炼制工业和整个化学工业）都是建立在催化反应的基础上的。

据有关部门估计，各类产品的85%以上直接或间接与催化过程有关。已有的统计资料显示，广义上化学品的80%以上、运输燃料的90%以上都与催化过程密切相关。催化反应不仅是化学工业、石油炼制工业和石油化学工业的支柱和基础，而且由于其能够节能降耗并大幅度减少污染物的排放，在精细化学工业包括专用化学品、药品、农药和除草剂等生产中也越来越重要。同时，在全球能源问题和环境问题非常突出的今天，能源和环境工业也越来越离不开催化过程的支持和帮助。与人类生存息息相关的三大合成工业（合成橡胶、合成塑料和合成纤维）都依赖于催化反应，而环境保护工业，如汽车尾气的净化，废气、废液和固体废物的治理，也依赖于催化过程。当前热门研究领域之一的绿色化学，催化过程是其基本支柱之一。今天，为了保持地球温度上升不超过 2℃而提出的低碳经济，其实现更离不开催化过程。以上的简述充分说明，催化反应及其过程的普遍存在和它们的重要性。

可以发现，催化反应工程在内容上是化学反应工程的一个重要组成部分，可能占到其内容的70%以上，甚至达到85%。由于工业上使用的催化剂绝大多数是固体催化剂，在反应体系中至少包含两个相：一个是反应物的流体相，另一个是催化剂的固体相。因此，催化反应工程的内容涉及的几乎都是多相催化反应体系，也就是多相催化反应工程。

1.1 多相催化与国民经济

前面已经指出，80%以上的化学品和 90%以上的液体燃料与多相催化反应密切相关。我们日常使用的多数生活用品也与催化过程直接或间接相关。据报道，2000 年全世界固体催化剂的市场交易额达到 85 亿美元，除市场交易外，2000 年世界各大公司厂家自产自用的催化剂总估值达到 10 亿美元。在我国，仅中国石油化学工业公司 2004 年催化剂生产的内部销售额就达 40 亿元，而在 2009 年可能已经远远超过 50 亿元。特别要提到的还有，由于催化剂工业是典型的技术驱动型工业，因此与催化剂相关的专利使用费、技术转让费和特许费等在 2000 年也达到了 30 亿美元。催化剂工业是快速发展的工业之一，以 2008～2012 年为例，全球催化剂市场以 6%的需求速度增长，按此计算，2012 年全球催化剂市场需求为 5.3Mt。相比于催化剂工业本身的市场规模和销售额，催化剂工业创造的价值更为惊人。2000 年 100 亿美元的投入，创造的产品价值达 3 万多亿美元。

以催化剂和催化过程作为关键技术的化学和油品加工工业在国民经济中占有相当大的比例，对我国国内生产总值（GDP）的增长做出了巨大贡献。我国自“六五”规划以来，一直把催化作为重点发展学科和重点关键技术加以扶植和支持。因此，在后续的三十多年中，我国原油加工工业和石油化学工业有很大发展。2008 年原油的加工能力接近 4 亿 t。而作为石油化工发展标志的乙烯的生产量在我国得到更高速的发展，按国家的统计，2009 年已经超过 1000 万 t。不仅如此，国家还将在上海、浙江、福建、山东等重要省市扩大原有的石化企业或新建大型的石油化工企业，按照这种发展速度，我国乙烯的年产量将很快达到世界第一。

石油加工和炼制工业的主要目标是生产油品，特别是液体运输燃料。这些燃料是交通运输工业，特别是汽车工业和航空工业发展的基础。随着国民经济的快速发展，我国对运输燃料的需求快速增长。例如，我国私人轿车的拥有量近几年来的快速增长导致对汽油、柴油的需求急剧增长。而石油化学工业生产的三大合成产品（合成塑料、合成纤维和合成橡胶）不仅是我们的日常生活中离不开的基本材料，也是下游产品工业（如涂料、纺织、建筑和装潢材料、家用电器等）的基础。除了使用大量种类繁多的炼制催化剂、石油化工催化剂的基础石油化工、石油炼制工业，以及相应的催化过程外，在非常重要的基础化学工业，如三酸（硫酸、硝酸和盐酸）和农药化肥（特别是氮肥的合成氨工业）的生产也在很大程度上依赖于固体催化剂和催化过程。

随着现代文明的发展，能源资料的消耗，以及污染物的排放日益增多，环境问题也日趋严重。为更加有效地解决环境污染问题，在 20 世纪 90 年代提出了“绿色化学”，也就是“可持续发展化学”的概念，这一理念很快得到了普遍认同。绿色化学十二原理中最关键的是原子经济性和催化技术。这表明，催化是达成绿色化学目标的关键技术，也是达成社会和经济目标必不可少和极其重要的工具。最近提出的“低碳经济”是绿色经济和“可持续发展”的进一步深化和具体化。催化也是“低碳经济”目标达成的不可或缺的重要工具和关键技术之一。

催化剂高效益的产生非常依赖于催化过程的发展，催化过程的核心是高效催化剂的研发和催化反应器的设计与优化。

1.2 催化步骤过程

在固体催化剂上发生的气固两相催化反应，需要经过如下过程（图 1-2-1）：①反应物从流体主体到催化剂粒子外表面的扩散（外扩散）；②反应物从催化剂粒子外表面向孔内表面的扩散（内扩散）；③反应物在催化剂粒子内表面的吸附；④吸附态反应物通过反应转化形成吸附态的产物；⑤吸附态产物从催化剂内表面脱附；⑥产物从内表面到外表面的扩散（内扩散）；⑦产物从外表面到流体主体的扩散（外扩散）。

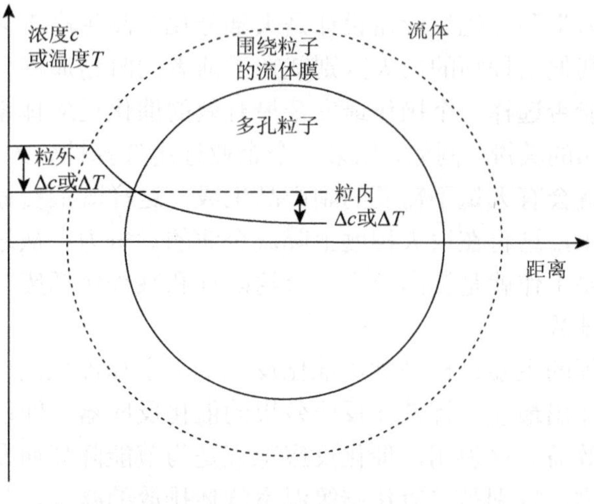

图 1-2-1 催化反应过程包含的步骤

其中，③～⑤为催化反应的三个基元步骤：吸附、表面反应和脱附；其余为传质步骤。而对气液固三相催化反应，还有气体在液体中的溶解和在主体液体的扩散过程。

催化反应是一类非常重要的表面现象，它发生于表面，一般是在固体催化剂的表面。因此，反应物或产物必须在流体主体和催化剂表面之间进行传递，同样，反应过程中所需要或释放出的热量也需要在流体和催化剂固体表面间进行传递。这里已经包含了两个层次的问题：催化剂表面层次和催化剂颗粒层次。对催化反应工程问题而言，需要使用大量催化剂粒子以获得所需要量的产物，这些粒子如何放在一起形成催化反应器以达到生产所需要产物的量的目的，这是与单一催化剂颗粒上的催化反应问题不同的另一个层次的问题。尽管对催化反应工程而言，解决的是后一个层次的问题，但是它与前一个层次的问题也紧密相关。因此，这两个层次的问题都是催化反应工程所研究和解决的对象。

催化剂表面是发生催化反应的地方，它的速率问题需要催化反应动力学来解决；而包括对单个催化剂粒子上的传递反应问题和催化反应器中的工程问题则需要催化反应工程来解决。影响催化反应过程的主要因素有：①对催化反应而言，浓度、温度，特别是催化剂的表面性质，包括组成结构性质及反应本身（如反应热）；②对传递过程而言，浓度、温度、催化剂孔结构和表面性质，流体性质（如黏度）、分子性质等；③传递过程与催化反应间的相互作用，如结焦、中毒、烧结、流失及多稳态、振荡、飞温等。

1.3 催化反应工程的重要性

催化反应动力学和催化反应器设计是大部分化学品生产工艺过程的核心。催化反应工程师与其他工程师的最大区别就在于前者同时精通催化反应动力学和催化反应器设计。能否选择一个操作最安全最有效的催化反应体系是一个化工企业在经济上是否成功的关键。例如，如果一个企业选用选择性较差的催化反应体系，在生产过程中，就会有大量不需要的副产品生成，这样既浪费原料，又需要进行复杂的分离和纯化，这将在很大程度上降低企业的竞争力。从这个意义上说，催化反应工程的主要工作就是提高效率、节约能耗和减少包括废气、废液和固体废弃物等污染物的排放。

催化反应工程的主要目标是利用催化反应动力学和催化反应过程中发生的传递过程的指示设计出最能发挥催化反应效果的催化反应器，即以最小的能量消耗获得最高的经济效益。这说明，催化反应工程是为节能降耗而发展的。能量的节约也意味着污染物，特别是二氧化碳等温室气体排放的减少，从而达到环境保护的目的，这也正是当前低碳经济所大力倡导的。

例如，氨合成工厂的经济考核指标是吨氨的能量消耗，这就要求相关工作者有详细的氨合成反应动力学的知识和对铁催化剂中的传递过程的详细了解。这不仅是经济竞争力的问题，也是节能降耗和减排的问题。

催化反应工程在环境工业领域，尤其是汽车尾气处理方面，也有较为广泛的应用。随着汽车拥有量的大幅增加，汽车尾气的排放已经成为城市空气污染物的重要来源，因而备受关注。据统计，世界上的汽车从20世纪40年代的4亿辆增加到21世纪初的7亿辆，现在估计已经超过9.2亿辆。汽车大量燃烧燃料，由不完全燃烧产生的汽车尾气中含有许多污染物，这些有害物质如果不加以处理将严重污染城市中的空气。目前，几乎每辆汽车上都装有能把其污染物转化掉的汽车尾气净化器，汽车尾气净化器也是一种催化剂反应器，这种反应器使用的是三效催化剂，它能够同时将尾气中的一氧化碳、烃类气体和氮氧化物转化为无害物质。目前这种催化剂的销售量和金额已经大大超过石油炼制催化剂，成为最重要和销售额最大的催化剂。其他重要的环境保护催化剂包括脱硫（SO_x）脱硝（NO_x）催化剂、有机废气完全燃烧催化剂、处理水中污染物的催化剂，如快速发展中的光催化剂等。由于在一般情况下污染物的浓度较低，但量非常大，因此与一般化学工业不同，处理环境问题所使用的催化剂和反应器必须满足一些特别的要求。例如，对汽车尾气净化催化剂，需要不影响汽车发动机的输出功率和运行（要求很低的压力降和大的空速），同时能够适应处理气体的多种变化（包括温度和污染物浓度），因此这些污染物处理过程大多采用结构催化剂或结构反应器。

1.4　催化反应工程的主要内容

传统上，化学家对催化的关心集中于催化剂的制备、活性相、活性、活性位、转化频率、动力学和可能危害它的毒物等方面。而化学工程师特别是催化过程工程师主要关心的是如何使反应物与所选用的催化剂的活性位有效地接触，如何提供或移去随反应进展而带来的反应热，如何放大反应器，以及如何能够在大规模的工业装置中重复实验室中得到的催化剂的活性和选择性。催化反应工程作为一个方法学用以定量说明不同规模反应器上的传递现象与催化反应动力学间的相互作用；也可用于不同反应器的性能测量，如生产速率、转化率和选择性，建立定量模型及建立反应器性能和输入与操作条件间的定量联系，在设计中反应器正确选择和设计放大，以及正确说明和研究中间工厂工作数据以优化生产中的操作条件（图1-4-1）。因此，工程师们学习催化反应工程的目的是掌握任何一个化工过程特别是反应器中质量、能量、动量传递和催化反应动力学的基本规律，以及它们在催化反应器中的相互作用，以便能够设计出满足催化剂特定要求的、最优（也就是反应物料及能量消耗最少）而产出最大的催化反应器和相应的化工过程。

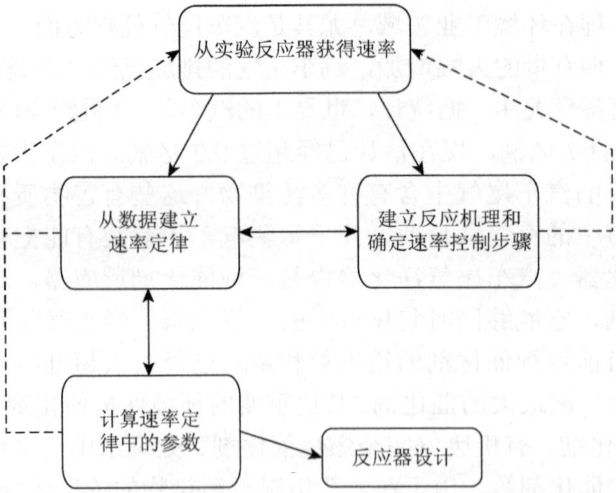

图 1-4-1　催化反应器设计与动力学研究关联图

鉴于催化反应过程在化学工业中特别重要和非常特殊的地位，催化反应工程虽然是化学反应工程中的一部分，除了有相同的一般规律以外，这门学科也具有特殊性，如其研究领域多为多相反应。与化学反应工程类似，催化反应工程的基础也是物料平衡或摩尔平衡、反应速率方程、反应的化学计量式、能量或热量平衡，但是对催化反应工程而言，扩散（边界层内和固体催化剂颗粒内）和接触（流体力学或水力学或压力降）有其特别的重要性。催化反应器的设计正是建立在这些规律及它们间相互作用的基础上的。这些部分的基本内容都将在本书中介绍。

在多相体系的催化加工工艺中，特定催化剂的动力学层次的改进在很大程度上会推动反应器中传输和流动的改进。由于与催化反应工程相关的催化研究和反应器类型发展有很长的研发历史，这类改进在石油炼制工业中非常明显，催化反应工程的微小改进可以在炼油工业中产生很大的经济效益。例如，在石油炼制工业中，油品收率提高一个百分点就可以产生数百亿甚至更大的经济效益。相比之下，在精细化学品生产中，催化反应工程处理带来的效益则刚刚开始显现。

在回答什么是催化反应工程的新内容和新的发展趋势时，Dudukovic 教授指出三个方面：①对催化剂发展和反应器的选择和设计进行考虑，从过去的顺序也就是串行方式（化学家先发展催化剂，然后工程师来进行反应器的选择和设计）转变为平行方式，也就是催化剂开发与反应器选择和设计同时进行，最好把催化化学家和催化反应工程师组织在一个研究组内，以利于互相讨论、相互参考和促进；②提高用于描述质量和能量平衡方程中各项知识的层次；③考虑反应器操作的新模式。催化反应工程的一般处理方式是顺序的，通常是化学家课题组研发所需要的催化剂，而另一个化学工程师课题组的任务是提出合适的反应器及要使用的催化剂形状。概念的证明在中间工厂完成，常常需要多层次、多尺度的中间工厂实验，如果处理的是新过程，常常要分开进行训练。这种方式往往浪费大量资金和时间。新的平行处理把不同学科的专家，包括化学家、化工环境机械工程师和物理学家整合进同一个课题组，不同的人承担不同的任务，解决各自的问题。从催化反应工程角度考虑，最重要的是催化剂研发和反应器选择与设计同时进行。基于该平行处理，催化反应工程的发展往往能够实现从实验室到工业化的一步完成。但是这不仅需要催化反应工程专家的努力，还需要各方面的协调，此外，还有知识产权的归属等问题需要解决。对于第二方面和第三方面，有赖于测量技术和计算技术的提高及适应新环境的不同特殊类型催化反应器的研究和发展，特别是各种结构（催化剂）反应器的发展。催化反应工程文献的新近检索结果表明，研究和发展相对成熟的多相催化反应器，如固定床等，报道的文献非常少，流化床有关燃烧应用方面的文献占绝大多数，而三相催化反应器［如涓流床（trickle-bed）］的文献相对较多。文献报道最多的是结构型催化反应器，尤其是独居石催化剂。目前，这类催化剂由于其在环境领域内的成功应用及在其他领域（特别是化学品合成和三相催化反应领域）发挥其突出的优点已经成为近期催化反应工程研究的一个重要的热点。此外，还有不少有关光催化、光电催化和电催化反应器（这类反应器也应该是另外一类结构催化反应器）及生物催化反应器的文献。

1.5 催化反应器的分类

催化反应器可以以多种方式进行分类，大致可以按反应物存在相状态、流体流动类型、温度分布、催化剂的流动状况、反应器容量大小和传递过程状态（反应器形状）等来分类。

1. 按反应物的存在相状态区分

（1）均相催化反应器：催化剂和反应物均属于同一个相，如以气体催化剂催化的气相反应或以过渡金属络合催化剂（一般是液相）催化的液相反应（如烯烃聚合）反应器。

（2）多相催化反应器：以固体催化剂催化的反应所用的反应器都是多相催化

反应器。因为反应物几乎都是流体，可以分为气固、液固、气液固催化反应器等多种。

2. 按流体流动类型区分

（1）连续流动催化反应器：反应物流在催化剂床层中是连续流动的，反应物一边进入，产物一边流出。大规模的能源工业和化学工业中都使用这类反应器以提高生产效率。

（2）间歇式反应器：反应物料是一批一批加入的。精细化学品生产中多使用这类反应器以能快速改变所生产的产品。

3. 按温度分布区分

（1）等温反应器：在催化反应进行过程中，整个催化反应器都处于同一温度，属于理想状态的一端。

（2）绝热反应器：在催化反应进行过程中，催化反应器完全没有与外界的热交换，属于理想状态的另一端。

（3）非等温非绝热反应器：一般的工业催化反应器几乎都是这类反应器。

（4）循环反应器：反应物流依靠循环与催化剂多次接触，一方面可以达到一定的转化率，另一方面可以大大改进传递过程的效率，分为内循环反应器和外循环反应器。

4. 按催化剂的流动状况区分

（1）固定床催化反应器：催化剂颗粒固定不动反应物流过催化剂颗粒的间隙，流体可以是连续相也可以处于间断相，有气固、液固和气液固（如滴流床、淹没床）固定床催化反应器之分。

（2）流化床催化反应器（包括提升管反应器）：反应物流使粉末催化剂呈悬浮状态，整个反应器基本上处于全混合状态，温度分布比较均匀。

（3）移动床催化反应器：催化剂颗粒在床层缓慢移动，其方向可以与反应物流的流动同向或逆向。

（4）浆态床催化反应器：粉末催化剂悬浮于液体反应物或溶剂中，可以通或不通气体反应物，其反应温度均匀，基本处于全混状态，多用于精细化学品生产。

5. 按反应器容量大小区分

（1）实验室反应器：催化剂的装量很小，一般从不到一毫升到数十毫升，在实验室中用于评价催化剂或进行催化反应动力学研究的催化反应器，分为消除了传递过程影响的或可以确定的理想催化反应器，如全混釜式反应器、活塞流反应器、连续搅拌釜式反应器（CSTR）、内循环物无梯度或横梯度催化反应器、外循环催化反应器等理想反应器，以及微分连续流动管式、微分或积分釜式和半釜式。

（2）工业催化反应器：用于工业上大规模生产产品的催化反应器，视工业部门的不同具有从数个到数百甚至上千立方米的体积。

（3）中试反应器：为获得工业催化反应器设计所需的工程数据而特别设计的催化反应器，其体积介于实验室反应器和工业反应器之间。

6. 新型或特殊形状的催化反应器

（1）薄膜反应器：催化剂是薄膜状的，反应物流成直角方向流过催化剂薄膜，它与径向催化反应器的差别在于后者的催化剂不成薄膜状而是填充成薄的催化剂床层。

（2）独居石或蜂窝催化反应器（monolith catalytic reactor）：也称模块式反应器，催化剂薄膜涂于蜂窝孔壁上，反应物流可以以很高的流速流过，由于这类催化反应器特别适用于浓度很低的污染物的处理，目前其处于快速发展时期。

参考文献

陈甘棠. 2007. 化学反应工程. 北京：化学工业出版社.

陈诵英，陈平，李永旺，等. 2007. 催化反应动力学. 北京：化学工业出版社.

陈诵英，孙彦平. 2011. 催化反应器工程. 北京：化学工业出版社.

陈诵英. 2011. 催化反应工程基础. 北京：化学工业出版社.

塞脱菲尔特. 1980. 多相催化中的传质. 陈诵英译. 北京：石油工业出版社.

阎子峰. 2003. 纳米催化技术. 北京：化学工业出版社.

阎子峰. 2006. 催化原理导论. 北京：化学工业出版社.

张濂，许志美. 2005. 化学反应器分析. 上海：华东理工大学出版社.

朱炳辰. 2001. 催化反应工程. 北京：中国石化出版社.

朱开宏，袁渭康. 2002. 化学反应工程分析. 北京：高等教育出版社.

Leslie P，叶成. 2009. 用阳光驱动世界——白皮书. 克洛斯特西翁：第一届化学科学与社会研讨会.

Armor J N. 1991. New catalytic technology commercialized in the USA during the 1980s. Applied Catalysis，78（2）：141-173.

Armor J N. 2001. New catalytic technology commercialized in the USA during the 1990s. Applied Catalysis A：General，222（1）：407-426.

Centi G，Perathoner S. 2003. Catalysis and sustainable（green）chemistry. Catalysis Today，77（4）：287-297.

Coulson J M，Richardson J F. 1964. Chemical Engineering. 2nd edition. Oxford：Pergamon Press.

Dudukovic M P. 1999. Trends in catalytic reaction engineering. Catalysis Today，48（1）：5-15.

Duduković M P，Larachi F，Mills P L. 2002. Multiphase catalytic reactors：A perspective on current knowledge and future trends. Catalysis Reviews，44（1）：123-246.

Fogler G S. 1997. Elements of Chemical Reaction Engineering. 2nd edition. New Delhi：Prentice-hall of India private limited.

Levenspiel O. 1962. Chemical Reaction Engineering—An Introduction to The Design of Chemical Reactors. New York：John Wiley and Sons Inc.

Ramachandran P A，Chaudhari R V. 1883. Three-Phase Catalytic Reactors. New York：Gordon and Breach Science Publishers.

Schmidt F. 2001. New catalyst preparation technologies—observed from an industrial viewpoint. Applied Catalysis A：General，221（1）：15-21.

Smith J M. 1981. Chemical Engineering Kinetics. 3rd edition. 台北：状元出版社.

Van Santen R A. 1995. Catalysis：Closing the molecular and macroscopic sciences gap. Chemical Engineering Science，50（24）：4027-4044.

第2章　催化反应动力学基础

催化反应动力学是催化反应工程的核心内容和重要基础。它构建了催化反应速率与操作工艺条件之间的关系。催化反应动力学是在化学动力学基础上发展起来的。因此，本章的叙述从化学动力学的基本内容开始。

2.1　化学动力学

2.1.1　反应速率定义和概念

为了在催化反应器设计中计算达到给定转化率的时间（间歇体系）或达到给定转化率的反应器（催化剂）体积（流动体系），需要获得反应速率与转化率间的函数关系。为此，本节先简要讨论化学动力学及相关定义，以说明化学反应速率与反应物种浓度间的关系，并将反应速率与浓度间的关系转化为它与转化率间的关系，从而为设计催化反应器打下基础。

催化反应是催化剂存在下的化学反应。有关催化剂的最早定义由德国物理化学家 Ostward 提出：催化剂是改变某化学反应速率但不影响反应能量因子的物质。随后催化剂被更精确地定义为：改变某化学反应速率而不出现于反应末端产品中的物质。催化剂的第三个定义也是众所周知的定义：改变化学反应速率而自身不发生变化的物质。这些关于催化剂的定义基本上在内容上相互等价，并符合 1981 年国际纯粹和应用化学联合会（IUPAC）对催化剂给出的标准定义：催化剂是一类改变反应速率但不改变反应总标准吉布斯自由能的物质。IUPAC 定义催化剂的这种作用为催化作用（catalysis），含有催化剂的反应为催化反应（catalyzed reaction）。这是一个较为严格的定义。在工业生产或实验室中，科研工作者们有时也使用较为宽松的定义。例如，本身可进行某些变化，如分解（独立于主反应）而能加速主反应的某些物质也被认为是催化剂，如聚合催化剂（引发剂）等。值得注意的是，被灰尘或晶种加速的结晶过程一般不被认为是催化作用。

催化反应一般可分为：①均相催化：催化反应只在一个相中进行，均相催化反应中催化剂与反应物种处于相同的相，如液相或气相；②非均相催化（多相催化）：催化反应的发生至少含有两个以上的相态，如气固、液固、气液固等；有时也将生物催化（被生物和酶催化的反应）、光催化（除催化剂外加上光辐射）、电催化（除催化剂外加上电场作用）等单独归类。

一般说来，催化剂的引入常常改变反应路径，使反应活化能降低。

$$\mathrm{A+B \longrightarrow 产物} \quad （慢）非催化反应$$
$$\mathrm{A+C \longrightarrow X} \quad （快）催化反应$$
$$\mathrm{X+B \longrightarrow C+产物} \quad （快）催化反应$$

目前的研究表明，对于催化反应来说催化剂总是暂时参与某些类型的化学转换，并最终获得再生。例如，在表面催化和酶催化反应中，催化剂常与反应物先形成复合物（催化络合物）；在酸碱催化反应中，反应过程常常包含催化剂与反应物分子间的质子（或电荷）传递等。

值得注意的是，催化剂不能改变反应的总吉布斯自由能，因此催化剂不会改变反应的化学平衡，也就是说，催化剂只能以同样的方式影响正反应和逆反应的速率。不可逆反应只在一个方向进行直到反应物耗尽为止，不存在反应的平衡问题。而可逆反应能够在两个相反的方向进行，反应进行的方向取决于平衡时的反应物和产物的相对浓度。严格说来，没有一个化学反应能够是完全不可逆的，但是在非常多的反应体系中，反应的程度相当大以至于这些反应可以作为不可逆反应来处理。

化学反应速率定义为：参加反应的物种或组分（反应物或生成物）i 的量随时间的变化率：

$$r_i=\pm \mathrm{d}n_i/\mathrm{d}t \text{（反应物为“–”号，产物为“+”号）} \tag{2-1-1}$$

其中，n_i 为系统中物种 i 的量；t 为反应时间。

单位体积的反应速率可写为

$$r_i=\pm\frac{1}{V}\frac{\mathrm{d}n_i}{\mathrm{d}t} \tag{2-1-2}$$

当体积不变时，有

$$r_i=\pm \mathrm{d}C_i/\mathrm{d}t \text{ 或 } r_i=\nu_i^{-1}\, \mathrm{d}C_i/\mathrm{d}t$$

（C_i 为物种 i 的浓度；ν_i 为调整系数，使一个反应体系速率有一致的确定值）

（2-1-3）

在连续流动反应器中，反应时间一般可用空速来表示：

$$\mathrm{SV}=(F/V)\ [\text{时间}]^{-1} \tag{2-1-4}$$

其中，F 为反应物流速；V 为反应器体积。空速的倒数称为接触时间：

$$\tau=(V/F)\ [\text{时间}] \tag{2-1-5}$$

反应转化率 X 是指已反应的反应物量与进入的总反应物量之比，于是反应速率也可以使用转化率 X 来表示（特别是对多相催化反应的速率）：

$$X=\pm \mathrm{d}X/\mathrm{d}t=\pm \mathrm{d}X/\mathrm{d}(V/F) \tag{2-1-6}$$

2.1.2　反应速率方程和反应级数

1. 反应速率方程

一般说来，反应速率方程是指反应物消失或产物生成速率与组分浓度和温度间的关系：

$$r=f(C_i, T) \tag{2-1-7}$$

对基元反应，速率方程通常用质量作用定律表示。对复杂反应，可以用经验性的指数律方程表示。

反应速率一般取一个关键反应物种（如 A）作为计算的基础。它的消失速率 r_A 取决于温度和组成。一般可以写为

$$-r_A = k(T)f(C_A, C_B, \cdots) \tag{2-1-8}$$

该代数方程称为动力学表达式或速率方程（定律）。k 称为反应速率常数，也称为比反应速率，是与反应物浓度无关的常数，但与温度、催化剂和体系的性质密切相关。反应速率常数与温度的关系一般遵循阿伦尼乌斯方程：

$$k = A\exp\left(-\frac{E}{RT}\right)$$

$$\ln k = \ln A - \frac{E}{RT} \tag{2-1-9}$$

其中，A 一般称为指前因子或频率因子；E 为反应活化能，以 kJ/mol 或 kcal/mol（1 kcal=4186.8 J）为单位；R 为摩尔气体常量，R=8.314 J/(mol·K)；T 为热力学温度（K）。活化能越大，反应速率对温度的敏感性越大。

2. 反应级数

反应速率与反应物种浓度间的关系几乎毫无例外地需要用实验来确定。其中，最常见的是指数函数关系，即反应速率与各个物种浓度的乘积成正比：

$$-r_A = kC_A^{\alpha}C_B^{\beta} \tag{2-1-10}$$

反应级数是指在动力学速率定律中浓度上的指数。例如，式（2-1-10）中，对反应物 A 的反应级数为 α，对 B 为 β，总反应级数 $n=\alpha+\beta$。反应级数不仅可以是整数级，也可以是分数级。对熟知的催化反应的 Langmuir-Hinshelwood 动力学，只在极限情形下才有反应级数概念，此时的级数称为表观级数。例如，氧化亚氮分解速率定律表示为

$$-r_{N_2O} = \frac{kC_{N_2O}}{1+k'C_{O_2}} \tag{2-1-11}$$

在很低的氧压力时，式（2-1-11）分母近似为 1，因此反应对氧化亚氮的表观反应级数为 1。反应速率常数的单位随反应级数的变化而改变。

2.1.3 用于反应器设计的速率方程

对一些理想催化反应器的设计，使用的速率方程如表 2-1-1 所示。

表 2-1-1 用于一些理想反应器设计的速率方程

反应器	微分形式	代数形式	积分形式
间歇釜	$N_{A0}\dfrac{dX}{dt}=-r_A V$		$t=N_{A0}\int_0^X \dfrac{dX}{-r_A V}$
全混（CSTR）		$V=\dfrac{F_{A0}X}{-r_A}$	
管式（PFR）	$F_{A0}\dfrac{dX}{dV}=-r_A$		$V=F_{A0}\int_0^X \dfrac{dX}{-r_A}$

注：F_{A0} 是反应物 A 的加料的流量。

一般反应的化学计量式写为

$$aA+bB \longrightarrow cC+dD$$

对此反应一般有

$$\frac{-r_A}{a}=\frac{-r_B}{b}=\frac{r_C}{c}=\frac{r_D}{d}$$

在流动体系中，反应物浓度可表示为

$$\begin{aligned}
C_A&=\frac{F_A}{v}=\frac{F_{A0}(1-X)}{v}\\
C_B&=\frac{F_B}{v}=\frac{F_{B0}-(b/a)F_{A0}X}{v}\\
C_C&=\frac{F_C}{v}=\frac{F_{C0}+(c/a)F_{A0}X}{v}\\
C_D&=\frac{F_D}{v}=\frac{F_{D0}+(d/a)F_{A0}X}{v}
\end{aligned}\tag{2-1-12}$$

其中，F_i 为 i 物种的流量；v 和 v_0 为流速和初始流速。

下面给出反应物浓度与转化率之间的函数关系：

体系：	间歇体系	流动体系
	$C_A=\dfrac{N_A}{v}=\dfrac{N_{A0}(1-X)}{v}$	$C_A=\dfrac{F_A}{v}=\dfrac{F_{A0}(1-X)}{v}$

恒体积

$$C_A = \frac{N_{A0}(1-X)}{v_0}$$

$$C_A = C_{A0}(1-X)$$

可变体积

$$v = v_0 \frac{P_0}{P}\frac{T}{T_0}(1+\varepsilon X)$$

↓ 恒定压力

$$v = v_0 \frac{T}{T_0}(1+\varepsilon X)$$

$$C_A = C_{A0}\frac{(1-X)}{(1+\varepsilon X)}\frac{T_0}{T}$$

↓ 等温

$$C_A = C_{A0}\frac{(1-X)}{(1+\varepsilon X)}$$

$C_{A0}=N_{A0}/v_0$

恒体积

$$C_A = \frac{F_{A0}(1-X)}{v_0}$$

$$C_A = C_{A0}(1-X)$$

可变体积

$$v = v_0 \frac{P_0}{P}\frac{T}{T_0}(1+\varepsilon X)$$

↓ 恒定压力

$$v = v_0 \frac{T}{T_0}(1+\varepsilon X)$$

$$C_A = C_{A0}\frac{(1-X)}{(1+\varepsilon X)}\frac{T_0}{T}$$

↓ 等温

$$C_A = C_{A0}\frac{(1-X)}{(1+\varepsilon X)}$$

$C_{A0}=F_{A0}/v_0$

$$\varepsilon = y_{A0}\delta$$

$$\delta = \frac{d}{a}+\frac{c}{a}-\frac{b}{a}-1$$

2.2　实验室催化反应器

2.2.1　引言

催化剂和催化反应研究的目的之一是要收集各种不同类型反应器的信息和数据。其中，催化反应动力学评价是最基本和最重要的目标之一，也是成功设计工业催化反应器的基础。获得可靠的催化反应的动力学数据，对实验设备的选择至关重要，因为催化反应速率方程中的参数目前还无法从理论计算获得，而必须从实验测量的数据分析计算中获得。任一催化过程必定伴随一些物理传递过程或各类物种的吸脱附现象，这些都会对速率和催化过程产生显著的影响。因此，很有必要使动力学研究在无任何温度和浓度梯度的条件下进行。但这些条件有时难以实现，尤其是当催化剂量比较大时。此外，能够测量的仅仅是流体主体中的反应物和产物的浓度，并且得到的是所有催化剂影响下的平均值。为获得本征催化反应动力学，需要获得排除了传递影响的数据，这些数据只能通过很好的实验设计和适当地选择实验反应设备才能得到。此外，在催化反应动力学的研究中还必须考虑数据的精度和可靠性，以及消耗的时间、财力和人力所能承受的程度。

当在类似工业上的流体-动力学条件下优化工业催化剂的形状，且允许催化剂粒子和流体间存在一定的温度和浓度梯度时，研究者常常获得包括传递效应的宏观催化反应速率方程。这样的宏观速率方程虽不能外推到其他形状的催化剂粒子，但可以在任何一个反应器模型（如固定床、流化床、涓流床等）中使用。

为了进行可靠的实验测量以获得可靠的动力学数据，首先需要选择合适的反应器。实验室反应器种类繁多，本节将主要介绍实验室中最为广泛使用的几种反应器，并以具体实例来说明它们的特点和存在的问题。由于每个催化反应体系都有其特殊性，不可能存在适合所有的催化反应体系的万能反应器。但催化反应体系也存在许多共性，因此许多反应体系可以选用或多或少已标准化的反应设备来进行研究。对一个新的催化反应体系，实验所用的反应器最好从已有的标准化设备中选用。

2.2.2　实验室催化反应器分类

有关实验室催化反应器的文献极为庞杂，不仅无法列举，而且难以分类。实验室催化反应器的选用要根据催化反应的特点和所需要获得的数据和信息而定。

连续反应器一般用于进行稳态操作，在这些过程中，任何一点处的温度和浓度不随时间发生变化。如表 2-2-1 所示，连续反应器可按对催化剂的处理方法和流型分类。虽然在连续反应器中催化剂的数量不随时间改变，但在反应中催化剂可以处于移动状态，也可以处于固定状态。流体的流型一般处于活塞流和理想混合之间。这两个理想流型都可以用简单的数学方法加以描述，因此其数据处理较为容易。表 2-2-1 表明，在实际催化反应的动力学测量中，应尽可能不使用流化床和鼓泡塔作反应器。

表 2-2-1　连续实验室反应器

催化剂装卸	流型特征	活塞流	中间区	理想混合
间歇，总包	固定在反应器中	固定床，涓流床		循环反应器
间歇，总包	在反应器中移动		流化床，鼓泡塔	搅拌槽
连续，总包	在反应器中移动	移动床		
连续，总包	在反应器中移动		流化床，鼓泡塔	搅拌槽

1. 理想催化反应器

表 2-2-1 表明，只有流体流型为活塞流或理想混合的反应器才有可能成为理想催化反应器。理想催化反应器是指反应器内部不存在温度和浓度梯度的实验室反应器。因此，等温、绝热、活塞流、CSTR、微分或积分间歇式、半间歇式和连续流动管式反应器都可以是理想催化实验室反应器。对气固催化反应，最普遍使用的是固定床管式连续流动型反应器，在这种反应器中，流体的流动一般为活塞流，在径向没有浓度和温度梯度，即径向完全混合且轴向零混合。而对于液固催化反应体系来说，通常选用浆态 CSTR。对于气液固三相体系来说，除常用的 CSTR 外，也偶尔使用涓流床反应器。

对不同类型催化反应器，既可使用微分反应器方式，也可用积分反应器方式来操作。在微分操作技术中，单次通过催化剂床层的转化率很低，一般不超过 5%～10%，此时催化反应的速率与转化率的变化成正比，因此可以通过变更催化剂质量或进料的速率直接获得所需要的反应速率数据和信息。除了放热很大的催化反应体系外，微分技术能确保在管式反应器中进行大多数催化反应的理想行为。用惰性固体稀释催化剂可以减少甚至消除局部热点的形成，因此，通过在不同的催化剂床层中的稀释可以使催化剂达到理想的等温条件。

与积分反应器相比，微分反应器的主要优点是反应速率 r 可以用非常简单的方程计算：

$$r = (y_f - y_0)/\tau \tag{2-2-1}$$

其中，y_f 和 y_0 分别为反应物在反应器出口处和进口处的摩尔分数；τ 为时间因子。

但对动力学研究而言，微分反应器技术只能确定反应的初始速率。当需要研究高转化率的反应时，固定床反应器的微分操作会带来很多问题。例如，混合原料的组成应该尽可能与积分反应器在相同转化率所得到的产物的组成类似，但在烃类的部分氧化过程中，由于有多种少量中间组分，这一要求极难实现。在微分反应器之前使用积分反应器或使用无梯度反应器都能够解决该问题。

由于不存在分析上的问题，使用积分反应器可以获得比较精确的分析数据。但是，积分反应器流体的流型处于非理想状态，因此其数据的分析需要用到较不精确的图解微分、数值微分或拟合技术等复杂的处理手段。

使用循环反应器能够集微分和积分操作技术的优点，并能克服它们的缺点。所谓循环反应器是使反应物料多次通过催化剂床层，也就是使大部分反应物料进行循环，当循环比较高（如达到 25 以上）时，该反应器等价于 CSTR。循环反应器可以分为外循环反应器和内循环反应器两大类。外循环反应器的缺点是：必须使用一个能在所希望温度下操作的外置循环泵，这有可能污染体系；外管壁表面大而且可以具有催化活性；“死体积”（反应器体积与催化剂体积之比）大从而使发生均相反应的机会大为增加。因此，外循环反应器在催化反应动力学测量中的应用较少。相比之下，内循环催化反应器使用内置的桨叶来驱使反应物循环，不仅克服了上述缺点，而且允许在高压下操作。内循环反应器由多种设计来达到在反应器内没有温度和浓度的梯度，这类内循环催化反应器也常被称为无梯度反应器。

2. 无梯度或恒梯度反应器

使用无梯度或恒梯度反应器的主要好处是扩散影响可以被排除或可以被精确测量。反应物流体的循环可以采用外循环或内循环方式。在循环条件下，反应速率可以使用简单的质量平衡式来计算。可供利用的循环反应器主要有两类：带内或外气体循环的固定床反应器和旋转（或搅拌）篮式反应器。但对于气液固三相反应来说，上述两类反应器都不能提供非常有效的搅拌。图 2-2-1 是循环反应器的示意图。其质量平衡为

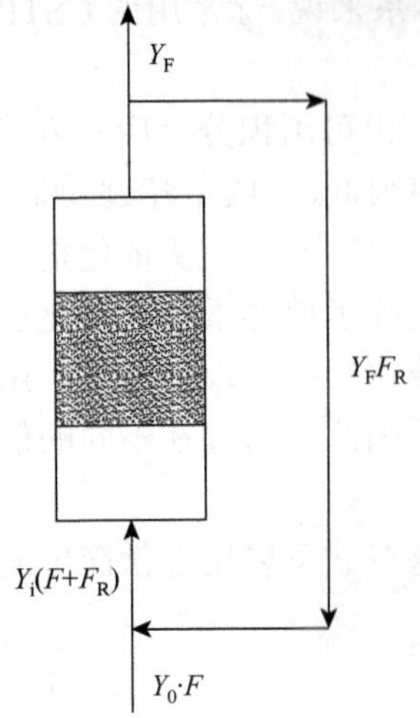

图 2-2-1　循环反应器示意图

$$Fy_0+F_Ry_f=(F+F_R)y_i \qquad (2\text{-}2\text{-}2)$$

其中，F 为流速；y_i 为反应物的摩尔分数。式（2-2-2）说明在足够高的循环比，如 $F_R/F>25$ 时，有 $y_i \cong y_f$。所以，反应速率可以用式（2-2-1）计算，对高转化率也无需配制复杂的反应混合物作为进料。但是，该类反应器的关键部件循环泵不仅要提供必需的流速而且不能对流体反应物造成污染也不能产生过大的死体积。

当应用 CSTR 系统时，可以将其中一定量的流体进行循环，从而使转化率随混合程度和循环速率而变化。搅拌反应器和旋转篮式反应器（图 2-2-2）可以在较高的循环速率（相当于较高的篮的旋转速度）下操作。该类反应器已有准确的设计，并具有适当形式的篮和挡板，从而能够轻易达到无梯度的条件。但是这类反应器中催化剂的温度不能够直接测量，一般将催化剂放置于固定的圆柱形或环形的篮中从而获得相关的温度数据。这就是无梯度旋转篮式反应器，即 Berty-Mahoney 循环反应器，它是使用最普遍的循环催化反应器（图 2-2-3）。

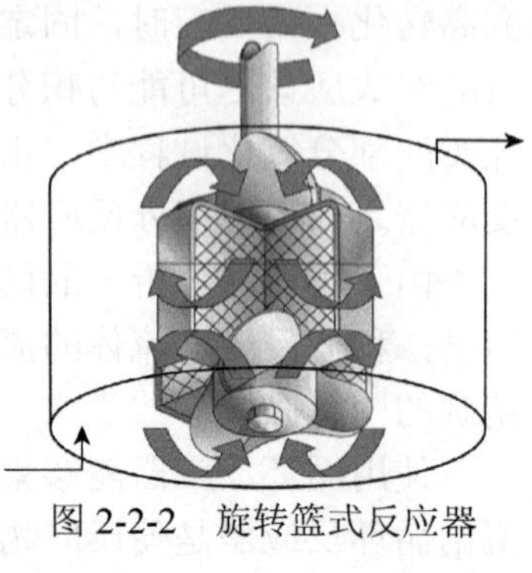

图 2-2-2　旋转篮式反应器

实践获得的基本规则指出，在较低的循环气体流速下或较低的篮转速下是否能够确保扩散影响的排除和流体的理想混合，应视实际的反应条件而定。对此可

以使用示踪剂校核。在具体的实施过程中，首先把示踪剂（如二氧化碳气体）稳态流注入载气流（如氦气）中使其通过反应器，然后以 $\ln(C/C_0)$对 tu/V 作图，C_0 和 Cx 分别是示踪剂在反应器进口和出口处的浓度，t 是时间，u 是载气的体积流速，V 是反应器体积。如果获得直线，如式（2-2-3）所示：

$$(C_0-C)/C_0=1-e^{-tu/V} \tag{2-2-3}$$

此时说明流体已达到理想混合。此外，该校核实验也能够同时确证流体大部分通过催化剂床层。但由于流体仅在桨叶室中很好地混合就能够显示理想混合行为，这种校核需要其余方法的辅证才能彻底确定达到理想混合。相比之下，流体是否流过催化剂床层较容易校核，通常只需比较用压力降-流速关系计算出的由桨叶引起的压力降与实测的压力降是否一致即可。

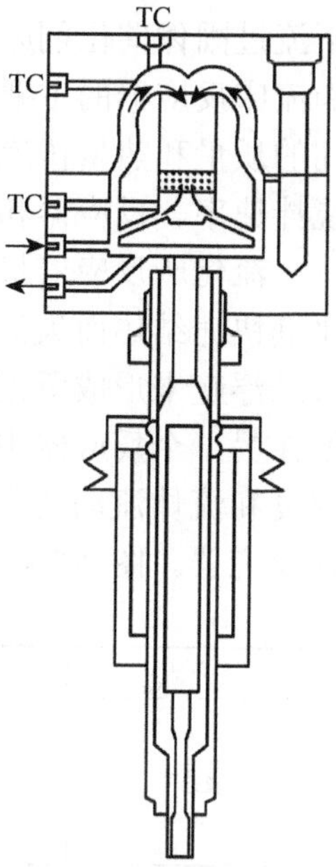

图 2-2-3　Berty-Mahoney 循环反应器

旋转篮式或内循环反应器的一个共同的设计问题是支撑轴轴承的过热问题，这一问题在反应温度较高时尤为明显。由于一般润滑剂会污染反应物，这类反应器通常并不使用润滑剂，而是在反应中使用冷冻的夹套和长的转动轴，并把轴承放置于远离加热部件的位置。该类反应器的另一个问题是轴承出口处气体的密封，这个问题可以使用磁力搅拌来解决。此外，转篮反应器可能因为气体和固体的相对速度不同而导致有不同的质量和热量传递特性，从而可能使位于转动轴附近的催化剂粒子性能异常。

除用于气固体系的无梯度催化反应器外，还有另一类用于液固或气液固催化反应的无梯度催化反应器，即 CSTR。该类反应器成功操作的关键是如何保证固体催化剂的均匀悬浮。固体颗粒是否能够均匀悬浮于液体中与固液密度差有很大的关系，即与搅拌装置的效率有很大的关系。对于搅拌效率较高的装置，液体介质能够与固体催化剂很好地悬浮形成浆液，且有利于温度的均一。对于液固浆态 CSTR 反应器，由于有处于搅拌状态的液体而一般不会存在温度梯度的问题；对于气液固三相反应器，常常会存在传质限制的问题，因为气相反应物既要通过液膜，又要通过催化剂粒子孔扩散才能达到催化剂的活性位。

3. 浆态、涓流床和流化床反应器

液固催化反应通常使用浆态反应器，既可以是间歇式的，也可以是 CSTR。在这些反应器中，固体催化剂粉末通常悬浮于搅拌状态下的反应物流体中。对气液固体催化反应，也可以使用涓流床反应器，在该类反应器中液体反应物涓流向下流过固体催化剂床层而气体反应物既可顺流也可逆流流过反应器。使用浆态或涓流床反应器的主要问题来自于目前的相间现象研究尚未完善，如气液和气液固间的质量和热量传递。此外，还有如相界面面积与各种操作参数（如反应物流速、搅拌速率、反应器和挡板的几何构形等）之间的关系等问题尚未解决。

流化床反应器最初是随着石油炼制工业的发展而发展起来的，目的是解决催化剂快速结焦而失活的难题。在这类反应器中，细粉末催化剂被高速的反应物气流悬浮起来形成所谓的流化床层。有部分已结焦催化剂粉末被气流带出反应器以便在另一个反应器中进行再生。对于实验室流化床反应器，因为无法避免温度、浓度和流体流动的不均匀分布而不能达到理想状态。因此，无法提供实验室流化床反应器。图 2-2-4 是按照操作模式对已讨论过的反应器的一个小结。

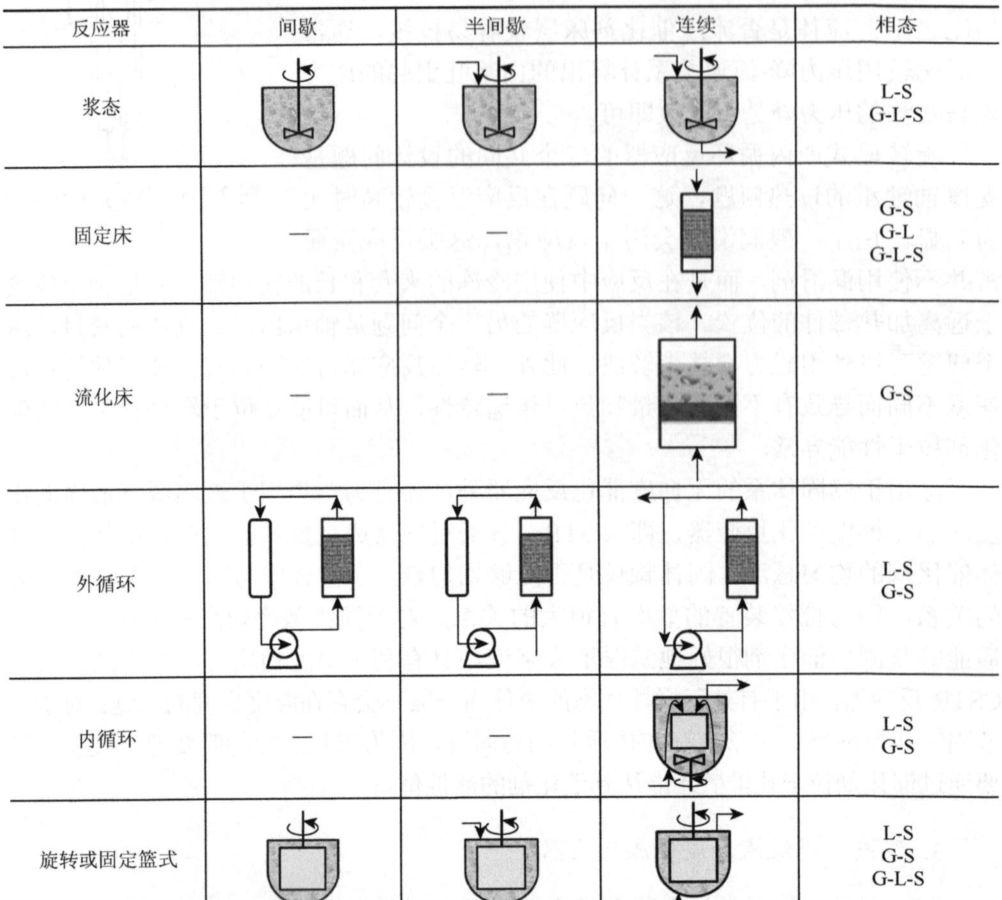

图 2-2-4　普通的实验室反应器：操作模式反应体系

L：液体；G：气体；S：固体

2.2.3　实验室催化反应器选择的要素

用于催化反应动力学测量的反应器的选择一般应该考虑如下步骤：①获得所需要的信息类型；②获得所考虑的用于做选择的反应器主要性能；③获得反应器的类型；④了解并写出每种反应器的每一种性能，包括优点和缺点；⑤根据每种反应器的性能结合实际问题的要求对每一种反应器进行排序。最重要的是要考虑实验的目标和所需要的信息和数据，这反过来又取决于应用也就是所需要的信息。因此，在实验室催化反应器选择中首先要了解所研究催化反应体系的性质。

1. 反应体系的性质

发展催化剂和催化反应器模型通常有两个不同的目的：新催化剂和新催化过程的发展及已存在催化过程的改进和优化。有时，即便是对新催化过程，也很可能使用已有的工业反应器。但是，除了工业反应器类型的选择，了解实验装置的选择与反应体系间的关系更为重要。实验反应器并不是缩小版的工业反应器。因此，在选择实验反应器和开始制作实验计划之前，有必要比较详细地了解反应体系的性质，也就是反应体系的热力学和物理性质数据。

2. 热力学

热力学对催化反应工程的影响主要表现在两个方面：反应体系热效应和能够达到的平衡转化率（也就是最大理论转化率）的计算，以及原料组成、进口温度和压力对最大转化率的影响。

3. 热效应

反应体系是放热还是吸热及为了保持反应器等温需要多大的热交换是在进行催化反应动力学研究时必须考虑的事情。这些相关计算在化工热力学教科书中已经有详细的介绍。

4. 平衡转化率

了解平衡转化率，就要了解所研究的反应体系在热力学中是否有利，并了解转化的极限也就是由反应平衡带来的限制。热力学限制与所使用的反应器类别、大小及所使用的催化剂无关。但该热力学平衡的限制仍需考虑到优化的实验条件中。反应体系的平衡常数也就是反应能够达到的最大转化率可以从体系的 Gibbs 自由能 ΔG^0 计算。ΔG^0 是温度的函数但与总压力无关，平衡常数 K_a 基于热力学活度，也与总压无关，但平衡常数 K_p 基于分压计算，由于气体的非理想性可能与压力有关。为考虑气体的非理想性需要引入逸度系数的概念，这一参数可以从热力学教科书上的一般化图片上获得。由于化学反应平衡的计算属于化学反应热力学范围，因此需要精确计算，从而减小误差。

5. 物理性质数据

多相催化反应至少有两个相：固体催化剂和反应物流体（液体和/或气体），必要时需要计算反应体系的气液平衡以了解在反应条件下反应物和产物的物理状态。该信息对反应器的正确选择十分有帮助，如图 2-2-4 所示，有些类型的反应器适用于液固体系，有些适用气固体系，还有的适用于气液固体系。

2.2.4 本征动力学研究催化反应器选择的准则

就实际问题而言，选择反应器时需考虑的因素按其重要性顺序排列为：等温性；传质影响的排除；数据分析和取样；催化剂失活；结构难度和成本；操作价格。对于催化反应的本征动力学测量，选择实验室反应器最重要的标准有三条：等温性；连续操作时流型的理想性，间歇或半间歇操作时混合的理想性；无相间和相内的浓度和温度梯度。

1. 等温性

等温性意味着在反应器中没有温度梯度。对有多个反应路径和不同活化能的复杂反应体系，从非等温数据获得可靠的反应速率常数几乎是不可能的。

2. 流型或混合的理想性

如前面讨论指出的理想的流型分活塞流 PFR 和理想混合 CSTR 两种。使用有理想流型的实验室反应器使数据的处理变得容易。间歇搅拌反应器的理想混合相当于连续操作的理想流型。与理想流型的偏差来自于反应器内的温度和浓度梯度，产生这些梯度的主要原因有不完全混合或轴向扩散、壁效应或短路。它们会对反应的评价产生影响，使对获得结果的解释变得困难。

3. 无相间和相内的浓度和温度梯度

在不同相（固体催化剂表面和流体主体）之间和相内（催化剂颗粒内）可以存在浓度和温度梯度，分别称为外传递或内传递。梯度的存在会使速率数据的分析变得复杂。

成功的工业反应器设计基本上依赖于用于放大设计的实验测定参数的可靠

性。因此必须设计出用于产生准确和有用数据的设备和实验。遗憾的是，一般不能找到一个可以用于所有类型的催化反应和催化剂的通用实验室反应器。下文将比较详细地讨论可以选用为获得催化反应动力学参数的不同类型反应器。评价不同实验室反应器的标准示于表 2-2-2 中。

表 2-2-2　选择实验室反应器的主要标准

序号	标准
1	取样和产品分析的容易性
2	等温性
3	催化剂和反应物接触的有效性
4	催化剂活性下降的处理
5	反应器价格和结构的简单性

2.2.5　常用实验室催化反应器

1. 固定床反应器

固定床反应器是实验室最常用的反应器之一，其结构简单、操作方便且价格便宜。固定床反应器适用于两相体系（气固体系和液固体系）和三相体系（气液固体系）。由于在实验室使用，反应器管径和长度一般不会太大，从而使达到等温和活塞流操作相对比较容易。但当管径和长度较大时，为达到等温和活塞流操作应该使径向速度分布均匀，避免轴向返混和反应器出现明显的“热点”。

气体一般自上而下进入床层，目的是防止催化剂松动。在催化剂床层的两端装填惰性填料能够改善进入催化剂床层的气流分布。但即使在小心装填的情况下，近壁处的局部空隙率仍然偏大，造成流速分布不均，特别是对小管径反应器，壁效应会十分明显。一般认为当管径与颗粒直径之比大于 8～10 时壁效应就可以忽略。对于强放热反应，应避免使用的管径过粗，因为这会严重影响传热，并造成径向温度的不均匀分布。为了减小返混的影响，要求床层高度与颗粒直径之比大于 50～100，或床层高度与管径的比在 4～8 之间，从而达到活塞流操作。流体流过固体催化剂床层将导致压力损失，为确保等压操作，要仔细考虑选用的催化剂粒子直径 d_p 的大小。如果 d_p 太小，压力降过大，就会使实验数据的处理变得复杂。另外，催化剂应完全位于恒温段内，因此其长度不能过长。

在使用固定床催化反应器时，如果采用微分操作模式，达到等温性相对容易。可以装填少量催化剂以获得低转化率，也可以用与催化剂颗粒同样大小的惰性“稀释剂”进行填充以减少催化剂用量和反应热，并能维持一定的床层高度。由于良好的等温操作可通过稀释来实现，因此微分反应器可以认为是最简单的无梯度反应器。

微分操作的主要问题是产物组成的分析。由于转化率很低，有可能导致对复杂混合物进行分析的困难。另一个缺点是可能的短路将影响接触时间的正确测量，从而可能使获得的结果可靠性较低。

与微分操作相比，固定床的积分操作更为常用。积分反应器的优点之一是结构简单，没有微分反应器那样的短路或沟流，也没有要分析产品中物质量过少等问题。积分操作面临的问题是，如果催化反应是强放热或吸热，就会产生明显的轴向和径向温度梯度，导致反应器的等温性不好。如果反应按不同的反应路径且具有不同的活化能，则会导致反应速率常数计算困难。此外，如果催化剂有明显的失活，反应速率和机理也可能发生显著改变，这样也会使速率参数的计算变得困难。正如前面所指出的，降低温度不均匀性的有效方法是使用惰性稀释剂和减小反应器直径。因此，在反应物进料中添加惰性物质也可以有效地移去热量。用与催化剂有同样颗粒直径的惰性固体颗粒，如石英砂，可以有效降低局部热点的产生并改善催化床层中的温度分布。反应器直径减小也意味着催化剂颗粒大小的减小，在这种状态下，虽然可以满足活塞流的要求，但增加了压力降，此时可以在催化剂粒子中混合适当颗粒大小的惰性颗粒以确保好的流体分布和低的压力降。

1）排除相间梯度的实验方法

用固定床催化反应器进行本征动力学测量时，需要排除相间和粒内扩散的影响。在气固体系中，温度梯度常常出现在气体与固体表面之间。这个外温度梯度可以用适当减小催化剂颗粒直径或增加气固流速等方法来降低。在液固体系中很少出现这样的温度梯度。相间的浓度梯度在气固和液固体系中都非常普遍，与温度梯度类似，浓度梯度也可以通过增加流体流速来降低。

有两种实验诊断方法来判断相间梯度的存在与否，其依据的原理都是无相间传输限制时，任何空速下的转化率与流体流过床层的线速度无关。第一种方法是在保持接触时间不变的条件下，同时增加进料的流速和催化剂体积，转化率随进料流速的改变而改变，直至无相间限制（排除了外扩散限制），如图 2-2-5 所示。第二种方法需要做两组实验，一组的催化剂体积为 V，另一组的催化剂体积为 $5V$。在每组实验中改变接触时间并作图，如果两条曲线重合则说明该接触时间范围内外扩散已经被排除，如图 2-2-6 所示。测量表观活化能的方法也能为外扩散限制存在与否提供证据。对相内梯度而言，在等温操作时一般不会存在颗粒内的温度梯度，因为催化剂固体的热导能力要远大于围绕它的流体。避免催化剂颗粒内外温度梯度的最有效方法是在压力降许可的范围内尽可能减小催化剂颗粒的大小。

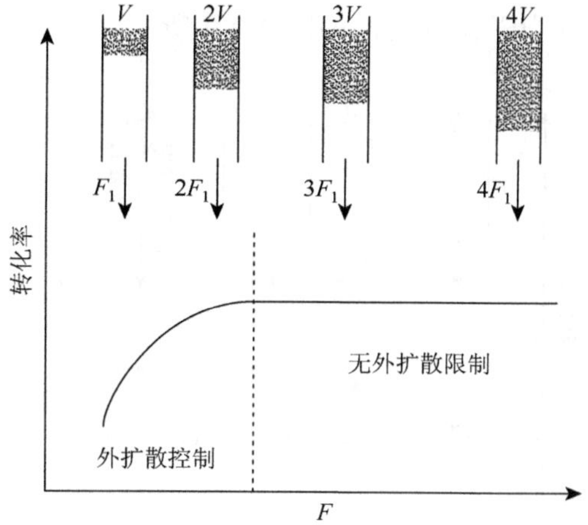

图 2-2-5　流速试验：在恒定空速下流速对转化率的影响

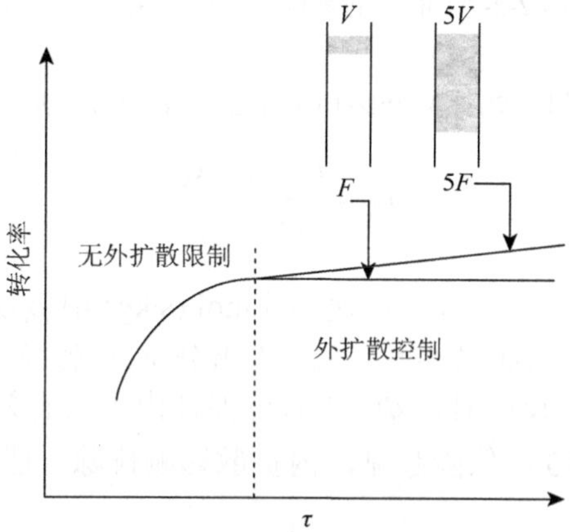

图 2-2-6　流速实验：在相同接触时间下流速对转化率的影响

外扩散排除也可以使用式（2-2-4）作为判据：

$$\frac{r_{\mathrm{A,\,obs}}\,\rho_{\mathrm{p}}\,R_{\mathrm{p}}}{k_{\mathrm{A,G}}\,c_{\mathrm{b,s}}}<\frac{0.15}{n} \tag{2-2-4}$$

其中，$c_{\mathrm{b,\,s}}$ 为组分 A 在流体相主体的浓度；$k_{\mathrm{A,\,G}}$ 为颗粒外膜传质系数；n 为反应级数。满足该不等式即可认为外扩散影响可以排除。

2）排除粒内梯度的实验方法

在催化剂颗粒内浓度梯度一般远比温度梯度重要。因此要尽可能减小催化剂颗粒的大小，使用可使用的最小的催化剂粒子。判断是否存在粒内浓度梯度的实验方法是，在相同的等温条件和相同的空速下使用颗粒大小不同的催化剂进行实验，如果转化率随颗粒大小而改变则说明存在粒内扩散限制，如果转化率恒定，则表明体系处于本征动力学范围内，如图 2-2-7 所示。

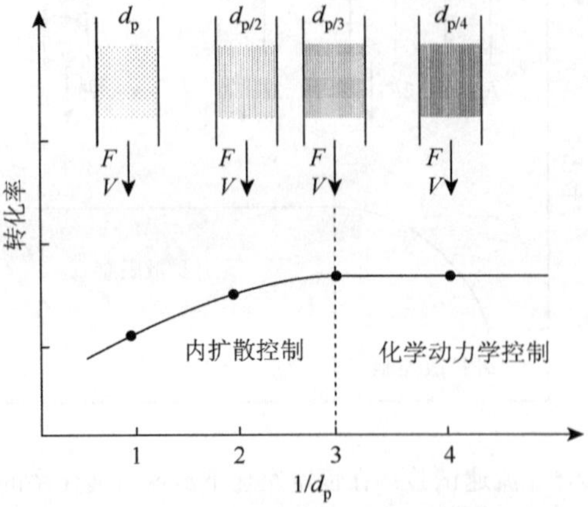

图 2-2-7　催化剂颗粒直径对转化率的影响

内扩散的排除也可以使用 Weisz-Prater 公式作为判据：

$$\Phi_A = \frac{r_{A,obs}\,\rho_p\,R_p^2}{D_{A,e}\,c_{A,s}} \tag{2-2-5}$$

其中，$r_{A,obs}$ 为观测到的 A 组分反应速率［mol/(s·kg)］；ρ_p 为催化剂颗粒密度；R_p 为颗粒半径；$D_{A,e}$ 为有效扩散系数；$c_{A,s}$ 为组分 A 在颗粒外表面的浓度。对于等温球形颗粒，当为一级反应时，$\Phi_A<1$ 时可保证内扩散有效因子大于 0.95；当为二级反应时，取 $\Phi_A<0.3$；保险起见，内扩散影响排除一般要求 $\Phi_A \ll 1$。

2. 间歇搅拌反应器

间歇搅拌反应器包括浆态反应器和篮式反应器，可以进行两相或三相反应，也可以进行连续或间歇操作。作为催化反应本征动力学的测量装置，与固定床反应器一样，间歇搅拌反应器也要求理想混合、没有相间和相内浓度及温度梯度。校核这类反应器理想混合的最简单实验方法是搅拌速率实验，该实验能够确定流体和固体催化剂片剂达到理想混合的最小搅拌转速，并在保持其他条件不变的情况下测量转化率随搅拌器转速的变化。对于两相体系，当转化率不再随转速的增加而变化时，即可认为达到了理想混合。这类实验也能够用于判别相间梯度的存在与否。与固定床反应器中的流速实验相同，当转化率不随搅拌速率改变时，即可认为相间传输限制已被排除。粒内传递影响的判定可以采用粉体大小实验，当转化率不再随粉体颗粒大小改变时，即可认为内扩散影响已被消除。对三相体系特别是浆态反应器，由于含有气液和液固界面间的传输，情况更为复杂。与两相体系类似，三相体系也可使用改变搅拌速率来判定。但是应该注意，搅拌对气液传质的影响大于对液固传质的影响，因此搅拌速率实验可能不适用于部分液固传质的判断。为获得液固传质限制，需要进行改变催化剂负荷的实验。假设在稳态下，气液传质速率应该等于被固体催化剂消耗的速率，因此在一套固定的条件下测量不同催化剂负荷下的反应速率，可以作出与图 2-2-8 类似的图。从该直线的截距可以获得气体通过气液界面上液膜的液吸收阻力，而该直线的斜率为液固界面上的通过液膜的扩散阻力与在催化剂颗粒内的扩散反应阻力之和。

动力学研究要求操作在扩散反应阻力不占优势的区域内，如果气液吸收的阻力较大，则需要改进气液接触以减小该直线的截距。具体在操作中可以改进气体分布器或增加搅拌速率以减小气泡大小，然后通过改变催化剂颗粒大小来分离催化剂颗粒内的扩散阻力和反应本身的阻力。因此对每组不同催化剂颗粒大小的实验都要获得图 2-2-8 这样的直线，然后再在双对数坐标纸上以反应速率对颗粒直径作图（图 2-2-9），这些直线的斜率可直接表明哪一个阻力是控制步骤。为了达到反应速率控制要使用小颗粒催化剂并尽量使气泡变小。

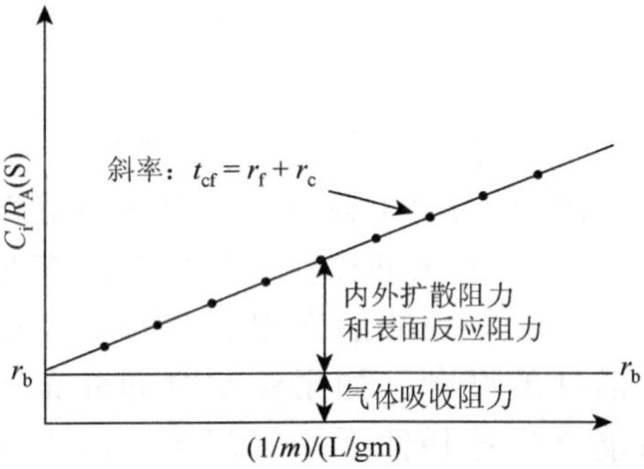

图 2-2-8　浆态反应器中催化剂量对控制阻力的影响

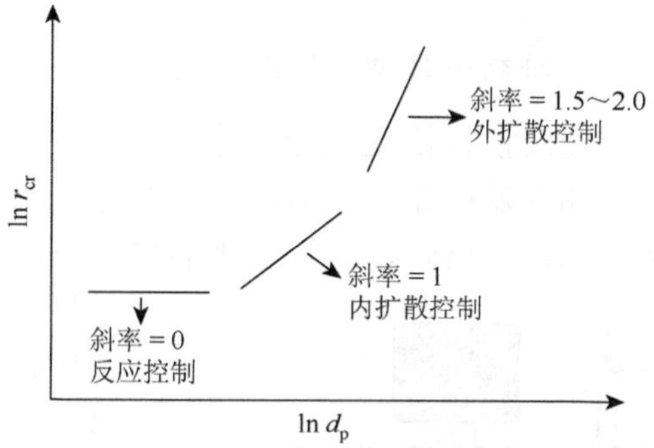

图 2-2-9　浆态反应器中催化剂颗粒大小对控制阻力的影响

如图 2-2-10 所示，在间歇搅拌釜式反应器中使用的粉末状固体催化剂，在反应中一般悬浮成浆态。这类反应器的固液接触比微分或积分反应器好，并具有很好的等温性。但这类反应器的取样必须通过较为复杂的过滤操作，如果催化剂稳定性较差，在反应期间其活性和选择性很可能发生变化。

含固体搅拌反应器虽然有多种设计，但是其性能基本相同，典型的设计如图 2-2-11 所示。该反应器中催化剂一般包含在浆液内，其中浆液的筛网设计难度较大。由于带有可以高速旋转的搅拌装置，这类反应器中的流固接触非常好，可以使外传质的影响降到最小从而达到完全混合。因此，这类反应器的等温性较好，并且没有间歇釜取样分析时出现的问题，但是这类反应器也不能用于测量失活较快的催化剂。

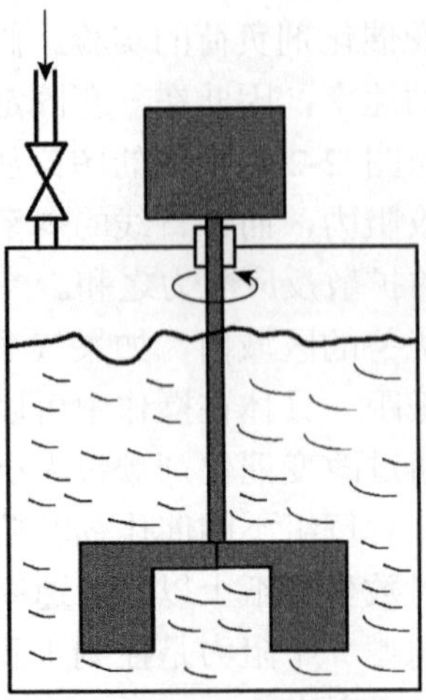

图 2-2-10　间歇搅拌釜式反应器

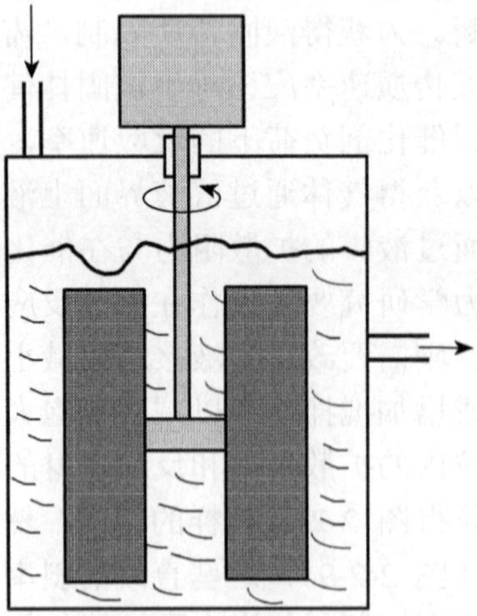

图 2-2-11　搅拌含固体的反应器

3. 连续搅拌槽反应器

连续搅拌槽反应器工作原理如图 2-2-12 所示，新鲜催化剂与反应物料一起连续加入反应器，产物以相同的速率流出，因此催化剂在整个反应时间内活性保持相同，也就是没有催化剂失活的问题。但由于催化剂颗粒在反应器内有时间分布，催化剂颗粒的活性也有分布，需要引入平均活性的概念。如果停留时间分布较长，有可能产生选择性不均等问题。由于该类反应器的混合性能较好，其等温性也很好，但其加料速率的精确测量和反应产物的洗脱有一定难度。

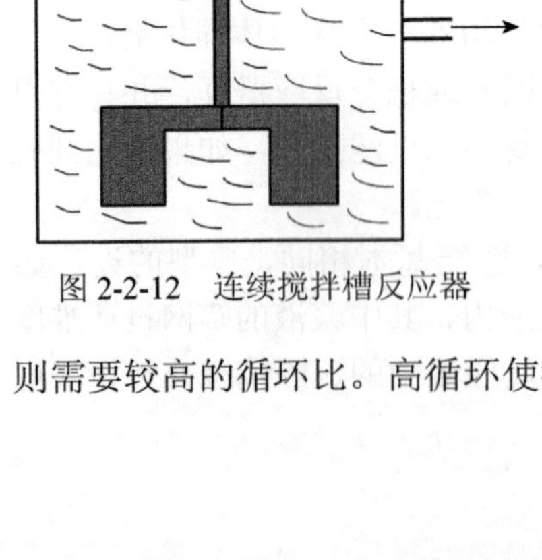

图 2-2-12　连续搅拌槽反应器

4. 循环反应器

前文已经介绍了无梯度内循环反应器。实际上循环反应器也可以看成是提供不同相接触的搅拌反应器。在循环反应器中理想混合是通过增加循环比来达到的，如果要达到高转化率则需要较高的循环比。高循环使得通过催化剂床层的线速度较大，因此能够很容易地排除相间梯度。

2.2.6 实验室催化反应器小结

不同反应器的分级总结如表 2-2-3 所示。从中可以看出，对容易失活的催化剂，CSTR 和循环载流床反应器是最好的选择，因为除了结构外，这些反应器基本满足了对实验室反应器的其他主要要求。但是，如果催化剂并不容易失活，间歇搅拌反应器和含固体催化剂的旋转篮反应器是最好的选择。当催化剂的内扩散限制不是重要因素时，也就是可以使用大颗粒催化剂时，含固体催化剂的旋转篮反应器是最好的选择。当催化剂不易失活而且热影响可以忽略不计时，固定床积分反应器应该是首选。实际上，在进行动力学测量时，有时会使用多种反应器。

表 2-2-3　实验室反应器小结

反应器型式	取样和分析	等温性	流固接触	失活催化剂	结构难易
微分	P-F	F-G	F	P	G
固定床	G	P-F	F	P	G
间歇搅拌釜	F	G	G	P	G
含搅拌固体	G	G	F-G	P	F-G
连续搅拌槽	F	G	F-G	F-G	P-F
直通传输	F-G	P-F	F-G	G	F-G
再循环传输	F-G	G	G	F-G	P-F
脉冲	G	F-G	P	F-G	G

注：G 为好；F 为一般；P 为差。

2.3 催化反应动力学数据的测量和加工

动力学方程中的参数目前还不能从理论计算中获得，只能从实验测量的数据分析计算中获得。上文已指出，实验设备的选择对可靠动力学数据的获得至关重要。任何一个催化过程必定伴随一些物理和物理化学传递过程和/或物种的吸脱附现象，它们都会对动力学和催化过程产生显著的影响。所以，催化反应的动力学测量应该尽可能在无任何温度和浓度梯度下进行。其次，我们能够测量的仅仅是流体主体中反应物和产物的浓度，并且得到的是对整个催化剂质量而言的平均值。为获得本征催化反应动力学，需要用到排除了传递影响的数据，这些数据只能通过精确的实验设计和适当的实验反应设备选择才能获得。此外，数据的精度和可靠性还必须考虑实验所消耗的时间、财力和人力所能承受的程度。在类似于工业上的流体动力学条件下，优化催化剂的形状可以获得包括传递效应的宏观催化反应动力学，虽然这样的宏观动力学不能够外推，但可以可靠地用于催化反应器设计。

使用不同类型的催化反应器，可通过测量反应或接触时间（W/F）和反应物在反应前后的浓度用以下简单公式计算反应速率。

连续流动管式反应器：

$$r=\frac{dx}{d\left(\frac{w}{F}\right)} \tag{2-3-1}$$

微分反应器操作：

$$r=\frac{\Delta x}{\frac{w}{F}} \tag{2-3-2}$$

全混釜式反应器：

$$r=dC/dt \tag{2-3-3}$$

连续搅拌槽反应器：

$$r=F(C_e-C_i)/w \tag{2-3-4}$$

循环反应器：

$(F_R/F)>25$ 时，

$$y_i \cong y_f \tag{2-3-5}$$

图 2-3-1 对确定动力学测量的实验计划十分有帮助，该流程能够可靠地应用于排除了内外扩散的等温、间歇反应体系。同时，图 2-3-1 也表明催化反应动力学研究可以在多个层次上进行。

在第一层次上，如果反应速率定律已知，进行一个实验后便可以使用积分的方法来确定反应速率常数；当反应级数和一个温度下的速率常数已知时，在其他温度下的速率常数可以用该程序测定；如果已知两个或多个温度下的 k 值，可以计算出活化能和频率因子。在第二层次上，反应速率定律（级数）能够用试错方法确定；如果已经试过零级、一级、二级和三级但仍未找到适合于数据的反应级数，最好进入第三层次。在第三层次上，当反应级数未知也无法猜测时，如果反应可逆则按此层次进行；如果反应不可逆，则进入第四层次。当反应速率仅与一个物种有关，如异构或分解反应，可使用仅需一个实验的微分法或需用多次实验的半衰期法来确定反应级数和速率常数。但这些方法也有可能受到限制，如液固催化反应，此时可考虑使用第五层次的初速作图法。

当速率与多个物种有关时，可以按要求使用物种过量的半衰期法、微分方法，或第五层次的最小二乘法。但仍需认真参考整个实验程序的设计。

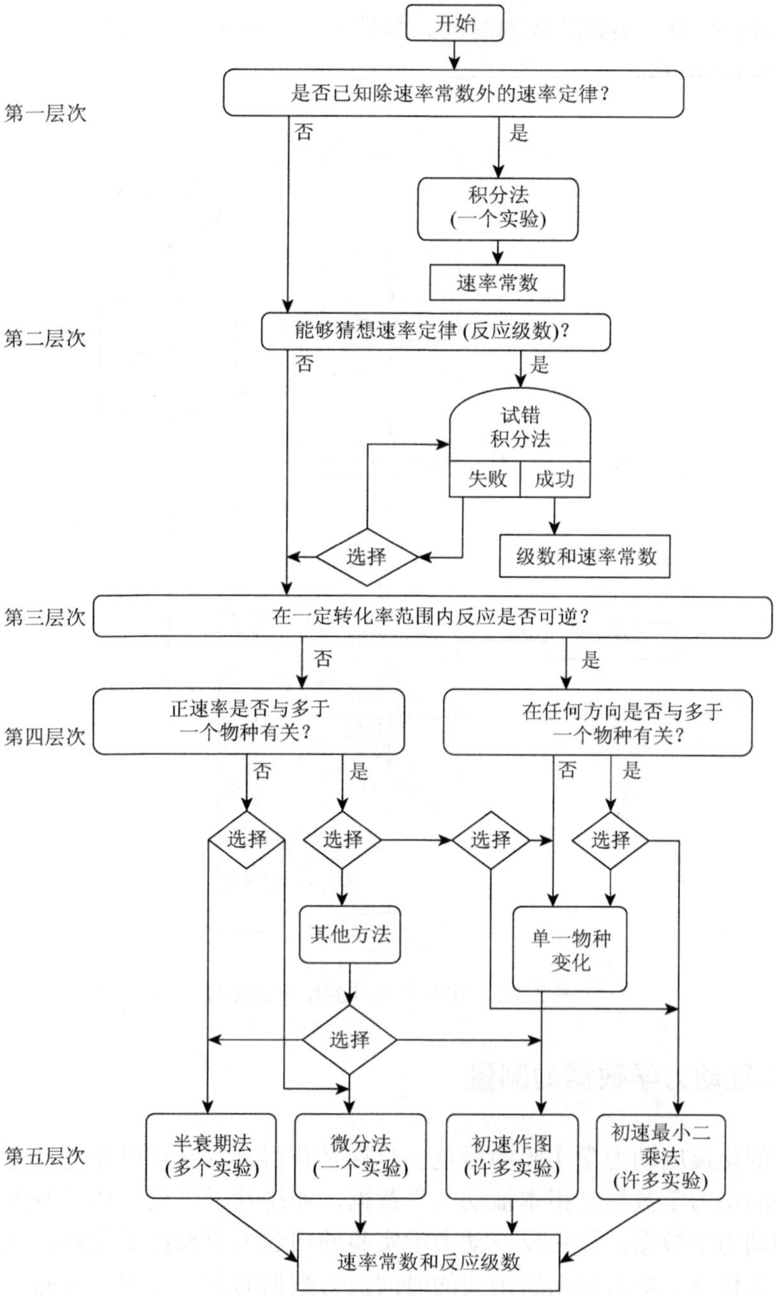

图 2-3-1　速率数据的测定流程简释

最需要注意的是，第一次实验应在极值条件下进行。如果自变量在该条件下对因变量无影响，则可以判定它的中间范围值也不会对该因变量产生影响。这将避免许多因不必要的实验造成的时间、金钱和能源的损失。实验从设计到结束的流程如图 2-3-2 所示。

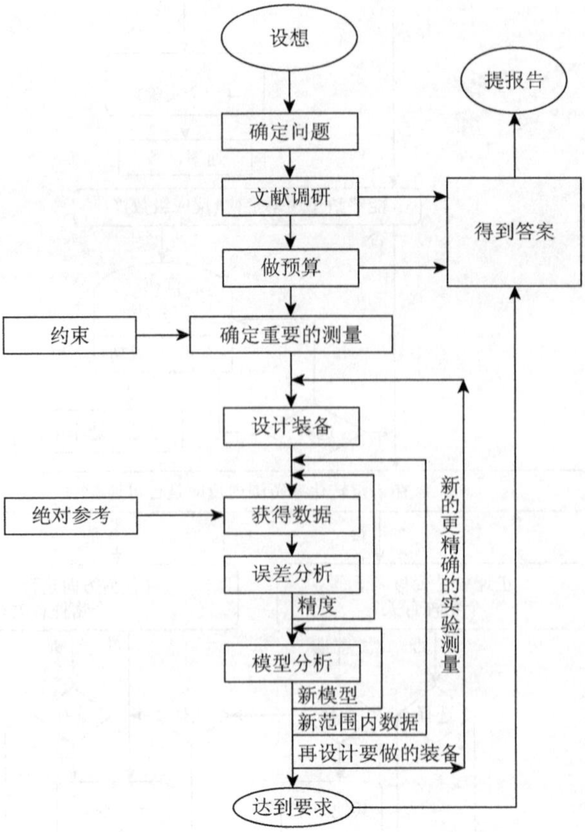

图 2-3-2　实验从设计到结束的流程

2.3.1　本征动力学数据的测量

进行催化反应动力学实验的最重要目标是获得有意义且可靠的动力学数据。这里提到的动力学数据是指本征动力学数据，即排除了传质、传热及催化剂失活等影响的动力学数据。催化反应动力学实验的问题主要来自于取样、产品分析、成本和操作价格、取得数据所消费的时间及对数据的加工时间等方面。正确设计动力学实验与选择实验装置对动力学数据的获得非常重要。如果在正式测取数据之前缺乏必要的准备工作，则很可能白白浪费人力和物力。必须进行的准备工作可以概括为以下几个方面：①动力学实验测得的是温度、压力、组成等宏观量，这些宏观量必须借助反应器的数学模型才能与指前因子、活化能等动力学参数相关联，这就需要尽量采用那些流型最简单、进行理论计算最容易且最准确的反应器，即理想流动反应器，因此这种反应器是最优先的选择；②反应速率强烈依赖于温度，温度控制与温度计量的准确与否将直接影响结果的可靠性，因此应该尽可能使实验装置在时间和空间两方面都能稳定地处于等温状态；③实际的反应装置不可避免地存在内外扩散的影响，因此应当尽量控制这些影响在一个足够低的水平，不至于使催化剂的本征动力学行为受到影响；④实验的目的是最大限度地获取有用信息，为了达到这一目的，实验方案的制订也极为重要，例如，准备变动哪几个因素？在什么范围内变动？如何用较少的实验次数获得尽可能多的信息？如何避免催化剂失活的影响？这些问题都需要事先仔细地予以规划。

2.3.2　催化反应动力学实验的设计

实验方案的制订首先应服从于研究目的和所研究体系的特点。选择哪几个因素和在什么范围内变动毫无疑问是最值得研究者考虑的，也是实验方案设计的首要任务。实验条件范围的选择应保证反应转化率适中，且有足够的变化幅度以充分展示体系的特征。低转化率将造成产物搜集和分析上的困难，从而增加实验误差；但完全转化或趋于平衡转化（反应达到饱和）又会大大降低数据的信息量，这些都是动力学研究应该避免的。为了选择合适的实验条件范围，除了需要开展预实验或预条件实验外，还需要对动力学实验进行设计以使变量点的配置尽可能均匀。实验设计技术基本上可以分为因子设计、分级因子设计（包括正交设计、顺序因子设计）及较为精细的设计等，它们都能被进一步延伸和扩展以使变量点在一定范围内分配均匀。对线性模型，它们还能导致对模型参数的直接分析计算。对实验设计的任何一种处理都需要进行重要的重复性实验并获得实验误差的离差值，该值与所假定的数学模型无关。

基于一段时间内研究一个变量的影响是对实验设计的另一种比较经典的处理。虽然这种处理提供的对变量范围的分配较不均匀，但这种方法有可能对数据做直接的比较和分析，从而能够排除不可靠的结果并得出与所研究变量效应相联系的物理化学含义。但这样的处理有可能使实验工作量过大。例如，对某一催化反应体系，选定温度、压力、进口原料组成比作为待考察的 3 个因素，考虑到系统的非线性特点，每个因素分别取 4 个水平进行实验，如果采用一个时间研究一个变量的方法，则需要进行多达 81 次的实验，显然这将耗费相当大的人力和物力。如果采用上述的实验设计方法设计实验，就有可能既满足均匀性又满足最优性的要求。下面简要介绍正交实验设计方法。

正交表的代号为 $L_n(q^s)$。n 为实验次数，即表的行数；q 为水平数，s 为表的列数（因素），当 s 大于因素个数时表示最多允许安排的因素个数。当实验水平数较大时，即使采用正交设计，实验次数可能仍较多，这时可考虑使用均匀设计法。均匀设计法由我国学者方开泰、王元提出，其代号 $U_n(q^s)$，含义与正交表相同。均匀设计表可分为 $L_n(q^s)$、$L_n(n^s)$两类，其中，$L_n(n^s)$表的实验次数恰等于水平数，适用于水平数较多的情形。

如果各因素的水平数不完全相同，可采用混合型正交表。例如，$L_{12}(3\times2^4)$表示准备做 12 次实验，表中 3 水平的有一列，2 水平的有 4 列，共计 5 列，最多可安排 5 个因素。如果找不到相应的混合型正交表，可采用拟水平设计法，令不同水平编号对应同一实验条件，以便套用普通正交表。正交表的特征是：任一列中各水平出现次数相同，任两列中水平组合出现的次数也相同，任取两列所做实验均为全面实验。正交表的水平数 q 为素数或素数的整数次幂，实验次数 n 为 q 的整数次幂。实验次数 $n=q^2$ 时的正交表称为正交拉丁方。均匀设计表完全具备正交表的第一个特征，不一定具备正交表的第二个特征，但具有某种均匀性测度为最优的特点。

有许多均匀设计表同时也是正交表，称为均匀正交表，文献中列出了许多均匀正交表。表 2-3-1 给出了 3 因素 4 水平的均匀正交表，更多的表可从网站（http: //www.math.hkbu.edu.hk/UniformDesign）下载。

表 2-3-1　均匀正交表 $U_{16}(4^3)$

实验次数	因素 A	因素 B	因素 C
1	1	1	1
2	1	2	4
3	1	3	3
4	1	4	2
5	2	1	3
6	2	2	2
7	2	3	1
8	2	4	4
9	3	1	4
10	3	2	1
11	3	3	2
12	3	4	3
13	4	1	2
14	4	2	3
15	4	3	4
16	4	4	1

2.3.3　把 C-$t(W/F)$ 数据转化为 r-C 数据的常用方法

在动力学测量中，能够获得的是可以测量的量（如温度、压力、反应时间或接触时间 W/F 及各个组分的浓度等），反应速率不能直接通过测量得到。反应速率一般是组分浓度随时间的变化率或导数，因此是一个衍生量。反应速率在速率方程中非常重要，为得到反应速率，在动力学数据处理中的第一步需要将 C-$t(W/F)$ 数据转化为 r-C 数据。这是一个对数据的微分问题，一般可以使用的方法有图解微分法、有限差分法和数值拟合再解析微分法。

1. 图解微分法

从实验获得的是数据对 C-t。为了利用数学上的数据微分方法，令 $y=C$，$x=t$。图解微分的步骤为：①把测量值（y_i，t_i）列表；②计算每个间隔的 $\Delta y=y_n-y_{n-1}$ 和 $\Delta x=x_n-x_{n-1}$；③计算 $\Delta y_n/\Delta x_n$ 作为间隔(x_n, x_{n-1})间平均斜率的估计值；④作出 $\Delta y/\Delta x$-t_i 的直方图；⑤画出直方图中面积相等的最合适光滑曲线，如果不能在两个或多个区间内做这一步，即有

$$y_n - y_{n-1} = \int_{x_1}^{x_n} \frac{\mathrm{d}y}{\mathrm{d}x}\mathrm{d}x \qquad (2\text{-}3\text{-}6)$$

⑥在该光滑曲线上对每个 t 值计算 $\mathrm{d}C/\mathrm{d}t$ 值。

把数据列成如表 2-3-2 所示的微分表，然后作图（图 2-3-3），可以用等面积法（图中的 $A=B$ 和 $C=D$）获得微分曲线，如必要时可以使用多个间隔一起等面积划分，再计算微分值。

表 2-3-2　微分计算表

x_i	y_i	Δx	Δy	$\Delta y/\Delta x$	$\mathrm{d}y/\mathrm{d}x$
x_1	y_1				$(\mathrm{d}y/\mathrm{d}x)_1$
		x_2-x_1	y_2-y_1	$(\Delta y/\Delta x)_1$	
x_2	y_2				$(\mathrm{d}y/\mathrm{d}x)_2$
		x_3-x_2	y_3-y_2	$(\Delta y/\Delta x)_2$	
x_3	y_3				$(\mathrm{d}y/\mathrm{d}x)_3$
		x_4-x_3	y_4-y_3	$(\Delta y/\Delta x)_3$	
x_4	y_4				$(\mathrm{d}y/\mathrm{d}x)_4$
		x_5-x_4	y_5-y_4	$(\Delta y/\Delta x)_4$	
x_5	y_5				$(\mathrm{d}y/\mathrm{d}x)_5$
⋮	⋮	⋮	⋮	⋮	⋮

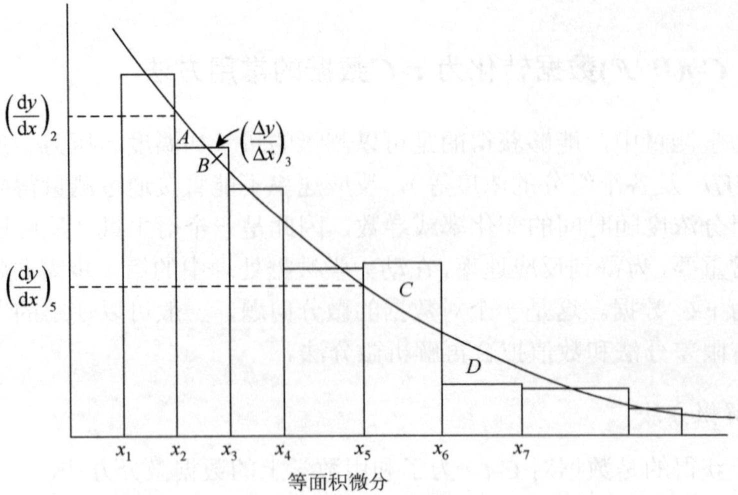

图 2-3-3　图解法等面积微分

2. 有限差分法

有限差分法需要将自变量等间隔划分，也可以在中间变更间隔大小。对于等间隔和变间隔大小的划分，用有限差分法计算其每一点微分的公式如下：

$$x = x_2;\ \text{(a)}\left(\frac{dy}{dx}\right)_2 = \frac{y_3 - y_0}{2\Delta x} \qquad x_i = 0;\ \left(\frac{dy}{dx}\right)_0 = \frac{-3y_0 + 4y_1 - y_2}{2\Delta x}$$

$$\text{(b)}\left(\frac{dy}{dx}\right)_2 = \frac{-3y_2 + 4y_3 - y_4}{2\Delta x} \qquad x = x_1;\ \left(\frac{dy}{dx}\right)_1 = \frac{y_2 - y_0}{2\Delta x}$$

$$x = x_3;\ \left(\frac{dy}{dx}\right)_3 = \frac{y_4 - y_2}{2\Delta x}$$

$$x = x_4;\ \left(\frac{dy}{dx}\right)_4 = \frac{y_5 - y_3}{2\Delta x}$$

$$x = x_i;\ \left(\frac{dy}{dx}\right)_i = \frac{y_{i+1} - y_{i-1}}{2\Delta x}$$

$$x = x_n;\ \left(\frac{dy}{dx}\right)_n = \frac{y_{n-2} - 4y_{n-1} + 3y_n}{2\Delta x} \tag{2-3-7}$$

3. 数值拟合再解析微分法

一般多采用多项式来拟合实验数据：

多项式拟合：

$$y = a_0 + a_1 x + a_2 x^2 + a_3 x^3 + a_4 x^4 \tag{2-3-8}$$

$\sum_{i=1}^{N}(y_e - y_c)^2$ 趋近于最小，于是有 $\dfrac{\partial\sum_{i=1}^{N}(y_e - y_c)^2}{\partial a_j} = 0\ (j = 1,2,3,4)$，得到如下线性方程组：

$$\begin{cases}\sum_{i=1}^{N} y_i = Na_0 + a_1\sum_{i=1}^{N} x_{1i} + a_2\sum_{i=1}^{N} x_{2i} + a_3\sum_{i=1}^{N} x_{3i} + a_4\sum_{i=1}^{N} x_{4i} \\ \sum_{i=1}^{N} x_{1i}y_i = a_0\sum_{i=1}^{N} x_{1i} + a_1\sum_{i=1}^{N} x_{1i}^2 + a_2\sum_{i=1}^{N} x_{1i}x_{2i} + a_3\sum_{i=1}^{N} x_{1i}x_{3i} + a_4\sum_{i=1}^{N} x_{1i}x_{4i} \\ \sum_{i=1}^{N} x_{2i}y_i = a_0\sum_{i=1}^{N} x_{2i} + a_1\sum_{i=1}^{N} x_{2i}x_{1i} + a_2\sum_{i=1}^{N} x_{2i}^2 + a_3\sum_{i=1}^{N} x_{2i}x_{3i} + a_4\sum_{i=1}^{N} x_{2i}x_{4i} \\ \sum_{i=1}^{N} x_{3i}y_i = a_0\sum_{i=1}^{N} x_{3i} + a_1\sum_{i=1}^{N} x_{3i}x_{1i} + a_2\sum_{i=1}^{N} x_{3i}x_{2i} + a_3\sum_{i=1}^{N} x_{3i}^2 + a_4\sum_{i=1}^{N} x_{3i}x_{4i} \\ \sum_{i=1}^{N} x_{4i}y_i = a_0\sum_{i=1}^{N} x_{4i} + a_1\sum_{i=1}^{N} x_{4i}x_{1i} + a_2\sum_{i=1}^{N} x_{4i}x_{2i} + a_3\sum_{i=1}^{N} x_{4i}x_{3i} + a_4\sum_{i=1}^{N} x_{4i}^2 \end{cases} \tag{2-3-9}$$

从上述线性方程组可以解出四个常数 a_1、a_2、a_3 和 a_4，于是可以得到拟合的多项式（2-3-8），再对 x 微分得

$$\frac{dy}{dx} = a_1 + 2a_2x + 3a_3x^2 + 4a_4x^3 \tag{2-3-10}$$

代入 x 的值可以由方程式（2-3-10）计算微分值 $\dfrac{dy}{dx}$。

4. 数值微分计算的例子——二叔丁基过氧化物的分解

$$(CH_3)_3COOC(CH_3)_3 \longrightarrow C_2H_6 + CH_3COCH_3$$

时间/min	0.0	2.5	5.0	10.0	15.0	20.0
总压/mmHg	7.5	10.5	12.5	15.8	17.9	19.4

注：1mmHg=1.33322×10^2Pa。

求速率总压(dp/dt-P)间的关系。

1）图解微分法

T=170℃

t/min	P/mmHg	$(\Delta P/\Delta t)$/(mmHg/min)	(dP/dt)/(mmHg/min)
0.0	7.5		1.44
2.5	10.5	1.20	0.95
5.0	12.5	0.80	0.74

x 续表

t/min	P/mmHg	$(\Delta P/\Delta t)$/(mmHg/min)	$(\mathrm{d}P/\mathrm{d}t)$/(mmHg/min)
10.0	15.8	0.66	0.53
15.0	17.9	0.42	0.34
20.0	19.4	0.30	0.25

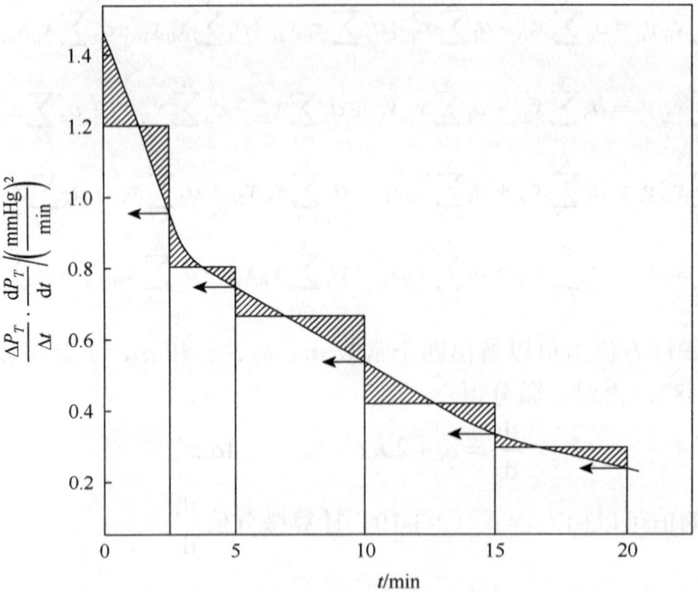

等面积微分

2）有限差分法

$$t=2.5:\ \left(\frac{\mathrm{d}P}{\mathrm{d}t}\right)_1=\frac{P_2-P_0}{2\Delta t}=\frac{12.5-7.5}{2\times 2.5}=1.0$$

$$t=5:\ (a)\left(\frac{\mathrm{d}P}{\mathrm{d}t}\right)_2=\frac{P_3-P_0}{2\Delta t}=\frac{15.8-7.5}{2\times 5}=0.83$$

$$(b)\left(\frac{\mathrm{d}P}{\mathrm{d}t}\right)_2=\frac{-3P_2+4P_3-P_4}{2\Delta t}=\frac{-3\times 12.5+4\times 15.8-17.9}{2\times 5}=0.78$$

$$t=10:\ \left(\frac{\mathrm{d}P}{\mathrm{d}t}\right)_3=\frac{P_4-P_3}{2\Delta t}=\frac{17.9-12.5}{2\times 5}=0.54$$

$$t=15:\ \left(\frac{\mathrm{d}P}{\mathrm{d}t}\right)_4=\frac{P_5-P_3}{2\Delta t}=\frac{19.4-15.8}{2\times 5}=0.36$$

$$t=20:\ \left(\frac{\mathrm{d}P}{\mathrm{d}t}\right)_5=\frac{P_3-4P_4+3P_5}{2\Delta t}=\frac{15.8-4\times 17.9+3\times 19.4}{2\times 5}=0.24$$

3）先多项式拟合再解析微分

先用以下的多项式拟合实验数据：

$$P = a_0 + a_1 t + a_2 t^2 + a_3 t^3 + a_4 t^4$$

得到系数：

$$P = 7.53 + 1.31t - 0.0718t^2 + 0.00276t^3 - 4.83 \times 10^{-5} t^4$$

微分上式得

$$P = 1.31 - 0.144t + 0.00828t^2 - 0.000193t^3$$

代入相应的时间得到所需要的速率数据。

4）计算机辅助的数据转化法

目前由于计算机的完全普及，也可以利用已经有的软件在电脑上绘制 C-t 曲线，并快速得出相应的微分结果及 r-C 曲线。

2.4　催化反应动力学模型

2.4.1　引言

化学反应器的性能能够用两类方程描述——质量平衡方程和动力学方程。单位时间内组分 i 的质量平衡方程可以写作：

输入的质量=输出的质量+反应掉的质量+累计的质量　　（2-4-1）
（1）　　（2）　　（3）　　（4）

如果用物质的量来计量一反应，其质量平衡可写成：

$$FC_i^{\mathrm{e}} = FC_i^{\mathrm{u}} + wr_i + \mathrm{d}C_i/\mathrm{d}t \tag{2-4-2}$$

（1）（2）（3）（4）

其中，F 为进料的体积流速；C_i^{e} 和 C_i^{u} 分别为在反应器进口和出口处 i 组分的摩尔浓度；w 为催化剂的质量；r_i 为反应速率，表示为单位时间单位催化剂质量的物质的量，对反应物为负，对产物为正；C_i 为组分 i 在反应器中的浓度。

在连续流动反应器的稳定态条件下，第（4）项可以略去不计。相比之下，在间歇釜式反应器中，不存在第（1）项和第（2）项；而在半间歇釜式反应器中，第（2）项通常为零。第（3）项中的反应速率根据反应器的类型不同而用不同的方法来测定。对全混间歇釜式反应器，反应速率为

$$r_i = \pm \frac{1}{w}\frac{\mathrm{d}C_i}{\mathrm{d}t} = \frac{\text{生成或消失的组分}\,i\,\text{的物质的量}}{\text{催化剂质量}\times\text{时间}} \tag{2-4-3}$$

对完全混合的连续流动反应器（CSTR），则有

$$r_i = \frac{F(C_i^{\mathrm{e}} - C_i^{\mathrm{u}})}{w} \tag{2-4-4}$$

在连续流动管式反应器中，反应速率随床层而变化，在很小的催化剂质量（dw）的条件下，质量平衡依旧适用，此时反应速率表示为

$$r_i = \frac{F\mathrm{d}C_i}{\mathrm{d}w} \tag{2-4-5}$$

管式反应器中的每个位置上的反应速率并不相同，这些位置的反应速率与该处反应物的组成和温度有关。即

$$r_i = f(\text{组成，温度}) \tag{2-4-6}$$

方程式（2-4-6）即动力学方程。该方程只能通过对不同条件下获得的实验数据的处理才能得到。在确定一个过程中所包含的反应动力学方程前，有必要先讨论一下每个单一反应的方程式和化学计量方程。

如果反应器中的反应物有两个或多个，其产物种类有可能多于预期值。虽然科研人员能够用合适的分析方法定性和定量地检测出这些产物，但是他们常常无法阐明这些产物是如何产生的。这表明，在分析过程中研究者很有可能忽略了一些已发生的反应。为了避免这种情况的发生，动力学研究的第一步通常就要确定每一个反应的方程式，随后是化学计量方程式。一个反应的方程式可能是非常复杂的，但这些复杂的方程式总能够转化为较为单一类型方程式的组合：

（1）单一反应：$A \longrightarrow B$ 或 $A+B \longrightarrow C+D$

（2）平衡反应：$A \rightleftharpoons B$

（3）平行反应：$A \nearrow B$，$A \searrow C$

（4）串行反应：$A \longrightarrow B \longrightarrow C$

单一反应的化学计量也允许我们用动力学方程来关联任何反应物或产物的生成和消耗的速率。例如，考虑如下反应：

$$aA+bB \longrightarrow mM+nN$$

动力学方程为 $r = f$(组成，温度)。产物生成或反应物消耗的速率则为

$$r_i = \alpha_i r \tag{2-4-7}$$

其中，α_i 为化学计量系数，对产物为正，对反应物为负。如果一个反应物或产物不仅仅包含在一个反应中，且在每一个反应中都有相应的反应速率和化学计量系数，则有

$$r_i = \sum_{i=1}^{j} \alpha_{ij} r_j \tag{2-4-8}$$

此时，α_{ij} 是化学计量系数矩阵。以丙烯氧化生成马来酸酐的简化反应方程式为例：

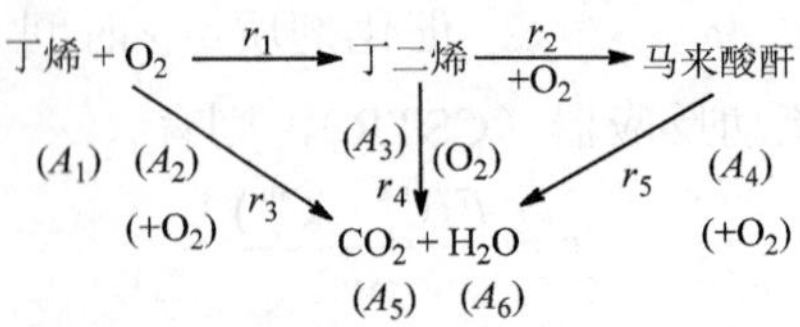

它的化学计量系数矩阵 α_{ij} 是

j/i	A_1	A_2	A_3	A_4	A_5	A_6
1	−1	−1/2	1	0	0	1
2	−1	−6	0	0	4	4
3	0	−5/2	−1	1	0	2
4	0	−11/2	−1	0	4	3
5	0	−3	0	−1	4	1

作为结果有

$$\begin{cases} \dfrac{\mathrm{d}p_{A_1}}{\mathrm{d}\tau} = -r_1 - r_2 \\ \dfrac{\mathrm{d}p_{A_2}}{\mathrm{d}\tau} = -\dfrac{r_1}{2} - 6r_2 - \dfrac{5r_3}{2} - \dfrac{11r_4}{2} - 3r_5 \\ \dfrac{\mathrm{d}p_{A_3}}{\mathrm{d}\tau} = r_1 - r_3 - r_4 \\ \dfrac{\mathrm{d}p_{A_4}}{\mathrm{d}\tau} = r_3 - r_5 \\ \dfrac{\mathrm{d}p_{A_5}}{\mathrm{d}\tau} = 4(r_2 + r_4 + r_5) \\ \dfrac{\mathrm{d}p_{A_6}}{\mathrm{d}\tau} = r_1 + 4r_2 + 2r_3 + 3r_4 + r_5 \end{cases} \tag{2-4-9}$$

其中，τ 为停留时间 W/F 的函数；p_i 为反应混合物中各组分的分压。可以发现，需要解决的问题实际上仍是动力学方程 $r=f$(组成，温度)的确定。如果动力学方程 r_1～r_5 是已知的，则可用同时数值积分上述的方程组来得到任何一个组分沿催化剂床层的分布曲线。

当一个反应方程式中含有平衡反应时，这些反应所得产物的收率往往受到热力学限制。对于这类复杂的反应方程式，有时可以定义一个理论收率。这些反应的平衡常数可以通过反应物和产物的吉布斯自由能计算，这一平衡常数应当被包含于动力学方程中。

2.4.2　速率控制步骤和准稳态假设

非均相催化反应的速率通常受扩散和吸附速率的影响，而反应通常是发生在吸附于催化剂表面上的物种之间。在催化反应过程中，反应物或产物需要经过以下步骤：①反应物的外扩散，其速率取决于系统的流体动力学特性；②反应物的内扩散，其速率取决于催化剂的空隙率、催化剂粒子的大小和形状及所发生的表面反应；③吸附，其速率取决于反应物分子与催化剂表面的相互作用；④在催化剂表面上的催化反应；⑤脱附，与③类似；⑥产物的内扩散，与②类似；⑦产物的外扩散，与①类似。上述的每一个步骤都会影响反应速率。在实验室反应器中进行实验时，通常选择使扩散影响（①、②、⑥、⑦）可以被排除的操作条件。但必要时，需要对扩散影响进行详细的考察。首先分析步骤③、④和⑤对反应速率的贡献。首先必须认识到，表面化学反应通常是通过一系列基元步骤（称为反应机理）而发生的，速率最慢的基元步骤称为速率控制步骤，其速率等于总反应的速率。在反应的基元步骤中，可以形成多个不稳定物种。由于这些不稳定的中间物种会很快地进行反应，它们在体系中的浓度一般较低。可以假定，这些物种的浓度是恒定的，即它们的生成速率与它们的消耗速率是相等的，这就是准稳态近似。把稳定态条件假设应用于不稳定物种，以及进行速率控制步骤假设对从反应机理获得动力学方程是非常有帮助的，而方程式中所包含的分子物种的浓度可以很容易地用分析方法测定。这两个假设具有非常好的通用性，它们也能扩展应用于吸附和扩散步骤。

2.4.3 指数率模型

指数率动力学方程符合质量作用定律，其一般公式为

$$r = kC_1^{\alpha} C_2^{\beta} C_3^{\gamma} \tag{2-4-10}$$

其中，α、β、γ 分别为反应物 C_1、C_2、C_3 的反应级数；$\alpha+\beta+\gamma$ 为总反应级数。α、β、γ 可以是正或负的整数或分数。

2.4.4 Langmuir-Hinshelwood 模型

Langmuir-Hinshelwood（L-H）模型是在以下假设的基础上获得的：①催化剂表面在热力学和动力学是均一的，即均匀表面；②表面存在活性位，每个活性位能吸附反应物种，但只吸附一层；③吸附物种间不相互影响；④反应的发生至少有一个表面物种参与；⑤反应的发生包含三个基元步骤（吸附、表面反应和脱附）；⑥反应物吸附服从 Langmuir 吸附定律。

在催化反应前后进行的催化剂表面的化学吸附和脱附也被认为是基元步骤。例如，把吸附看作是反应物种 A 与表面空活性位 σ_f 间的反应，因此可以写成：

$$\mathrm{A} + \sigma_{\mathrm{f}} \underset{k_{-\mathrm{A}}}{\overset{k_{\mathrm{A}}}{\rightleftharpoons}} \sigma_{\mathrm{A}}$$

其中，σ_A 为被反应物 A 占据了的活性位，这是化学吸附的结果。如果总的活性位数目为 σ_t，则化学吸附速率可表示为

$$r_{\mathrm{A}} = k_{\mathrm{A}} p_{\mathrm{A}} \frac{\sigma_{\mathrm{f}}}{\sigma_{\mathrm{t}}} - k_{-\mathrm{A}} \frac{\sigma_{\mathrm{A}}}{\sigma_{\mathrm{t}}} \tag{2-4-11}$$

用 $\Theta_A=\dfrac{\sigma_A}{\sigma_t}$ 表示被反应物 A 覆盖的分数，并考虑到 $\sigma_t=\sigma_A+\sigma_f$，可得出 $\dfrac{\sigma_A}{\sigma_t}=(1-\Theta_A)$，因此有

$$r_A = k_A p_A(1-\Theta_A) - k_{-A}\Theta_A \tag{2-4-12}$$

吸附达到平衡时，有

$$b_A = \frac{k_A}{k_{-A}} = \frac{\Theta_A}{p_A(1-\Theta_A)} \tag{2-4-13}$$

或

$$\Theta_A = \frac{b_A p_A}{1+b_A p_A} \tag{2-4-14}$$

其中，b_A 为吸附平衡常数，服从范特霍夫定律：

$$b_A = b_A^0 \exp(-\Delta H / RT) \tag{2-4-15}$$

方程式（2-4-14）即 Langmuir 吸附等温公式，这是一种吸附分子间不存在相互作用的定域化吸附，严格来说只有在均匀表面上才成立。当这些条件不能被满足时，需要使用其他类型的吸附等温线，如 Temkin 等温线、Freundlich 等温线、Fowler 等温线等。但是在催化动力学研究中，Langmuir 吸附等温线较为特殊，因为它描述了吸附过程中不同分子间的竞争。例如，假定吸附时有两个物种 A 和 B，则有

$$r_A = k_A p_A(1-\Theta_A-\Theta_B) - k_{-A}\Theta_A$$

$$r_B = k_B p_B(1-\Theta_A-\Theta_B) - k_{-B}\Theta_B$$

平衡时两个速率都为零，于是有

$$\Theta_A = \frac{b_A p_A}{1+b_A p_A + b_B p_B}$$

$$\Theta_B = \frac{b_B p_B}{1+b_A p_A + b_B p_B}$$

如果多于两个物种，如有 i 个物种，可以用如下通式表示：

$$\Theta_i = \frac{b_i p_i}{1+\sum_{j=1}^{\mathrm{NC}} b_j p_j} \tag{2-4-16}$$

其中，NC 为竞争吸附位的物种数目。一般认为，与吸附速率比较，表面反应的速率是较慢的，因此能够认为吸附步骤处于平衡之中。考虑表面反应 A_{ads}–B_{ads} 的速率与物种 A 的表面覆盖度 Θ_A 成正比，即 $r = k\Theta_A$，则有

$$r = k\frac{b_A p_A}{1+b_A p_A} \tag{2-4-17}$$

如果覆盖度很低，即 $b_A p_A \ll 1$，则 $\Theta_A \to 0$，反应为准一级反应；若覆盖度很大，即 $b_A p_A \gg 1$，则 $\Theta_A \to 1$，反应变为准零级反应。对中间情形，反应级数为 0～1。

如果有其他分子物种在催化剂表面与之竞争催化活性位，则会对反应有阻滞效应，此时反应速率变为

$$r = k\frac{b_i p_i}{1 + \sum_{j=1}^{\text{NC}} b_j p_j} \tag{2-4-18}$$

这就是著名的Langmuir-Hinshelwood动力学模型，它是在假定表面反应为慢的步骤且吸附处于平衡的条件下推导得到的。

同样的机理也可以应用于如下形式的双分子表面反应：$A+B \longrightarrow C$，此时动力学方程为

$$r = k_2 \Theta_A \Theta_B = \frac{k_2 b_A p_A b_B p_B}{(1 + \sum_{j=1}^{\text{NC}} b_j p_j)^2} \tag{2-4-19}$$

当吸附为解离吸附 $A_2 + 2\sigma_f \rightleftharpoons 2\sigma_A$ 时，则有

$$r_A = k_A p_A (1-\Theta_A)^2 - k_{-A}\Theta_A^2$$

当达到平衡时 r_A=0，则有

$$\Theta_A = \frac{\sqrt{b_A p_A}}{1 + \sqrt{b_A p_A}}$$

这样，反应速率也要做出相应的改变。

对双位反应或吸附：

$$A + \sigma_f \rightleftharpoons A\sigma$$

$$A\sigma + \sigma_f \rightleftharpoons A\sigma_2$$

其速率为

$$r = k_2 \Theta_A \Theta_f = k_r \Theta_A (1-\Theta_A) = \frac{k_r b_A p_A}{(1 + b_A p_A)^2} \tag{2-4-20}$$

当反应是在一个吸附分子和一个流体中（可逆吸附，其浓度与它的气体分压成正比）的分子之间进行时，即以Rideal机理进行时有

$$A\sigma + B \longrightarrow \text{产物}$$

$$r = k_r \Theta_A p_B = \frac{k_r b_A p_A p_B}{1 + b_A p_A} \tag{2-4-21}$$

2.4.5 氧化还原机理和动力学方程

许多催化氧化反应以氧化-还原机理进行，该类反应机理包含如下的反应基元步骤（Mars van Krevelen机理）：

$$A + \Theta_{ox} \xrightarrow{k_1} \Theta_{red} + P$$

$$\Theta_{red} + 1/2O_2 \xrightarrow{k_2} \Theta_{ox}$$

其中，Θ_{ox} 和 Θ_{red} 分别为氧化态和还原态活性位分数，一般认为 $\Theta_{ox}+\Theta_{red}=1$，在稳定状态，即氧化和还原的速率相等条件下有

$$k_1 p_A \Theta_{ox} = k_2 \Theta_{red} p_{O_2}^{1/2}$$

由此可以计算出 Θ_{ox}。根据 $\Theta_{red}=1-\Theta_{ox}$，就能够得到氧化反应的速率：

$$r = \frac{k_1 k_2 p_{O_2}^{1/2} p_A}{k_2 p_{O_2}^{1/2} + k_1 p_A} = \frac{k_1 p_A}{1 + \dfrac{k_1 p_A}{k_2 p_{O_2}^{1/2}}} \tag{2-4-22}$$

如果在反应期间生成的某些分子（如水等）也要占据活性位，虽然它们不再参与反应，仍需将其考虑到速率方程中。在这种情况下，有 $\Theta_{ox}+\Theta_{red}+\Theta_{occ}=1$，则速率方程为

$$r = \frac{k_1 p_A}{\left(1 + \dfrac{k_1 p_A}{k_2 p_{O_2}^{1/2}}\right)\left(1 + \sum_{j=1}^{NC} b_j p_j\right)} \tag{2-4-23}$$

2.4.6　复杂催化反应动力学

在复杂反应体系中会同时存在平衡反应、平行反应和串行反应。在前面讨论的单一反应行为的基础上，可以进一步讨论比较复杂的反应。例如，对 $A \rightleftharpoons B$ 这样的平衡反应，反应速率 $r = k_r(\Theta_A - \Theta_B / K_s)$ 与吸附和脱附速率比较都慢时，有

$$r = \frac{k_r b_A (p_A - p_B / K_e)}{1 + b_A p_A + b_B p_B} \tag{2-4-24}$$

其中，K_e 是气相中的平衡常数。上式可以直接使用 Langmuir 吸附等温线概念导出。用同样的方法可以导出服从二级反应定律的平衡反应 $A+B \rightleftharpoons C+D$ 的动力学方程：

$$r = \frac{k_r b_A b_B p_A p_B \left(1 - \dfrac{p_C p_D}{K_e p_A p_B}\right)}{\left(1 + \sum_{j=1}^{NC} b_j p_j\right)^2} \tag{2-4-25}$$

但当反应速率与吸附或脱附速率较为接近时，动力学方程就会复杂得多。

对平行反应：$A \xrightarrow{r_1} B$
$A \xrightarrow{r_2} C$

有

$$r_A=-(r_1+r_2)；\ r_B=r_1=k_1\Theta_A；\ r_C=r_2=k_2\Theta_A$$

$$\Theta_A=\frac{b_A p_A}{1+\sum_{j=1}^{NC} b_j p_j}$$

可以利用关系 $r_1/r_2=k_1/k_2$，对平行反应做出判断。

对串行反应：$A \xrightarrow{r_1} B \xrightarrow{r_2} C$ 有

$$\begin{cases} r_A=-r_1=-k_1\Theta_A \\ r_B=r_1-r_2=k_1\Theta_A-k_2\Theta_B \\ r_C=r_2=k_2\Theta_B \end{cases} \tag{2-4-26}$$

因为 $\Theta_A+\Theta_B+\Theta_C=1$，则

$$\Theta_i=\frac{b_i p_i}{1+\sum_{j=1}^{NC} b_j p_j}$$

串行反应可以通过如下的实验事实得以判别：如果中间产物 B 随反应进行其浓度呈现先增加然后下降，即在时间-浓度曲线上会显示有最大值。

2.4.7 催化反应网络

前文讨论的基本上都是单一路径的反应，即使在反应网络部分讨论的平行和串行反应也都是比较简单的反应。但在工业中应用的实际反应绝大部分都是很复杂的反应网络，同时有平行反应和串行反应发生，在这种情况下，将会发生多种副反应并生成多种产品。研究这类复杂催化反应动力学不仅要获得转化率数据，而且要获得反应对中间产物的选择性，以及不同反应条件下的副产物的相关信息。为了对这样的复杂反应网络进行动力学分析，一般说来需要具备很好的分析仪器和设备以便对所有的产品进行分析，并给出它们随反应时间（接触时间）的变化曲线。从这些数据可以定性推算出考虑到的所有初级和次级产品的反应网络，即一套设想的反应机理。然后用合适的方法对所包含的多个动力学参数进行定量计算，并对提议的网络模型进行可靠性验证。当然，网络模型与实验数据的一致性并不表明提议的网络模型是唯一准确的机理模型。例如，正戊烷在焦磷酸钒（PVO）催化剂上的选择性氧化，在这些反应的研究中，每一步的速率方程通常都是用 LHHW 模型表示，动力学实验按设计的程序进行。在原料只含有戊烷的情况下，

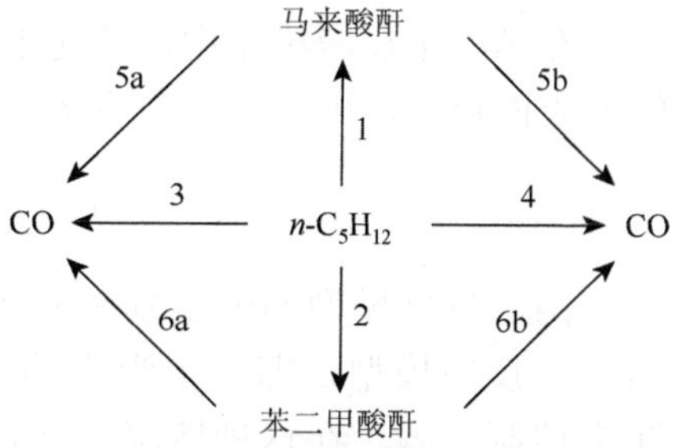

图 2-4-1　正戊烷在焦磷酸钒催化剂上氧化的动力学

有机产物只有顺酐（碳四）和苯酐（碳六），副产物是氧化产物二氧化碳和一氧化碳。图 2-4-1 阐明了正戊烷在焦磷酸钒催化剂上氧化的动力学反应网络，该反应网络由四个平行反应和两个串行反应构成，共有四个产物。图 2-4-2 给出了在 523 K 温度下正戊烷转化率及顺酐苯酐和二氧化碳得率随接触时间（W/F）的变化。该图在确保微分反应器操作，即正戊烷的转化率保持低于 8%～10%的条件下，获得四个产品的速率数据。在不考虑酸酐产品对反应速率的阻滞的条件下，研究者们提出了两个可能的反应模型。这两个反应模型都基于在催化剂表面上有两类不同活性位的假定：一类仅吸附正戊烷，另一类仅吸附氧。同时也假定速率控制步骤是吸附的戊烷和未解离吸附的氧的表面反应。在其中第一个反应模型中，其速率控制步骤是一分子的正戊烷和一分子的氧之间的表面反应，因此速率方程为

$$r = \frac{k_c PO}{(1 + K_P P)(1 + K_O O)} \tag{2-4-27}$$

其中，k_c 为总包速率常数；K_P 和 K_O 分别为正戊烷和氧的吸附平衡常数；P 和 O 分别为正戊烷和氧的浓度。

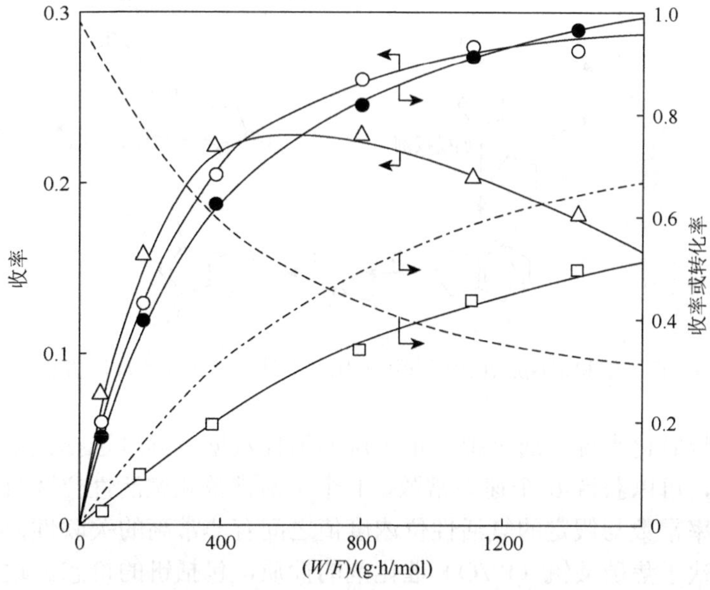

图 2-4-2　正戊烷转化率、顺酐苯酐和二氧化碳得率随接触时间 W/F 的变化

在第二个反应模型中，假定的速率控制步骤是两分子的正戊烷和一分子的氧间的表面反应，因此速率方程为

$$r=\frac{k_{\mathrm{c}}P^2O}{(1+K_{\mathrm{P}}P)^2(1+K_{\mathrm{O}}O)} \tag{2-4-28}$$

两个反应模型间的鉴别是基于残差平方和、F 检验及残差分析。有利模型是第一个反应模型，即一个吸附的戊烷分子与一个吸附的氧分子之间的反应形成速率控制步骤。在这种情况下获得的苯酐合成的吸附平衡常数 K_{P} 和 K_{O} 要大于顺酐合成的相应平衡常数，由此可以获得结论：在焦磷酸钒催化剂表面上存在两类选择性氧化的活性位，一类是用于合成顺酐的，另一类是用于合成苯酐的。在比较正丁烷和正戊烷氧化的基础上，研究者假定焦磷酸钒催化剂主要是由（020）晶面组成，提出了表面动力学模型的详细且明确的化学方程式，如图 2-4-3 所示。在图 2-4-3 中的 CSR 是指在反应过程中生成的含碳表面物种，这些被认为是在催化实验期间在催化剂表面活性位上形成的特殊的“结垢”可以通过氧滴定检测。这类垢（即 CSR）掩盖了大部分催化剂活性位，仅有一小部分活性位不被 SCR 覆盖。

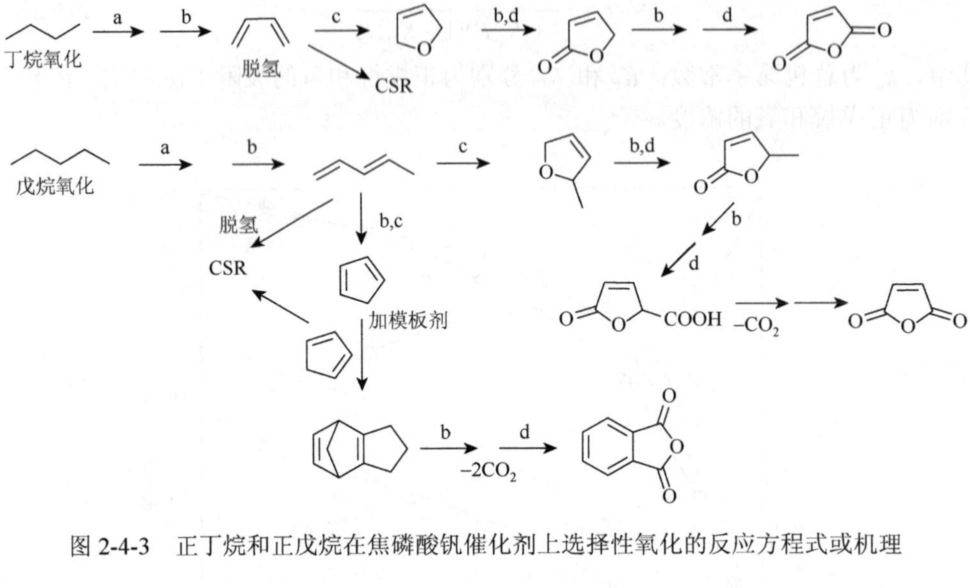

图 2-4-3　正丁烷和正戊烷在焦磷酸钒催化剂上选择性氧化的反应方程式或机理

对于丁烷氧化来说，通过拟合正丁烷的消耗数据及顺酐选择性随正丁烷浓度变化的数据，可以获得 6 个速率常数、1 个平衡常数和空活性位数目等数据。结果表明，速率常数与假定的氧活性位浓度值之间有非常高的关联性，而氧活性位浓度值又取决于焦磷酸钒（PVO）催化剂的性质，包括钒的价态。这里所说的活性氧位是与表面钒离子相联系的氧原子而并非未解离的氧分子。

在图 2-4-3 中也给出了较为复杂的正戊烷氧化反应网络。相比于正丁烷氧化，该反应网络具有更多的参数需要估算。在假定活性氧原子的表面浓度能够从本体催化剂的氧化还原测量结果做粗略估算的情况下，研究者能够计算出随着催化剂表面氧化态的变化反应选择性、原料的消耗速率和表面活性位的相对分布的变化。随着实验技术的进展，研究者也可以使用“产物瞬态分析”（temporal analysis of products，TAP）技术，用在毫秒时间尺度内的脉冲宽度的高速脉冲系统进行直接测量获得速率常数和吸附中间物种的浓度。

通过比较用同位素技术获得的结果，可发现在钼酸铋催化剂上，当温度高于 673 K 时，丙烯部分氧化制丙烯醛反应的速率控制步骤是从吸附丙烯中脱除一个 α-氢原子；当反应温度低于 673 K 时，由于速率控制步骤移动到催化剂的再氧化上（Mars van Krevelen 氧化还原机理），此时对氧的反应级数则不再为零。如果把 L-H 动力学应用于比较理想的反应机理，得到的速率方程将会含有非常多的参数——1 个总包速率常数和 9 个平衡常数。获得的动力学模型和其他机理研究间的一致性不是来自于详细的总包 L-H 速率方程，而是来自于早已测定的表观反应级数和同位素示踪技术的应用。丙烯选择性氧化和氨氧化的复杂反应网络是由于催化剂具有不同的氧化态而引起的氧化还原机理。图 2-4-4 阐述了在无氧条件下类似氨氧化催化剂在氨氧化条件下的丙烯的转化率随脉冲次数的变化。该图表明对这些催化剂存在两个不同的区域：开始还原时的低还原区，再氧化的活化能较低；而在较高还原度时，可能是由于氧要从表面扩散至内部，再氧化的活化能较高。因此，催化剂的氧化还

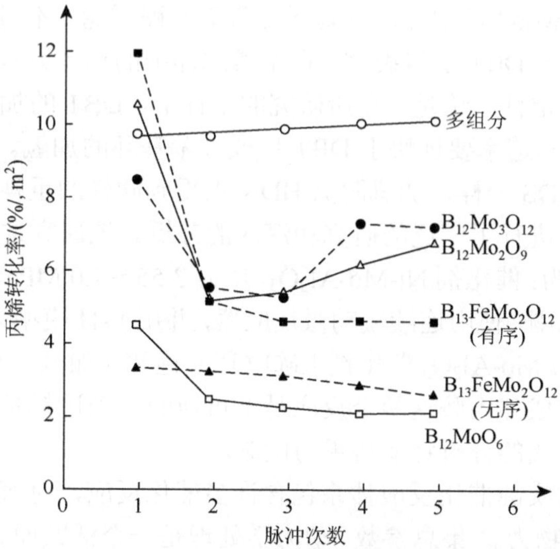

图 2-4-4　无氧条件下 Bi-Fe-Mo 催化剂上丙烯转化率随脉冲次数的变化

原行为是复杂的，并且与催化剂的结构和组成密切相关。这说明从一个氧化还原催化剂的反应动力学研究来综合该类催化反应的速率控制步骤和反应机理需要十分谨慎。

作为反应网络分析的另外两个催化反应典型例子是加氢脱硫（HDS）除去杂环硫和加氢脱氮（HDN）除去杂环氮。这些过程在石油炼制、煤及其衍生液体化工及重油原料的提炼等过程中非常重要。这些原料是含有复杂杂环类化合物的混合物。对 HDS 和 HDN 的动力学研究可以有三种选择：在总的原料中测量总包脱硫率或脱氮率；对原料的不同馏分使用集总参数（lamped-parameter）；研究在原料中有代表性的和难以除去的单一硫化物或氮化物的脱硫或脱氮。研究者一般使用三环化合物二苯噻吩 DBT 作为模型化合物以建立 HDS 的反应网络。该反应常用的催化剂是硫化过的 Co-Mo-Al_2O_3，并在高压固定床中进行 HDS 动力学测量（压力 10 MPa，温度 573 K），其产品分布示于图 2-4-5 中。图 2-4-6 给出了所提出的加氢裂解和加氢反应网络，附于图 2-4-6 箭头上的数值对应于在假定为准一级反应时的反应速率常数。

实验中检测到的主要产品是联二苯和硫化氢，所得的联二苯再被缓慢地加氢生成环己烷苯，随后转化为二环己烷。该反应机理能够用有机化学的相关知识详细讨论。当反应压力增加到 18 MPa 后，如果在气流中添加微量硫化氢，反应活性是稳定的，否则将观察到催化剂活性的波动和失活。数据用包括 L-H 方程、经验性方程等 10 个方程拟合，参数用 Marquardt 非线性回归计算。通过合适性好坏实验和参数物理意义的筛选，只有三个加氢裂解方程满足要求，其中一个方程能从 Langmuir-Hinshwood 模型导出，剩下的两个方程不能。不过总体来说，L-H 模型较为理想，适合于 DBT 加氢裂解。在不考虑详细的速率方程的情况下，动力学研究显示出的主要定性结论是：在所研究的条件下，DBT 的加氢处理中硫的除去是一个初级反应，其速率要远快于 DBT 环或二苯基环的加氢。这一点与加氢脱氮的情况相反。与 HDS 一样，加氢脱氮 HDN 也受到同样的重视。该过程的动力学及反应网络目前已进行了广泛的研究和深入的分析。该研究选用二环的喹啉作为模型化合物，条件为：催化剂 Ni-Mo-Al_2O_3，压力 3.55～7.0 MPa，温度 603～693 K，一定的接触时间范围，使用连续流动微反应器，并用 L-H 模型来拟合动力学数据。所得结论是：在 Ni-Mo-Al_2O_3 催化剂上喹啉环的饱和（加氢）速率是快且可逆的；通过氮消去开环生成邻丙胺这两个反应是不可逆的。当进料是混合物时，对复杂的反应网络的方程式的分析将变得更为困难。

许多工业上的实际催化反应体系包含许多催化反应，对每个反应的处理将会消耗过多的人力、物力。“集总参数”动力学处理是一个活跃而且花样繁多的领域，该方法把性质类似的催化反应（或反应物）作为一个集总反应（或反应物）来处理以获得合理而不是个别反应的行为。例如，在实际工业脱硫过程中，人们关注

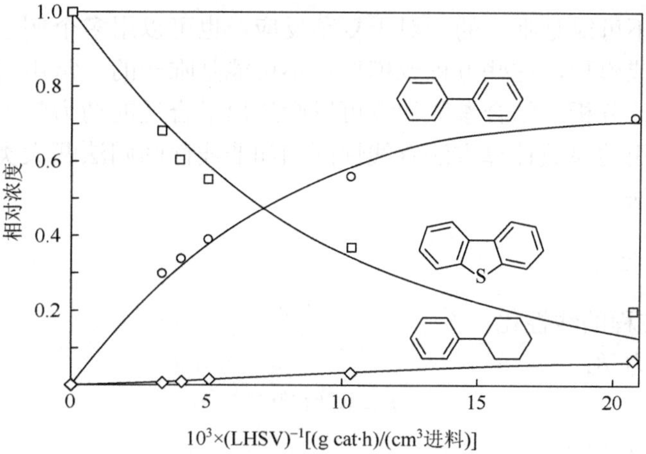

图 2-4-5　在硫化钼酸钴/氧化铝催化剂上二苯噻吩加氢反应的产物分布

的是总硫的脱除而不是个别含硫化合物的除去，即考虑许多个 L-H 反应的集总行为。用这种方法来处理非均相催化反应动力学已有很长的历史。

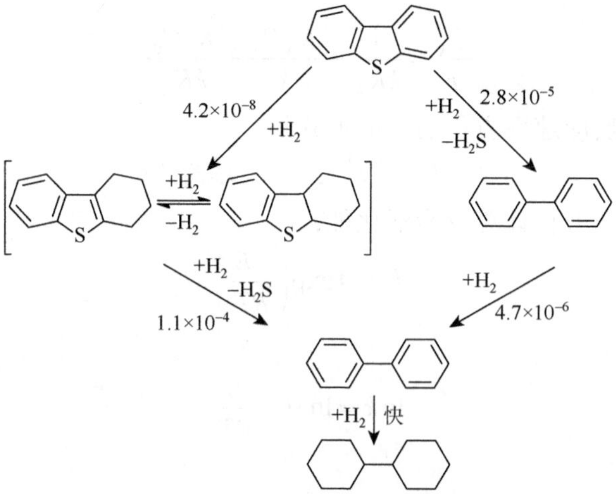

图 2-4-6　二苯噻吩加氢的反应网络

2.4.8　动力学参数的计算

在前面几节中已相当详细地介绍了在已知速率-浓度数据条件下如何建立催化反应动力学方程或模型的方法。对单一反应，动力学方程的建立是相对容易的。研究者可以使用简单的指数律速率方程，可以在简化的两步机理基础上获得动力学方程，也可以使用经典的 L-H 动力学模型。除了指数律速率模型外，对机理性的动力学模型不可能是唯一的。对于复杂反应，也可以用多个例子来说明如何建立动力学方程或模型，这些方程或模型也不可能是唯一的。常用的动力学模型的鉴别方法是统计分析，结合参数计算可以筛选出最合适的动力学方程及相应的动力学参数。常用的参数计算方法有线性回归和非线性回归法两大类，下面将分别介绍这两类方法。

1. 线性回归

1）速率方程的线性化

指数律动力学：

$$r = kC_1^{\alpha}C_2^{\beta}C_3^{\gamma} \tag{2-4-29}$$

取对数线性化的：

$$\ln r = \ln k + \alpha \ln C_1 + \beta \ln C_2 + \gamma \ln C_3 \tag{2-4-30}$$

L-H 动力学：

$$r = \frac{kK_{\mathrm{A}}C_{\mathrm{A}}}{1 + K_{\mathrm{A}}C_{\mathrm{A}} + K_{\mathrm{B}}C_{\mathrm{B}}} \tag{2-4-31}$$

线性化：

$$\frac{C_{\mathrm{A}}}{r} = \frac{1}{kK_{\mathrm{A}}} + \frac{K_{\mathrm{A}}C_{\mathrm{A}}}{k} + \frac{K_{\mathrm{B}}C_{\mathrm{B}}}{kK_{\mathrm{A}}}$$

线性化催化反应速率方程的一般形式为

$$y = \beta_1 x_1 + \beta_2 x_2 + \cdots + \beta_p x_p + \varepsilon \tag{2-4-32}$$

用阿伦尼乌斯方程计算反应活化能：

$$k = A\exp\left(\frac{-E}{RT}\right) \tag{2-4-33}$$

取对数：

$$\ln k = \ln A - \frac{E}{RT} \tag{2-4-34}$$

对吸附系数：

$$\ln K = K_0 \mathrm{e}^{-\Delta H/(RT)} \tag{2-4-35}$$

$$\ln K = \exp\left(\frac{\Delta S}{R}\right)\exp\left(-\frac{\Delta H}{RT}\right) \tag{2-4-36}$$

2）参数计算

如果进行了 n 次动力学实验，可以写出 n 个方程式（2-4-32），使用最小二乘法得到计算参数的最小目标函数 GH 为

$$\mathrm{GH} = \min\sum_{i=1}^{n}(y_{\mathrm{e}i} - y_{\mathrm{c}i})^2 \tag{2-4-37}$$

其中，n 为实验数；y_e、y_c 分别为实验值和计算值；GH 的自由度为 $n-p$；p 为参数数目。

为方便，写成矩阵形式：

$$y=\begin{bmatrix} y_1 \\ y_2 \\ \vdots \\ y_n \end{bmatrix} \tag{2-4-38}$$

$$X=\begin{bmatrix} x_{11}x_{12}\cdots x_{1p} \\ x_{21}x_{22}\cdots x_{2p} \\ \vdots \\ x_{n1}x_{n2}\cdots x_{np} \end{bmatrix} \tag{2-4-39}$$

$$\beta=\begin{bmatrix} \beta_1 \\ \beta_2 \\ \vdots \\ \beta_p \end{bmatrix} \tag{2-4-40}$$

$$b=\begin{bmatrix} b_1 \\ b_2 \\ \vdots \\ b_p \end{bmatrix} \tag{2-4-41}$$

$$\varepsilon=\begin{bmatrix} \varepsilon_1 \\ \varepsilon_2 \\ \vdots \\ \varepsilon_n \end{bmatrix} \tag{2-4-42}$$

其中，b 是参数 β 的近似值。

计算方程组的矩阵形式：

$$y=X\beta+\varepsilon \tag{2-4-43}$$

回归计算的目标函数：

$$\varepsilon^{\mathrm{T}}\varepsilon \longrightarrow \mathrm{Min} \tag{2-4-44}$$

其中，T 表示转置矩阵。

于是计算方程组的解为

$$b=(X^{\mathrm{T}}X)^{-1}X^{\mathrm{T}}y \tag{2-4-45}$$

3）参数误差

做有误差的 n 次测量：

$$y_i = \beta_i x_{ji} + \varepsilon_i \qquad (2\text{-}4\text{-}46)$$

$$i = 1, 2, \cdots, n;\ j = 1, 2, \cdots, p \qquad (2\text{-}4\text{-}47)$$

如果实验误差为独立正态分布，其平均值为 0，且有恒离差 σ，则参数近似值 b 的离差-共离差矩阵为

$$v(b) = (X^{\mathrm{T}} X)^{-1} \sigma^2 \qquad (2\text{-}4\text{-}48)$$

对有限的实验次数，σ 一般用 s 代替：

$$s^2 = \frac{\sum_{i=1}^{n} (y_i - \overline{y}_i)^2}{n - p} \qquad (2\text{-}4\text{-}49)$$

此时有

$$\overline{v}(b) = (X^{\mathrm{T}} X)^{-1} s^2 \qquad (2\text{-}4\text{-}50)$$

4）动力学模型的适合性——F 试验

n_{c} 次重复性试验误差离差：

$$s_{\mathrm{c}}^2 = \frac{\text{纯误差平方和}}{\text{自由度数目}} = \frac{\sum_{i=1}^{n_{\mathrm{c}}} (y_i - \overline{y})^2}{n_{\mathrm{c}} - 1} \qquad (2\text{-}4\text{-}51)$$

其中，$\overline{y}$ 为 n_{c} 次测量的算术平均值。要进行适合性试验的平方和分配如下。

总误差平方和：TOT=$\sum_{i=1}^{n} y_i^2$，自由度为 n，由如下两部分组成：

①回归平方和：REG=$\sum_{i=1}^{n} \overline{y}_i^2$，自由度为 p；②残差平方和：RES=$\sum_{i=1}^{n} (y_i - \overline{y}_i)^2$，自由度为 $n-p$。

残差平方和由如下两部分组成：

①纯误差平方和 PE=$\sum_{i=1}^{n_{\mathrm{e}}} (y_i - \overline{y})^2$，自由度为 $n_{\mathrm{e}}-1$；②不适合性平方和 LF=RES−PE，自由度为 $n-p-n_{\mathrm{e}}+1$。

于是动力学模型有 $1-\alpha$ 概率的不适合性时，F 试验应满足：

$$F_{\mathrm{c}} = \frac{\dfrac{\mathrm{LF}}{n - p - n_{\mathrm{e}} + 1}}{\dfrac{\mathrm{PE}}{n_{\mathrm{e}} - 1}} > F(n - p - n_{\mathrm{e}} + 1, n_{\mathrm{e}} - 1, 1 - \alpha) \qquad (2\text{-}4\text{-}52)$$

其中，α 一般取 0.05 或 0.01。

当计算值不超过列表值时，合适的模型可以保留。

5）参数值的 t 试验

在实验误差为独立正态分布，其平均值为 0 且有恒离差 σ 时，随机变量：

$$\frac{|b_i-\beta_i|}{s(b_i)}\approx t(n-p) \tag{2-4-53}$$

且

$$s(b_i)=\sqrt{\overline{V}(b)_{ii}} \tag{2-4-54}$$

如果

$$t_{\text{calc}}=\frac{|b_i-\overline{b}_i|}{s(b_i)}>t(n-p,1-\alpha/2) \tag{2-4-55}$$

其中，$t(n-p, 1-\alpha/2)$ 为具有自由度为 $n-p$ 的 t 分布的 $\alpha/2$（用百分数表示），被否决的概率是 α。在动力学模型中 $\overline{b}_i$ 一般取 0，α 取 0.05 或 0.01。

6）动力学参数的可信区间

参数最佳估算值 b_i 的可信区也十分重要，其定义为

$$b_i-t[n-p,(1-\alpha)/2]\cdot s(b_i)\leqslant\beta_i\leqslant b_i+t[n-p,(1-\alpha)/2]\cdot s(b_i) \tag{2-4-56}$$

它对最佳参数估算值 b_i 是对称的。最佳参数估算值 b_i 的共同可信区确定了参数不确定性的共同区间，其定义为

$$S(\beta)\leqslant S(b)[1+ps^2F(p,n-p,1-\alpha)] \tag{2-4-57}$$

其中，$S(b)$为最小残差平方和；$F(p, n-p, 1-\alpha)$ 为具有 p 和 $n-p$ 自由度的 F 分布的 α（用百分数表示）。共同可信区的边界由所有组合 β 定义，且满足矩阵方程：

$$(b-\beta)^{\text{T}}X^{\text{T}}X(b-\beta)=ps^2F(p,n-p,1-\alpha) \tag{2-4-58}$$

该方程是参数空间中以 b 为中心的 p 维超椭圆。

2. 非线性回归

1）目标函数

动力学模型中的参数计算一般使用回归分析。对于较为简单的情形，可以对动力学模型进行线性化，然后使用线性回归分析。但催化反应动力学本质上是非线性的，使用线性回归虽然简单计算量较小，但有可能对参数计算值和模型鉴别带来偏差。因此使用非线性回归方法可能更为准确。对于非线性回归有

$$\sum_{i=1}^{n}(r_{ei}-r_{ci})^2\longrightarrow\text{Min} \tag{2-4-59}$$

导致一般化的非线性模型：

$$y_i=f(x_i,\beta)+\varepsilon_i \tag{2-4-60}$$

随着计算机和计算数学的发展，进行非线性回归分析计算的难度已大大降低，

目前已有许多成熟的计算程序可供选用。在参数计算中，目标函数（GH）的选择非常重要，反应速率和关键组分的出口浓度都能够作为计算量被选用，将其实验值和计算值之差的平方和作为目标函数并使其最小化可得

$$\mathrm{GH}=\min\sum_{i=1}^{n}(y_{ei}-y_{ci})^2 \tag{2-4-61}$$

其中，n 为总的实验点数；y_e 和 y_c 分别为选用量的实验值和计算值；GH 的自由度为 $n-p$；p 为需要计算的参数数目。

由于实验误差总难以避免，这类实验误差会影响所计算的参数，进而影响动力学模型的可靠鉴别。此外，计算所得的参数还存在一个可信区大小的问题。这些需要用统计分析方法来解决。如果做了 N 次重复实验，误差离差（一般用实验值与多次实验测量的平均值来表示）的平方和 WPH 为

$$\mathrm{WPH}=\sum_{i=1}^{N}(y_i-\overline{y}_i)^2 \tag{2-4-62}$$

其自由度为 $N-1$。下面讨论模型鉴别和统计分析。

非线性的回归目标函数取：

$$S(\beta)=\sum[y_i-f(x_i,\beta)]^2\xrightarrow{\beta}\mathrm{Min} \tag{2-4-63}$$

2）参数计算和优化方法

参数计算是一个迭代过程，需要选用优化方法，如 Newton-Raphson 法、Rosenbrock 法、Fletcher-Powell 法、Nelder-Mead（Simplex）法、Newton-Gauss 法和 Marquardt 法等。下面以 Newton-Guass 法为例。

把非线性方程作 Taylor 展开，取线性项：

$$\Delta b_{i+1}=(J_i^{\mathrm{T}}J_i)^{-1}J_ir_i \qquad J_i=\left[\frac{\partial(f(x_k,\beta)}{\partial\beta_l}\right]_{\beta=b_i}$$

$$b_{i+1}=b_i+\Delta b_i \qquad r_i=y-f(x,b_i) \tag{2-4-64}$$

在计算中，可以在初值取定时将其线性化。这种方法的关键是要使迭代过程能够收敛到确定的值，并快速计算收敛，即不能有过多的迭代次数。许多优化方法都是在该方法的基础上发展而来的。例如，为防止可能的发散，Marquardt 等发展出在迭代函数中引入可以调节的参数，使其向收敛方向发展，而且尽可能快地收敛。上述方法的计算公式被修定为

$$\begin{aligned}\Delta b_{i+1}&=(J_i^{\mathrm{T}}J_i+\lambda_iI)^{-1}J_ir_i\\ b_{i+1}&=b_i+\Delta b_i\end{aligned} \tag{2-4-65}$$

图 2-4-7 给出了相关计算的框图。

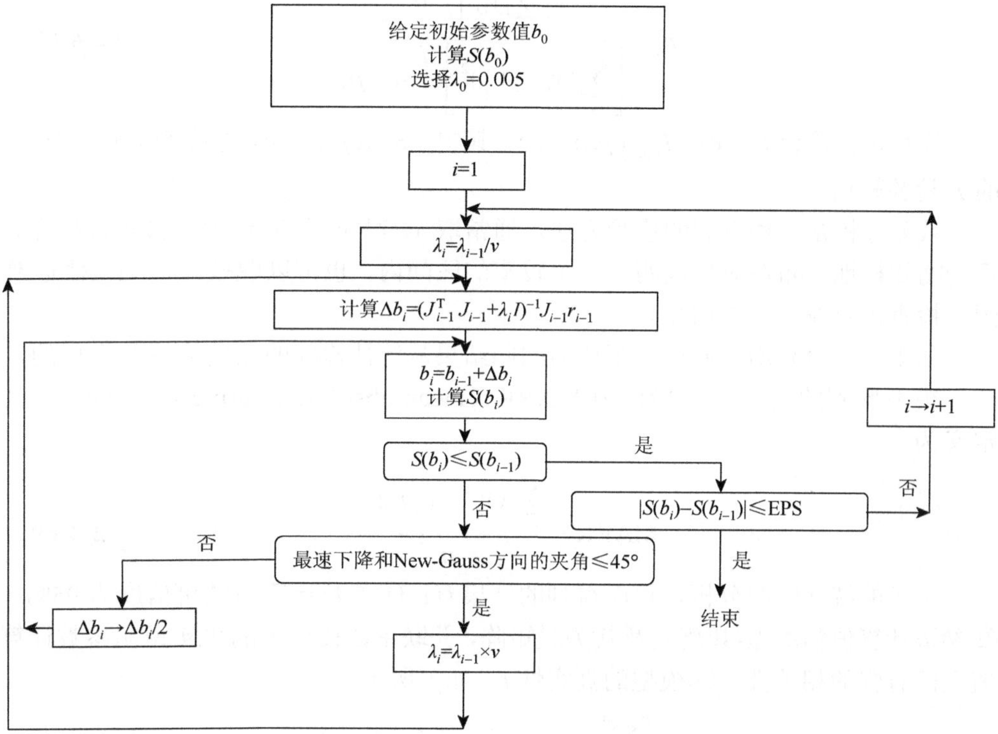

图 2-4-7　Marquardt 方法的计算框图

3）动力学模型鉴别与统计分析

在完成动力学模型参数回归工作以后，一般使用统计分析方法对模型进行筛选，这就需要在动力学实验中必须进行重复实验以确定实验误差，然后分别进行决定性指标ρ^2检验、F检验和残差分析。

首先计算：

$$\rho^2=1-\frac{\sum_{i=1}^{n}(y_{ei}-y_{ci})^2}{\sum_{i=1}^{n}y_{ei}^2} \tag{2-4-66}$$

检查是否符合 $\rho^2>0.9$。

一般情况下，F 检验的公式为

$$F_c=\frac{\left[\sum_{i=1}^{n}y_{ei}^2-\sum_{i=1}^{n}(y_{ei}-y_{ci})^2\right]\Big/ p}{\left[\sum_{i=1}^{n}(y_{ei}-y_{ci})^2\right]\Big/(n-p)} \tag{2-4-67}$$

有些文献采用：

$$F_{c}=\frac{\left[\sum_{i=1}^{n}y_{ci}^{2}\right]\Big/p}{\left[\sum_{i=1}^{n}(y_{ei}-y_{ci})^{2}\right]\Big/(n-p)} \tag{2-4-68}$$

检查是否符合 $F_c > 10\times F_{0.05}(p,n-p)$。其中，$F_{0.05}(p,n-p)$ 是显著性水平为 5% 的 F 检验阈值。

残差分析是一种直观的检验方法。通常取 y_{ei} 对 y_{ci} 作散点图，检查数据点是否均衡随机地分布在对角线两侧一个较窄的区间内。也可以取残差 $y_{ei}-y_{ci}$ 对 y_{ei} 作图，检查正负偏差是否均衡。

如果以上检验均能通过，则认为回归结果从统计检验的角度来看是合理的。

模型鉴别的另一常用指标为 MARR（mean absolute relative residuals），其定义为

$$\text{MARR}=\frac{\sum_{i=1}^{n}\left|(y_{ei}-y_{ci})/y_{ei}\right|}{n} \tag{2-4-69}$$

上述的统计回归分析计算能得到的结果有：①参数计算值的可信度为 95%；②参数计算值的离差-共离差及其关联矩阵，关联系数接近 1 的事实说明参数计算值之间有强的相关性；③模型的真实性 t，如下所示

$$t=\frac{\sum_{i=1}^{n-N+1}[y_{i}-y_{ci}]^{2}/(n-N+1-p)}{\text{GH}/(n-p)} \tag{2-4-70}$$

然后比较 t 和 F（$n-N+1$，$N-1$，0.95）可以判别动力学模型的适合性。

3. 参数值真伪性分辨

只有在不同实验操作的变量条件下进行反应速率的测量，并在可靠的反应机理和速率控制步骤的假设之后，才有可能推演出动力学方程。经这个方法获得的动力学方程中的参数有其物理意义，且必须受热力学条件的约束。例如，基元步骤不可能是三分子或多分子反应；活化能必须为正值，其范围应在 24～240 kJ/mol 之间；低于 29～34 kJ/mol 则表明可能存在外扩散限制，而大于 240 kJ/mol 时，可能说明存在热梯度。借助气体动力学理论可以方便地计算出指前因子，该数据可能表明单位时间单位表面积上分子与催化表面碰撞的数目。吸附平衡常数与温度遵从如下关系：

$$b_{i}=b_{i}^{0}\exp(-\Delta H/RT)=\exp(\Delta S/R)\exp(-\Delta H/RT) \tag{2-4-71}$$

吸附焓变 ΔH 应该是负的，其值应该在 24～240 kJ/mol 之间，这是化学吸附中所

包含的化学键键能的典型数值范围。吸附熵变 ΔS 应该大于平动能但应小于气相分子的总熵值。一个机理性模型的参数应该具有物理意义。动力学模型能够为机理理论提供支持，但不能提供绝对证明。因此，即使一个动力学模型与理论不相矛盾或与实验数据吻合较好，也依旧不能完全排除其他更为合理的动力学模型存在的可能。

2.5　催化反应速率方程建立的实例

催化反应动力学研究的两个主要目标是确立反应的速率方程（包括内含参数的值）及获得反应的确切机理。这两个目标虽相互区别但也密切相关。同时依靠速率方程及其他的可靠证据才能确定反应机理，但是只要获得反应机理，哪怕是简略的机理，就能够迅速导出速率方程。从应用目的即反应器设计的角度看，可靠的、确定的且可以延伸使用范围的速率方程的建立更为重要。前文已介绍过催化反应动力学的测量，包括实验用反应器和实验设计、浓度-时间到速率-浓度数据的转换及动力学方程。为了更清楚地说明从动力学数据到动力学方程的确立过程，有必要举出一些具体实例说明。这些实例主要包括以下三类：第一类是在未知真实催化反应机理（绝大多数情形）的情况下，用存在的两步机理（一般指吸附和表面反应）及表面上最丰富的反应中间物种和速率控制步骤的假设来确定速率方程；第二类是动力学速率方程中参数的计算和速率模型鉴别；第三类是可以用于催化反应器的设计的工业催化速率方程建立的综合性实例。

2.5.1　第一类实例：用两步机理获得动力学方程

1. 氨的合成

$$N_2+3H_2 \rightleftharpoons 2\ NH_3$$

可以考虑的两步机理有多种情形。

1）情形 1

第一步为氮原子的解离吸附，该步骤产生表面最丰富的反应中间物种，而且该步骤是反应速率的控制步骤：

$$N_2+2* \longrightarrow 2N*$$

第二步将其他所有反应综合考虑为一个总的平衡反应步骤：

$$N*+\frac{3}{2}H_2 \rightleftharpoons NH_3+*$$

$$K_2=\frac{[N*][H_2]^{\frac{3}{2}}}{[NH_3][*]}$$

于是，反应总速率是第一个步骤的速率：

$$v=k_1[N_2][*]^2[L]^{-1}$$

考虑到活性位平衡：[L]=[∗]+[N∗]，可以解得活性位浓度[∗]。因此有

$$v=\frac{[L]k_1[N_2]}{1+\dfrac{K_2[NH_3]}{[H_2]^{\frac{3}{2}}}}$$

2）情形 2

第一步是氮气的直接吸附：

$$N_2+*\longrightarrow N_2*$$

$$N_2*+3H_2\rightleftharpoons 2NH_3+*$$

这一步产生表面最丰反应中间物种，也是反应的速率控制步骤。

于是反应总速率是第一个步骤的速率：$v=k_1[N_2][*]$

与情形 1 类似，第二步也将其他所有反应综合考虑为一个总的平衡反应步骤，有

$$K_2=\frac{[N_2*][H_2]^3}{[NH_3]^2[*]}$$

利用活性位平衡：

$$[L]=[*]+[N_2*]$$

可以解得[∗]，最后得

$$v=\frac{[L]k_1[N_2]}{1+\dfrac{K_2[NH_3]^2}{[H_2]^3}}$$

3）情形 3

第一步是氮原子的解离吸附，但部分加氢物种NH∗是表面最丰反应中间物种，其机理序列为

$$N_2+2*\xrightarrow{k_1}2N*\cdots(1)$$

$$H_2+2*\rightleftharpoons 2H*\cdots(2)$$

$$N*+H*\longrightarrow HN*+*\cdots(3)$$

$$H_2+NH*\underset{}{\overset{K_4}{\rightleftharpoons}}NH_3+*\cdots(4)$$

步骤（1）和步骤（3）为不可逆反应，且没有反应的速率控制步骤；步骤（4）为其余平衡步骤的总和。于是可以写出：

$$v=v_1=k_1[N_2][*]^2[L]^{-1}$$

$$K_4=\frac{[NH*][H_2]}{[NH_3][*]}$$

$$[L]=[*]+[NH*]$$

解得[*]，代入得

$$v=\frac{[L]k_1[N_2]}{\left(1+\frac{K_4[NH_3]}{[H_2]}\right)^2}$$

同位素示踪实验证明了表面最丰反应中间物 HN*的存在。

2. 乙烷的加氢裂解

$$C_2H_6+H_2=\!=\!=2CH_4$$

得到的经验指数律动力学方程：

$$v=k[C_2H_6]^{\alpha}[H_2]^{\beta}$$

其中，$\alpha\approx1$；β 为–2～0.5。

研究者提出了如下的两步机理序列：

$$C_2H_6+*\overset{K_1}{\rightleftharpoons}C_2H_x*+\frac{6-x}{2}H_2\cdots(1)$$

$$C_2H_x*+H_2\longrightarrow\cdots,\cdots(2)$$

部分脱氢物种 C_2H_x*是表面最丰反应中间物，而步骤（2）是速率控制步骤，其余步骤没有动力学意义。步骤（1）是一个总平衡步骤，其平衡常数为

$$K_1=\frac{[C_2H_x*][H_2]^{\frac{x-6}{2}}}{[C_2H_6][*]}$$

利用活性位平衡：

$$[L]=[C_2H_x*]+[*]$$

可解得[C_2H_x*]：

$$[C_2H_x*]=[L]\frac{K_1[C_2H_6][H_2]^{\frac{x-6}{2}}}{1+K_1[C_2H_6][H_2]^{\frac{x-6}{2}}}$$

代入总反应速率方程：

$$v=k[C_2H_x*][H_2]$$

得

$$v=k[H_2][L]\frac{K_1[C_2H_6][H_2]^{\frac{x-6}{2}}}{1+K_1[C_2H_6][H_2]^{\frac{x-6}{2}}}$$

上式可近似为

$$v = k'[C_2H_6]^n[H_2]^{1-n\frac{6-x}{2}} \quad (0<n<1)$$

该式与实验发现的经验指数律方程有相同的形式：

$$\alpha=n,\ \beta=1-(6-x)n/2$$

乙烷的加氢裂解反应速率表达式为 $v = k[C_2H_6]^\alpha[H_2]^\beta$，该反应的不同金属催化剂相应 α 和 β 的实验值和计算值示于表 2-5-1 中。表中数据的一致性证明乙烷在金属催化剂上的加氢裂解是通过乙烷的部分脱氢机理进行的。这成为催化反应动力学研究的一个极其重要的结论。

表 2-5-1　不同金属催化剂相应 α 和 β 的实验值和计算值

催化剂	$n_{exp}=\alpha$	β_{exp}	x	β_{calc}
1. Ni	0.7	−1.2	0	−1.1
2. Fe	1.0	−0.7	2	−1.0
3. Fe+0.05% K	0.9	−0.7	2	−0.8
4. Fe+0.06% Li	0.8	−0.4	2	−0.6
5. Fe+0.6% K	0.7	+0.3	4	+0.3
6. Fe+KOH	0.6	+0.1	4	+0.4

2.5.2　第二类实例：反应级数和速率常数的确定

以下以二叔丁基过氧化物的分解为例。

$$(CH_3)_3COOC(CH_3)_3 \longrightarrow C_2H_6 + 2CH_3COCH_3$$

这个例子在前文 2.3.3 节中作为从 $C(t)$-t 曲线求反应速率的例子已详细介绍如何获得反应的 dP/dt。在这里进一步从速率-总压（P）间的关系介绍如何确定反应级数和反应速率常数。

1）微分法

对恒容釜式反应器，有

$$C_A = C_{A0}(1-X)$$

$$V = \frac{V_0P_0}{P}(1+\varepsilon X)\frac{T}{T_0}$$

当等温操作和恒定体积时，上述第二个方程的解为

$$X=\frac{1}{\varepsilon P_0}(P-P_0)=\frac{1}{y_{A0}\delta P_0}(P-P_0)$$

$$X=\frac{1}{\delta P_0}(P-P_0),\ P_{A0}=y_{A0}P_0$$

组合上述方程得

$$C_A=\frac{P_{A0}-\dfrac{P-P_0}{\delta}}{RT}$$

对于纯二叔丁基过氧化物，y_{A0}=1.0，即 $P_{A0}=P_0$，其化学计量系数 δ=1+2−1=2，则

$$C_A=\frac{P_{A0}-\dfrac{P-P_0}{2}}{RT}=\frac{3P_0-P}{2RT}$$

将其代入指数率速率方程并用体系总压表示，则有

$$-\frac{dC_A}{dt}=kC_A^{\alpha}$$

$$\frac{1}{2RT}\frac{dP}{dt}=k\left(\frac{3P_0-P}{2RT}\right)^{\alpha},\ k'=k(2RT)^{1-\alpha}$$

$$\frac{dP}{dt}=k'(3P_0-P)^{\alpha}$$

取自然对数得

$$\ln\frac{dP}{dt}=\ln k'+\alpha\ln(3P_0-P)$$

以 $\ln(dP/dt)$-$\ln(3P_0-P)$作图，可以得到一直线。其斜率为反应级数 α，其速率常数 k 可以从任何一点用下式获得

$$k'=\frac{dP/dt}{(3P_0-P)^{\alpha}}$$

为了使用上述方程来获得 α 和 k，首先需要用前文提到的数值方法、图解法或拟合解析微分法获得反应速率。

以 $\ln(dP/dt)$-$\ln(3P_0-P)$）作图获得一直线，如图 2-5-1 所示。由该直线可得如下结果：

$$\alpha=\text{斜率}=\Delta y/\Delta x=1.2\ \text{cm}/1.2\ \text{cm}=1.0$$

$$k=0.4\ (\text{mmHg/min})\ /5\ \text{mmHg}=0.08\ \text{min}^{-1}$$

$$-r_A=0.08\ C_A\ \text{min}^{-1}$$

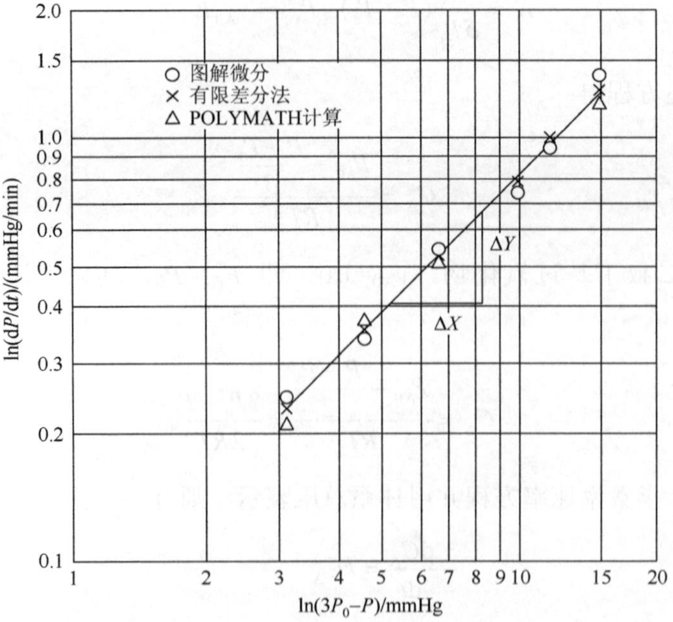

图 2-5-1　$\ln\dfrac{dP}{dt}$-$\ln(3P_0-P)$ 作图

2）积分法

在反应级数未知的情况下，使用积分方法前需先假设一个反应级数，并积分相应速率方程，如果假设值可靠，其压力-时间的合适作图应该是线性的。在反应级数已知的情况下，积分方法是获得反应速率常数的常用方法。获得速率常数后就能够使用阿伦尼乌斯方程来获得反应活化能。在速率数据分析的积分方法中，关键是需要找出对应的特定速率定律，其浓度与时间的关系是线性的。研究者应该熟知对零级、一级和二级反应的相应线性作图。

前面已经得到：

$$\frac{dP}{dt}=k'(3P_0-P)^{\alpha}$$

首先假设反应级数为零级。则上式简化为

$$\frac{dP}{dt}=k',\ P=P_0+k't$$

作图如图 2-5-2 所示，所得为非线性函数，因此反应不是零级反应。

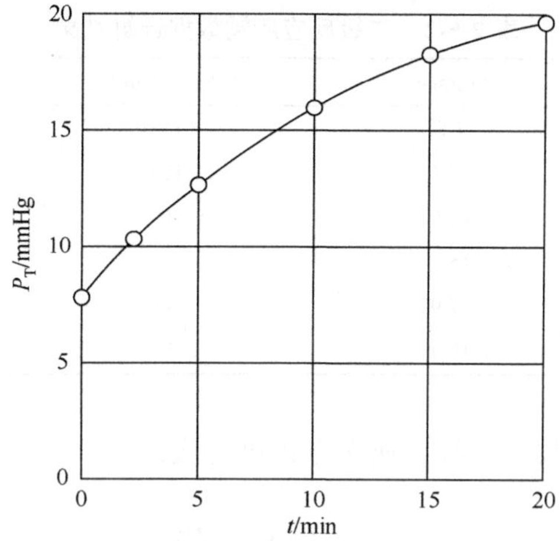

图 2-5-2　零级反应作图

再假设反应级数为二级，速率方程可写为

$$\frac{\mathrm{d}P}{\mathrm{d}t}=k'(3P_0-P)^2$$

积分得

$$\frac{1}{3P_0-P}-\frac{1}{2P}=k't$$

计算值示于表 2-5-2 中。以 $1/(3\ P_{T0}-P_T)$-t 作图得图 2-5-3，所得依旧不是直线，因此反应也不是二级反应。

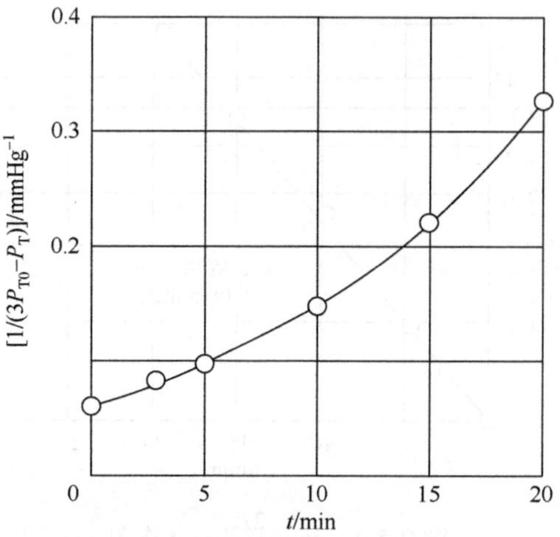

图 2-5-3　二级反应作图

表 2-5-2　二级反应所需数据计算结果

t/min	P/mmHg	$(3P_0-P)$/mmHg	$[1/(3P_0-P)]$/$mmHg^{-1}$
0.0	7.5	15.0	0.0667
2.5	10.5	12.0	0.0833
5.0	12.5	10.0	0.1000
10.0	15.8	6.7	0.1493
15.0	17.9	4.6	0.2174
20.0	19.4	3.1	0.3226

最后假设反应级数为一级：速率方程可写成：

$$\frac{\mathrm{d}P}{\mathrm{d}t}=k'(3P_0-P)$$

积分得

$$\ln\frac{2P_0}{3P_0-P}=k't$$

计算值如表 2-5-3 所示。以 $\ln[2P_0/(3P_0-P)]$-t 作图（图 2-5-4），得到直线，其斜率为 k'。因此该反应为一级反应，从其斜率计算得到反应速率常数 k=0.08 min^{-1}。

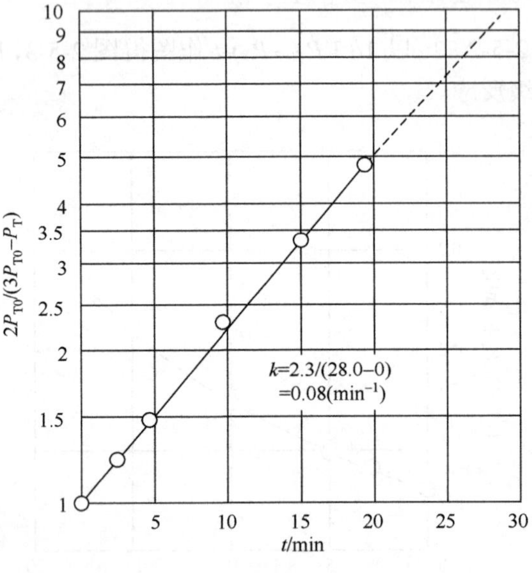

图 2-5-4　$\ln\frac{2P_{T0}}{3P_{T0}-P_T}$-$t$ 作图

表 2-5-3　一级反应所需数据计算结果

t/min	P/mmHg	$2P_0/(3P_0-P)$
0.0	7.5	1.00
2.5	10.5	1.25
5.0	12.5	1.50
10.0	15.8	2.24
15.0	17.9	3.26
20.0	19.4	4.84

2.5.3　动力学参数计算例子——乙醇脱氢

乙醇脱氢反应：

$$C_2H_5OH \longrightarrow C_2H_4O+H_2$$

研究者利用积分反应器给出了转化率 x 与接触时间 W/F_{A0} 数据，典型数据如图 2-5-5 所示。利用初速与总压作图（图 2-5-6）可判定该催化反应的速率控制步骤是双位表面反应。该结论被 $\sqrt{r_{A0}/p_{A0}}$ 对 p_{A0} 作图（图 2-5-7）得到的线性结构所支持。

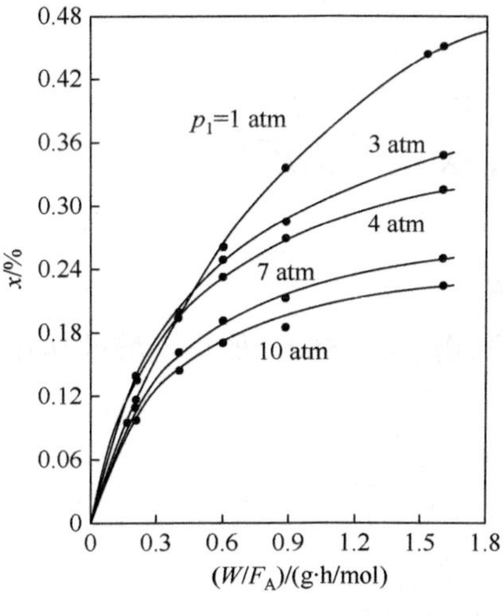

图 2-5-5　乙醇脱氢电表性实验数据

1 atm=1.01325×10^5 Pa

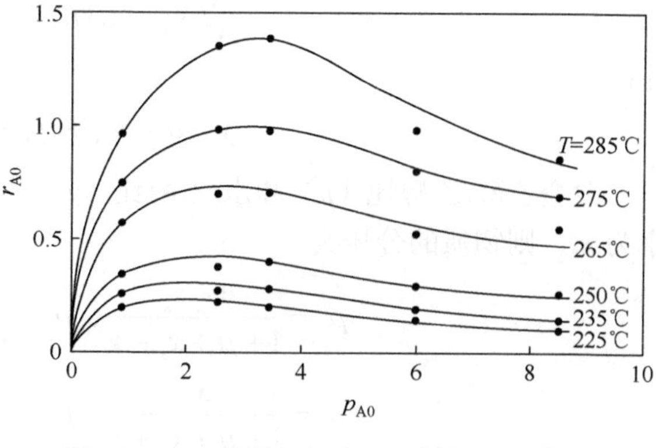

图 2-5-6　一处脱氢初速 r_{A0} 对总压 p_{A0} 作图

因此，该反应的速率方程为

$$r_a = \frac{kK_a(p_a - p_r p_s / K)}{(1 + K_a p_a + K_r p_r + K_s p_s)^2}$$

计算方程中的速率参数可以使用线性和非线性回归方法。

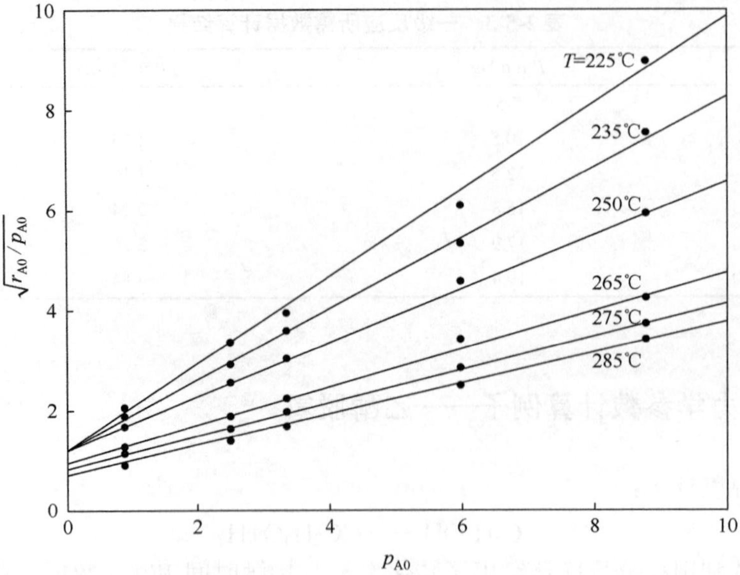

图 2-5-7　乙醇脱氢 $\sqrt{r_{A0}/p_{A0}}$ 对 p_{A0} 作图

1. 线性回归

把上述速率方程线性化得

$$\sqrt{\frac{p_a - p_r p_s / K}{r_a}} = \frac{1}{\sqrt{kK_a}} + \frac{K_a}{\sqrt{kK_a}} p_a + \frac{K_r}{\sqrt{kK_a}} p_r + \frac{K_s}{\sqrt{kK_a}} p_s$$

即：

$$y = a + bp_a + cp_r + dp_s$$

改变乙醛/乙醇比（μ）和水/乙醇比（γ，对共沸物 γ=0.155），如果乙醇的转化率为 x_a，则物质的分压为

$$p_a = \frac{1 - x_a}{1 + \mu + x_a + \gamma};\quad p_r = \frac{x_a + \mu}{1 + \mu + x_a + \gamma}$$

$$p_s = \frac{x_a}{1 + \mu + x_a + \gamma};\quad p_w = \frac{\gamma}{1 + \gamma + x_a + \gamma}$$

先利用初速数据，目标函数为

$$\sum_{i=1}^{N}\left[\left(\sqrt{\frac{p_{a0}}{r_{a0}}}\right)_{ei} - \left(\sqrt{\frac{p_{a0}}{r_{a0}}}\right)_{ci}\right] \xrightarrow{a,b,c,e} \text{Min}$$

利用前述的线性回归方法，在 95%可信区时的参数计算证明，水分压对速率（参数 e 值）的影响可略去。包括不同进料组成时的数据，目标函数为

$$\sum_{i=1}^{N}\left[\left(\sqrt{\frac{p_{\mathrm{a}}-p_{\mathrm{r}}p_{\mathrm{s}}/K}{r_{\mathrm{a}}}}\right)_{ei}-\left(\sqrt{\frac{p_{\mathrm{a}}-p_{\mathrm{r}}p_{\mathrm{s}}/K}{r_{\mathrm{a}}}}\right)_{ci}\right]\xrightarrow{a,b,c,e}\mathrm{Min}$$

获得的参数值如表 2-5-4 所示。

表 2-5-4　模型参数的计算值及其可信区范围

T/℃	($a\pm t$)，$s(a)$	$b\pm t$，$s(b)$	$c\pm t$，$s(c)$	$e\pm t$，$s(e)$	$d\pm t$，$s(d)$
225	1.287±0.40	1.239±1.18	6.433±4.17	−2.808±7.59	—
250	1.037±0.2	0.617±0.58	2.953±2.06	−0.529±3.75	—
275	0.759±0.09	0.504±0.25	1.82±0.89	−1.191±1.62	—
225	1.167±0.55	0.856±0.14	8.501±4.53	—	0.891±4.88
250	1.223±0.21	0.488±0.06	2.745±1.85	—	0.598±1.77
275	0.798±0.08	0.291±0.02	1.88±0.76	—	0.309±0.73

2. 非线性回归

使用微分方法常常导致实验误差的放大，使误差的分布特性改变，进而使相应计算的可靠性降低。这时，可直接使用能获得的数据作计算。

对固定床反应器使用积分法测量动力学数据时，有

$$\frac{W}{F}=\varphi(x_{\mathrm{a}},p_{t},\text{参数})$$

回归计算的目标函数为

$$\sum_{i=1}^{N}\left[\left(\frac{W}{F}\right)_{ei}-\left(\frac{W}{F}\right)_{ci}\right]\xrightarrow{\text{速率参数}}\text{最小}$$

或

$$\sum_{i=1}^{N}(x_{\mathrm{a}ei}-x_{\mathrm{a}ci})\xrightarrow{\text{速率参数}}\text{最小}$$

对乙醇脱氢的例子，有

$$p_{\mathrm{a}}=\frac{1-x_{\mathrm{a}}}{1+\mu+x_{\mathrm{a}}+\gamma};\ p_{\mathrm{r}}=\frac{x_{\mathrm{a}}+\mu}{1+\mu+x_{\mathrm{a}}+\gamma};\ p_{\mathrm{s}}=\frac{x_{\mathrm{a}}}{1+\mu+x_{\mathrm{a}}+\gamma};\ p_{\mathrm{w}}=\frac{\gamma}{1+\gamma+x_{\mathrm{a}}+\gamma}$$

将其代入下式：

$$r_{\mathrm{a}}=\frac{kK_{\mathrm{a}}(p_{\mathrm{a}}-p_{\mathrm{r}}p_{\mathrm{s}}/K)}{(1+K_{\mathrm{a}}p_{\mathrm{a}}+K_{\mathrm{r}}p_{\mathrm{r}}+K_{\mathrm{s}}p_{\mathrm{s}})^{2}}$$

可以得到：

$$\frac{W}{F_{\mathrm{A0}}}=\frac{1}{C}(a_{1}\tau_{1}+b_{1}\tau_{2}+c_{1}\tau_{3})$$

其中，τ_1、τ_2 和 τ_3 为转化率和工艺条件的函数；C、a_1、b_1、c_1 为工艺条件和速率参数的函数，有

$$\tau_1=\frac{1}{\sqrt{D}}\lg\left[\frac{(2c_2x+b_2-\sqrt{D})(b_2+\sqrt{D})}{(2c_2x+b_2+\sqrt{D})(b_2-\sqrt{D})}\right]$$

$$\tau_2=\frac{1}{2c_2}\left(\lg\frac{a_2+b_2x+c_2x^2}{a_2}-b_2\tau_1\right)$$

$$\tau_3=\frac{1}{c_2}\left(x-\frac{b_2}{2c_2}\lg\frac{a_2+b_2x+c_2x^2}{a_2}+\frac{b_2^2-2a_2c_2}{2c_2}\tau_1\right)$$

$$a_2=(1+\mu+\gamma)p_t;b_2=-\left[\gamma+\mu\left(1+\frac{p_t}{K}\right)\right]p_t;c_2=-\left(1+\frac{p_t}{K}\right)p_t;D=b_2^2-4a_2c_2$$

若表面反应速率控制，有

$$C=kK_a;a_1=[1+\gamma+\mu+(K_a+K_r\mu)p_t]^2;c_1=[1-(K_a-K_r-K_s)p_t]^2;b_1=2\sqrt{a_1c_1}$$

若吸附速率控制，有

$$C=k;\ a_1=(1+\gamma+\mu)(1+\gamma+\mu+K_rp_t\mu)$$

$$b_1=[2+(K_r+K_s)p_t](1+\gamma+\mu)+\left(\frac{K_a}{K}p_t+K_r\right)\mu p_t;c_1=1+\left(\frac{K_a}{K}p_t+K_r+K_s\right)p_t$$

若脱附速率控制，有

$$C=kKK_r;\ a_1=KK_r(1+\gamma+\mu)p_t;$$

$$b_1=[1+\gamma+\mu+K_ap_t-KK_r(\gamma+\mu)]p_tc_1+(1-K_ap_t-KK_r+K_sp_t)p_t$$

解上述隐函数使用高效且便捷的“记忆法”（memory method），而 Marquardt 法用于优化目标函数。不同动力学模型参数的计算值及其可信范围如表 2-5-5 所示。

表 2-5-5　不同动力学模型参数的计算值及其可信范围

动力学过程	$k\pm t$，$s(k)$	$K_a\pm t$，$s(K_a)$	$K_r\pm t$，$s(K_r)$	$K_s\pm t$，$s(K_s)$	残差平方和
表面反应	4.400 5±0.541	0.422 3±0.05	3.104 8±0.603	0.241±0.447	0.003 13
吸附	0.638 9±0.15	13.053±2.295	1.206 6±1.604	5.597±1.487	0.011 11
脱附	0.558 4±0.96	0.072 15±0.78	0.683 6±0.96	0.516 5±4.16	0.362
表面反应 DMKALR	4.298±0.422	0.365±0.058	2.35±1.145	0.386±0.883	—

2.5.4　第三类实例：综合性例子

这类例子的目标是用于催化反应器设计的多相催化反应动力学数据分析，也就是速率方程建立的全过程。反应器工程师必须具有以下四种能力：①建立与实验观察相一致的代数形式的速率定律；②为了从实验结果获得速率定律中的参数，能够线性化速率定律；③找到与实验数据一致的反应机理和速率控制步骤；④设计能够达到特定转化率的催化反应器。以下用实际例子来说明前三种能力，第四种能力在反应器设计的章节中阐述。

1. 甲苯加氢脱烷基反应

在固体酸催化剂结晶硅铝酸盐上进行的甲苯加氢脱甲基反应为

$$C_6H_5CH_3+H_2 \longrightarrow C_6H_6+CH_4$$

原料组成：20%甲苯，40%氢气，40%惰性气体。在 600℃、10 atm 下，设计四组实验，结果如表 2-5-6 所示。利用该微分反应器测量的数据确立速率方程。

从表中的数据可以发现，甲烷对反应速率的影响可以忽略（实验 A 系列）；苯对反应速率有一定影响（实验 B 系列）；氢气对反应速率的影响较大（实验 C 系列）；甲苯对反应速率的影响也较大（实验 D 系列）。

表 2-5-6　获得的数据

编号	$r'_T \times 10^{10} / \left(\frac{g\cdot molT}{g\ cat\cdot s}\right)$	分压			
		甲苯 P_T	氢气 P_{H_2}	甲烷 P_M	苯 P_B
实验 A 系列					
1	71.0	1	1	1	0
2	71.3	1	1	4	0
实验 B 系列					
3	41.6	1	1	0	1
4	19.7	1	1	0	4
5	42.0	1	1	1	1
6	17.1	1	1	0	5
实验 C 系列					
7	71.8	1	1	0	0
8	142.0	1	2	0	0
9	284.0	1	4	0	0
实验 D 系列					
10	47.0	0.5	1	0	0
11	71.3	1	1	0	0
12	117.0	5	1	0	0
13	127.0	10	1	0	0
14	131.0	15	1	0	0
15	133.0	20	1	0	0
16	41.8	1	1	1	1

1）速率方程的推演

假定反应不可逆，分析甲苯消失的速率与氢气、甲苯、苯和甲烷的分压间的关系。

（1）甲烷的影响：从实验 1 和实验 2 的结果可以得出，虽然甲烷的分压增加了四倍，但甲苯消失的速率几乎没有变化。因此可以认为甲烷在催化剂表面几乎不吸附。

（2）苯的影响：从实验 3 和实验 4 的结果可以得出，在其他条件不变时甲苯消失的速率随苯浓度增加而下降。因此，在速率方程的分母中应出现苯分压，也就是说苯在催化剂表面有吸附。

（3）甲苯的影响：在低甲苯浓度（实验 10 和实验 11）时，速率随甲苯分压增加而增加；而在高甲苯浓度（实验 14 和实验 15）时，速率基本不随甲苯分压改变而改变。因此速率表达式对甲苯应该为双曲线型。

这样可得

$$-r'_{\mathrm{T}} \propto \frac{P_{\mathrm{T}}}{1+K_{\mathrm{T}}P_{\mathrm{T}}+K_{\mathrm{B}}P_{\mathrm{B}}+\cdots}$$

（4）氢气的影响：从实验 7～实验 9 的结果可以看到，甲苯消失的速率随氢分压增加而增加，反应对氢气是一级的。显然氢在催化剂表面是吸附的，有 $-r'_{\mathrm{T}} \propto P_{\mathrm{H_2}}$，并可得

$$-r'_{\mathrm{T}} = \frac{kP_{\mathrm{H_2}}P_{\mathrm{T}}}{1+K_{\mathrm{T}}P_{\mathrm{T}}+K_{\mathrm{B}}P_{\mathrm{B}}+\cdots}$$

2）反应机理的推演

假设甲苯加氢脱甲基反应的机理是吸附的甲苯与氢气反应生成吸附的苯和甲烷，然后吸附苯脱附。由于大约 75%的多相催化反应机理属于表面反应控制，因此假定吸附甲苯与氢气反应为速率控制步骤，则有

吸附	$\mathrm{T(g)+S \longrightarrow TS}$	$r_{\mathrm{AD}}=k_{\mathrm{A}}(C_{\mathrm{V}}P_{\mathrm{T}}-C_{\mathrm{TS}}/K_{\mathrm{T}})$
表面反应	$\mathrm{H_2(g)+TS \longrightarrow BS+M(g)}$	$r_{\mathrm{S}}=k_{\mathrm{S}}(C_{\mathrm{TS}}P_{\mathrm{H_2}}-C_{\mathrm{BS}}P_{\mathrm{M}}/K_{\mathrm{S}})$
脱附	$\mathrm{BS \longrightarrow B(g)+S}$	$r_{\mathrm{D}}=k_{\mathrm{D}}(C_{\mathrm{BS}}-C_{\mathrm{V}}P_{\mathrm{B}}/K'_{\mathrm{B}})$

对表面反应控制，可以用前面使用的类似方法消去速率方程中的表面浓度项得到：

$$-r'_{\mathrm{T}} = \frac{kK_{\mathrm{T}}P_{\mathrm{H_2}}P_{\mathrm{T}}}{1+K_{\mathrm{T}}P_{\mathrm{T}}+K_{\mathrm{B}}P_{\mathrm{B}}}$$

为了分析实验数据以确定速率方程中的参数 k、K_{T} 和 K_{B}，把上述速率方程线

性化，可得

$$\frac{P_{H_2}P_T}{-r'_T}=\frac{1}{kK_T}+\frac{K_B}{kK_T}P_B+\frac{1}{k}P_T$$

使用线性回归技术：$Y=a_0+a_1X_1+a_2X_2$。方程左边的计算值如表 2-5-7 所示。

表 2-5-7　线性回归技术对速率方程相关量的计算结果

步骤	$r'_T\times10^{10}\bigg/\left(\frac{\text{g}\cdot\text{molT}}{\text{g cat}\cdot\text{s}}\right)$	P_T/atm	P_{H_2}/atm	P_B/atm	$\frac{P_TP_{H_2}}{-r'_T}\times10^2$/(g cat·s·atm²/mol)
3	41.6	1	1	1	2.40
4	19.7	1	1	4	5.07
6	17.1	1	1	5	5.85
7	71.8	1	1	0	1.39
9	284.0	1	4	0	1.41
10	47.0	0.5	1	0	1.06
12	117.0	5	1	0	4.27
13	127.0	10	1	0	7.87
14	131.0	15	1	0	11.45
15	133.0	20	1	0	15.04

3）速率方程中参数 k、K_T 和 K_B 的计算

利用表 2-5-7 的数据和线性化方程可计算速率参数 k、K_T 和 K_B。

在恒定的 P_B 下以 $\frac{P_{H_2}P_T}{-r'_T}$ 对 P_T 作图（图 2-5-8），得到一直线，其斜率为 $1/k$，则有

$$\frac{1}{k}=\frac{15.0-0.8}{20}\times10^8=0.71\times10^8$$

$$k=1.408\times10^{-8}\frac{\text{g}\cdot\text{mol}}{\text{g cat}\cdot\text{atm}}$$

对于 $P_B=0$，则有

$$\frac{P_{H_2}P_T}{-r'_T}=\frac{1}{kK_T}+\frac{1}{k}P_T$$

如图 2-5-8 所示，在 $P_T=13.1$ atm 时，有

$\frac{P_{H_2}P_T}{-r'_T}=10^9$，并得到：

$$10^9 - \frac{13.1}{1.408\times10^{-8}} = 0.7\times10^{-8} = \frac{1}{kK_T}$$

$$K_T = 1.01\ \text{atm}^{-1} = 0.01\ \text{kPa}^{-1}$$

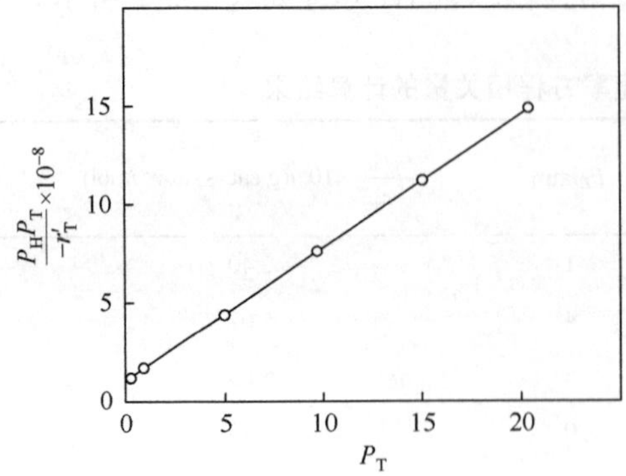

图 2-5-8　反应速率对甲苯分压作图

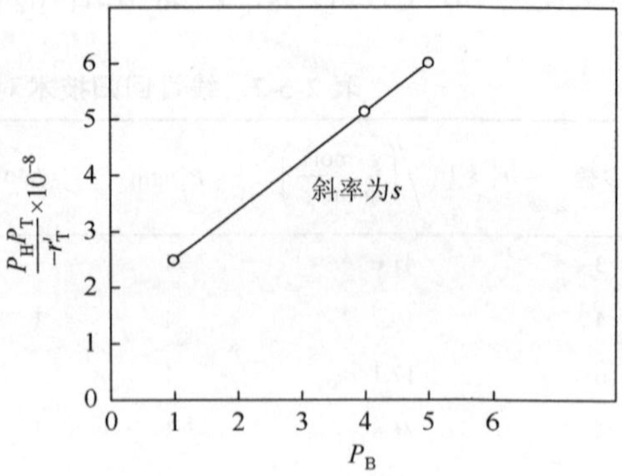

图 2-5-9　反应速率对苯分压作图

在恒定的 P_T 下以 $\frac{P_{H_2}P_T}{-r'_T}$ 对 P_B 作图（图 2-5-9），得到一直线。从斜率可得

$$K_B = s\cdot kK_T = 0.88\times10^8\times1.408\times10^{-8}\times1.10 = 1.26\,(\text{atm}^{-1}) = 0.0125\,(\text{kPa}^{-1})$$

除了图解法外，也可以用线性回归来计算速率方程中的参数，有

$$\frac{P_{H_2}P_T}{-r'_T} = \frac{1}{kK_T} + \frac{K_B}{kK_T}P_B + \frac{1}{k}P_T$$

即

$$Y=a_0+a_1X_1+a_2X_2$$

利用测量的 6 个实验数据，可以形成代数方程组：

$$\sum_{j=1}^{16} Y_j = 16a_0 + a_1\sum_{j=1}^{16} X_{1j} + a_2\sum_{j=1}^{16} X_{2j}$$

$$\sum_{j=1}^{16} X_{1j}Y_j = a_0\sum_{j=1}^{16} X_{1j} + a_1\sum_{j=1}^{16} X_{1j}^2 + a_2\sum_{j=1}^{16} X_{1j}X_{2j}$$

$$\sum_{j=1}^{16} X_{2j}Y_j = a_0\sum_{j=1}^{16} X_{2j} + a_1\sum_{j=1}^{16} X_{1j}X_{2j} + a_2\sum_{j=1}^{16} X_{2j}^2$$

可以使用现成的程序（如 POLYMATH）来计算参数。也可以自行进行数值计算来确定速率定律中的参数。得到上述的代数方程为

$$6.62\times10^9 = 16a_0 + 12a_1 + 61.5a_2$$

$$5.67\times10^9 = 12a_0 + 44a_1 + 12a_2$$

$$60\times10^9 = 61.5a_0 + 12a_1 + 761.25a_2$$

可以解得：a_0=7.12×10^7，$a_1=9.0\times10^7$，$a_2=7.16\times10^7$。于是有

$$k=1.4\times10^{-8}\ \text{g·mol/(s·g cat·atm)},\quad K_T=1.01\ \text{atm}^{-1},\quad K_B=1.26\ \text{atm}^{-1}$$

使用 POLYMATH 得到：

$$Y=7.12\times10^7+9.0\times10^7X_1+7.16\times10^7X_2$$

最后得到的速率方程为

$$-r'_T=\frac{1.4\times10^{-8}P_{H_2}P_T}{1+1.26P_T+1.01P_B}$$

2. 在氮氧化物选择性过程中的二氧化硫氧化

以二氧化硫到三氧化硫氧化反应的动力学研究为例，重点说明：①实验变量空间的确定；②催化反应动力学方程的推导；③获得动力学参数的实验设计；④统计回归分析。

氨选择性催化还原（SCR）氮氧化物的技术广泛应用于控制火力发电厂烟气中的 NO_x 排放。SCR 过程基于如下的反应：

$$4NO+4NH_3+O_2 \longrightarrow 4N_2+6H_2O$$

但是对含硫燃料来说，除上述反应外，还会伴有二氧化硫的氧化反应：

$$SO_2+1/2O_2 \longrightarrow SO_3$$

该过程在工业上所使用的催化剂是负载于高表面积 TiO_2 上的 V_2O_5 和 WO_3，并以硅铝酸盐作为化学促进剂。该催化剂通常采用蜂窝状形（独居石，monolith）或板式形，并要求其有高的 deNO_x 活性、好的稳定性和抗硫能力，以及很低的 SO_2 氧化活性。工业上要求的定性技术指标是：NO_x 还原的效率≥80%（允许保留 1～5 ppm），SO_2 转化率小于 1%～2%。由于氧化产生和原有的三氧化硫会与余留的氨反应生成硫酸铵［NH_4HSO_4 和 $(NH_4)_2SO_4$］，它们会被带到反应器下游的冷设备中冷凝沉积而引起腐蚀和压力降等问题，因此在过程中必须严格控制氨的含量及催化剂对二氧化硫的催化氧化能力。

下面讨论操作条件、进料组成和催化剂设计参数对蜂窝状 V_2O_5-WO_3/TiO_2 的 deNO_x 催化剂的二氧化硫氧化成三氧化硫的影响。

1）实验变量空间的确定

动力学研究的变量即所研究反应的变量。如果动力学方程只用于反应器设计和分析，试验范围可仅限于工业过程感兴趣的条件；但如果动力学方程用于基础研究，则需要考虑更宽泛的条件范围。如果需要对催化剂的进行优化，即需要研究催化剂设计参数，在任何情况下，首先需要获得有关所研究催化剂详细物理化学特征。

就二氧化硫氧化而言，基于之前对 SCR 过程及其催化剂性能的了解，需要考

虑的变量和实验空间如下。

（1）反应器温度：300～400℃。该温度范围对应于 SCR 过程的温度范围。其低限为能够使硫酸铵在催化剂孔中冷凝而导致催化剂可逆失活的温度，而高限是发生氨的直接氧化以及使高的三氧化硫产率较高的温度。

（2）压力：大气压。之所以选用蜂窝状或板形催化剂是为了适应操作所允许的低的压力降。

（3）面积速度：4～33 N·m/h。面积速度 AV 定义为 $AV=Q/(V_c a)$；Q 为反应物流速，以 $N·m^3/h$ 计；V_c 是催化剂的体积（包括陶瓷催化物料和空的通道体积）；a 是单位体积催化剂的几何外表面积，以 m^2/m^3 计；$AV×a$ 被认为是 SCR 过程的“接触时间”。强扩散限制常常导致脱 NO_x 反应只发生于催化剂的几何外表面，但对于二氧化硫氧化反应来说，整个催化剂陶瓷物料都参与反应，因此接触时间的计算必须考虑全部催化物料不能只用催化剂的外表面。

（4） 二氧化硫浓度：60～1750 ppm。其上限浓度对应的是燃料的硫含量按质量计，约为 3%。

（5）氧浓度：0.125v%～6v%（v%表示体积分数）。烟气中的氧含量一般为数个百分点。

（6）水含量：2.5v%～10v%。烟气中的水含量与所使用的燃料有关。例如，在使用天然气的情况下，由于有较高的 H/C 比，水含量会略高。

（7）NO 浓度：0～1000 ppm。烟气中的氮氧化物的浓度与所使用的燃料锅炉性能及是否采用了降低氮氧化物排放的措施等有关。

（8） 氨的浓度：0～75 ppm。虽然在实际使用中 NH_3/NO_x 一般为 0.8，但是必须考虑它在 deNO_x-SCR 反应中的消耗。由于该反应的速率非常高，在催化剂的外表面会出现很大的氨浓度梯度，考虑到氨对二氧化硫氧化反应有很大阻滞作用，因此实验研究条件下在 75 ppm 时出现渐近行为。

在考虑到上述条件下，研究不同 V_2O_5 含量和不同厚度的蜂窝状催化剂与二氧化硫转化率间的关系。

2）二氧化硫氧化期间的过渡效应

为获得二氧化硫氧化反应的重要且具有重复性的结果，必须调整催化剂。具体的调整方法是在反应温度下用含二氧化硫、氧、水和氮气等的混合气体进行实验。图 2-5-10 显示调整实验的代表性结果：在反应器出口的三氧化硫浓度随时间逐渐增加直到接近一稳定的值。当停止二氧化硫进料时，三氧化硫的浓度慢慢减小，这表明三氧化硫是从催化剂上释放出来的。如果再恢复二氧化硫的供应，则出口处三氧化硫的浓度会逐渐恢复到原来的值。

这些结果表明，催化剂的调整过程与在催化剂表面形成金属氧化物硫酸盐的慢过程相联系（该过程根据实验条件和催化剂不同可能需要数小时到约 70 h），该慢过程要一直进行至催化剂表面的金属氧化物硫酸盐的浓度达到一稳定的值。硫酸盐的稳定态浓度受金属氧化物硫酸盐的生成-分解平衡所限制，而后者受三氧化硫的吸附-脱附过程限制。在改变实验条件，特别是反应温度和二氧化硫浓度后，这类过渡行为仍然出现，它们也能够用三氧化硫的吸附-脱附过程来说明，这类过程一般也会持续数小时。

二氧化硫氧化中的过渡行为可以解释如下：在整个催化剂调整期间，催化剂表面逐渐被二氧化硫以恒定速率氧化生成的三氧化硫所饱和（即恒定数目的活性位），该过程与实验条件有关；或者，催化剂表面的活性位浓度因反应而随时间变化。类似于工业硫酸催化剂的活性位，该反应催化剂的活性位是氧化态的硫酸化的双核钒中心。但是由于目前的实验条件不可能直接获得在低二氧化硫转化率（<2%～3%）情况下的可靠测量数据，上述两种情况无法被彻底证实。产物气体中的三氧化硫的含量通过硫酸在 90℃下的冷凝及用离子色谱分析这一间接方法测定。

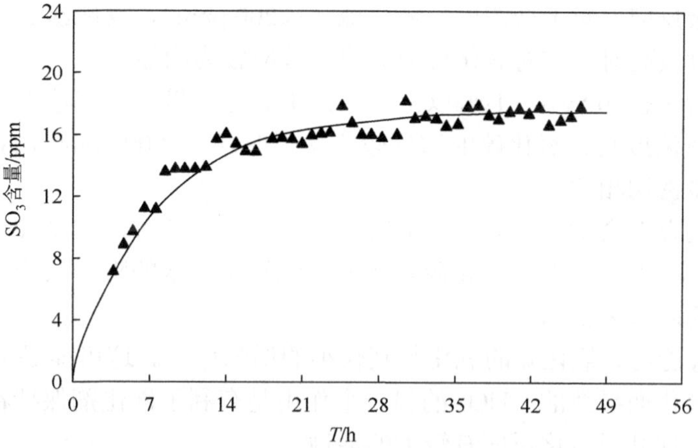

图 2-5-10　有代表性的调整试验结果

3）相间和相内阻力间的关系

诊断计算证明，二氧化硫在气固界面上的浓度梯度可以忽略不计。基于 Weisz-Prater 准则，由于二氧化硫的氧化速率远比其扩散速率慢，粒内的二氧化硫浓度梯度也可以忽略。对蜂窝状和颗粒状催化剂的实验测量证明，粒内传质阻力很小而可以忽略。因此，氧化过程由化学反应控制。动力学研究可以直接在蜂窝状催化剂上进行。

4）动力学实验的设计

应用于实验设计和分析中的统计技术要解决的问题是：①在多个设想的模型

中选出最优的模型；②最优模型中参数的有效计算。

这些技术基本上能得到相应分形设计、分部分形设计、顺序分形设计及较为精细的设计。值得注意的是，上述设计能被延伸——提供变量空间的均匀分配，在线性模型的情形下，它们也能导致模型参数的直接分析计算。第一点需要提供确保模型的表述性；因为目前有回归分析程序可供利用，第二点已不再做严格要求；此外，对动力学目的而言，线性模型是不合适的。

另一种经典处理是基于一段时间内研究一个变量的影响。虽然这种处理提供的对变量空间的分配较不均匀，但是这种方法可能对数据做直接的比较和分析，从而能够排除不可靠的结果并得出与所研究变量相联系的物理化学含义。

对实验设计的任何一种处理的共同点是需要做重复性实验以获得实验误差的离差值，该值与所假定的数学模型无关。这一步骤在研究中非常重要。

在二氧化硫氧化的动力学研究中采用的是后一种处理，即在一段时间只研究一个变量以分别研究不同变量的效应，结果如下。

（1）在 0～1000 ppm 的 SO_2 范围内，可近似将二氧化硫氧化反应看作是对二氧化硫的一级反应。对于低浓度二氧化硫（＜200 ppm），反应级数稍大于 1；而二氧化硫浓度较高时，它对氧化反应的阻滞效应较为明显。

（2）氧含量在 0.5v%～1v%以上时，由于氧已过量，反应速率与氧浓度几乎无关；只有氧浓度与二氧化硫的浓度较为接近时（≈1000 ppm=0.1v%），反应速率才与氧浓度密切相关。

（3）水的存在会抑制二氧化硫的转化。水含量较低时，抑制较为明显；但是当含量高于 5v%时，水对二氧化硫转化的影响较小。水的阻滞效应可以用硫酸钒活性位被可逆阻塞来说明。

（4）NO_x 能对二氧化硫的氧化起到较小的增强作用。这可能是 NO_x 使二氧化硫发生气相氧化而导致的。NO_x 的另一个作用是有利于催化剂保持在比较稳定的氧化态，从而使其对氧化反应有较大的活性。

（5）氨的存在对二氧化硫氧化有很强的阻滞作用。当氨气浓度为 75 ppm 时，二氧化硫的氧化活性显著降低，整体保持渐近行为，当氨流停止后催化剂能够在数小时之内几乎恢复到原有的水平。这表明催化剂二氧化硫氧化活性位被氨吸附失活但并不会被破坏。在 75 ppm NH_3 下，催化剂仍保持有少量活性，这一事实说明二氧化硫氧化也发生于不能被氨失活的活性位上，即具有较低的氧化活性和较低的硫酸化趋势的 W 表面活性位。

（6）收集的不同 AV 下的数据服从如下方程：

$$k_{SO_2} = -\frac{QT}{273V_c^*}\ln(1 - X_{SO_2})$$

该方程假定活塞流反应器模型，反应对二氧化硫为一级，对氧为零级；k_{SO_2} 是

SO_2氧化的准一级反应速率常数，X_{SO_2}是 SO_2转化率。上述方程表明：水蒸气的阻滞效应已被考虑在反应的动力学速率常数中；并且由于没有内扩散阻力，整个陶瓷催化物料都参与了反应。

（7）当催化剂的钒含量近似相等时，氧化反应的速率随壁厚线性增加，这表明氧化反应的速率由化学反应控制。

（8）SO_2 的转化率随催化剂钒含量的增加大于线性增加，这说明 SO_2 氧化主要取决于钒含量，因此其转化率可以通过调整钒含量来加以控制。工业上使用的 deNO$_x$-SCR 催化剂的 V_2O_5 的含量一般在 1.5wt%～2wt%（wt%表示质量分数），并根据燃料中的硫含量来选择。值得注意的是，工业制硫酸催化剂的活性位是二聚钒物种，这可能表明 SO_2 氧化的动力学常数对钒含量的依赖是二级的。

（9）计算得到的表观活化能在 15～25 kcal/mol 范围内，该值与化学反应控制的结论相吻合。相比之下，deNO$_x$ 反应活化能的典型测量值较低，约为 5 kcal/mol。

5）动力学方程的推导

获得的不同操作及设计变量数据可以用下面的详细推导得到动力学方程作定性和定量的说明。SO_2 氧化的活性位是二聚的硫酸钒物种，它们的表面浓度可以从吸附平衡计算：

$$[V_2\text{-}SO_3]_{ox} = K_{SO_3} C_{SO_3} [V_2]_{ox}$$

其中，$[V_2\text{-}SO_3]_{ox}$、$[V_2]_{ox}$ 和 K_{SO_3} 分别为硫酸化、未硫酸化氧化态二聚钒物种的稳定态表面浓度和 SO_3 吸附平衡常数。通过假定硫酸钒上的吸附平衡来考虑水蒸气和氨气对氧化反应的阻滞作用，则有

$$[V_2\text{-}SO_3\text{-}H_2O]_{ox} = K_{H_2O} C_{H_2O} [V_2\text{-}SO_3]_{ox}$$

$$[V_2\text{-}SO_3\text{-}NH_3]_{ox} = K_{NH_3} C_{NH_3} [V_2\text{-}SO_3]_{ox}$$

其中，$[V_2\text{-}SO_3\text{-}H_2O]_{ox}$ 和 $[V_2\text{-}SO_3\text{-}NH_3]_{ox}$ 分别表示被水吸附和氨吸附中毒的活性位的稳定态表面浓度，K_{H_2O} 和 K_{NH_3} 是它们的平衡常数。在典型 SCR 过程的实验条件下，SO_2氧化反应对 SO_2分压是一级，对氧是零级，但是在低 SO_2浓度时反应要明显高于一级。因此可以假定，反应通过氧化-还原机理进行。

在反应过程中，SO_2 首先吸附于硫酸化二聚钒物种活性位上。假定吸附平衡可得

$$[V_2\text{-}SO_3\text{-}SO_2]_{ox} = K_{SO_2} C_{SO_2} [V_2\text{-}SO_3]_{ox}$$

接着是一个慢步骤，钒活性位被还原同时放出三氧化硫，有

$$[V_2\text{-}SO_3\text{-}SO_2]_{ox} \longrightarrow [V_2\text{-}SO_3]_{red} + SO_3$$

最后是钒物种再氧化使活性位得以再生，有

$$[V_2\text{-}SO_3]_{red} + 1/2O_2 \longrightarrow [V_2\text{-}SO_3]_{ox}$$

在稳定态条件下还原速率与再氧化速率相等，可得氧化态和还原态二聚钒物种稳定态浓度间的关系：

$$[V_2\text{-}SO_3]_{red} = k_{red}[V_2\text{-}SO_3\text{-}SO_2]_{ox} k_{ox} C_{O_2}^{1/2}$$

其中，k_{red}、k_{ox}为还原和再氧化步骤的速率常数。

活性位的平衡方程为

$$[V_2]_{ox} + [V_2\text{-}SO_3]_{ox} + [V_2\text{-}SO_3]_{red} + [V_2\text{-}SO_3\text{-}SO_2]_{ox} + [V_2\text{-}SO_3\text{-}H_2O]_{ox} + [V_2\text{-}SO_3\text{-}NH_3]_{ox} = C_t$$

结合前文的方程，可得

$$[V_2]_{ox} = \frac{C_t}{1 + K_{SO_3} C_{SO_3} [1 + K_{SO_2} C_{SO_2} \left(1 + \dfrac{k_{red}}{k_{ox} C_{O_2}^{1/2}}\right) + K_{H_2O} C_{H_2O} + K_{NH_3} C_{NH_3}]}$$

其中，C_t为总活性位浓度，由于活性位为二聚钒物种，它与催化剂中氧化钒含量的平方成正比。

因为还原是慢步骤，整个氧化反应的速率等于催化剂还原的速率，可得

$$r_{SO_2} = r_{red} = k_{red}[V_2\text{-}SO_3\text{-}SO_2]_{ox}$$

代入$[V_2\text{-}SO_3\text{-}SO_2]_{ox}$的值，在公式的分子中引入经验因子$1 + bC_{NO_x}$以考虑氮氧化物对氧化反应的促进作用，并增加经验项$k_{SO_2} C_{SO_2}$以考虑在 75 ppm 氨时仍保有的氧化活性，最后可得

$$r_{SO_2} = \frac{k_{red} K_{SO_2} K_{SO_3} C_t C_{SO_2} C_{SO_3} (1 + bC_{NO_x})}{1 + K_{SO_3} C_{SO_3} \left[1 + K_{SO_2} C_{SO_2} \left(1 + \dfrac{k_{red}}{k_{ox} C_{O_2}^{1/2}}\right) + K_{H_2O} C_{H_2O} + K_{NH_3} C_{NH_3}\right]} + K_{SO_2} C_{SO_2}$$

上述方程已被用于分析在 T=380℃下收集的不同 AV 和不同 SO_2、H_2O、O_2、NH_3和 NO_x浓度的实验数据。应该强调的是，如果所研究的变量空间比较窄，如工业过程中所使用的那样，也可以使用比较简单的速率方程。当C_{H_2O}>5%和C_{O_2} > 1%～2%时，水蒸气和氧气的影响消失；由于氨气根据 deNO$_x$反应和过量的 NO_x而消耗，在 SCR 反应器中的大部分催化剂并不显示氨气的阻滞影响，因此，工程技术中常常使用一个简单的对 SO_2为一级对氧为零级的速率方程。

6）参数计算

使用活塞流模型来分析实验数据，有

$$Q\frac{\mathrm{d}C_{SO_2}}{\mathrm{d}[(1-\varepsilon)V_c]} = -r_{SO_2}$$

其中，ε 为催化剂的空隙率分数。对上述的方程进行积分可以得到反应器出口处的二氧化硫浓度。即使在转化率非常低的情况下，该积分式也能给出气体浓度随

轴向坐标的变化。使用非线性回归计算方程中的参数，目标函数为使实测的 SO_2 浓度与模型计算的 SO_2 浓度的残差平方和 SSE 为最小的函数，有

$$\mathrm{SSE}=\sum_{i=1}^{N}(C_{\mathrm{SO_2},i}-C'_{\mathrm{SO_2},i})^2$$

其中，N 为实验点的数目。为有利于计算的收敛，动力学方程被重排成：

$$r_{\mathrm{SO_2}}=\frac{k_1C_{\mathrm{SO_2}}C_{\mathrm{SO_3}}(1+k_2C_{\mathrm{NO}_x})}{1+k_3C_{\mathrm{SO_3}}+k_4C_{\mathrm{SO_2}}C_{\mathrm{SO_2}}+k_5C_{\mathrm{SO_3}}C_{\mathrm{H_2O}}+k_6C_{\mathrm{SO_3}}C_{\mathrm{NH_3}}+\dfrac{k_7C_{\mathrm{SO_3}}C_{\mathrm{SO_2}}}{C_{\mathrm{O_2}}^{1/2}}}+k_8C_{\mathrm{SO_2}}$$

回归计算能得到如下结果。

（1）参数计算值的可信度为 95%。

（2）参数计算值的离差-共离差及其关联矩阵。关联系数接近 1 的事实说明参数计算值之间有强的相关性。

（3）SSE 的最小值，SSE 的自由度数目为 $N-p=23$，其中 p 是模型中参数的数目且 $p=7$。因发现 k_3 的值与其他参数有很强的关联，因此先将其固定。

（4）从六个重复实验计算得到的实验误差的平方和 SSEE 为

$$\mathrm{SSEE}=\sum_{i=1}^{6}[(C_{\mathrm{SO_2},i}-(C'_{\mathrm{SO_2},i})_{\mathrm{av}}]^2$$

其中，$(C'_{\mathrm{SO_2}})_{\mathrm{av}}$ 为六个重复实验的 $C_{\mathrm{SO_2}}$ 的平均值，因此实验误差的离差值 MSEE 为

$$\mathrm{MSEE=SSEE/5}$$

其中，除以 5 是由于自由度为 5。

（5）模型不适合性的平方和 SSLF 为

$$\mathrm{SSLF}=\sum_{i=1}^{N-5}(C_{\mathrm{SO_2},i}-C'_{\mathrm{SO_2},i})^2$$

其中，$N-5$ 是变量空间中不连续点的数目；在零假设即模型是局部准确的条件下，$(C'_{\mathrm{SO_2}})_{\mathrm{av}}$ 的期望值 $=(C'_{\mathrm{SO_2}})$ 的期望值=准确模型在点 i 的值；MSLF=SSLF/($N-5-p$) 表示实验误差的独立估算值，其自由度为 $N-5-p=18$。

（6）t 的值：

$$t=\mathrm{MSLF/MSEE}=1.39$$

该值可以被用于进行合适性实验，因的分布为 $F(18, 5)$（在零假设条件下模型是局部准确的）。t 值和 $F(18, 5, 0.95)=4.53$ 之间的比较导致可接受零假设。值得注意的是，统计实验永远无法提供零假设的准确性，但是在另一方面也不能提供否定零假设所需要的统计意义的指示证据。因此，尽管统计学能够在模型参数计算、实验结果和模型预测值做比较时提供严格的数学方法，但是仍然需要仔细和深入地研究反应的物理化学特性以获得可靠的、有代表性的动力学模型

（方程）。

（7）实验应答、预测的模型应答、百分误差、绝对误差、平均百分误差和平均绝对误差。在该实例中平均百分误差是 3.79。

为进一步完善回归结果的统计分析，还需要对残差作分析以提供在零假设条件下的随机分布。该实例中也进行了这项分析。图 2-5-11～图 2-5-13 说明了 SO_2 浓度、O_2 浓度和 AV 对二氧化硫转化率的影响。这些结果证明模型预测和实验结果间具有较高的一致性。

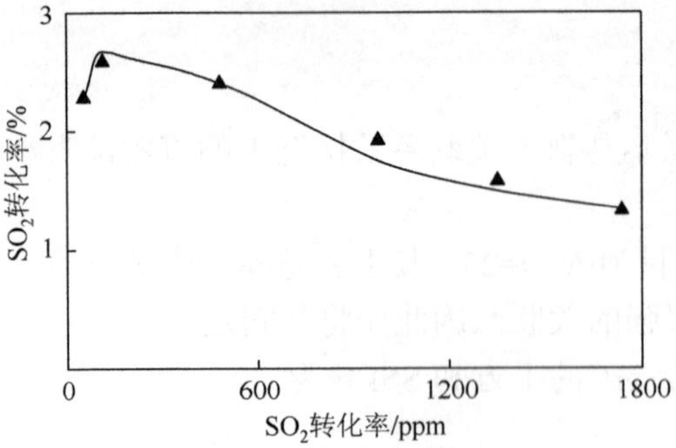

图 2-5-11　二氧化硫浓度的影响

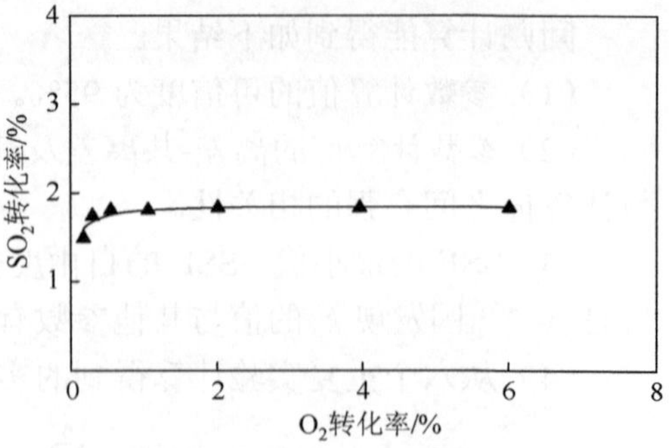

图 2-5-12　氧浓度的影响

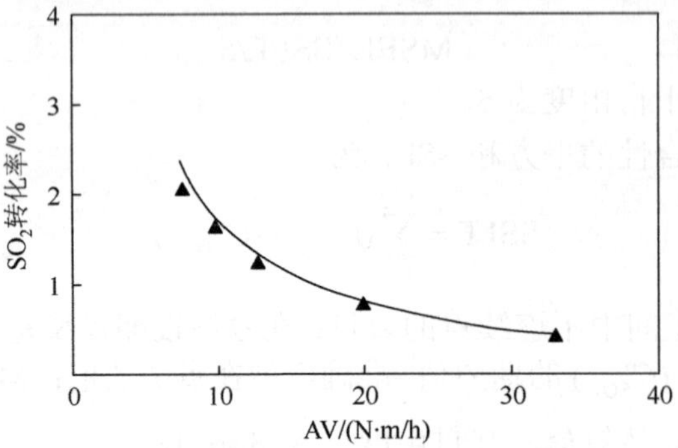

图 2-5-13　AV 的影响

基于所得的参数值并考虑反应物种的有代表性的浓度值，不同表面物种浓度大小的顺序如下：

$$[V_2\text{-}SO_3\text{-}H_2O]_{ox} \approx [V_2\text{-}SO_3\text{-}NH_3]_{ox} > [V_2\text{-}SO_3\text{-}SO_2]_{ox} \approx [V_2\text{-}SO_3]_{ox} \approx [V_2\text{-}SO_3]_{red}$$

7）该实例的结论

在 deNO$_x$-SCR 催化剂上进行的 SO_2 到 SO_3 氧化反应的动力学研究提供一个代表性的实例，这一实例几乎包含在单一反应动力学研究中常见的各种步骤。由于仅有单一个反应且发生于化学反应速率控制区，该实例是一种较为简单的情况。动力学研究即建立速率方程的主要包括以下步骤。

（1）感兴趣变量和变量空间的确立；这取决于所研究的目的。

（2）扩散限制是否存在及相关问题的研究；只要有条件，动力学数据总是要在没有扩散限制的情况下收集。

（3）动力学实验的设计；必须考虑研究的目标是否需要特殊的实验设计（如顺序分形设计），否则可采用通常的实验设计技术。

（4）化学动力学速率方程的推导；最理想的推导基于催化剂详细的物理化学特性和催化剂的性能。

（5）参数计算；采用回归统计分析方法。

2.6　催化剂失活

2.6.1　引言

非均相催化剂操作中一个很重要的问题是催化剂活性会随着时间慢慢降低，这一过程称为失活。失活过程随主反应同时发生，它既是化学过程也是物理过程。这一现象不可避免，但可以进行相应的减缓，从而在一定程度上避免它的不良后果。催化剂的失活有多种原因，下面将分别介绍。

2.6.2　催化剂失活的物理化学

催化剂失活的物理化学对抗失活催化剂的设计和工业催化反应器的操作都是非常重要的。失活机理通常被分为三类：中毒、结焦（结垢）、烧结或相变化。其他机理包括活性组分被屏蔽、挥发、腐蚀和磨损。

1. 中毒

由于反应物流中的杂质在活性位上强化学吸附造成的催化剂活性损失称为中毒。例如，碱性物质在酸催化剂上的吸附。毒物可以是简单覆盖活性位（几何效应），也可以通过电子效应改变其他物种的吸附。对于ⅧB 和 ⅠB 族金属催化剂，含ⅤA 和ⅥA 族元素的化合物通常是它们的毒物；而氧化物催化剂（不包括酸性催化剂）常常因 Pb、Hg、As、Cd 中毒。中毒可以分为可逆中毒、不可逆中毒和选择性中毒。当毒物的吸附相对较弱从而可以使用适当方法除去时，这种中毒称为可逆中毒；如果毒物与催化剂表面活性位形成很强的化学键从而无法除去，这种情况称为不可逆中毒；催化活性位中的某个或某几类活性位被选择性覆盖则被称为选择性中毒。其中，不可逆中毒的研究较为重要，由于这种类型的中毒无法恢复，因此在操作过程中应该对这种中毒进行预防。为了预防不可逆中毒，可以尽可能降低毒物在反应物流中的含量；也可以在设计和制备催化剂时添加抗毒组分；有时改变反应条件（如提高操作温度）也能有效降低中毒。

2. 结焦（结垢）

含碳物质等在催化剂表面的沉积可以覆盖活性位和堵塞催化剂孔道而使催化剂失活，这一过程称为结焦或结垢失活。这种失活一般是由于催化剂表面含有酸碱性活性位所致。所结焦的成分较为复杂，对于含碳焦来说，一般含有烟炱、有序无序碳和高分子量稠环芳烃等复杂物种。多数的焦可以通过氧或水蒸气条件下的灼烧来除去，从而使催化剂再生。

3. 烧结或相变化

催化剂在高反应温度或在高温下烧结，导致催化剂表面积的损失和活性相颗粒的增大而使活性下降的过程称为烧结失活。高温也可能导致催化剂结构的变化而使其催化性能下降。这是由于在高温下，包括氧化物载体和活性组分（如金属）的表面原子或小晶粒的移动性增大，使它们聚集颗粒长大，并使得结构发生缺陷。这类失活在催化过程中无法避免，但可以添加助剂加以抑制。

2.6.3 催化剂失活动力学

在一般固定床催化反应器设计中，一般假定催化剂的活性不随反应时间而变，即反应物可接近的催化剂表面的总活性位浓度不随反应时间而变。然而如上文所指出的，在绝大多数工业催化反应中，因为多种失活因素的共同作用，催化剂的活性会随反应的进行逐渐下降。催化剂失活使反应速率定律及其参数和相关反应路径发生变化，从而使复杂性增加。因此在催化反应器设计中对催化剂失活需要做出一定调整。由于催化剂失活有多种机理，相应调整的方法一般分为可分离动力学方法和不可分离动力学方法两类。

在可分离动力学中，将速率定律与催化剂活性项分开，可得

$$r_A = a(\text{过去历史}) \times r_A(\text{现在条件}) \tag{2-6-1}$$

当动力学和活性可分离时，就有可能对催化剂失活和催化反应动力学分别进行研究。

而在不可分离动力学中，有

$$r_A = r_A(\text{过去历史，现在条件}) \tag{2-6-2}$$

对于非理想表面或有多个基元步骤，描述失活机理时将遇到上述不可分离的

情况。

下面仅讨论可分离动力学。定义在时间 t 的催化剂活性为 $a(t)$，且 $a(t)$ 等于时间 t 时的催化剂表面的反应速率与新鲜催化剂表面的反应速率之比，则有

$$a(t)=\frac{-r'_{\mathrm{A}}(t)}{-r'_{\mathrm{A}}(0)} \tag{2-6-3}$$

$$-r'_{\mathrm{A}}(t)=a(t)k(T)f(C_{\mathrm{A}},C_{\mathrm{B}},\cdots,C_{\mathrm{P}}) \tag{2-6-4}$$

在许多催化过程中，有可能用提高反应温度的方法来补偿催化剂活性的下降，从而使上述乘积保持基本不变，即保持反应速率不变。

催化剂的失活速率 r_{d} 也可用类似方程式（2-6-4）的形式表示：

$$r_{\mathrm{d}}=-\mathrm{d}a(t)/\mathrm{d}t=p[a(t)]k_{\mathrm{d}}(T)h(C_{\mathrm{A}},C_{\mathrm{B}},\cdots,C_{\mathrm{P}}) \tag{2-6-5}$$

其中，k_{d} 为失活速率常数，当失活速率与物种浓度无关时，$h=1$。活性项 $p[a(t)]$ 随反应体系而变，可以取不同的形式。对于一级失活，$p(a)=a$；对于二级失活，$p(a)=a^2$。一般说来，有三类原因导致催化剂失活：烧结（老化）、生垢或结焦和中毒。

1. 烧结（老化）失活

由于催化剂长期在高温下导致其比表面积的损失而引起的催化活性损失被称为烧结或老化。这种状态一般由晶粒的聚集和长大使催化剂或催化剂载体的内表面积因孔道的狭化或闭合而减小，或者表面重结晶而导致的表面结构变化或表面缺陷（活性位）的形成或消除等引起。例如，Pt/Al_2O_3 重整催化剂的失活就是由于烧结作用。对于烧结失活，催化剂的失活速率与物种浓度无关。虽然烧结失活有多种表示形式，但是最常用的失活定律是二级失活，即

$$r_{\mathrm{d}}=k_{\mathrm{d}}a^2=-\frac{\mathrm{d}a}{\mathrm{d}t}$$

$$a(t)=\frac{1}{1+k_{\mathrm{d}}t} \tag{2-6-6}$$

烧结量通常用催化剂的活性表面积 S_{a} 表示，有

$$S_{\mathrm{a}}=\frac{S_{\mathrm{a0}}}{1+k_{\mathrm{d}}t} \tag{2-6-7}$$

烧结（老化）失活速率常数遵从阿伦尼乌斯方程，有

$$k_{\mathrm{d}}=k_{\mathrm{d}}(T_0)\exp\left[\frac{E_{\mathrm{d}}}{R}\left(\frac{1}{T_0}-\frac{1}{T}\right)\right] \tag{2-6-8}$$

对于 Pt/Al_2O_3 重整催化剂来说，其失活活化能 E_{d} 值为 70 kcal/mol，该值远高于一般活化能。

【例 2-1】　计算当有催化剂失活时的间歇反应器转化率

在间歇反应器中进行等温一级异构反应，催化剂因为老化而逐渐失活。在这

种情况下推导表示转化率和时间关系的方程的步骤如下。

（1）设计方程：$N_{A0}\dfrac{dX}{dt}=-r'_{A}W$

（2）速率定律：$-r'_{A}=k'(a)C_{A}$

（3）活性方程：$a(t)=\dfrac{1}{1+k_{d}t}$

（4）化学计量式：$C_{A}=C_{A0}(1-X)=N_{A0}(1-X)/V$

（5）组合：

$$\frac{dX}{dt}=\frac{W}{V}k'(a)(1-X),\ k=k'W/V$$

$$\frac{dX}{1-X}=ka(t)dt$$

$$\int_{0}^{X}\frac{dX}{1-X}=k\int_{0}^{t}\frac{dt}{1+k_{d}t}$$

$$\ln\frac{1}{1-X}=\frac{k}{k_{d}}\ln(1+k_{d}t)$$

（6）解出 X：$X=1-\dfrac{1}{(1+k_{d}t)^{k/k_{d}}}$

2. 生垢或结焦失活

结焦或生垢失活是含碳物质沉积在催化剂表面的结果。由于烃类化合物含碳较多，这类失活在烃类反应中较为普遍。在催化剂表面生成焦的量可以用如下经验方程表示：

$$C_{c}=At^{n} \tag{2-6-9}$$

其中，C_c 为在表面上的碳的浓度；A 和 n 为与进料速率有关的生焦参数，其典型的值（对东德克萨斯州的轻汽油裂解）是 0.47 和 1/2。即焦的量为：$C_c=0.47\,t(\min)^{1/2}$。

生焦量与催化剂活性间有不同形式的函数关系。其常用的形式为

$$a=\frac{1}{C_{c}^{p}+1}$$

$$a=\frac{1}{A^{p}t^{np}+1} \tag{2-6-10}$$

对东 Texas 轻气油在 750℉裂解，失活的速率定律（时间以秒计）为

$$a=\frac{1}{7.6t^{1/2}+1} \tag{2-6-11}$$

另一个常用的形式为

$$a=\exp(-\alpha_{1}C_{c}) \tag{2-6-12}$$

$$a=\frac{1}{\alpha_2 C_c+1} \tag{2-6-13}$$

结焦失活的催化剂常常能够用烧去结焦的方法进行再生，一般可以用核收缩模型来描述烧焦过程。

【例 2-2】　提升管反应器中催化剂的失活

轻气油裂解反应在提升管反应器（图 2-6-1）中进行，催化剂因结焦而失活。其中，裂解温度为 750℉，原料进入浓度为 0.2 kmol/m^3，催化剂颗粒移动的平均速度为 U=7.5 m/s。

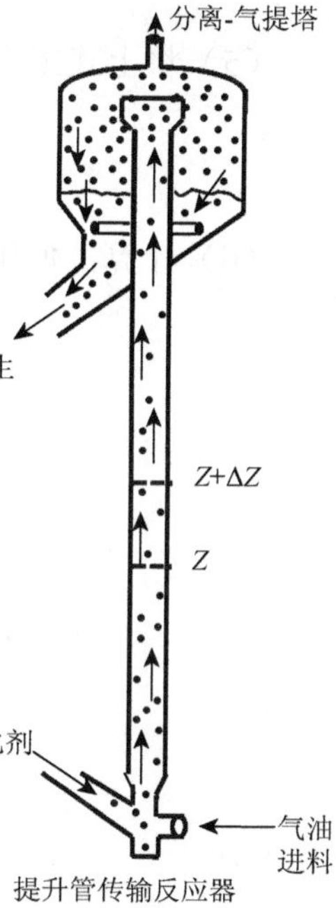

图 2-6-1　轻气油裂解提升管反应器

速率定律为

$$-r'_A=a(t)\frac{k'C_A}{1+K_AC_A+K_BC_B}$$

其中，K_A=3 m^3/kmol；K_B=0.01 m^3/kmol；K_BC_B 项的最大值很小，为 0.002，因此可以略去；主体密度为 ρ_B。则速率定律变为

$$-r_A-r'_A\rho_b=a(t)\frac{k'C_A\rho_b}{1+K_AC_A}=a(t)\frac{kC_A}{1+K_AC_A},\ k=8\ \mathrm{s}^{-1}$$

而在裂化反应的短时间内有

$$a(t)=\frac{1}{A't^{1/2}+1},\ A'=7.6\ \mathrm{s}^{-1/2}$$

作为第一次近似，略去反应的体积变化、压力降和温度改变，反应器长度 6 m。得出转化率沿反应器距离的变化关系的步骤如下。

（1）摩尔平衡：

$$F_{A0}\frac{dX}{dz}=-r_AA_c$$

（2）速率定律：

$$-r_A=a(t)\frac{kC_A}{1+K_AC_A},\ k=8\ \mathrm{s}^{-1}$$

（3）失活速率定律：

$$a(t)=\frac{1}{A't^{1/2}+1},\ A'=7.6\ \mathrm{s}^{-1/2}$$

因为 $t=z/U$，则

$$a(t)=\frac{1}{A'z^{1/2}/U+1}=\frac{1}{1+Bz^{1/2}},\ B=A'/U$$

（4）化学计量式：

对于气相反应，有

$$\varepsilon=0,\ T=T_0,\ P=P_0,\ v=v_0,\ U=v_0/A_c,\ C_A=C_{A0}(1-X),\ C_B=C_{A0}X$$

（5）将上式组合得到可得

$$\frac{dX}{dz}=\frac{k}{U}\frac{1-X}{1+K_AC_{A0}(1-X)}\frac{1}{1+Bz^{1/2}}$$

（6）计算：使用 POLYMATH 软件获得结果，如图 2-6-2 所示。

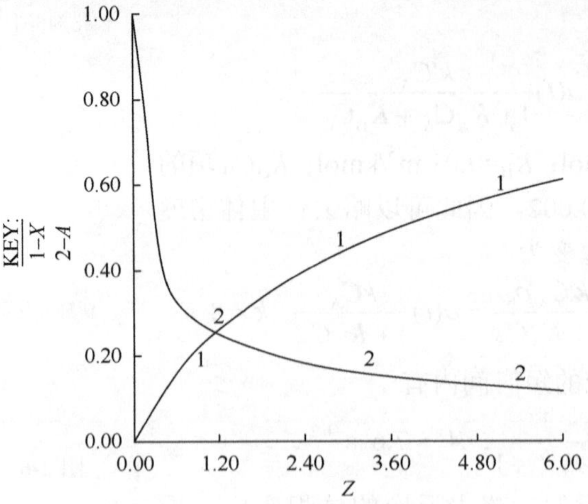

图 2-6-2　POLYMATH 数值解结果图示

（7）使用分离变量法分析解：

$$\frac{1+K_AC_{A0}(1-X)dX}{1-X}=\frac{k}{U}\frac{dz}{1+Bz^{1/2}}$$

$$\ln\frac{1}{1-X}+K_AC_{A0}X=\frac{2k}{UB^2}[Bz^{1/2}-\ln(1+Bz^{1/2})$$

参数计算：

$$K_AC_{A0}=0.6，B=A'/U^{1/2}=7.6/(7.5)^{1/2}=2.78\ m^{1/2},$$

且有

$$2\,k/(UB^{1/2})=2\times8/(7.5\times2.78)^2=0.276$$

于是有

$$\ln\frac{1}{1-X}+0.6X=0.276[2.78z^{1/2}-\ln(1+2.78z^{1/2})]$$

由此使用非线性方程的解法获得转化率与距离 z 之间的函数关系。

3. 中毒失活

毒物分子不可逆地吸附于活性位上导致可利用的活性位减少，使得催化剂活性下降的过程被称为中毒失活。毒物分子可能为反应物或产物，也可能是原料中的杂质。以含硫化合物杂质为例，有

主反应：　$A + S \rightleftharpoons AS,\ -r'_A = a(t)\dfrac{kC_A}{1+K_AC_A+K_BC_B}$　（2-6-14）

$AS \rightleftharpoons BS$，或 $BS \rightleftharpoons B + S,\ -r_A = a(t)C_A^n$　（2-6-15）

中毒反应：　$P + S \rightleftharpoons PS,\ r_d = k'_d C_P^m a^q$　（2-6-16）

在主反应速率与 $a(t)$ 呈线性关系，失活反应速率与 $a(t)$ 呈非线性关系，且毒物浓度恒定的情况下，失活反应速率简化为

$$r_d = k'_d C_P^m a^q = k_d a^q \tag{2-6-17}$$

积分（q 不等于 1）可得

$$\frac{1-a^{1-q}}{1-q} = k_d t$$
$$a = [1-(1-q)k_d t]^{\frac{1}{1-q}} \tag{2-6-18}$$

对主反应物也可以是毒物的情况，有

主反应：　$A + S \rightleftharpoons B + S,\ -r'_A = k_A C_A^n$　（2-6-19）

中毒反应：　$A + S \rightleftharpoons AS,\ r_d = k'_d C_A^m a^q$　（2-6-20）

以在钌催化剂上的一氧化碳加氢生成甲烷反应为例说明主反应物为毒物的情况，有

$$-r_{CO} = ka(t)C_{CO}$$
$$-\frac{da}{dt} = r_d = k'_d a(t) C_{CO} \tag{2-6-21}$$

在产物为毒物情况下，相应速率定律也可通过上述类似方法确定。如果催化剂的失活远远小于反应器中浓度的变化，则可以不考虑毒物气相浓度的变化，从而将失活动力学从主反应动力学中分离出来，可得

$$r_d = k'_d C_P^m a^q = k_d a^q \tag{2-6-22}$$

该方程的解对于一级失活来说为

$$\frac{-da}{dt} = k_d a$$
$$a = \exp(-k_d t) \tag{2-6-23}$$

【例 2-3】　催化剂在 CSTR 中的失活

裂解反应在可在流化 CSTR 中进行，反应的催化剂失活速率是一级的，对反

应物是 q 级的。假定床层能够被模型化为全混 CSTR。

$$C_{A0}=0.2\ \text{mol/L}, v_0=2\ \text{L/s}, V=W/\rho_b=1000\text{L},\ k=0.01\ \text{s}^{-1}$$

情形Ⅰ：$q=0$，$k_d=4\times10^{-7}\text{s}^{-1}$（催化剂寿命 45 天）失活很慢。

情形Ⅱ：$q=1$，$k_d=5\times10^{-3}\text{L/(mol·s)}$（催化剂寿命 8 h），失活很快。

转化率和反应物浓度与时间的函数关系，以及时间平均转化率的计算步骤如下。

（1）反应物的摩尔平衡：$v_0C_{A0}-vC_A+r_AV=V\dfrac{dC_A}{dt}$

（2）主反应速率定律：$-r_A=k\,a\,C_A$

（3）失活速率定律：$r_D=k_d\,a\,C_A^q$

（4）化学计量式：气相，无体积变化，$P=P_0$，$T=T_0$，$v=v_0$

（5）组合：$da/dt=k_d a C_A^q$ 和 $v_0C_{A0}-vC_A+r_AV=V\dfrac{dC_A}{dt}$

（6）解联立微分方程组，把上述两个方程无因次化，得

$$\psi=\frac{C_A}{C_{A0}},\ \theta=\frac{tv_0}{V}=\frac{t}{\tau},\ \alpha=\frac{k}{v_0}V=\tau k,\ \beta=C_{A0}^q k_d\tau$$

$$\frac{d\psi}{d\theta}+(1+\alpha a)\psi=1$$

$$\frac{da}{d\theta}+\beta a\psi^q=0$$

（7）分析解：情形Ⅰ：$q=0$，慢失活（在 45 天内转化率下降到约 50%）。对于慢失活，反应物浓度随时间变化很慢，即 $d\psi/d\theta\approx0$。所以有

$$\psi=\frac{1}{1+\alpha a}$$

对 $q=0$，$da/d\theta=-\beta a$，$a=\exp(-\beta\theta)$。于是在时间 t 的转化率为

$$X=\frac{C_{A0}-C_A}{C_{A0}}=1-\psi=1-\frac{1}{1+\alpha a}=\frac{\alpha a}{1+\alpha a}=\frac{\tau k\exp(-k_dt)}{1+\tau k\exp(-k_dt)}$$

$$\tau=1000/2=500\ \text{s},\ \alpha=\tau k=500\times0.01=5.0$$

在 $t=0$，$X=\tau k/(1+\tau k)=5/6=0.83$；

在 $t=45$ 天（3.888×10^6 s），$k_dt=4\times10^{-7}\times3.888\times10^6=1.56$，

$$X=\tau k\exp(-k_dt)/[1+\tau k\exp(-k_dt)]=5\,e^{-1.56}/(1+5\,e^{-1.56})=0.51$$

平均转化率：

$$\bar{X}=\frac{\int_0^{t_c}X\,dt}{t_c}=\frac{\int_0^{t_c}\dfrac{\alpha}{\alpha+\exp(k_dt)}dt}{t_c}=1-\frac{1}{k_dt_c}\ln\frac{\alpha+\exp(k_dt)}{\alpha+1}$$

45 天的平均转化率：

$$\bar{X}=1-\frac{1}{k_{\mathrm{d}}t_{\mathrm{c}}}\ln\frac{\alpha+\exp(k_{\mathrm{d}}t)}{\alpha+1}=1-\frac{1}{1.56}\ln\frac{5+\exp 1.56}{5+1}=0.69$$

需要注意的是，在慢失活过程中，因为没有明显的累积，转化率仅为一个变量。

（8）数值解：情形Ⅱ：q=1，快速失活。

重排方程 $\frac{\mathrm{d}\psi}{\mathrm{d}\theta}+(1+\alpha a)\psi=1$ 得 $\frac{\mathrm{d}\psi}{\mathrm{d}\theta}=1-(1+\alpha a)\psi$；

q=1，方程 $\frac{\mathrm{d}a}{\mathrm{d}\theta}+\beta a\psi^{q}=0$ 变为 $\frac{\mathrm{d}a}{\mathrm{d}\theta}=-\beta a\psi$。

在催化剂不失活且达到稳态时有

$$X_{\mathrm{ss}}=\frac{\alpha}{1+\alpha}=\frac{\tau k}{1+\tau k}=0.83$$

$$\psi_{\mathrm{ss}}=\frac{C_{\mathrm{A}}}{C_{\mathrm{A0}}}=1-X=0.017$$

$$X=\frac{C_{\mathrm{A0}}-C_{\mathrm{A}}}{C_{\mathrm{A0}}}=1-\psi$$

初始条件：θ=0，a=1，ψ=0。

参数值：α=5.0，$\beta=C_{\mathrm{A0}}k_{\mathrm{d}}\tau=0.2\times5\times10^{-3}\times500=0.5$。

用 POLYMATH 计算的结果如表 2-6-1 和图 2-6-3 所示。

表 2-6-1　POLYMATH 结果输出

迭代结果				迭代结果			
θ	a	X	psi	θ	a	X	psi
0.0000	1.0000	1.0000	0.0000	8.2500	0.3932	0.6743	0.3257
0.7500	0.9518	0.8306	0.1694	9.0000	0.3462	0.6476	0.3524
1.5000	0.8911	0.8191	0.1809	9.7500	0.3015	0.6180	0.3820
2.2500	0.8310	0.8088	0.1912	10.5000	0.2595	0.5850	0.4150
3.0000	0.7719	0.7975	0.2025	11.2500	0.2205	0.5486	0.4514
3.7500	0.7137	0.7850	0.2150	12.0000	0.1846	0.5089	0.4912
4.5000	0.6567	0.7711	0.2289	12.7500	0.1521	0.4658	0.5342
5.2500	0.6009	0.7557	0.2443	13.5000	0.1233	0.4201	0.5799
6.0000	0.5465	0.7386	0.2614	14.2500	0.0981	0.3723	0.6277
6.7500	0.4936	0.7195	0.2805	15.0000	0.0766	0.3237	0.6763
7.5000	0.4424	0.6981	0.3019				

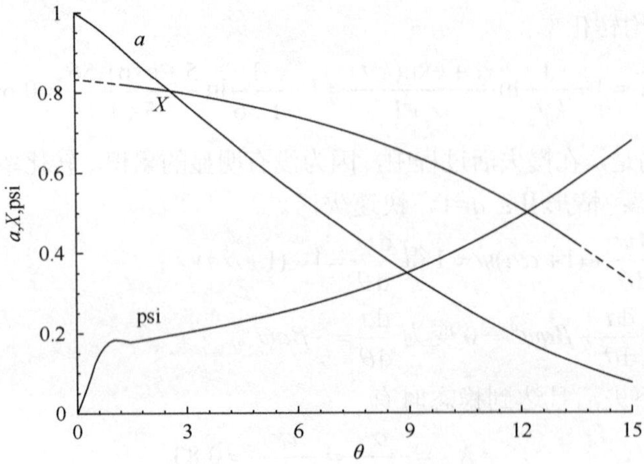

图 2-6-3　在 CSTR 中催化剂的失活

2.6.4　温度-时间轨线

从【例 2-3】中可以得出，如果所有产品在结束时混合，转化率随时间下降，则能够获得一个平均转化率。当催化剂随时间逐渐失活时，为保持一个恒定的转化率，需要稳定地提高进料的温度，这样活性和速率常数的乘积［等于反应速率常数，$k_0=k(T)a(T, t)$］才能够保持恒定。下文将阐明温度应该如何随时间增加（温度-时间轨线）以保持恒定的转化率。

使用活化能可以得出：

$$\frac{1}{T}=\frac{R}{E_{\rm A}}\ln a+\frac{1}{T_0} \tag{2-6-24}$$

$$-\frac{{\rm d}a}{{\rm d}t}=k_{\rm d0}\exp\left[\frac{E_{\rm d}}{R}(1/T_0-1/T)\right]a^n=k_{\rm d0}\exp\left[-\frac{E_{\rm d}}{E_{\rm A}}\ln a\right]a^n=k_{\rm d0}a^{n-E_{\rm d}/E_{\rm A}} \tag{2-6-25}$$

积分得

$$t=\frac{1-a^{1-n+E_{\rm d}/E_{\rm A}}}{k_{\rm d}(1-n+E_{\rm d}/E_{\rm A})} \tag{2-6-26}$$

从方程式（2-6-24）解出 a，并代入式（2-6-26）得

$$t=\frac{1-\exp\left[\dfrac{E_{\rm A}(1-n)+E_{\rm d}}{R}\left(\dfrac{1}{T}-\dfrac{1}{T_0}\right)\right]}{k_{\rm d}(1-n+E_{\rm d}/E_{\rm A})} \tag{2-6-27}$$

许多工业反应的失活速率因温度增加而改变。加氢裂解的反应温度-时间轨线可分为三个区域：开始时催化剂的酸性位结焦，之后慢结焦的线性区，最后的加

速结焦区。该轨线的特征是随温度呈指数增加。加氢裂解催化剂失活的温度-时间轨线如图 2-6-4 所示。

对一级失活，温度-时间轨线简化为

$$t=\frac{E_A}{k_{d0}E_d}\left\{1-\exp\left[\frac{E_d}{R}\left(\frac{1}{T}-\frac{1}{T_0}\right)\right]\right\} \tag{2-6-28}$$

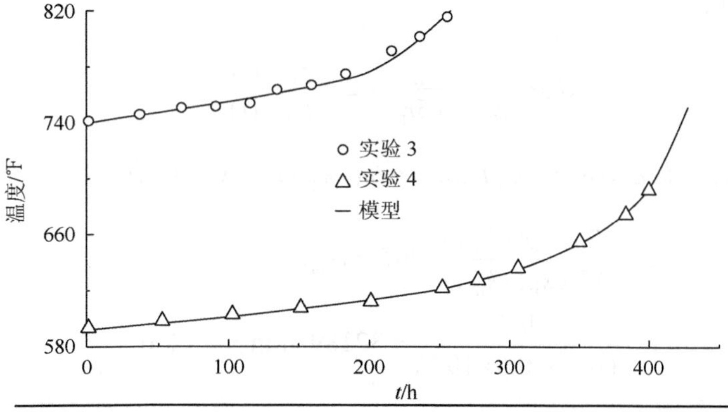

实验	E_A	A	E_d	A_d
3	30	0.52×10^{12}	42.145	1.54×10^{11}
4	30	0.52×10^{12}	37.581	2.08×10^{11}

图 2-6-4　加氢裂解催化剂失活的温度-时间轨线

2.6.5　失活对催化剂性能的影响

这里只对因催化剂失活导致的选择性下降做定性的讨论。

对平行反应：　$A \longrightarrow D$（希望产物）

$A \longrightarrow U$（不希望产物）

希望产物的得率：Y=生成 D 的摩尔数/反应掉的 A 摩尔数

在复杂反应中常常使用的选择性参数 S，定义为希望产物的生成速率与不希望产物的生成速率之比：

$$S_{DU}=r_D/r_U=\frac{k_D C_A^n a_1(t)}{k_U C_A^m a_2(t)}=\frac{k_D a_1(t)}{k_U a_2(t)}C_A^{n-m} \tag{2-6-29}$$

希望产物和不希望产物活性损失速率不一定相同：

$$-\frac{da_1}{dt}=r_{dD}=k_{dD}a_1^p C_A^r \tag{2-6-30}$$

$$-\frac{da_2}{dt}=r_{dU}=k_{dU}a_2^q C_A^s \tag{2-6-31}$$

当 U 的生成速率较 D 生成速率过大时，催化剂就需要再生或替换了。

【例 2-4】 更换催化剂时间的计算

在上述的平行反应中，催化剂的失活速率对两反应都是一级的，与反应物浓度无关，$k_{dD}=10^{-4}$，$k_{dU}=5\times10^{-5}$。D 和 U 的生成速率对反应物浓度都是一级的，$k_D=2\ \text{min}^{-1}$，$k_U=0.2\ \text{min}^{-1}$。当 U 的生成速率达到 D 生成速率的一半时，更换催化剂。在这种情况下，计算更换催化剂的时间的步骤如下。

选择性参数：

$$S_{DU}=\frac{r_D}{r_U}=\frac{r_D}{0.5r_D}=2=\frac{k_D a_1(t)}{k_U a_2(t)}$$

对一级失活，有 $a_1=\exp(-k_{dD}t), a_2=\exp(-k_{dU}t)$，代入数值：

$$2=\frac{2}{0.2}\frac{\exp(-k_{dD}t)}{\exp(-k_{dU}t)},\ \ln 5=(k_{dD}-k_{dU})t$$

$$t=\frac{\ln 5}{(10^{-4}-0.5\times10^{-4})}=32189\ \text{min}=22.4\ \text{d}$$

计算催化剂活性的损失，则希望产品的速率常数为

$$k_D a_1=2\times\exp(-10^{-4}t)=2\times\exp(-10^{-4}\times32189)=0.08(\text{min}^{-1})$$

即催化剂的活性仅剩下初始活性的 4%。因此，在 U 的生成速率达到 D 生成速率的 20%前就应该替换催化剂或进行催化剂再生。

在某些情形下，不希望产品可能是催化剂的毒物，此时有

$$-\frac{da_2}{dt}=r_P=ka_2^q C_U^s \quad (2\text{-}6\text{-}32)$$

2.6.6 失活反应级数的确定

1. *积分方法*

当气相反应物和产物的浓度随时间的变化非常慢时，可以应用准稳态平衡。例如，对反应 A ⟶ B，其摩尔平衡为：$F_{A0}-F_A=-r'_A W$，解出活性 $a(t)$：

$$a(t)=\frac{v_0 C_{A0}-vC_A}{W(-r'_A)}=\frac{v_0}{W}\frac{C_{A0}-C_A}{kC_A^n} \quad (2\text{-}6\text{-}33)$$

为确定失活反应的级数，需假设主反应是一个已知的量。如果主反应未知，必须使用双模型试错法，即找出适合数据的最简单模型。

对于一级失活，有

$$a(t)=\exp(-k_{\mathrm{d}}t)=\frac{v_0}{W}\frac{C_{\mathrm{A0}}-C_{\mathrm{A}}}{kC_{\mathrm{A}}^n} \tag{2-6-34}$$

$$k_{\mathrm{d}}t=\ln k_{\mathrm{R}}+\ln\frac{C_{\mathrm{A}}^n}{C_{\mathrm{A0}}-C_{\mathrm{A}}} \tag{2-6-35}$$

$$1/k_{\mathrm{R}}=\frac{v_0}{Wk} \tag{2-6-36}$$

以 $\ln\dfrac{C_{\mathrm{A}}^n}{C_{\mathrm{A0}}-C_{\mathrm{A}}}$ 对 t 作图，从直线的斜率（图 2-6-5）可得到失活速率常数。

如果不是一级失活，可以假设为二级失活，有

$$a(t)=\frac{1}{1+k_{\mathrm{d}}t}=\frac{C_{\mathrm{A0}}-C_{\mathrm{A}}}{k_{\mathrm{R}}C_{\mathrm{A}}^n} \tag{2-6-37}$$

$$\frac{C_{\mathrm{A}}^n}{C_{\mathrm{A0}}-C_{\mathrm{A}}}=\frac{1}{k_{\mathrm{R}}}+\frac{k_{\mathrm{d}}}{k_{\mathrm{R}}}t \tag{2-6-38}$$

也可以进行线性作图（图 2-6-6）以获得失活速率常数和失活反应级数。同样也可以试验其他失活级数。

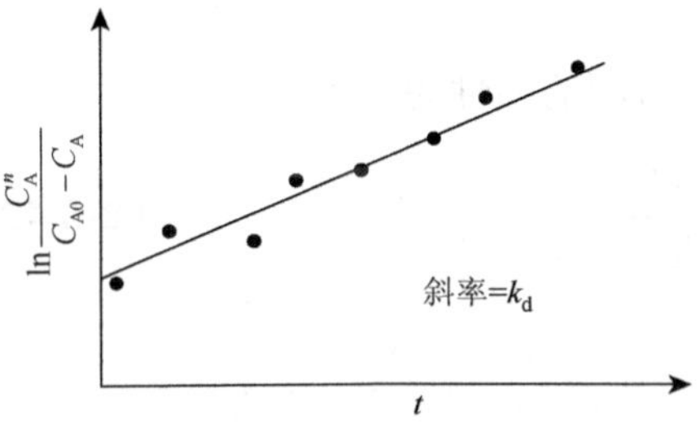

图 2-6-5　$\ln\dfrac{C_{\mathrm{A}}^n}{C_{\mathrm{A0}}-C_{\mathrm{A}}}$-$t$ 作图

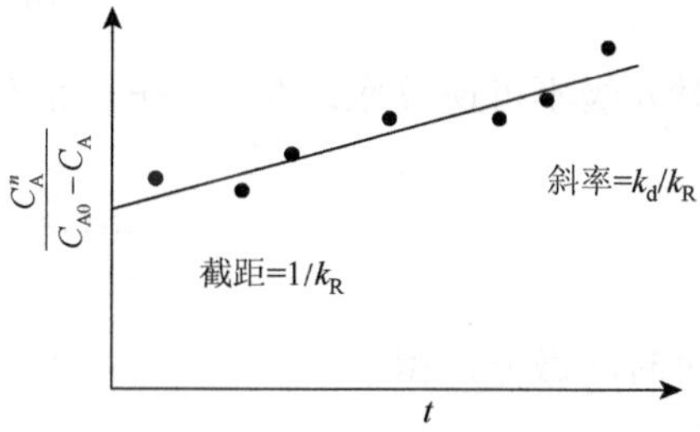

图 2-6-6　CSTR 中二级失活（积分方法）

对于填料床反应器，其处理方法与上述方法非常类似。对一级反应，有

$$\begin{gathered}v_0\frac{\mathrm{d}C_{\mathrm{A}}}{\mathrm{d}W}=-ka(t)C_{\mathrm{A}}\\ a(t)=\frac{v_0}{Wk}\ln\frac{C_{\mathrm{A0}}}{C_{\mathrm{A}}}\end{gathered} \tag{2-6-39}$$

对一级失活，有

$$-k_{\mathrm{d}}t=\ln\frac{v_0}{Wk}+\ln\ln\frac{C_{\mathrm{A0}}}{C_{\mathrm{A}}} \tag{2-6-40}$$

进行线性作图（图 2-6-7），可以获得失活速率常数和失活反应级数。

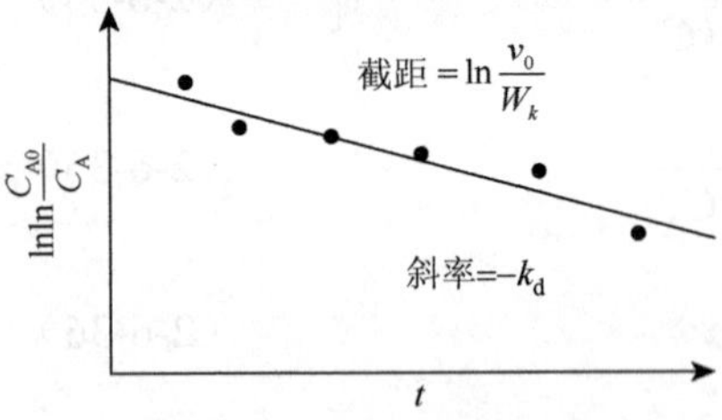

图 2-6-7　填料床反应器中的一级失活（积分方法）

与 CSTR 反应器类似，如果浓度-时间数据不适合失活定律，可以再试验其他失活定律。上述三个方法中的基本思路是适当安排数据组合从而获得可以进行线性作图的公式。

数据的组合随收集数据的反应器类型、主反应级数和失活反应级数的变化而改变。如果有三类反应器、三个主反应速率方程和三个失活反应速率定律，则有 27 种不同类型的作图。其基本步骤是：摩尔平衡→反应速率定律→失活反应速率定律→化学计量式→组合并解之→数值计算。

2. 微分法

为说明该方法，讨论含固体催化剂的搅拌反应器，测得浓度-时间数据。其失活速率定律为

$$-\frac{\mathrm{d}a}{\mathrm{d}t}=k_{\mathrm{d}}a^{q} \tag{2-6-41}$$

对 n 级不可逆反应：A⟶B，催化剂 t 时间的活性为

$$a(t)=\frac{C_{\mathrm{A0}}-C_{\mathrm{A}}}{k_{\mathrm{R}}C_{\mathrm{A}}^{n}} \tag{2-6-42}$$

对时间微分，得

$$\frac{\mathrm{d}\ln a}{\mathrm{d}t}=\frac{\mathrm{d}}{\mathrm{d}t}\ln\frac{C_{\mathrm{A0}}-C_{\mathrm{A}}}{C_{\mathrm{A}}^{n}} \tag{2-6-43}$$

组合式（2-6-42）和式（2-6-43）得

$$k_{\mathrm{d}}a^{q-1}=\frac{\mathrm{d}}{\mathrm{d}t}\ln\frac{C_{\mathrm{A0}}-C_{\mathrm{A}}}{C_{\mathrm{A}}^{n}} \tag{2-6-44}$$

取对数，得

$$\ln\frac{\mathrm{d}\ln\frac{C_{\mathrm{A}}^{n}}{C_{\mathrm{A0}}-C_{\mathrm{A}}}}{\mathrm{d}t}=(q-1)\ln\frac{C_{\mathrm{A0}}-C_{\mathrm{A}}}{C_{\mathrm{A}}^{n}}+\ln k_{\mathrm{d}}-(q-1)\ln k_{\mathrm{R}} \tag{2-6-45}$$

在双对数坐标纸上作图（图 2-6-8）可以得到失活反应级数。作图的数据

如表 2-6-2 所示。

上述讨论的结果总结于表 2-6-3 中。

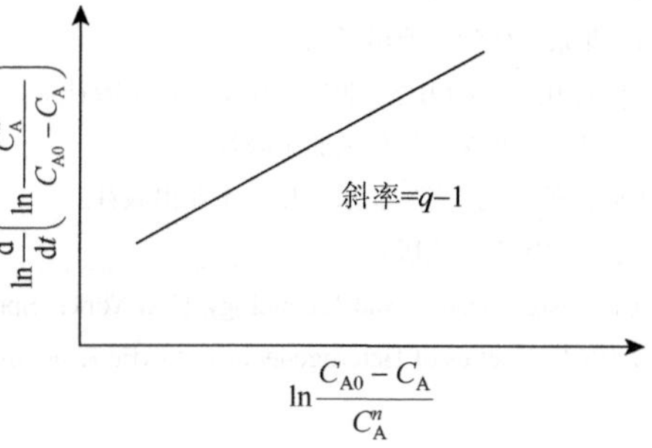

图 2-6-8　双对数坐标上的作图

表 2-6-2　图 2-6-8 所用的数据

t	C_A	$\frac{C_A^n}{C_{A0}-C_A}$	$\ln\frac{C_A^n}{C_{A0}-C_A}$	$\frac{\Delta}{\Delta t}\ln\frac{C_A^n}{C_{A0}-C_A}$	$\frac{\mathrm{d}}{\mathrm{d}t}\ln\frac{C_A^n}{C_{A0}-C_A}$
t_1	C_{A1}	$\frac{C_{A1}^n}{C_{A0}-C_{A1}}$	$\ln\frac{C_{A1}^n}{C_{A0}-C_{A1}}$	$\frac{\Delta}{\Delta t}\ln\frac{C_{A0}-C_{A1}}{C_{A0}-C_{A2}}\left(\frac{C_{A2}}{C_{A1}}\right)^n$	$\frac{\mathrm{d}}{\mathrm{d}t}\ln\frac{C_{A1}^n}{C_{A0}-C_A}$
t_2	C_{A2}	$\frac{C_{A2}^n}{C_{A0}-C_{A2}}$	$\ln\frac{C_{A2}^n}{C_{A0}-C_{A2}}$	$\frac{\Delta}{\Delta t}\ln\frac{C_{A0}-C_{A2}}{C_{A0}-C_{A3}}\left(\frac{C_{A3}}{C_{A2}}\right)^n$	$\frac{\mathrm{d}}{\mathrm{d}t}\ln\frac{C_{A2}^n}{C_{A0}-C_A}$
t_3	C_{A3}	…	…	…	…
⋮	⋮	…	…	…	…
t_n	C_{An}				

表 2-6-3　失活速率定律

活性公式形式	失活反应级数	微分形式	积分形式	例子
线性	0	$-\frac{\mathrm{d}a}{\mathrm{d}t}=\beta_0$	$a=1-\beta_0 t$	氧中毒仲氢在钨上的转化
指数型	1	$-\frac{\mathrm{d}a}{\mathrm{d}t}=\beta_1 a$	$a=\exp(-\beta_1 t)$	CO 中毒 Cu 上的乙烯加氢；在 Cr-Al_2O_3 上烷烃脱氢；瓦斯油裂解；氯乙烯单体生成
抛物线型	2	$-\frac{\mathrm{d}a}{\mathrm{d}t}=\beta_2 a^2$	$1/a=1+\beta_2 t$	氯乙烯单体生成；在 Pt/Al_2O_3 上环己烷脱氢；在 Ni 上异丁烯加氢
倒指数型	$\frac{\beta_3+1}{\beta_3}=\gamma$ $\frac{\beta_4+1}{\beta_4}=n$	$-\frac{\mathrm{d}a}{\mathrm{d}t}=\beta_3 a^n \mathrm{A}_0^{1/5}$ $-\frac{\mathrm{d}a}{\mathrm{d}t}=\beta_4 a^n \mathrm{A}_0^{1/5}$	$a=\mathrm{A}_0 t^{-\beta_3}$ $a=\mathrm{A}_0 t^{-\beta_4}$	在黏土上汽油和瓦斯油的裂解；在 NiAl 上环己烷方构化

参 考 文 献

陈甘棠. 2007. 化学反应工程. 北京：化学工业出版社.

陈诵英. 2011. 催化反应工程基础. 北京：化学工业出版社.

陈诵英，陈平，李永旺，等. 2007. 催化反应动力学. 北京：化学工业出版社.

陈诵英，孙彦平. 2011. 催化反应器工程. 北京：化学工业出版社.

李承烈，李贤均，张国泰，等. 1989. 催化剂失活. 北京：化学工业出版社.

朱炳辰. 2001. 催化反应工程. 北京：中国石化出版社.

Anderson J R，Boudart M. 1981. Catalysis：Science and Technology. New York：Springer-Verlag.

Boudart M，Djega-Mariadassou G. 1984. Kinetics of Heterogeneous Catalytic Reactions. Princeton：Princeton University Press.

Buzzi-Ferraris G. 1999. Planning of experiments and kinetic analysis. Catalysis Today，52（2）：125-132.

Cavalli L，Di Mario A. 1997. Laboratory scale plants for catalytic tests. Catalysis Today，34（3-4）：369-377.

Coulson J M，Richardson J F. 1964. Chemical Engineering. 2nd edition. Oxford：Pergamon Press.

Donati G，Paludetto R. 1999. Batch and semibatch catalytic reactors（from theory to practice）. Catalysis Today，52（2）：183-195.

Dullien F A L. 1979. Porous Media. Fluid Transport and Pore Structure. New York：Academic Press.

Fogler G S. 1997. Elements of Chemical Reaction Engineering. 2nd edition. New Delhi：Prentice-hall of India private limited.

Forni L. 1997. Laboratory reactors. Catalysis Today，34（3-4）：353-367.

Forzatti P. 1997. Kinetic study of a simple chemical reaction. Catalysis Today，34（3-4）：401-409.

Forzatti P，Lietti L. 1999. Catalyst deactivation. Catalysis Today，52（2）：165-181.

Froment G F. 1999. Kinetic modeling of acid-catalyzed oil refining processes. Catalysis Today，52（2）：153-163.

Froment G F，Bischoff K B. 1979. Chemical Reaction Analysis and Design. New York：Wiley.

Levenspiel O. 1962. Chemical Reaction Engineering—An Introduction to The Design of Chemical Reactors. New York：John Wiley and Sons，Inc.

Perego C，Peratello S. 1999. Experimental methods in catalytic kinetics. Catalysis Today，52（2）：133-145.

Ramachandran P A，Chaudhari R V. 1983. Three-Phase Catalytic Reactors. New York：Gordon & Breach Science Publishers.

Ruthven M. 1984. Fundamentals of Adsorption Separation. New York：McGraw-Hill.

Santacesaria E. 1997a. Kinetics and transport phenomena in heterogeneous gas-solid and gas-liquid-solid systems. Catalysis Today，34（3-4）：411-420.

Santacesaria E. 1997b. Kinetics and transport phenomena. Catalysis Today，34（3-4）：393-400.

Santacesaria E. 1999. Fundamental chemical kinetics：The first step to reaction modelling and reaction engineering. Catalysis Today，52（2）：113-123.

Smith J M. 1981. Chemical Engineering Kinetics. 3rd edition. 台北：状元出版社.

Weller S W. 1992. Kinetics of heterogeneous catalyzed reactions. Catalysis Reviews，34（3）：227-280.

第 3 章　催化反应中的传递过程

催化反应过程除催化剂表面吸附、表面反应和脱附过程，必定伴随流体的流动、能量和质量的传递等物理传递过程。它们的速率是化学反应速率的重要影响因素。这对了解催化体系中的传递过程、认识催化反应器有重要意义，它们是催化反应器设计的支柱之一。本章对此做较为详细的介绍。

3.1　传递过程的基本规律

3.1.1　基本定律

当体系处于不平衡状态时，各种物理量就要发生传递，使之接近平衡态。产生传递的根本原因是运动分子间的相互作用。分子的运动和相互作用导致了它们在质量、能量和动量上的传递。发生动量传递的推动力是体系中流体流动的速度差异，也就是压力；而发生能量传递的推动力是体系中的温度差；发生质量传递的推动力是体系中的浓度差。它们遵循的物理定律分别是 Newton 定律、Fourier 定律和 Fick 定律：

动量传递（Newton 定律）：

$$\tau = \pm\mu\frac{\partial u_x}{\partial z} \qquad (3\text{-}1\text{-}1)$$

能量传递（Fourier 定律）：

$$q = -k\frac{\partial T}{\partial z} \qquad (3\text{-}1\text{-}2)$$

质量传递（Fick 定律）：

$$J_i = -D_i\frac{\partial C_i}{\partial z} \qquad (3\text{-}1\text{-}3)$$

上述三式中：τ 是单位面积的内摩擦力；q 是 z 方向传递的热量通量（单位面积单位时间）；J_i 是 z 方向传递的质量通量；μ、k 和 D_i 分别是流体的黏度、热导系数和扩散系数；u_x 是 x 方向的速度分量；T 是温度；C_i 是 i 组分的浓度。

这三个传输基本定律不仅在形式上是类似的，而且在形式上与从分子运动的动力学理论导得的公式也非常相似，因为它们都是基于分子性质的独特物理模型求导所得，受分子运动和它们之间相互作用的影响：

$$G(y) = n\bar{u}\lambda\frac{\partial y}{\partial z} \tag{3-1-4}$$

其中，λ 是分子的平均自由程；$\bar{u}$ 是分子的平均速度；n 是单位体积内分子数（浓度）；y 是传输性质。

3.1.2　传递参数

在上述的三个传递定律中，均包含流体性质参数，如流体的黏度、热导系数和扩散系数（μ、k 和 D_i）。在催化反应工程中需要这些流体的基本参数，尽管很多体系实际测量了这些值，但是对某些实际体系仍然需要通过计算得到。基于流体分子的动力学理论，传输性质黏度 μ、热导系数 k 和扩散系数 D_i 都是分子性质的函数。可以参照体系的分子量和它们的相互作用性质来估算，估算的公式如下：

$$\mu = 2.6693\times10^{-5}\frac{\sqrt{MT}}{\sigma^2\Omega_\mu}\left(\frac{\text{g}}{\text{cm}\cdot\text{s}}\right) \tag{3-1-5}$$

$$k = 1.989\times10^{-4}\frac{\sqrt{T/T}}{\sigma^2\Omega_\mu}\left(\frac{\text{cal}}{\text{cm}\cdot\text{s}\cdot\text{K}}\right) \tag{3-1-6}$$

$$D_{12} = 1.858\times10^{-3}\frac{\sqrt{\dfrac{T^3(M_1+M_2)}{M_1M_2}}}{P\sigma_{12}^2\Omega_D}\left(\frac{\text{cm}^2}{\text{s}}\right) \tag{3-1-7}$$

其中，M 是分子量；σ 是分子的动力学直径；Ω_D 和 Ω_μ 是碰撞积分，它是 k_BT/ε 的函数，其值见表 3-1-1 和表 3-1-2；k_B 是玻尔兹曼常量；ε 是分子相互作用参数；P 是总压（atm）；T 是绝对温度（K）。

表 3-1-1　不同 k_BT/ε 值的 Ω_μ

k_BT/ε	Ω_μ	k_BT/ε	Ω_μ	k_BT/ε	Ω_μ	k_BT/ε	Ω_μ
0.30	2.785	0.70	1.908	1.10	1.514	1.50	1.314
0.35	2.628	0.75	1.841	1.15	1.482	1.55	1.296
0.40	2.492	0.80	1.780	1.20	1.452	1.60	1.279
0.45	2.368	0.85	1.725	1.25	1.424	1.65	1.264
0.50	2.257	0.90	1.675	1.30	1.399	1.70	1.248
0.55	2.156	0.95	1.629	1.35	1.375	1.75	1.234
0.60	2.065	1.00	1.587	1.40	1.353	1.80	1.221
0.65	1.982	1.05	1.549	1.45	1.333	1.85	1.209

续表

k_BT/ε	Ω_μ	k_BT/ε	Ω_μ	k_BT/ε	Ω_μ	k_BT/ε	Ω_μ
1.90	1.197	3.10	1.030	4.40	0.9507	30.0	0.7005
1.95	1.186	3.20	1.022	4.50	0.9464	40.0	0.6718
2.00	1.175	3.30	1.014	4.60	0.9422	50.0	0.6504
2.10	1.156	3.40	1.007	4.70	0.9382	60.0	0.6335
2.20	1.138	3.50	0.9999	4.80	0.9343	70.0	0.6194
2.30	1.122	3.60	0.9932	4.90	0.9305	80.0	0.6076
2.40	1.107	3.70	0.9832	5.0	0.9269	90.0	0.5973
2.50	1.093	3.80	0.9811	6.0	0.8963	100.0	0.5882
2.60	1.081	3.90	0.9755	7.0	0.8727	200.0	0.5320
2.70	1.069	4.00	0.9700	8.0	0.8538	300.0	0.5016
2.80	1.058	4.10	0.9649	9.0	0.8379	400.0	0.4811
2.90	1.048	4.20	0.9600	10.0	0.8242		
3.00	1.039	4.30	0.9553	20.0	0.7432		

表 3-1-2　不同 k_BT/ε 值的 Ω_D

k_BT/ε_{12}	Ω_D	k_BT/ε_{12}	Ω_D	k_BT/ε_{12}	Ω_D	k_BT/ε_{12}	Ω_D
0.30	2.662	1.35	1.235	2.8	0.9672	4.9	0.8456
0.35	2.476	1.40	1.233	2.9	0.9576	5.0	0.8422
0.40	2.318	1.45	1.215	3.0	0.9490	6	0.8124
0.45	2.184	1.50	1.198	3.1	0.9466	7	0.7896
0.50	2.066	1.55	1.182	3.2	0.9328	8	0.7712
0.55	1.966	1.60	1.167	3.3	0.9256	9	0.7556
0.60	1.877	1.65	1.153	3.4	0.9186	10	0.7424
0.65	1.798	1.70	1.140	3.5	0.9120	20	0.6640
0.70	1.729	1.75	1.128	3.6	0.9058	30	0.6232
0.75	1.667	1.80	1.116	3.7	0.8998	40	0.5960
0.80	1.612	1.85	1.105	3.8	0.8942	50	0.5756
0.85	1.562	1.90	1.094	3.9	0.8888	60	0.5596
0.90	1.517	1.95	1.084	4.0	0.8836	70	0.5464
0.95	1.476	2.00	1.075	4.1	0.8788	80	0.5352
1.00	1.439	2.1	1.057	4.2	0.8740	90	0.5256
1.05	1.406	2.2	1.041	4.3	0.8694	100	0.5310
1.10	1.375	2.3	1.026	4.4	0.8652	200	0.4644
1.15	1.346	2.4	1.012	4.5	0.8610	400	0.4170
1.20	1.320	2.5	0.9996	4.6	0.8568		
1.25	1.296	2.6	0.9878	4.7	0.8530		
1.30	1.273	2.7	0.9770	4.8	0.8492		

σ 和 ε 可以从 Lennard-Jones 分子位能关系和分子的临界性质估算：

$$\varphi(r)=4\varepsilon_{ij}\left[\left(\frac{\sigma_{ij}}{r}\right)^{12}-\left(\frac{\sigma_{ij}}{r}\right)^{6}\right] \tag{3-1-8}$$

$$\frac{kT}{\varepsilon}=1.30\frac{T}{T_c} \tag{3-1-9}$$

$$\sigma=1.18V_c^{1/3} \tag{3-1-10}$$

$$\sigma_{ij}=(\sigma_i+\sigma_j)/2 \tag{3-1-11}$$

$$\varepsilon_{ij}=\sqrt{\varepsilon_i\varepsilon_j} \tag{3-1-12}$$

$$\frac{\varepsilon}{k}=0.75T_c \tag{3-1-13}$$

$$\sigma=0.8333V_c^{1/3} \tag{3-1-14}$$

其中，T_c 和 V_c 分别为临界温度和正常沸点下的摩尔体积。

上述公式中使用的作用力常数 ε/k 和 σ，对某些物质的值见表 3-1-3。而摩尔体积 V_c 可以用 Koppde 原子体积加和法计算。一些元素的加和用原子体积见表 3-1-4。

表 3-1-3　从黏度数据计算 Lennard-Jones 公式中的作用力常数

物质	(ε/k)/K	σ/A	物质	(ε/k)/K	σ/A	物质	(ε/k)/K	σ/A
丙酮	560.2	4.600	环己烷	297.1	6.182	二氯甲烷	356.3	4.898
乙炔	231.8	4.033	环丙烷	248.9	4.807	氯化甲烷	350	4.182
空气	78.6	3.711	乙烷	215.7	4.443	汞	750	2.969
氨	558.3	2.900	乙醇	362.6	4.530	氖	32.8	2.280
氩	93.3	3.542	乙烯	224.7	4.163	硫化氢	301.1	3.623
苯	412.3	5.349	氟	112.6	3.357	一氧化碳	116.7	3.492
溴	507.9	4.296	氦	10.22	2.551	氮	71.4	3.798
异丁烷	330.1	5.278	正己烷	339.2	5.949	氧化亚氮	232.4	3.828
二氧化碳	195.2	3.941	氢	59.7	2.827	氧	106.7	3.467
二硫化碳	467	4.483	氰化氢	569.1	3.630	正戊烷	341.1	5.784
一氧化碳	91.7	3.690	氯化氢	344.7	3.339	丙烷	237.1	5.118
四氯化碳	322.7	5.947	碘化氢	288.7	4.211	正丙醇	567.7	4.549
氧硫化碳	336	4.130	碘	474.2	5.160	丙烯	298.9	4.678
氯	316	4.217	氪	178.9	3.655	二氧化硫	335.4	4.112
氯仿	340.2	5.389	甲烷	148.6	3.758	水	809.1	2.641
氰	348.6	4.361	甲醇	481.8	3.626			

表 3-1-4　用于估算摩尔体积（正常沸点下）的加和用物种体积

物种	加和用体积	物种	加和用体积
碳	14.8	溴	27.0
氢	3.7	氯	24.6
氧（一般）	7.4	氟	8.7
氧（在甲醚或甲酯中）	9.1	碘	37.0
氧（在乙醚或乙酯中）	9.9	硫	25.6
氧（在高级醚或酯中）	11.0	三元环	−6.0
氧（在酸中）	12.0	四元环	−8.5
氧（与 S、P、N 相连）	8.3	五元环	−11.5
氮（双键）	15.6	六元环	−15.0
氮（在伯胺中）	10.5	萘	−30.0
氮（在仲胺中）	12.0	蒽	−47.5

1. 流体的黏度

流体的黏度也可以从临界黏度 μ_c 和对比黏度 $\mu_r=\mu/\mu_c$ 计算。对比黏度与对比压力和温度的关系见图 3-1-1，而临界黏度可以用下面的关联计算：

$$\mu_c = 61.6(MT_c)^{1/2} V_c^{-2/3} \tag{3-1-15}$$

$$\mu_c = 7.70 M^{1/2} P_c^{2/3} T_c^{-1/6} \tag{3-1-16}$$

混合气体的黏度可以用如下关联计算：

$$\mu_{mix} = \sum_{i=1}^{N} \frac{x_i^2}{\dfrac{x_i^2}{\mu_i} + 1.385 \sum_{k=1}^{N} \dfrac{x_i x_k RT}{pM_i D_{ik}}} \tag{3-1-17}$$

液体的黏度计算公式为

$$\mu = 3.98 \times 10^{-3} \frac{\rho}{M} \exp \frac{3.8T_b}{T} \tag{3-1-18}$$

混合液体黏度：

$$\lg \mu_{mix} = \sum_{i=1}^{N} x_i \lg \mu_i \tag{3-1-19}$$

黏度也可以与流体密度组合成动力黏度 v：

$$\nu=\mu/\rho \tag{3-1-20}$$

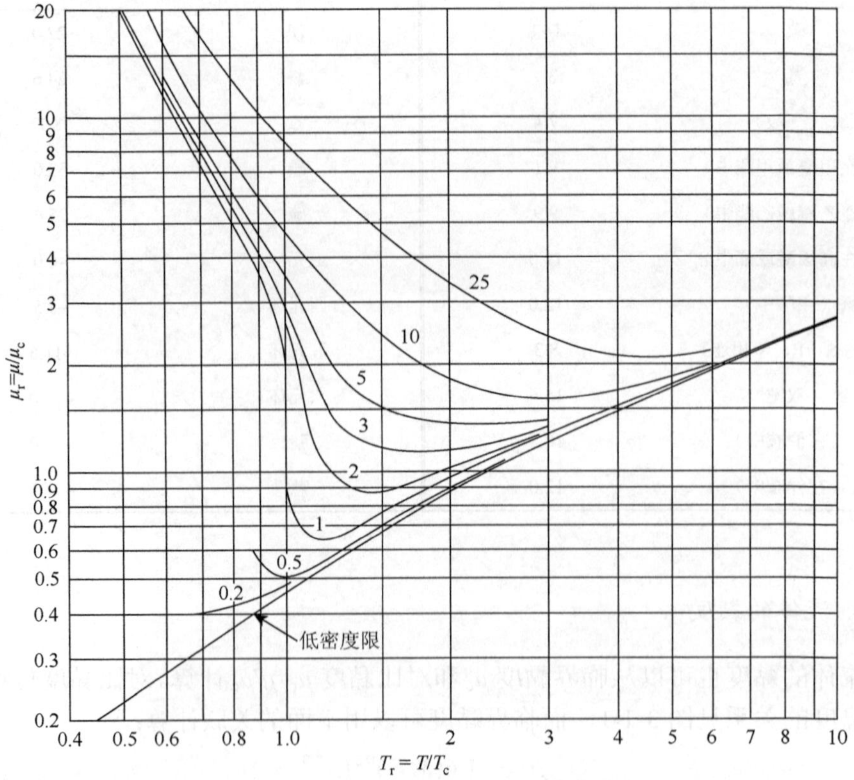

图 3-1-1　对比黏度和对比压力、温度的关系图

2. 流体的热导率

实验测定的某些气体、液体和固体的热导率的值见表 3-1-5～表 3-1-7。对单原子气体可以使用方程计算，对多原子气体可用黏度数据计算：

$$k=\frac{15R\mu}{4M}\left(\frac{4C_v}{15R}+\frac{3}{5}\right)=\frac{\mu}{M}(C_p+2.484) \tag{3-1-21}$$

或利用对比热导率 $k_r=k/k_c$，而 k_c 可以由对比温度和压力计算：

$$k_c=\mu_c\frac{\mu_r^0}{k_r^0}\left(C_p^0+\frac{2.484}{M}\right) \tag{3-1-22}$$

$\dfrac{\mu_r^0}{k_r^0}$ 可以利用图 3-1-2 计算，k_r 利用图 3-1-3 计算。

表 3-1-5　热导率实验值[气体，$k\times10^7$，cal/(cm·s·K)]

气体	100 K	200 K	300 K
H_2	1625	3.64	4227
O_2	216	438	635
CO_2	—	227	398
CH_4	254	522	819
NO	—	425	619

表 3-1-6　热导率实验值[液体，k，cal/(cm·s·K)]

物质	温度/℃	k	物质	温度/℃	k
苯胺	12	0.00041	Gd	355 435	0.106 0.119
二硫化碳	9～15	0.000343	Pb	330 500 700	0.039 0.037 0.036
乙醇	—	0.000423	Hg	0 120 222	0.0196 0.0261 0.303
甘油	9～15	0.000637	K	200 400 600	0.1073 0.0956 0.0846
凡士林	25	0.00044	Na	100 300 500	0.2055 0.1809 0.1596
水	20	0.00143	Na-K 合金 56% Na 44% K	100 300 500	0.0617 0.0648 0.0675
Al	700 790	0.247 0.290			

表 3-1-7　热导率实验值[固体，k，cal/(cm·s·K)]

物质	温度/℃	k	物质	温度/℃	k
铝	100 300 600	0.492 0.64 1.01	镉	0 100	0.220 0.216
铜	18 100	0.918 0.908	钢	18 100	0.112 0.107
锡	0 100	0.1528 0.143	木头：与轴平行 与轴垂直	— —	0.00030 0.00009
红砖	—	0.0015	混凝土	—	0.0022
地壳	—	0.004	玻璃	200	0.0017
沙石	—	0.00093	石墨	—	0.012

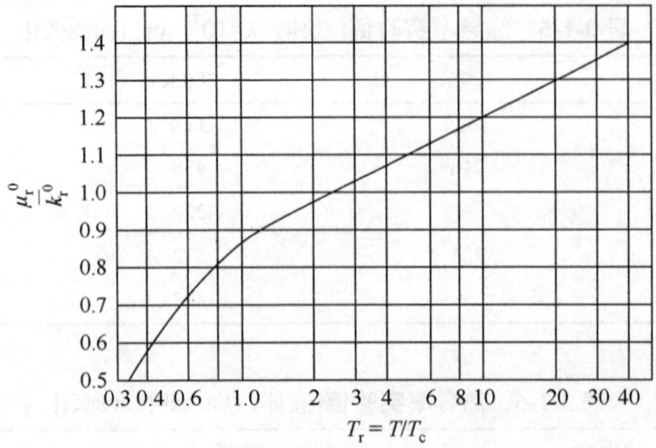

图 3-1-2　计算临界热导率所需的函数 $\frac{\mu_r^0}{k_r^0}$

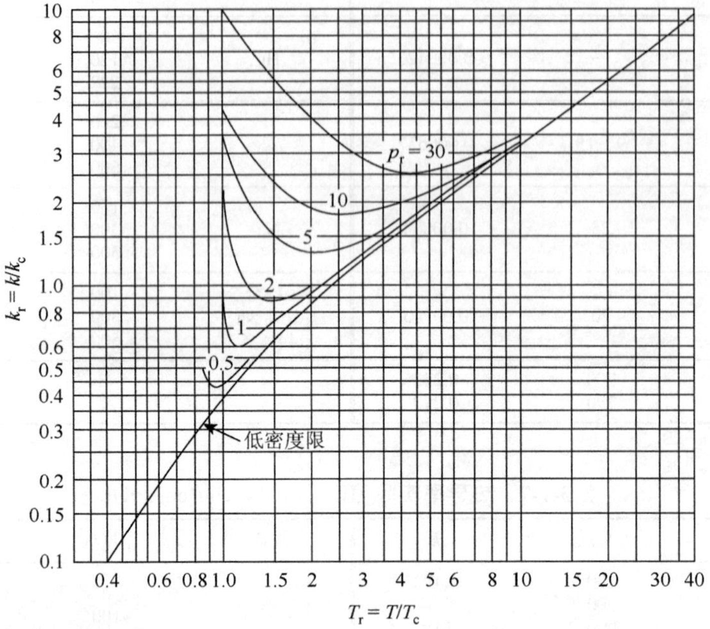

图 3-1-3　对比热导率与临界温度和压力间的关系

3.1.3　气体中的扩散系数

对某些二元气体混合体系，它们的二元扩散系数见表 3-1-8。

表 3-1-8　二元系统的扩散系数（$D_{12}P$ 实验值，D_{12} 的单位为 cm^2/s，P 的单位为 atm）

气体对	T/K	$D_{12}P$	气体对	T/K	$D_{12}P$	气体对	T/K	$D_{12}P$
空气-氮	273	0.198	CO_2-丙烷	298	0.0863	氢-丙烷	300	0.450
空气-苯	298	0.0962	CO-乙烯	273	0.151	氮-氨	298	0.230
空气-CO_2	273 1000	0.136 1.32	CO-氢	273	0.651	氮-乙烯	298	0.163
空气-氯气	273	0.124	CO-氮	288	0.192	氮-碘	273	0.070
空气-联苯	491	0.160	CO-氧	273	0.185	氮-氧	273	0.181
空气-乙醇	298	0.132	CCl_2F_2-乙醇	298	0.0475	氧-氨	293	0.253
空气-碘	298	0.0834	CCl_2F_2-水	298	0.105	氧-苯	296	0.0939
空气-甲醇	298	0.162	乙烷-甲烷	298	0.163	氧-CCl_4	298	0.071
空气-汞	614	0.473	乙烷-丙烷	293	0.085	氧-乙烯	293	0.182
空气-萘	298	0.0611	氦-氩	273	0.641	水	307.2	1.020
空气-氧	273	0.175	氦-苯	298	0.334	水	307	0.902
空气-SO_2	273	0.122	氦-乙醇	298	0.494	水	307.6	0.292
空气-甲苯	298	0.0844	氦-氢	293	1.64	水	307.7	0.204
空气-水	298 1273	0.260 3.253	氢-氨	298	0.783	水	307.5	0.256
氩-氖	293	0.329	氢-苯	273	0.317	水	352	0.352
CO_2-苯	318	0.0715	氢-乙醇	340	0.578	水	307.2	0.198
CO_2-乙醇	273	0.0693	氢-乙烯	298	0.602	CO_2-氮	298	0.167
CO_2-氢	273	0.550	氢-甲烷	288	0.694	CO_2-甲醇	299	0.105
CO_2-甲烷	273	0.153	氢-氮	293	0.760	氢-氧	273	0.697

如果扩散系数无法从手册中查到或无法测定，则需通过实验数据外推或扩散系数估算。利用 Lennard-Jones 提出的基于分子作用力的理论方程式（3-1-7），计算所需要的分子动力学半径和碰撞积分。而 σ 和 ε 通常从黏度数据获得。对若干纯气体，来自 Svehla 的一些数值见表 3-1-2 和表 3-1-3。常压沸点下的摩尔体积 V_c 可以用表 3-1-4 的数据和 Kopp 定律（即原子体积加和的方法）获得。

【例 3-1】　二元混合气体扩散系数的计算噻吩-氢气，600 K，30 atm，该体系在加氢脱硫中有实际意义。噻吩是硫化物的一个模型化合物。

解： 为计算噻吩-氢气体系中的二元混合气体扩散系数，

$$D_{12}=\frac{1.858\times10^{-3}\sqrt{\dfrac{T^3(M_1+M_2)}{M_1M_2}}}{P\sigma_{12}^2\Omega_D}$$

需要计算 Ω_D、σ_{12}。因无法直接从手册上查到，可由摩尔体积和临界温度 T_c 估算。因 $\dfrac{kT}{\varepsilon}=1.30\dfrac{T}{T_c}$，$\sigma=1.18V_b^{1/3}$，噻吩的 T_c=579 K，于是 kT/ε= 1.30T/T_c= 1.305×600/579，氢的 ε/k=59.7，$kT/(\varepsilon_1\varepsilon_2)$=4.04。噻吩的摩尔体积利用原子加和法计算：噻吩分子是1 个五元环，1 个硫原子，4 个碳原子，4 个氢原子，于是 V_b= 4×14.8+4×3.7+25.6−11.5=88.1，σ_1=1.18×(88.1)$^{1/3}$=5.25，氢气的 σ_2=2.827（手册上查得），σ_{12}=(σ_1+σ_2)/2=4.04，可以查得 Ω_D=0.8817，把已知的数据代入，得到 D_{12}=0.052 cm^2/s。

3.1.4　液体中的扩散系数

液体在孔道中扩散机理与气体的扩散机理本质是相同的。大孔中的液体扩散与本体液体中的扩散相同，在液体扩散中观察不到微孔扩散。虽然液体扩散和气体扩散的机理是一样的，但是液体扩散关联和预测液相扩散率的准确性较差，因为对液体相中扩散基本理论的研究远没有气相分子扩散理论成熟。两个复杂化的因素是液相扩散率随浓度的变化大，恒定不变的是质量浓度而不是摩尔浓度。使用 Stokes-Einstein 和 Nernst-Einstein 关联时应当注意，虽然有范围相当广的经验和半经验关联可以利用，但是必须仔细考虑组分的性质，选择合适的关联。在非理想液体混合物中，传输扩散率和自扩散率通常都与浓度有关。其热力学校正值小于 10，因此在液相中校正和未校正扩散率的差别远远小于吸附体系。在通常温度下，液体扩散系数的一般范围为 10^{-6}～10^{-4} cm^2/s（聚合物和非常大的分子除外），其变化范围也远小于吸附相中的变化范围。

能用于估算溶质在稀溶液中的扩散系数的关联方程有很多，它们是基于不同的理论（如流体动力学理论、Eyring 绝对速率理论、自由体积理论、分子动力学理论和对应状态理论等）导出的，关联方程中包含的参数计算比较复杂，目前应用最广泛的是从流体动力学理论导出的 Wikle-Chang 方程：

$$D_{12}=7.4\times10^{-10}\frac{T(XM_2)^{1/2}}{\mu V_b^{0.6}}\tag{3-1-23}$$

其中，D_{12} 是溶质扩散率（cm^2/s）；T 是温度（K）；X 是溶剂的经验“缔合参数”；M_2 是溶质的分子量；μ 是溶液的黏度，以泊（P）为单位（1 P=0.1 Pa·s）；V_b 是扩散溶质的摩尔体积（cm^3/mol），可以用科普定律计算。参数 X，对水取 2.6，甲醇取 1.9，乙醇取 1.5，苯、酯、庚烷和其他非缔合溶剂都取 1.0。上述方程的量纲是不一致的，必须使用指定单位。上述方程指出，液体扩散系数与 T/μ 成比例，因液体黏度随温度增加而减小，液体扩散系数粗略地随绝对温度的平方根增加。液体扩散系数的活化能也远低于化学反应的活化能。

Wikle-Chang 方程是不能应用于大分子的扩散系数估算的。当 $V_b > 0.27(XM)^{1.37}$ 时，可应用 Stokes-Einstein 方程估算液体扩散率：

$$D_{12} = \frac{1.05 \times 10^{-9} T}{\mu V_b^{1/3}} \tag{3-1-24}$$

液体扩散系数最显著的特征是：在通常的温度下，其数值约为大气压下有代表性气体扩散系数的万分之一，或者是一百个大气压下的百分之一。表 3-1-9 列举了二元液体体系中低溶质浓度下的液体扩散系数。

表 3-1-9　低溶质浓度下的二元液体扩散系数

溶剂	溶质	T/K	$D_{12}^0 \times 10^5$	溶剂	溶质	T/K	$D_{12}^0 \times 10^5$
水	氦	298	6.8	水	糠醛	293	1.04
水	氢	298	4.8	水	尿素	293	1.20
水	氧	298	2.41	水	二甲胺	293	0.97
水	二氧化碳	298	2.00	水	苯胺	293	0.92
水	氨	285	1.64	水	乙腈	288	1.26
水	氯	298	1.25	水	吡啶	288	0.58
水	甲烷	293	1.49	水	乙醇	283	0.84
水	乙烷	277	0.55	乙醇	二氧化碳	290	3.20
水	丙烷	333	2.71	乙醇	吡啶	293	1.10
水	丙烯	298	1.44	乙醇	尿素	285	0.54
水	苯	298	1.09	乙醇	水	298	1.13
水	甲醇	288	1.26	苯	乙酸	298	2.09
水	正丙醇	288	0.87	苯	四氯化碳	298	1.92
水	正丁醇	288	0.77	苯	氯乙烯	281	1.77
水	异丁醇	288	0.77	苯	乙醇	288	2.25
水	异戊醇	288	0.69	苯	甲醇	298	3.82
水	乙二醇	293	1.04	苯	萘	281	1.19
水	甘油	293	0.82	丙酮	乙酸	298	3.31
水	乙酸	293	1.19	丙酮	苯甲酸	298	2.62
水	苯甲酸	298	1.21	甲苯	乙酸	293	2.00
水	甘氨酸	298	1.05	甲苯	丙酮	293	2.93
水	乙酸乙酯	293	1.00	甲苯	苯甲酸	293	1.74
水	丙酮	288	1.22	甲苯	乙醇	288	3.00

【例 3-2】　液相体系中扩散系数的计算

计算 40℃时己烷稀溶液中噻吩的 D_{12} 值。

解: 假定己烷不缔合，X=1.0，M_2 为己烷的分子量 88，在 40℃时的黏度 0.262 cP（cP，厘泊，1 cP=10^{-3} Pa·s）。在【例 3-1】中已经给出噻吩的 V_c=88.1，代入方程：

$$D_{12} = 7.4\times10^{-10}\frac{T(XM_2)^{1/2}}{\mu V_b^{0.6}}=5.6\times10^{-5}\ (\mathrm{cm^2/s})$$

显然，V_c 小于 $0.27(XM_2)^{1.87}$，上述方程是可以应用的。

3.2　多孔催化剂中的扩散

3.2.1　大孔中的扩散

在多相催化反应动力学研究中，对大孔或本体中的扩散问题已进行了广泛而深入的研究。当催化剂的孔径较大，扩散气体的压力较高的扩散过程常称为主体（bulk）扩散或普通扩散。在对大孔扩散率做分析时常常假定传质只通过孔发生的而通过流动的传递可以不考虑。通常用孔的横截面积来定义孔扩散率：

$$J = -\varepsilon_p D_p \frac{\partial c}{\partial x} \qquad (3\text{-}2\text{-}1)$$

D_p 的值小于直圆柱孔中的扩散率，原因有两个：一是孔的无规则取向导致扩散路程较长，在流动方向上浓度梯度降低；二是孔径的变化。这两个因素通常被综合起来用一个曲折因子表示：$D_p=\dfrac{D}{\tau}$，其中，D 是在相同条件下的直圆柱孔中的扩散率。由于曲折因子本质上是一个几何因子，因此它是独立于温度和扩散物种的变量。实验所得的曲折因子值通常在 2～6。曲折因子一般随空隙率的减小而增大。

大孔中的扩散是由分子扩散引起的。虽然大孔扩散率 D 相当于分子扩散率，但是由于固体中的孔不是直线的，而是弯弯曲曲的。因此需要引进一个曲折因子 τ，即 $D_p=\dfrac{D_m}{\tau}$，D_m 为分子扩散率。而且，在多孔催化剂中能够用于气体扩散的只有孔空间，有一部分被固体占据，气体分子只能在其孔隙部分扩散。因此，催化剂中的有效扩散率 D_{me} 等于 D_p 乘以催化剂粒子的空隙率 θ，即 $D_{me}=D_m\theta/\tau$。对二元气体系统，分子扩散率可以由前面讨论过的理论方程计算。

3.2.2　细孔中的扩散

当气体密度很低或催化剂的孔很小或两者兼而有之时，气体分子与孔壁的碰撞远比分子间的碰撞频繁得多，此时发生的是微孔流或克努森扩散。在液体中观察不到克努森扩散。分子运动论提供了计算微孔扩散率的公式：

$$D_{\mathrm{K}} = 9700 r_{\mathrm{e}} \sqrt{T / M} \tag{3-2-2}$$

其中，r_e 是孔半径（cm）；T 是温度（K）；M 是分子量。如果多孔催化剂的总表面积为 S_g（cm^2/g），粒子密度为 ρ_p（g/cm^3），则孔半径可以表示为 $r_e = \dfrac{2\theta}{S_g \rho_p}$。于是有效微孔扩散系数 D_{Ke} 可以用下式计算：

$$D_{\mathrm{Ke}} = \frac{D_{\mathrm{K}}\theta}{\tau_{\mathrm{m}}} = \frac{19400\theta^2}{\tau_{\mathrm{m}} S_{\mathrm{g}} \rho_{\mathrm{p}}} \sqrt{\frac{T}{M}} \tag{3-2-3}$$

在微孔扩散区扩散物种的扩散与其他物种无关，因此克努森扩散率与气体组成无关，与气体的总浓度或总压力也无关。显然，在大孔扩散和微孔扩散之间存在很宽的过渡区，在该过渡区内催化剂的有效扩散系数可用下式计算：

$$\frac{1}{D_{\mathrm{e}}} = \frac{1}{D_{\mathrm{Ke}}} + \frac{1}{D_{\mathrm{me}}} \tag{3-2-4}$$

3.2.3　表面扩散

分子扩散和克努森扩散的机理都是包含气体分子在孔中的气相流动。此外，物理吸附物种也有可能在孔壁表面上运动，从而对气体传输做出直接的贡献，这种物质分子的流动称为表面扩散。表面扩散的方向是表面浓度减小的方向，与气体扩散过程的方向是平行的。虽然吸附物种的移动性一般要远小于气相，但是其浓度可能远远高于气相，因此当吸附物种的浓度比较大时，有可能对物质的传输做出显著的贡献。表面扩散对分子传输有显著贡献的前提是有显著的物理吸附，这要求温度不能超过吸附物种的常压沸点太多。在高温下因吸附量减少，表面扩散被抑制。由于同时发生气相扩散，单独测量表面扩散是一件困难的事情。为了研究表面扩散，有必要排除气相扩散。在测量对流扩散时，如果一种气体是氦，测得第二种气体的流通量超过由分子量关系计算量的部分，可认为是表面扩散的贡献。但是，测量表面扩散的一般方法是在很宽的温度范围内做测量，气相扩散通量在高温下测试，因为在高温下表面扩散可以忽略不计，然后从低温测量的通量中扣除气相扩散的量（从高温测量外推得到）得到表面扩散所贡献的通量。只有在很细的孔中表面扩散才会有显著贡献，因为在这类小孔中，扩散通量一般都是由克努森扩散贡献的，这样可以简化外推。

有代表性的表面扩散数据，丙烷在硅胶（平均孔直径是 2.2 nm）吸附剂中的表面扩散，见表 3-2-1。总扩散率 D_t 表示为

$$D_t = D_K + \frac{1-\theta}{\theta} KD_s \tag{3-2-5}$$

表 3-2-1　丙烷在硅胶上的表面扩散

温度/K	D_{te}/(cm²/s)	D_{Ke}/(cm²/s)	$[KD_s(1-\theta)/\theta]$/(cm²/s)	D_s/(cm²/s)
323	0.00154	0.00042	0.00112	0.00074
348	0.00145	0.00044	0.00101	0.00131
373	0.00133	0.00045	0.00088	0.00195
398	0.00122	0.00047	0.00075	0.0028

表面扩散是一活化过程，在一些方面类似于微孔扩散或晶内扩散。它与温度间的关系可用阿伦尼乌斯方程表示：

$$D_s = D_{s0} \exp\left(-\frac{E_s}{RT}\right) \tag{3-2-6}$$

由表 3-2-1 所示，表面扩散对总有效扩散率的贡献与乘积 KD_s 有关。由于表面扩散活化能 E_s 一般小于吸附热，所以这一乘积也就是表面扩散的相对贡献，总是随温度的升高而减小。

除 Henry 定律区外，表面扩散率一般与浓度密切相关，如图 3-2-1 所示。这一浓度相关性很可能来自吸附等温线的非线性性。对不同的体系表面扩散率有多达十个数量级的改变。对于分子筛吸附剂中的水和其他快速扩散物种，显著贡献于长程粒内扩散率的附加部分源自于晶内传输，这类作用与表面扩散一样，也会产生平行于孔扩散流的流通量。

3.2.4　微孔中的流动

如果一个催化剂粒子上有压力差存在，则在大孔中产生强制层流导致对吸附流通量的直接贡献，在填料床中这一影响可以被忽略，因为对每个粒子的压力降

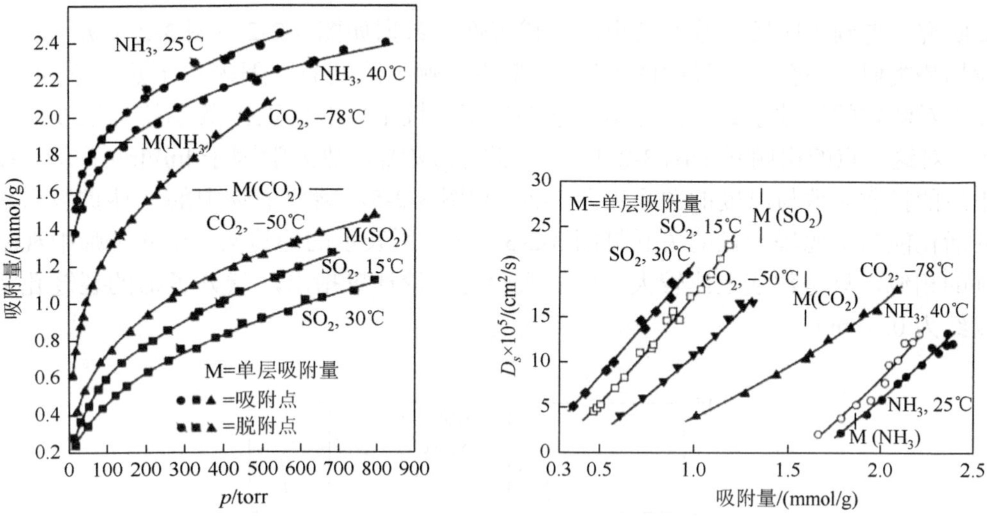

(a) 平衡等温线　　(b) 表面扩散率随吸附相浓度的改变

图 3-2-1　表面扩散率随吸附相浓度的变化

值小。但在实验室中使用真空体系进行吸附速率的直接测量时，这一效应会变得比较显著。从 Poiseuille 方程可以说明，扩散率为 $D=\dfrac{Pr^2}{8\mu}$，其中，P 是绝对压力（dyn/cm^2）（$1\ dyn=10^{-5}\ N$）；μ 是黏度（P）；r 是平均孔半径（cm）。简单的数量级计算结果见表 3-2-2。表中的结果指出，对 293 K 大气压下的空气，当孔半径在 10^{-5}～10^{-4} cm 范围时，微孔流的贡献变得占优势了。在较低的压力下，Poiseuille 扩散率也就是微孔扩散率降低，而分子扩散率成比例地增加。

表 3-2-2　分子扩散、克努森扩散 Poiseuille 流的相对重要性（直圆柱孔，293 K，1 atm）

D_m	R/cm	D_K	D	$D_{Poiseuille}$	D_t	$D_{Poiseuille}/D_t$
0.2	10^{-6}	0.03	0.027	0.0007	0.027	0.026
	10^{-5}	0.3	0.121	0.07	0.19	0.37
	10^{-4}	3.0	0.19	7.0	7.2	0.97

注：$1/D=1/D_K+1/D_m$，所有 D 的单位是 cm^2/s。

3.2.5　分子筛中的扩散

利用氧气与氮气在碳分子筛微孔扩散率的差异可在变压条件下实现二者的分离。对 5A 碳分子筛中的扩散以及扩散系数与浓度的关系已用多种方法进行了详细研究。得到了比较一致的结果，其代表性的数据如图 3-2-2～图 3-2-4 所示。一般趋势类似于小孔分子筛中的扩散。扩散率有赖于浓度的原因来自于热力学因素，如果对测定的扩散系数作热力学因素的校正，校正后的校正扩散率就与浓度无关了。对这一点的说明示于图 3-2-4 中，该图以 D/D_0 对热力学因子 ln$p$/ln$q$ 作图。校正后的扩散系数与温度的关系见图 3-2-4 和图 3-2-5。碳分子筛中的气体扩散系数的活化能与范德华半径的关联见图 3-2-3。图中所表示的趋势与 4A 分子筛中观察到的相似，只是数值上比较大一些。实验与理论计算指出，碳分子筛的裂缝孔宽度约为 0.44 nm。

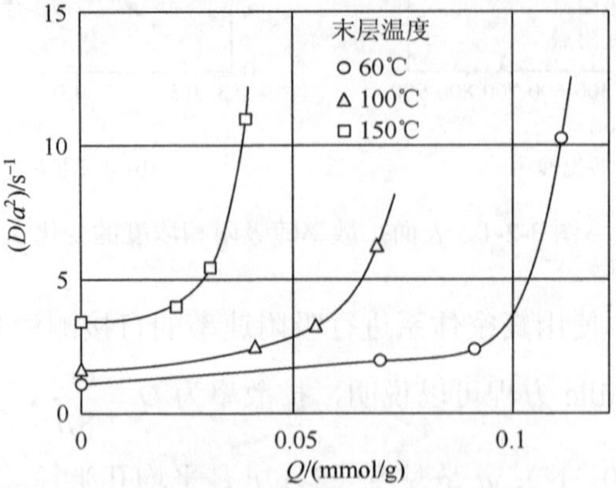

图 3-2-2　碳分子筛中氮扩散时间常数随浓度的变化

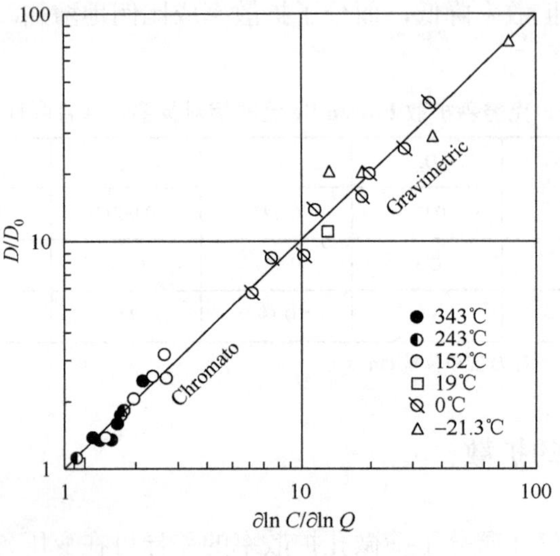

图 3-2-3　碳分子筛中丙烯微孔扩散率随热力学因子的变化

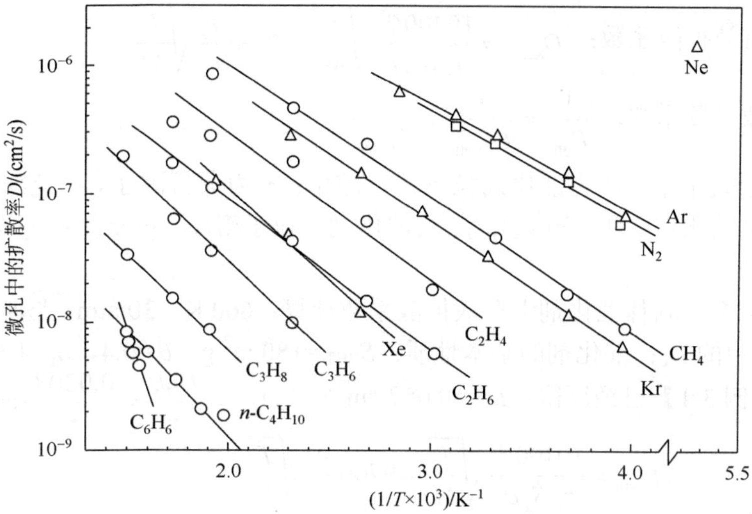

图 3-2-4　碳分子筛中的极限扩散率随温度的改变

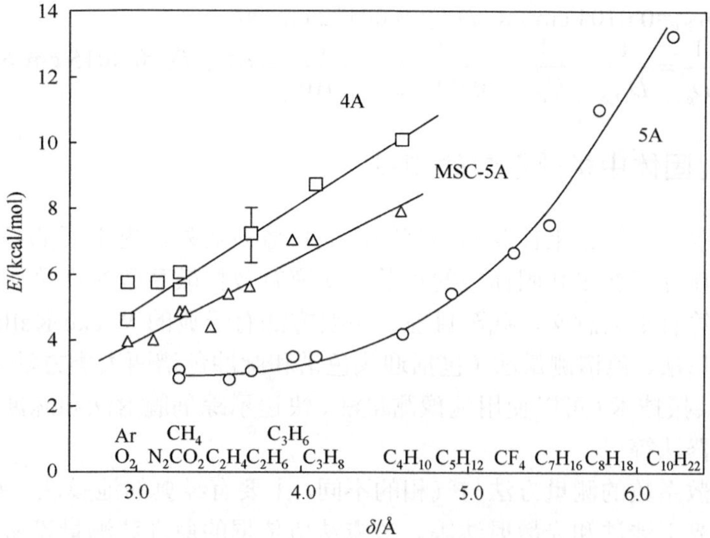

图 3-2-5　碳分子筛中的扩散活化能随范德华直径的改变

多孔固体中的扩散系数计算公式小结：

主体有效扩散系数：$D_{12,\mathrm{eff}}=\dfrac{D_{12}\theta}{\tau}$

微孔扩散系数：$D_{\mathrm{K}}=\dfrac{19400\theta^2}{S_{\mathrm{g}}\rho_{\mathrm{p}}}\sqrt{\dfrac{T}{M}}=9700r_{\mathrm{e}}\sqrt{\dfrac{T}{M}}$

微孔有效扩散系数：$D_{K,eff}=\dfrac{19400\theta^2}{\tau_m S_g \rho_p}\sqrt{\dfrac{T}{M}}=9700\dfrac{r_e}{\tau_m}\sqrt{\dfrac{T}{M}}$

总有效扩散系数：$\dfrac{1}{D_{eff}}=\dfrac{1}{D_{12,eff}}+\dfrac{1}{D_{K,eff}}$

上述的式子中：θ 为催化剂粒子的空隙率；τ 为曲折因子，一般取 2～10；S_g 为催化剂的比表面积（m^2/g）；ρ_p 为催化剂的粒子密度（g/cm^3）；r_e 为催化剂的平均孔半径。

【例 3-3】 固体催化剂中有效扩散系数计算：660 K，30 atm，噻吩在催化剂颗粒内 H_2 中的 D_e；催化剂的基本性质：$S_{BET}=180\ m^2/g$，$\theta=0.4$，$\rho_p=1.4\ g/cm^3$。

解：【例 3-1】已经算得：$D_{12}=0.052\ cm^2/s$，$D_{12,e}=\dfrac{D_{12}\theta}{\tau}=\dfrac{0.0208}{\tau}(cm^2/s)$

利用公式：

$$D_{K,eff}=\frac{19400\theta^2}{\tau_m S_g \rho_p}\sqrt{\frac{T}{M}}=9700\frac{r_e}{\tau_m}\sqrt{\frac{T}{M}}$$

$$=\frac{19400\times 0.4^2}{\tau_m\times 1.8\times 10^6\times 1.4}\sqrt{\frac{660}{84}}=\frac{0.00344}{\tau_m}(cm^2/s)$$

取 $\tau=2.0$，$D_{12,e}=0.0104\ cm^2/s$，$D_{K,e}=0.00172\ cm^2/s$，

$$\frac{1}{D_e}=\frac{1}{D_{12,e}}+\frac{1}{D_{K,e}}=\frac{1}{0.00172}+\frac{1}{0.0104}=673,\ D_e=0.0015\ cm^2/s$$

3.2.6 多孔固体中扩散系数的测量

除了用前述的理论来计算和预测物质的扩散系数外，更主要的是发展实验方法来测量物质分子在多孔固体中的扩散。研究有效扩散系数对理论研究、实际工程设计和计算有重大意义，截至目前，主要方法有经典的 Wicke-Kallenbach 法、吸附速率测量法、色谱测量法（包括迎头色谱和脉冲色谱两大类方法）、示踪剂交换法、核磁共振技术（可以使用弛豫测量法、快速示踪剂脱附法和脉冲场梯度法）、单粒子反应器法等。

液体扩散系数的测量方法与气相的不同。主要有经典的池膜法、液相色谱法、毛细管法、光干涉法和光散射法等。该方法所依据的原理和测量设备技术都有相当大的差别，测量扩散系数的数量级范围也不尽相同。这里不再详细介绍，有兴趣的读者可以参考章末参考文献。

3.3 流固间的传质和传热系数的实验关联

3.3.1 外扩散阻力

在催化剂颗粒外表面附近，流体的流动速度随与颗粒表面的距离的变化而变

化。流体流动速度变化的界面称为边界层。传质边界层厚度 δ 一般定义为从固体表面到扩散物种的浓度达到流体主体浓度的 99%的距离。反应物 A 从流体主体扩散到催化剂外表面的浓度分布如图 3-3-1 所示。其浓度在非常短的距离内已经从 C_{A0} 改变到 C_{As}。因此催化剂外表面的膜传递阻力（即外扩散阻力）集中在边界层中。

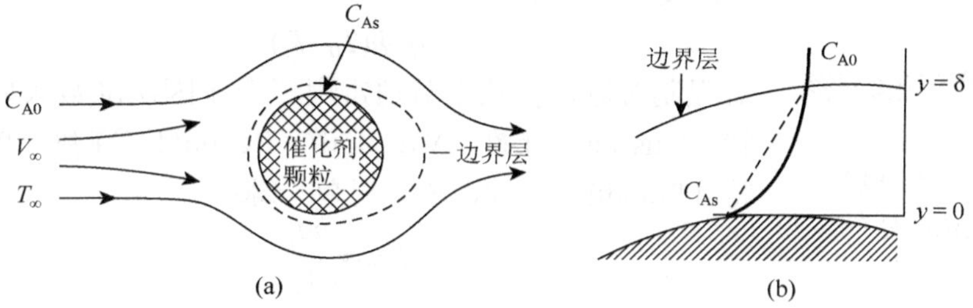

图 3-3-1　催化剂颗粒外表面的边界层

膜传质阻力是由床层的水力学条件确定的。在床层中的每一个固体粒子都是被一流体的层流层所环绕，流体分子以分子扩散形式通过该层流层进行传质。该层流层厚度决定传质系数，后者通常用有效传质系数 k_f 来表示。传质速率用线性推动力方程来关联：

$$\frac{\partial \overline{q}}{\partial t}=k_f a(c-c^*)=\frac{3k_f}{R_p}(c-c^*) \tag{3-3-1}$$

其中，a 是每单位粒子体积的外表面积，对球形粒子为 $3/R_p$。膜传质系数通常包含在无因次参数舍伍德（Sherwood）准数 Sh 中，

$$Sh\equiv 2R_p k_f/D_m \tag{3-3-2}$$

3.3.2　传质系数和传热系数

通常把边界层 δ 作为静止流体处理，而其外边界与流体主体一样。这样就可以解析通过静止流体层扩散的微分方程。用这个静止薄膜模型预测的浓度分布如图 3-3-1（b）的虚线所示，而实线是实际的浓度分布。如果边界层厚度远小于催化剂颗粒的半径，弯曲影响可以不考虑，如图 3-3-2 所示。于是，微分方程的解为

$$W=\frac{D_{Ab}}{\delta}(C_{A0}-C_{As})=\overline{k}_c(C_{A0}-C_{As}) \tag{3-3-3}$$

扩散率与膜厚度之比为传质系数 $\overline{k}_c$。在表面积 A 上的平均传质系数：

$$k_c = \frac{\int_A \bar{k} \mathrm{d}A}{A} \tag{3-3-4}$$

从主体流体到表面的平均摩尔通量：

$$W_A = k_c(C_{A0} - C_{As}) \tag{3-3-5}$$

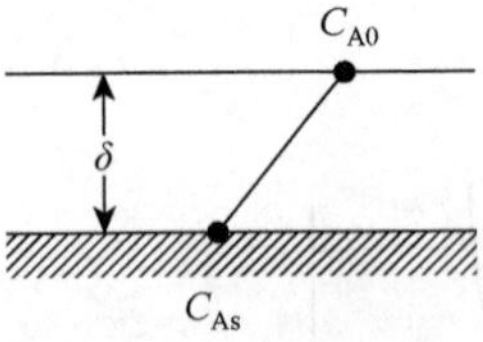

图 3-3-2　静止膜模型的浓度分布

传质系数和传热系数是类似的。从温度 T_0 的主体流体到温度 T_s 的表面的热流通量

$$q = h(T_0 - T_s) \tag{3-3-6}$$

对强制对流，传热系数通常用三个无因次准数关联：努塞特（Nusselt）准数，Nu；雷诺（Reynold）准数，Re；普朗特（Prandtl）准数，Pr。对单一球：

$$Nu = \frac{hd_p}{k_t} \tag{3-3-7}$$

$$Re = \frac{U\rho d_p}{\mu} \tag{3-3-8}$$

Prandtl 准数与体系的几何体无关：

$$Pr = \frac{\mu C_p}{k_t} = \frac{\mu}{\rho}\frac{\rho C_p}{k_t} = \frac{\nu}{\alpha_t} \tag{3-3-9}$$

其中，α_t 为热扩散系数（m^2/s）；ν 为动力黏度（m^2/s）；d_p 为颗粒直径（m）；U 为自由沉降速率（m/s）；k_t 为热导率［J/(K·m·s)］。

对球形颗粒传质关联为

$$Sh = 2 + 0.6Re^{1/2}Sc^{1/3} \tag{3-3-10}$$

该传质关联的实验数据作图见图 3-3-3。

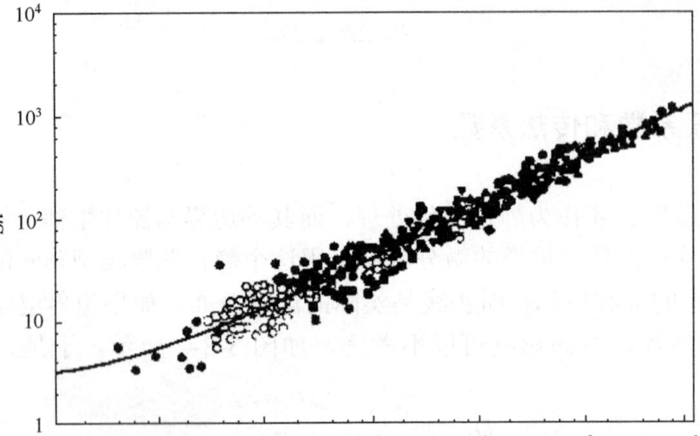

图 3-3-3　气体和液体体系的 Sh 数与 $Sc^{1/3}Re^{0.6}$ 间的关联

而传热关联式为

$$Nu = 2 + 0.6Re^{1/2}Pr^{1/3} \tag{3-3-11}$$

如果球置于静止的流体中，可简化为

$$Nu=2.0 \tag{3-3-12}$$

在高 Re 数下而边界层保持层流，则简化为

$$Nu = 0.6Re^{1/2}Pr^{1/3} \tag{3-3-13}$$

鉴于传质和传热间的类似性，其关联也非常类似。对同一体系，只要把 Nusselt 准数和 Prandtl 准数用 Sherwood 准数（Sh）和施密特（Schmidt）准数（Sc）替代：

$$Sh = \frac{k_c d_p}{D_{AB}} \tag{3-3-14}$$

$$Sc = \frac{\nu}{D_{AB}} \tag{3-3-15}$$

【例 3-4】　在催化剂表面的快速反应

直径 1 cm 的单个催化剂颗粒，浸于液体中，液体体积远大于催化剂颗粒体积，因而反应很快至 $C_{As}=0$。液体中的反应物 A 浓度为 1.0 mol/L，颗粒的自由沉降速率为 0.1 m/s，动力黏度为 0.5×10^{-6} m^2/s，A 的扩散率为 10^{-10} m^2/s。计算 A 到催化剂表面的传质通量。

解：传质系数计算：

$$Re = \frac{\rho d_p U}{\mu} = \frac{d_p U}{\nu} = \frac{0.01\times0.1}{0.5\times10^{-6}} = 2000$$

$$Sc = \frac{\nu}{D_{AB}} = \frac{5\times10^{-7}}{10^{-10}} = 5000$$

将其代入下式得

$$Sh = 2 + 0.6Re^{1/2}Sc^{1/3} = 2 + 0.6\times2000^{1/2}\times5000^{1/3} = 460.7 = \frac{k_c d_p}{D_{AB}}$$

$$k_c = \frac{D_{AB}}{d_p}Sh = \frac{10^{-10}}{0.01}\times460.7 = 4.61\times10^{-6}(\mathrm{m/s})$$

$$W = k_c(C_{A0} - C_{As}) = 4.61\times10^{-6}\times10^3 = 4.61\times10^{-3}[\mathrm{mol/(m^2\cdot s)}]$$

该速率即为单位催化剂外表面积的反应速率。

3.3.3　流固间的传质和传热关联

当流体流过固体催化剂表面时，流固界面存在一个边界层。在该边界层内，平行于表面流体的流动速度在垂直于表面方向变化非常快，在固体表面的速度为零，但是在离表面不远处（一般小于 1 mm）速度接近于流体主体的流动速度。由

于在边界层内流体不发生混合，到表面的质量传递是由分子扩散引起的。而在流体主体中由于充分混合，其传递基本上与分子扩散无关。因此，这层薄膜是流体与固体表面间质量和能量传递过程的最大阻力。于是，传质和传热数据可以通过传质系数和传热系数来关联。显然，传递的量与浓度、温度梯度及界面面积成比例，后者可以被考虑在传质系数和传热系数中。因此有

对传质：
$$N_i = k_c(c_{ib} - c_{is}),\ N_i = k_g(p_{ib} - p_{is}) \tag{3-3-16}$$

对传热：
$$q = h(T_b - T_s) \tag{3-3-17}$$

其中，N_i和 q 为传递通量；k_c、k_g和 h 分别为液相气相中的传质系数和转热系数；下角标 b 和 s 分别表示主体流体中的混合催化剂外表面的量。

传质系数 k_c和 k_g与扩散组分的扩散系数和边界层厚度 δ 间有如下关系：

$$k_c = \frac{D_{12}}{\delta},\ k_g = \frac{D_{12}}{\delta RT} \tag{3-3-18}$$

传热系数与扩散组分的热导系数和边界层厚度也应该有类似的关系。对传质和传热系数 k_c和 h 进行了大量的实验研究，用因次分析归纳总结出了一些非常有用的经验关联式。传质系数包含在 Sherwood 准数中：

$$Sh = \frac{k_c d_p}{D_{1m}} = f(Re, Sc) \tag{3-3-19}$$

其中，d_p 为催化剂粒子的直径或当量直径；Re（d_pG/μ）和 $Sc[\mu/(\rho D_{1\,m})]$为无因次 Reynolds 准数和 Schmidt 准数；G 为质量流速；μ 为流体的黏度。然后，以传质因子 j_D和传热因子 j_H形成关联。传质关联：

$$j_D = Sh \times Sc^{2/3} = \left(\frac{k_c\rho}{G}\right)\left(\frac{\mu}{D\rho}\right)^{2/3} = \frac{\alpha}{\varepsilon} Re^{-\beta} \tag{3-3-20}$$

对气体：

$$\varepsilon j_D = \frac{0.357}{Re^{0.359}} \tag{3-3-21}$$

对液体：

$$\varepsilon j_D = \frac{0.250}{Re^{0.31}},\ Re > 55 \tag{3-3-22}$$

$$\varepsilon j_D = \frac{1.09}{Re^{2/3}},\ Re < 55 \tag{3-3-23}$$

类似的传热关联包含有 Prandtl（$Pr=c_p\mu/k$，c_p 为流体的比热容，k 为流体的热导率）准数：

$$H=q/(T_s-T_0) \tag{3-3-24}$$

$$j_H = \frac{h}{C_pG} \times Pr^{2/3} = \left(\frac{h}{GC_p}\right)\left(\frac{\mu}{C_pk}\right)^{2/3} = \frac{\alpha}{\varepsilon} Re^{-\beta} \tag{3-3-25}$$

其中，q 为热流通量；T_s、T_0 分别为粒子表面和流体的温度。一般接受的 j_H 和 j_D 之间的关系为

$$j_H=1.08j_D \tag{3-3-26}$$

其中，G 为基于空管截面积的质量流速；ρ 为流体密度；D 为扩散系数；ε 为催化剂床层空隙率；d_p 为催化剂粒子直径；C_p 和 k 分别为流体的比热容和热导率。对催化剂粒子内的传递比流固间传递过程更加复杂，涉及过程多，下面分段单独处理。

由于热量和质量的对流传输机理相同，因此在不考虑辐射传热（除了温度很高的情形外，一般情形下辐射传热是很小的）前提下，这两个传输性质有非常类似的关联：

$$Nu \equiv \frac{2hR_p}{\lambda_f} \approx Sh \equiv \frac{2k_f R_p}{D_m}, \quad Pr \equiv \frac{C_f \mu}{\rho_f \lambda_f} \approx Sc \equiv \frac{\mu}{\rho_f D_m} \tag{3-3-27}$$

$$h = k_f C_f, \quad \lambda_f = C_f D_m \tag{3-3-28}$$

流固传热系数的关联式完全类似于流固传质系数的关联式：

$$Nu=2.0+1.1\,Pr^{1/3}Re^{0.6} \tag{3-3-29}$$

已有大量的分析和实验事实证明，对传质而言，主要的传递阻力在粒子内部；但对传热而言，主要的传递阻力在粒子外部即流体与固体之间。

【例 3-5】 气-固传质系数计算，催化剂颗粒大小 $\phi3.2\times3.2$，30 atm，660 K；进料气体中含氢气 82.8 mol%（摩尔分数），石脑油 17.2 mol%，蒸汽密度 ρ_g=0.0168 g/cm^3，平均分子量 M=30.3，质量流速 G=0.188 g/(cm^2·s)。床层空隙率 ε=0.4，已经计算得到的蒸汽黏度为 0.00038 P。混合气体中的噻吩的 Sc=2.96。

解： 催化剂颗粒的当量直径 $d_p = \sqrt[3]{\frac{3V}{4\pi}} = 0.392\ \text{cm}$

$$Re = \frac{d_p G}{\mu} = \frac{0.392 \times 0.188}{0.00038} = 194$$

$$j_D = \frac{0.357}{\varepsilon Re^{0.359}} = \frac{0.357}{0.4 \times 194^{0.359}} = 0.135$$

$$j_D = \frac{k_G PM}{G} Sc^{2/3} = \frac{k_G \times 30 \times 30.3}{0.188} \times 2.96^{2/3}$$

$$k_G = 1.35 \times 10^{-5}\ \text{mol}/(\text{s} \cdot \text{cm}^2 \cdot \text{atm})$$

如果外扩散是控制步骤，则 $\ln\frac{Y_1}{Y_2} = \frac{k_G aP}{G_M} Z = \frac{1.35 \times 10^{-5} \times 10.2 \times 30}{0.188/30.3} Z$。

计算结果如下表所示：

Y_1/Y_2	2	10	100	1000
移去硫的百分数/%	50	90	99	99.9
所需床层高度/cm	1.05	3.46	6.95	10.5

除去99.9%硫仅需要26个催化剂颗粒的高度。

【例3-6】 流-固温度差的计算【例3-3】的体系，放热量 q=0.0247 g cal/(cm^2·s)，C_p=0.9 g cal/(g·K)，传热系数 k=5.4×10^{-4} g cal/(s·cm^3·K)，Pr=0.63，Re=194。

解：取

$$j_H = j_D = \frac{hPr^{2/3}}{C_p G} = 0.135,$$

$$h = j_H C_p G Pr^{-2/3} = 0.135 \times 0.9 \times 0.188 \times 0.63^{-2/3} = 0.031[\text{g cal}/(\text{s} \cdot \text{cm}^2 \cdot \text{K})]$$

$$\Delta T = T_s - T_0 = \frac{q}{ha} = \frac{0.0247}{0.031 \times 10.2} = 0.078(\text{K})$$

相当于每厘米床层温度仅升高0.15 K。

【例3-7】 无液膜传质显著影响的标准的应用——涓流床反应器

（1）Shell公司的加氢脱硫数据：367℃，827 lb/in^2［1 lb/in^2=6.89476×10^3 Pa］，GHSV=2 kg/(L·h)，d_p=0.318 cm，$(1/V_c)(dn/dt)$=1.04×10^{-6} mol H_2/(cm^3·s)，ε=0.36，a=9.87，在油中氢气的平衡浓度即它的溶解度=4.84×10^{-4} mol/cm^3，D_{12}=5.5×10^{-4} cm^2/s，无液膜传质显著影响的标准：$\frac{10d_p}{3c'}\left(-\frac{1}{V_c}\frac{dn}{dt}\right) < k_{Ls}$。

解：利用给出的数据可以计算得方程左侧值为2.46×10^{-3} cm/s。应用渗透理论及 k_L 和 k_s 值的关联可以算得 k_{Ls} 近似值为0.0155 cm/s，因此标准成立，可以判定液膜传质阻力的影响不显著。

（2）α-甲基苯乙烯加氢制异丙苯的数据：催化剂Pd/Al_2O_3，球状，50℃，1 atm，$(1/V_c)(dn/dt)$=1.86×10^{-7} mol/(cm^3·s)，d_p=0.825 cm，c=3.54×10^{-6} mol H_2/cm^{3}液体，最低液体流速（0.133 cm^3/s）下催化剂颗粒外表面的液膜厚度 Δ=0.012 cm，D_{12}=1.65×10^{-4} cm^2/s。

解：由上述数据计算得到的标准左边的值为0.145 cm/s；利用给出的 Δ 和 D_{12} 值，可以计算 $k_{Ls}=\Delta/D_{12}$=0.014 cm/s，判别标准不成立，液膜传质阻力的影响是显著的。比较上述两个反应的一级反应速率常数如下：加氢脱硫 k_v=2.3 L/s，加氢反应 k_v=16.8 L/s。

3.3.4 填料床中的压力降

影响填料床层压力降的因素诸多，如催化剂颗粒的大小、流体的流速、床层的尺寸等。因此了解流体通过吸附剂床层的水力学和流动行为对固定床催化反应器的设计是十分重要的。流过填料柱的流体的压力降数据通常是用无因次摩擦 f 因子表示的：

$$f=\left(\frac{2R_{\mathrm{p}}}{L}\right)\frac{\Delta p}{\rho_{\mathrm{f}}(\varepsilon v)^{2}} \tag{3-3-30}$$

其中，Δp 为压力降（N/m^2）；L 是填料柱的长度；εv 是流体的间隙流速。两个常用的关联是 Chilton-Colburn 关联：

$$Re<40 \qquad f=805/Re \tag{3-3-31}$$

$$Re>40 \qquad f=38/Re^{0.15} \tag{3-3-32}$$

Ergen 关联：

$$f=\frac{1-\varepsilon}{\varepsilon^{3}}\left[\frac{150(1-\varepsilon)}{Re}+1.75\right] \tag{3-3-33}$$

关联中雷诺数 Re 是基于粒子直径或当量直径和间隙流速得到的。虽然这两个关联形式有差别，但在空隙率为 0.35 时所得结果一致，如图 3-3-4 所示。第二个关联式与床层空隙率密切相关。除了床层直径远大于粒子直径的情形外，管壁效应可以显著地降低压力降，如图 3-3-5 所示。

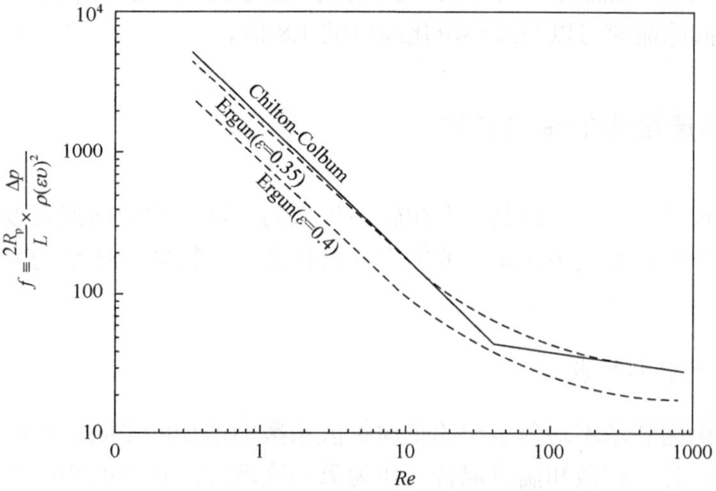

图 3-3-4 不同作者获得的摩擦因子关联的比较

当流体向上流过床层时，为阻止粒子在床层内向上运动，流体的流速不能超过可允许的最大流速 $v_{\max}$，$v_{\max}$ 一般应小于最小流化 v_{mf} 的约 80%。

$$v_{\max}\approx 0.8v_{\mathrm{mf}}\approx 6\times10^{-4}\frac{4R_{\mathrm{p}}^{2}}{\mu}g(\rho-\rho_{\mathrm{f}}) \tag{3-3-34}$$

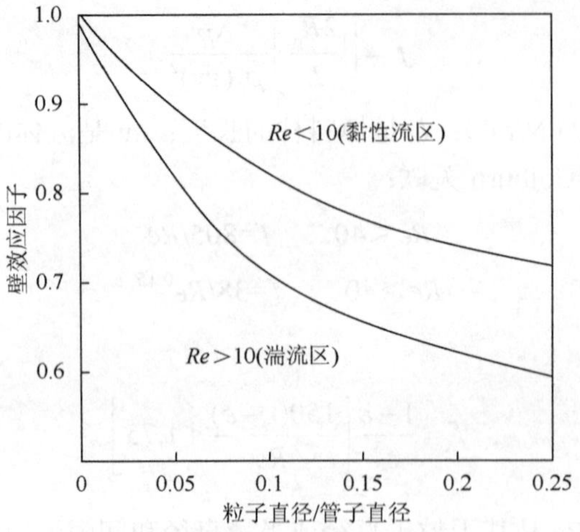

图 3-3-5　粒子直径/管子直径对壁效应的影响

其中，g 是重力加速度；ρ 和 ρ_f 分别是粒子和流体的密度；μ 是流体的黏度。对典型的 1 mm 直径的吸附剂粒子，其粒密度为 1.1 g/cm^3，在空气中于 298 K 时（黏度为 84×10^{-4} P），上流时最大可允许的间隙流速为 35 cm/s。当流体向下流动时，允许的最大间隙流速可以是最小流化速度的 1.8 倍。

3.3.5　填料床层中的轴向扩散

流体流过填料床层时总是要发生轴向扩散的。这样的轴向混合要降低分离效率。所以是轴向扩散最小化是主要的设计目标之一，特别是体系的分离因子较小的情况下。

1. 气体的轴向扩散

在不考虑因装填不均匀引起的轴向扩散系数的增加的影响，有两个主要的轴向扩散机理：分子扩散和湍流混合。作为第一次近似，它们的影响具有加和性，于是轴向扩散系数可表示为

$$D_L = \gamma_1 D_m + 2\gamma_2 R_p v \tag{3-3-35}$$

其中，γ_1 和 γ_2 是常数，通常分别取值为 0.7 和 0.5。轴向扩散系数一般用轴向佩克莱数（Peclet，Pe）来表示，于是上式变为

$$\frac{1}{Pe} = \frac{D_L}{2vR_p} = \frac{\gamma_1 D_m}{2vR_p} + \gamma_2 = \frac{\gamma_1 \varepsilon}{ReSc} + \gamma_2 \tag{3-3-36}$$

其中 γ_1 仅与床层空隙率有关：

$$\gamma_1=0.45+0.55\varepsilon \tag{3-3-37}$$

床层空隙率一般在 0.35～0.4，因此

$$\gamma_1=0.64\text{–}0.67 \tag{3-3-38}$$

可以证明 γ_2 近似等于 0.5，或

$$Pe_\infty=1/\gamma_2=2.0 \tag{3-3-39}$$

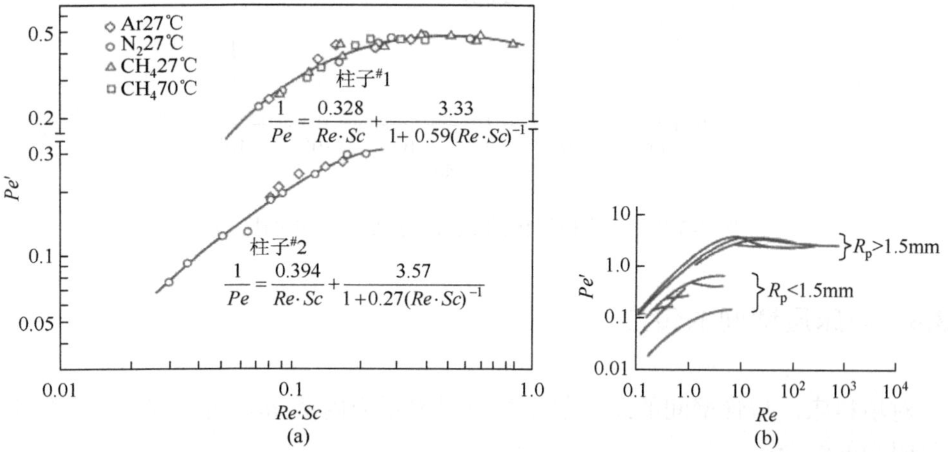

图 3-3-6　*Pe* 数随 *Re* 的变化

Pe_∞是高 *Re* 数下的 *Pe* 数的极限值。对 *Re* 数的值，用下式计算轴向扩散系数：

$$\frac{1}{Pe}=\frac{\gamma_1\varepsilon}{ReSc}+\frac{1}{Pe_\infty\left(1+\beta\dfrac{\gamma_1\varepsilon}{ReSc}\right)},\ \gamma_1=0.73,\ \beta=13.0,\ Pe_\infty=2.0 \tag{3-3-40}$$

图 3-3-6 给出了 *Pe* 数随 *Re* 的变化。当粒子直径小于 0.3 cm 时，轴向扩散系数有极限值，即 *Pe* 数有

$$Pe_\infty\approx 3.35R_p \tag{3-3-41}$$

如图 3-3-7 所示，当粒子直径小于 3 mm 时，降低粒子直径可以减小扩散阻力。然而，轴向扩散会产生不利影响。

2. 液体的轴向扩散

液体中的轴向扩散不像气体那样复杂，因为液体的分子扩散系数小，并且远低于气体的扩散系数。虽然对液体系统的轴向扩散没有像气体系统那样广泛，但对其基本变化规律有了较为深刻的认识。*Pe* 数随 *Re* 数的变化见图 3-3-8。*Re* 数范围，*Pe* 数接近其理论极限值 2.0，但是在低 *Re*

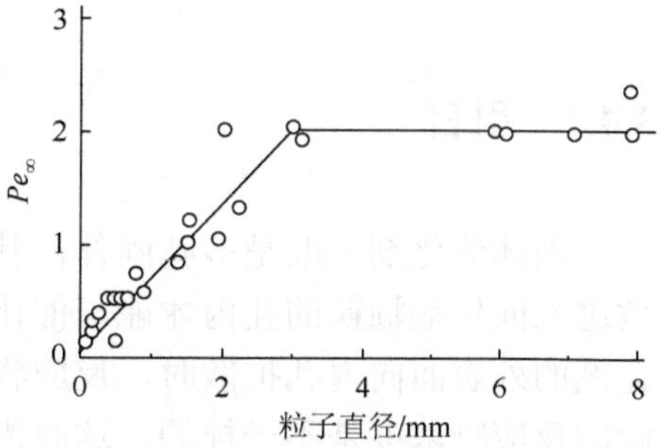

图 3-3-7　极限 *Pe* 数随粒子直径的变化

数范围内，液体的轴向扩散系数稍高于气体的轴向扩散系数。

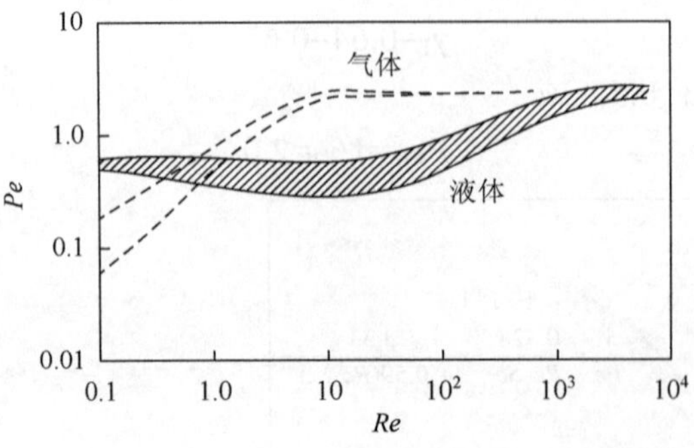

图 3-3-8　液体和气体的 Pe 数随 Re 数变化的比较

3.3.6　与床层壁间的传热

对填料床，与管壁间的总传热系数可以表示为内壁 h_i、外壁 h_e 和壁本身 λ_w 传热阻力的综合：

$$\frac{1}{dh_w}=\frac{1}{dh_i}+\frac{1}{dh_e}+\frac{x}{\lambda_w dw} \tag{3-3-42}$$

其中，外壁传热系数仅取决于外壁与环境间的温度差：

$$h_e(\mathrm{BTU/h^2ft^\circ F})=0.27\Delta T(^\circ\mathrm{F}) \tag{3-3-43}$$

内壁传热系数可以用下述关联计算：

$$Nu_i \equiv \frac{h_i d}{\lambda_f}=0.813Re^{0.19}\exp\left(-\frac{12R_p}{d}\right) \tag{3-3-44}$$

3.4　多孔催化剂中的扩散和反应

3.4.1　引言

固体催化剂一般是多孔固体，其内表面一般远远大于外表面，反应物需要扩散进入催化剂颗粒的孔内才能与催化活性位接触并发生催化反应。当反应物从催化剂的外表面向内孔扩散时，反应物的浓度逐渐下降，因此催化剂整个内表面接触的反应物浓度是不一样的。这时需要引进催化剂效率因子的参数来表征这类内扩散情形，如图 3-4-1 所示。

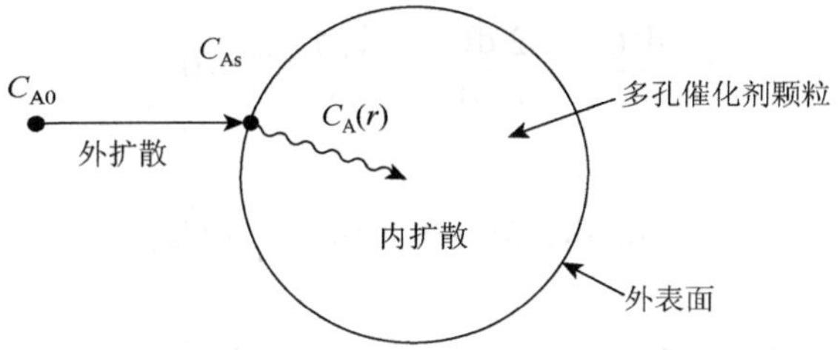

图 3-4-1　催化剂颗粒的传质和反应步骤

3.4.2　等温球形催化剂颗粒中的扩散和反应

1. 催化剂粒内有效扩散系数

催化剂颗粒中的内孔不可能是直的和圆柱形的，而是弯弯曲曲相互连接、截面积变化的孔道。因此需要定义一个有效扩散系数来描述孔内发生的平均扩散情形。使用有效扩散系数是为了考虑：①不是所有孔截面都与分子扩散流方向垂直；②扩散路径是曲折的；③孔的横截面积是变化的，也就是有效扩散系数 D_e。

$$D_e=D_A\varepsilon_p\sigma/\tau \tag{3-4-1}$$

其中，D_A 为分子扩散系数；ε_p 为催化剂颗粒空隙率；σ 为约束因子；τ 为曲折因子。它们的典型值为 τ=3.0，σ=0.8，ε_p=0.4。实际催化颗粒的内孔可以有大孔或小孔，扩散系数的计算公式如下。

多孔固体中的扩散系数计算：

主体有效扩散系数：
$$D_{12,\text{eff}}=\frac{D_{12}\theta}{\tau} \tag{3-4-2}$$

微孔扩散系数：
$$D_K=\frac{19400\theta^2}{S_g\rho_p}\sqrt{\frac{T}{M}}=9700r_e\sqrt{\frac{T}{M}} \tag{3-4-3}$$

微孔有效扩散系数：
$$D_{K,\text{eff}}=\frac{19400\theta^2}{\tau_m S_g\rho_p}\sqrt{\frac{T}{M}}=\frac{9700r_e}{\tau_m}\sqrt{\frac{T}{M}} \tag{3-4-4}$$

总有效扩散系数：
$$\frac{1}{D_{\text{eff}}}=\frac{1}{D_{12,\text{eff}}}+\frac{1}{D_{K,\text{eff}}} \tag{3-4-5}$$

上述式子中，D_{12} 为分子扩散系数；θ 为催化剂粒子的空隙率；τ 为曲折因子，一般取 2～10；S_g 为催化剂的比表面积（m^2/g）；ρ_p 为催化剂的粒子密度（g/cm^3）；r_e 为催化剂的平均孔半径；M 为分子量；T 为温度。

2. 扩散反应的微分方程

参考图 3-4-2，应用质量守恒定律和必要的数学定律与知识，可以导得球形催化剂颗粒内的扩散反应微分方程：

$$\frac{d^2C_A}{dr^2}+\frac{2}{r}\frac{dC_A}{dr}-\frac{k_nA_i}{D_e}C_A^n=0 \tag{3-4-6}$$

边界条件：

$$r=0,\ dC_A/dr=0,\ r=R,\ C_A=C_{As} \tag{3-4-7}$$

化成无因次形式：

$$\frac{d^2\varphi}{d\lambda^2}+\frac{2}{\lambda}\frac{d\varphi}{d\lambda}-\phi_n^2\varphi^n=0,\ \phi_n^2=\frac{k_nR^2S_a\rho_pC_{As}^{n-1}}{D_e} \tag{3-4-8}$$

$$\varphi=C_A/C_{As},\quad \lambda=r/R \tag{3-4-9}$$

边界条件：

$$\lambda=0,\ d\varphi/d\lambda=0,\ \lambda=1 \tag{3-4-10}$$

对一级不可逆反应：A⟶B，有

$$\frac{d^2\varphi}{d\lambda^2}+\frac{2}{\lambda}\frac{d\varphi}{d\lambda}-\phi_1^2\varphi=0,\ \phi_1^2=\frac{k_1R^2S_a\rho_p}{D_e} \tag{3-4-11}$$

边界条件：

$$\lambda=0,\ d\varphi/d\lambda=0,\ \lambda=1 \tag{3-4-12}$$

可以得到的分析解为

$$\varphi=\frac{C_A}{C_{As}}=\frac{1}{\lambda}\frac{\sinh(\phi_1\lambda)}{\sinh\phi_1} \tag{3-4-13}$$

该浓度分布如图 3-4-3 所示。

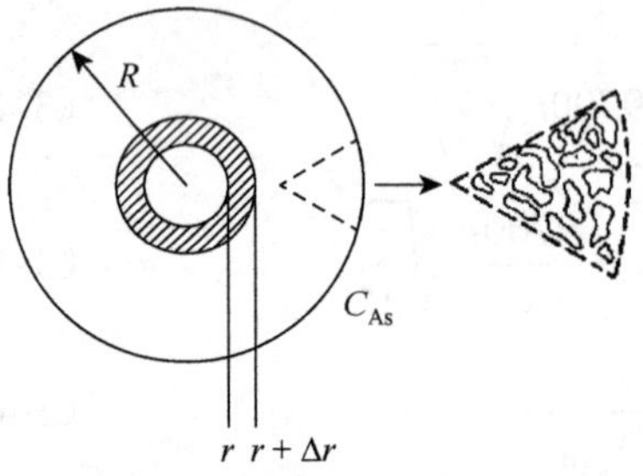

图 3-4-2 催化剂颗粒的壳层平衡

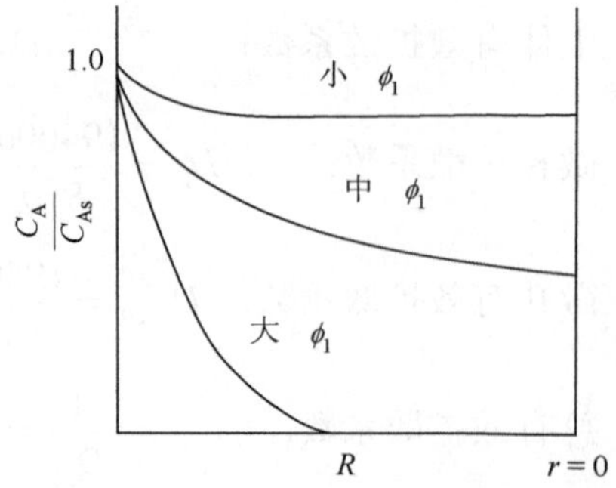

图 3-4-3 球形催化剂颗粒中的浓度分布

3.4.3 等温反应催化剂粒子的效率（有效）因子

效率（有效）因子定义为

$$\eta=\frac{\text{实际的总反应速率}}{\text{全部内表面都暴露于催化剂颗粒外表面的条件}C_{As,T_S}} \tag{3-4-14}$$

效率因子一般是关联到 Thiele 模数 ϕ 或 Weisz 模数 Φ：

$$\phi = L\sqrt{\frac{kc_{As}^{n-1}}{D_{eff}}} \tag{3-4-15}$$

$$\Phi = \phi^2\eta = \frac{r_A L^2}{c_{As} D_{eff}} \tag{3-4-16}$$

前者从反应速率常数计算，后者从反应速率计算，后者更实用。

对等温不可逆反应（球形颗粒）的效率因子：

$$\eta = \frac{3}{\phi_1^2}(\phi_1 \coth\phi_1 - 1) \tag{3-4-17}$$

效率因子随Thiele模数的变化见图3-4-4。当有体积变化时的效率因子见图3-4-5。

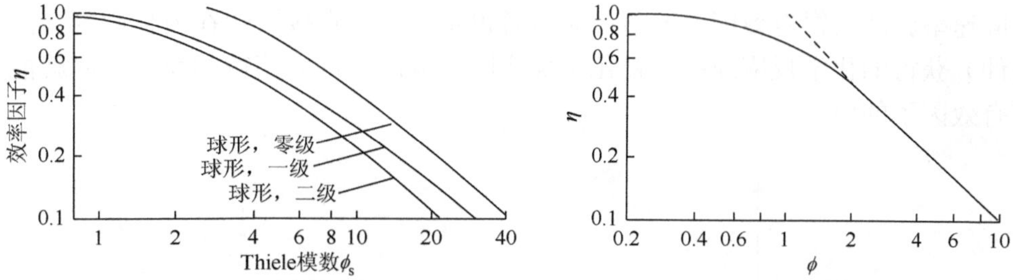

零级反应 $\phi_{s0} = R\sqrt{k_0 S_a \rho_p / D_c C_{A0}}$

一级反应 $\phi_{s1} = R\sqrt{k_1 S_a \rho_p / D_e}$

二级反应 $\phi_{s2} = R\sqrt{k_2 S_a \rho_p C_{A0} / D_e}$

(a)

球形 $\phi = (R/3)\sqrt{k_1 S_a \rho_p / D_e}$

圆柱形 $\phi = (R/2)\sqrt{k_1 S_a \rho_p / D_e}$

平板形 $\phi = L\sqrt{k_1 S_a \rho_p / D_e}$

(b)

图 3-4-4 效率因子与反应级数和催化剂颗粒形状间的关系

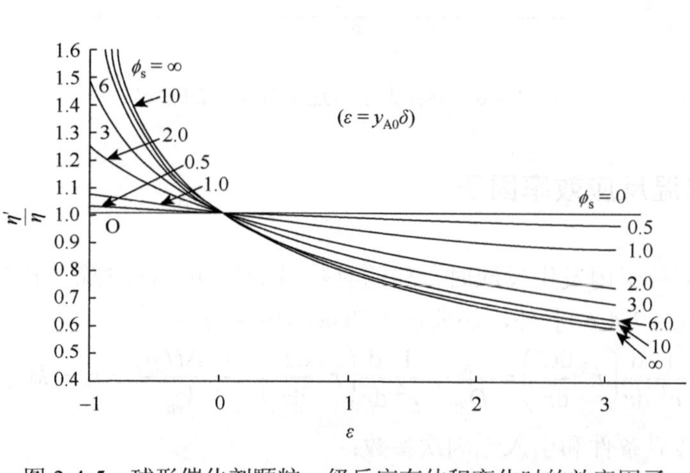

图 3-4-5 球形催化剂颗粒一级反应有体积变化时的效率因子

扩散限制严重时（高 Thiele 模数），式（3-4-17）简化为

$$\eta = \frac{3}{\phi_1} = \frac{3}{R}\sqrt{\frac{D_e}{k_1 \rho_p S_a}} \quad (3\text{-}4\text{-}18)$$

此时实际的反应速率：

$$M_A \approx \frac{3}{R}\sqrt{\frac{k_1 S_a D_e}{\rho_p}} C_{As} \quad (3\text{-}4\text{-}19)$$

除了用计算方法获得有效因子外，也能够用实验来实际测量催化剂的有效因子。有两类实验方法可用来测量内扩散对反应速率的影响：①在相同反应条件下测量不同大小催化剂粒子上的反应速率；②在不同温度下测量同样大小的催化剂粒子上的反应速率。对前者，由于有效因子对催化剂粒子的大小是非常敏感的，(图 3-4-6)。因此直接比较在内扩散区获得的化学反应速率与在化学反应区获得的反应速率就能获得有效因子的值；对后者也是一样，直接比较在内扩散区（高温条件）获得的化学反应速率与在化学反应区（低温条件）获得的反应速率就能获得有效因子的值。

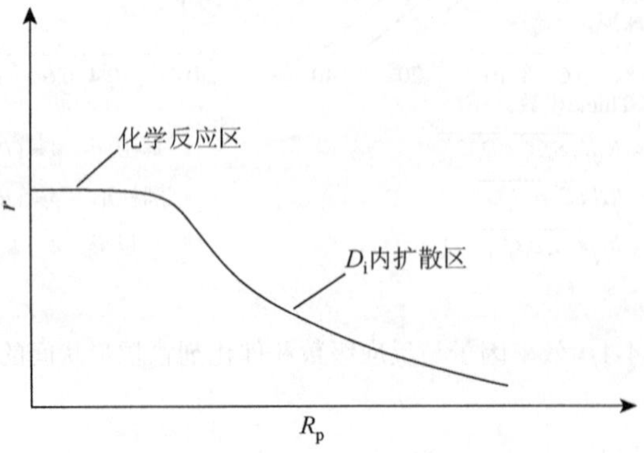

图 3-4-6　颗粒大小对速率控制区的影响

3.4.4　非等温反应效率因子

当催化剂粒子内发生反应时，伴随有热量的传递，此时除了传质和化学反应速率方程［式（3-4-6）］外，还要加上热量的传递方程：

$$\frac{1}{r^2}\frac{\mathrm{d}}{\mathrm{d}r}\left(r^2\frac{\mathrm{d}C}{\mathrm{d}r}\right) = \frac{r_A}{D_{eff}}，\frac{1}{r^2}\frac{\mathrm{d}}{\mathrm{d}r}\left(r^2\frac{\mathrm{d}T}{\mathrm{d}r}\right) = \frac{(-\Delta H)r_A}{k_{eff}}，r_A = kC_n \quad (3\text{-}4\text{-}20)$$

再加上边界条件和引入无因次参数：

Thiele 模数［式（3-4-15）］，　$\beta = \Delta T_{max} / T_S$　（3-4-21）

$$\gamma=E/RT \tag{3-4-22}$$

$$\Delta T_{\max}=\frac{D_{\text{eff}}}{k_{\text{eff}}}C_{\text{S}}(-\Delta H) \tag{3-4-23}$$

引入一些参数后偏微分方程转化为无因次形式，可以用数值计算方法求解，获得不同参数值下的 η-φ 和 η-Φ［Φ 由方程式（3-4-16）给出］关系，如图 3-4-7～图 3-4-9 所示。

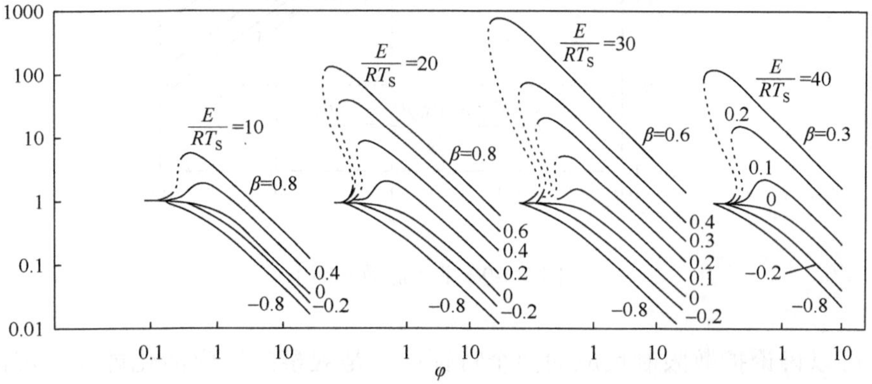

图 3-4-7　η-φ 关系（热效应，内温差）

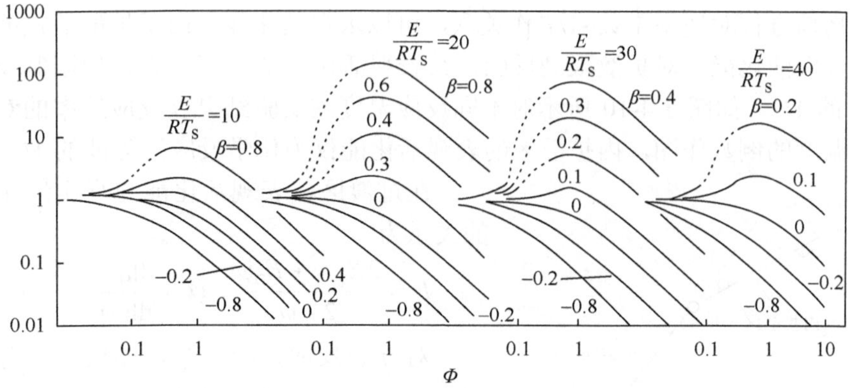

图 3-4-8　η-Φ 关系（热效应，内温差）

3.4.5　扩散限制反应的一些特征

如前所述，当 $\varphi>4$ 和 $\Phi>7$ 时，内扩散影响非常显著，此时 $\eta=1/\phi=1/\Phi$。由

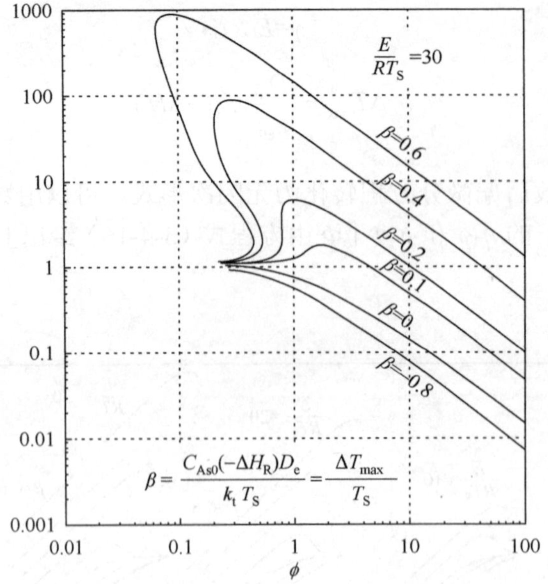

图 3-4-9　非等温效率因子

此，可以讨论扩散限制反应的两个特征：一是观察到反应活化能（表观活化能 $E_{表观}$）的改变，二是观察到反应级数的改变。

由于 Thiele 模数 $\phi\propto(k/D_{eff})^{1/2}$，$r\propto k$，而对扩散限制反应，$r\propto k\eta\propto k/\varphi\propto k/(k/D_{eff})^{1/2}$ 最后得 $r\propto$（kD_{eff}）$^{1/2}$，即表观反应速率常数为（kD_{eff}）$^{1/2}$。如果用阿伦尼乌斯方程对速率常数–$1/T$ 作关联，可以求得活化能。由于扩散活化能一般远小于反应活化能，对扩散限制反应，其表观活化能 $E_{表观}$仅为无扩散限制反应活化能 E 的 1/2。如图 3-4-10 所示对不同反应温度的实验结果以反应速率的对数对热力学温度的倒数作图，内扩散区的表观活化能仅为化学反应活化能的 1/2。

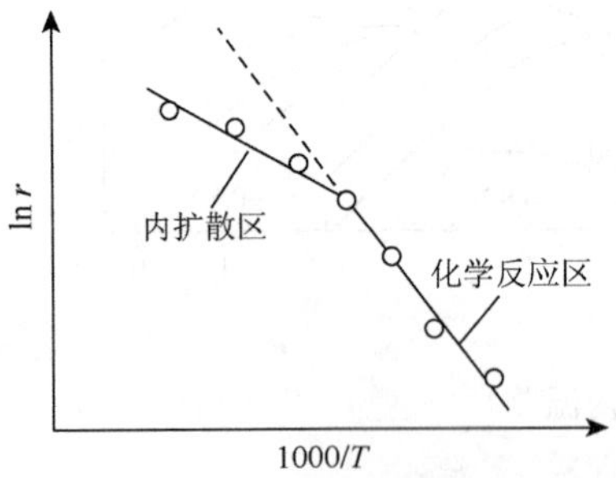

图 3-4-10　内扩散对表观活化能的影响

在过渡区，表观活化能与真实活化能之间的关系为

$$E=\frac{2E_{表观}+E_D\psi}{2+\psi},\ \psi=\frac{\mathrm{d}\ln\eta}{\mathrm{d}\ln\phi} \qquad (3\text{-}4\text{-}24)$$

对 n 级反应，$r\propto C_{As}^n$，如果反应有扩散限制，$r\propto\eta C_{As}^n$，如果限制很严重，则 $\eta=1/\phi$。而按 Thiele 模数的定义，$\phi\propto C_{As}^{(n-1)/2}$，于是 $r\propto\eta C_{As}^n\propto C_{As}^{(n+1)/2}$，即 n 级的反应变成$(n+1)/2$ 级了。这就是说，对扩散限制反应，原为零级的反应变为 1/2 级，原为 2 级的反应变为 3/2 级，

但是对一级反应，其反应级数不变。对不同级数的反应高 Thiele 模数时，效率因子为

$$\eta=\left(\frac{2}{n+1}\right)^{1/2}\frac{3}{\phi_n}=\left(\frac{2}{n+1}\right)^{1/2}\frac{3}{R}\sqrt{\frac{D_e}{k_n S_a \rho_P}}C_{As}^{(n-1)/2} \tag{3-4-25}$$

当反应级数大于 1 时，效率因子随催化剂颗粒外表面反应物浓度的增加而减小。对扩散限制反应，反应浓度有可能在粒子内的某一点降为零，为提高活性组分，特别是贵金属的利用率，可以把负载催化剂的贵金属沉积于载体粒子的外壳制成蛋壳形的催化剂。对复杂反应，在扩散限制条件下，反应的选择性消失。催化剂中毒可以分为均匀中毒和孔口中毒，扩散限制时中毒对催化剂，特别是分子筛催化剂的活性和选择性有很大影响。

3.4.6　总效率因子

使用总效率因子有利于分析在填料床层中的扩散流动和反应。当需要同时考虑外扩散、内扩散阻力时，可以像定义催化剂颗粒效率因子 η 那样定义一个总效率因子 Ω：

η=实际反应速率/所有内表面都处于外表面的温度和浓度时的反应速率

Ω=实际总反应速率/所有内表面都处于流体主体的温度和浓度时的反应速率

对一级反应可以导得

$$\Omega=\frac{\eta}{1+\dfrac{\eta k A_s}{k_c A_p}} \tag{3-4-26}$$

对填料床层中的球形颗粒有

$$S_a=\frac{A_s}{m}=\frac{\text{内表面积}}{\text{催化剂质量}}(\mathrm{m^2/kg});\ a_c=\frac{A_p}{m}=\frac{\text{外表面积}}{\text{催化剂质量}}(\mathrm{m^2/kg}) \tag{3-4-27}$$

其中，

$$a_c=\frac{6(1-\varepsilon_b)}{\rho_b d_p}(\mathrm{m^2/kg}) \tag{3-4-28}$$

其中，ρ_b 为催化剂床层的堆密度（$\mathrm{kg/m^3}$）；d_p 为颗粒直径（m）；ε_b 为床层空体积分数。于是总效率因子：

$$\Omega=\frac{\eta}{1+\dfrac{\eta k S_a}{k_c a_c}} \tag{3-4-29}$$

总反应速率：

$$-r_A=-r_{Abulk}\Omega \tag{3-4-30}$$

在非均相催化反应中希望了解在反应条件下的速率控制的因素。内扩散区的 Weisz-Prater 准则，C_{WP} 可以用于确定内扩散是否限制了催化反应速率。

$$C_{WP} = \frac{-r_{obs}\rho_P R^2}{D_e C_{As}} \tag{3-4-31}$$

其中，$-r_{obs}$ 是实测速率。式（3-4-31）中其余的量也都是已知的或可测量的，因此可以计算得到该准则的值。当 $C_{WP} \ll 1$ 时，反应无扩散限制，颗粒内也没有浓度梯度。当 $C_{WP} \gg 1$ 时，反应存在严重的扩散限制。

3.4.7 催化剂颗粒中的多稳态现象

稳态是指体系的质量、能量流动处于平衡状态，体系的各项参数不随时间改变。令动态模型方程中的时间导数等于零，此模型方程即描述了稳态条件，可求得稳态解。处于某一稳态的体系，如果受到扰动后具有自我调节能力，能恢复到原来的状态，则此稳态是稳定的；反之，是不稳定的。对于给定的单颗粒模型方程，在什么条件下稳态解是唯一的？在什么条件下会出现多稳态？如何判断稳态解的稳定性？这些问题对于多相催化反应器设计和正常操作是非常重要的。

在放热反应的催化剂颗粒、全混流反应器、进出口自换热反应系统等不同层次上均会遇到多稳态问题。读者应熟知化工上常用的放热-移热分析法。由于放热速率对温度的非线性依赖关系，放热曲线呈 S 形（图 3-4-11 和图 3-4-12），因而在一定范围内放热曲线与移热线可以有三个交点（三重稳态）。通过对放热线和移热线的直观分析可知在三个稳态点中，中间的那一点是不稳定的，边上两个点是稳定的。利用移热线向右和向左扫描，还可以解释“着火”现象和“熄火”现象及温度的滞后曲线。

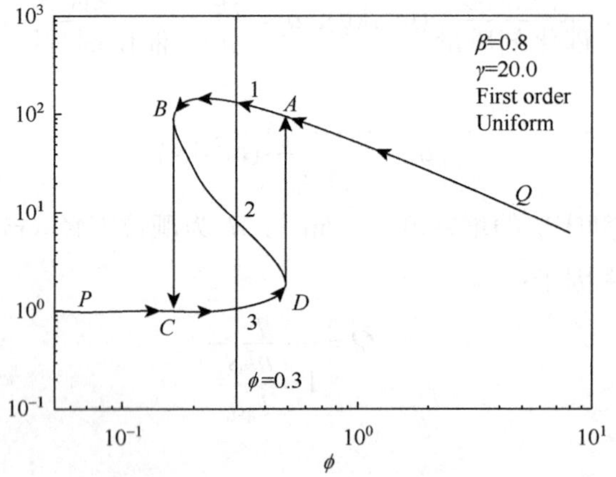

图 3-4-11　多稳定态现象的例子

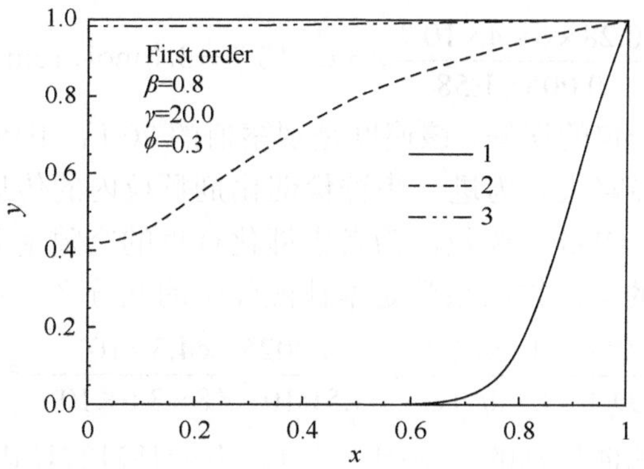

图 3-4-12　图 3-4-11 中 1、2、3 点所对应的无因次浓度分布

然而，催化剂颗粒内存在反应-扩散-传热的交互作用，单从能量平衡角度去解释显然是不全面的。文献中给出了非等温单颗粒模型完整的定量解，不同 β 与 γ 条件下 Thiele 模数和内扩散有效因子的关系。当 Thiele 模数很小时，有效因子趋于 1；在一定条件下，有效因子也可以大于 1。而且当 β 与 γ 较大，Thiele 模数又被限制在一定范围内时，出现多解现象。对 L-H 动力学，可能有多达五个稳态点。目前已经通过实验直接或间接地证明了这类多稳态现象。在极端的情形，催化剂颗粒的行为将变得非常复杂。

3.4.8　例子

【例 3-8】　无扩散影响的标准的应用——浆态三相反应器。α-甲基苯乙烯加氢制异丙苯的数据：催化剂 0.5% Pd/Al_2O_3，粉末，100℃，$(1/V_c)(dn/dt)=4.3\times10^{-8}$ mol/(cm^3·s)，$d_p=0.005$ cm，$\rho_p=1.58$ g/cm^3，$d_{100}=0.84$，$\mu=0.47$ cP，$c=3.6\times10^{-6}$ mol H_2/cm^3 液体，$D_{12}=3.5\times10^{-4}$ cm^2/s，催化剂负荷 $m=4\times10^{-3}$ g/cm^3 浆液。

解：利用 Stokes 计算颗粒沉降速率：

$$U=\frac{gd_p^2\Delta\rho}{18\mu}=\frac{981\times0.005^2\times(1.58-0.84)}{18\times0.0047}=0.22(\mathrm{cm/s})$$

$$Pe=\frac{d_pU}{D}=\frac{0.005\times0.22}{3.5\times10^{-4}}=3.1$$

利用文献可以得到 $\dfrac{k_c d_p}{D}\approx 2$,　于是 $k_c=\dfrac{4\times3.5\times10^{-4}}{0.005}=0.28(\mathrm{cm/s})$

于是从液体到颗粒的氢的传递速度：

$$N=\frac{k_c 6m}{d_p\rho_p}(C_H-C_{Hs})[\mathrm{mol/(cm^3\cdot s)}]$$

如果是处于完全的传质控制，C_{Hs} 应该等于零，此时有

$$N=\frac{0.28\times 6\times 4\times 10^{-3}}{0.005\times 1.58}\times 3.6\times 10^{-6}=3.1[\mathrm{mol/(cm^3\cdot s)}]$$

虽然计算存在一定的误差，该速度是观察值的 70 倍，因此氢在固体催化剂外膜中的浓度梯度已经略去。为进一步评价催化剂颗粒内的传质阻力，我们计算催化剂效率因子所需的 Weisz 模数，为考虑催化剂里的空隙率和曲折因子，假定氢在 α-甲基苯乙烯中的有效扩散系数是本体液体中的八分之一：

$$\varPhi_{\mathrm{s}}=\frac{R^2}{D_{\mathrm{e}}}\left(-\frac{1}{V_{\mathrm{c}}}\frac{\mathrm{d}n}{\mathrm{d}t}\right)\frac{1}{C_{\mathrm{s}}}=\frac{0.0025^2\times 4.3\times 10^{-8}}{3.5\times 10^{-4}/8\times 3.6\times 10^{-6}}\approx 10^{-3}$$

$\varPhi$ 值很小，因此催化剂的效率因子为 1，也就是没有粒内扩散阻力。

【例 3-9】　流化床中的传质速率计算

一级不可逆反应 A⟶B，P=1 atm，T=810 K，进料气体中 A 含量 20%，A 的分子量 M=100，流化床反应器中气体的平均分子量为 42.4，气体的表观流速 50 cm/s，气体黏度 0.04 cP，Schmidt 准数 Sc=3.0 g/cm^3，催化剂的密度 ρ_{p}=3.0 g/cm^3，d_{p}=63 μm，床层空隙率 0.75，床层高度 H=100 cm，转化率 90%。

解：反应条件下进料速度计算。摩尔进料流速为

$$G_{\mathrm{M}}=\frac{50}{22\,400}\times\frac{273}{810}=0.000752[\mathrm{mol/(cm^2\cdot s)}]$$

质量流速：42.4×0.000752=0.0319[g/(cm^2·s)]。

催化剂的外表面积：单一颗粒，$\frac{6\rho_{\mathrm{p}}}{d_{\mathrm{p}}}=\frac{6\times 3}{0.0063}=318(\mathrm{cm^2/g})$，单位截面积的床层 $318\times 100\times(1-0.75)\times 3=23800(\mathrm{cm^2})$。

计算图表的横坐标：

$$\frac{d_{\mathrm{p}}G}{\mu(1-\varepsilon)}=\frac{0.0063\times 0.0319}{0.0004\times(1-0.75)}=2.01$$

查得 j_{D}，而从

$$k_{\mathrm{G}}=\frac{j_{\mathrm{D}}G_{\mathrm{M}}}{PSc^{2/3}}=\frac{3.3\times 0.000752}{1.0\times 4^{2/3}}=0.00099[\mathrm{mol/(s\cdot cm^2\cdot atm)}]$$

可计算流体主体到催化剂外表面的反应物传递速度：

$$\frac{0.000752\times 0.20\times 0.90}{23800}=5.7\times 10^{-9}[\mathrm{mol/(cm^2\cdot s)}]$$

产生这样的传递速度所需要压力差为 5.66×10^{-6} atm。而流体中可提供的压力差为 0.02 atm。因此，传质阻力是完全可以略去的。

【例 3-10】　浆态三相反应器中的加氢（LHSV）计算

不饱和油类加氢，分子量 170，316℃的相对密度 0.51，黏度 0.070 cP，溶解氢的液体的分子量 136，相对密度 0.45，其中的氢浓度 0.00066 mol/cm^3，54.5 atm，

浆液中的催化剂负荷 8 g/L，液体为氢气饱和，平衡常数 K=5.0，催化剂的颗粒密度 3.0 g/cm^3，d_p=0.001 cm，氢在油中的扩散系数 D_{1m}=5.0×10^{-4} cm^2/s，氢消耗 89 m^3/m^3 进料液体，（15℃，1 atm），假定加氢速率由氢的外传质所控制，计算浆态反应器的液体小时空速（LHSV）。

解：为利用图表计算传质系数 k_c，先计算 Peclet 准数：

$$Pe = \frac{d_p^3 g \Delta\rho}{18\mu D_{1m}} = \frac{0.001^3 \times 981 \times (3.0 - 0.51)}{18 \times 0.00070 \times 5.0 \times 10^{-4}} = 0.39$$

因此可以取 $\frac{k_c' d_p}{D_{1m}} \approx 2$，$k_c \approx 2k_c'$ 于是，

$$k_c = \frac{2 \times 2 \times 5.0 \times 10^{-4}}{0.001} = 2(\text{cm/s})$$

催化剂颗粒外表面：

$$\frac{6m}{\rho_p d_p} = \frac{6 \times 8.0 \times 10^{-3}}{3 \times 0.001} = 16(\text{cm}^2/\text{cm}^3)$$

氢的传递速度=2×16×1000×0.000 66=21.1[mol/(L·s)]

所以，

$$\text{LHSV} = \frac{21.2 \times 22.4 \times 228 \times 3600}{89 \times 273} = 20200[\text{m}^3/(\text{h} \cdot \text{m}^3)]$$

计算过程是假设在外传质控制下进行的，因而高液体空速是很难实现的。实际上催化剂活性是不可能达到这样的高活性。即便有这样的高活性，氢在液体反应物中的溶解也不可能达到饱和。

【例 3-11】　等温一级反应的效率因子计算

瓦斯油催化裂解：550℃和 630℃，1 atm，液体小时空速 60，转化率 50%，液体相对密度 0.869，平均分子量 255，产品的分子量 70，床层催化剂密度 0.7 g/cm^3，催化剂的平均半径=0.088 cm，孔半径 2.8 nm，ρ_p=0.95，θ=0.46，S_g=338 m^2/g，τ=3。

解：有效扩散系数计算：

$$D_e = \frac{19400\theta^2}{\tau S_g \rho_p}\sqrt{\frac{T}{M}} = \frac{19400 \times 0.46^2}{3 \times 338 \times 10^4 \times 0.95}\sqrt{\frac{903}{255}} = 8.0 \times 10^{-4}(\text{cm}^2/\text{s})$$

反应速率为进料速率的 50%：

$$\left(-\frac{1}{V_c}\frac{\mathrm{d}n}{\mathrm{d}t}\right) = \frac{60 \times 0.869}{255 \times 3600} \times \frac{1}{0.7} \times 0.95 \times 0.5 = 3.86 \times 10^{-5}[\text{mol}/(\text{cm}^3 \cdot \text{s})]$$

催化剂颗粒外表面反应物浓度的计算：取平均浓度，也就是 25%转化。由于每个原料分子产生的产品分子数=255/70=3.64，25%转化时的总摩尔数（以 100 摩尔进料为基准）=75+25×3.64=166，于是平均浓度为

$$\frac{1}{22400}\times\frac{273}{903}\times\frac{75}{166}=0.61\times10^{-5}(\text{mol}/\text{cm}^3)$$

Weisz 模数计算：

$$\Phi=\frac{0.088^2}{8.0\times10^{-4}}\times3.86\times10^{-5}\times\frac{1}{0.61\times10^{-5}}=61$$

可以从图 3-35 中（β=0）获得催化剂的效率因子为 0.12。

【例 3-12】　温度对催化剂效率因子的影响

假定反应为等温，但是催化裂解反应是吸热反应，反应吸热最大值为 40 kcal/mol。催化剂的热导系数可取为 8.6×10^{-4} cal/(K·cm·s)。计算非等温条件下的效率因子。

解：利用前例中算得的有效扩散系数。在床层的进口有

$$\beta=\frac{c_\text{s}(-\Delta H)D_\text{e}}{\lambda T_\text{s}}=\frac{1\times\dfrac{1}{22400}\times\dfrac{273}{903}(-40000)\times8.0\times10^{-4}}{8.6\times10^{-4}\times903}=-0.00052$$

它表示的最大温度差仅 0.5℃。由于该反应的活化能为 40 kcal/mol，因此，

$$\gamma=\frac{E}{RT}=\frac{40000}{2\times903}=22$$

利用 $\beta\gamma$ 和前例中的 Weisz 模数值详见图 3-5-7，因为 β 值太小，结果与等温相同，为 0.12。

【例 3-13】　温度对催化剂效率因子的影响

环己烷脱氢，450℃，25 atm，氢/油=4，反应热=52.5 kcal/mol，D_e=0.016 cm^2/s，热导率 $\lambda=5.3\times10^{-4}$ cal/(cm·s·K)。

解：为计算效率因子，需计算的参数有（由于强吸热假定反应焓变等于活化能）

$$\beta=\frac{\dfrac{1}{22400}\times\dfrac{273}{723}\times\dfrac{25}{5}\times(-52500)\times16\times10^{-3}}{5.3\times10^{-4}\times723}=-0.18$$

$$\gamma=\frac{52500}{2\times723}=36$$

由图 3-5-8 可知在高扩散限制情形下，效率因子只有高催化剂热导率时的四分之一。而催化剂中心温度与外表面温度之差：0.18×（450+273）=130（℃）。当然以上的结果是在假设反应为不可逆条件下获得的，而事实上环己烷脱氢是一可逆反应。

【例 3-14】　等温复杂反应的效率因子计算

藻土催化剂（ϕ2.92×2.69，ρ_p=1.39 g/cm^3）

催化异丁烯加氢反应：$i\text{-}C_8H_{16}+H_2\longrightarrow i\text{-}C_8H_{18}$

200～325℃时，1～3.5 atm，速率方程：

$$r=\frac{kp_\text{H}p_\text{U}}{(1+K_\text{H}p_\text{H}++K_\text{U}p_\text{U}+K_\text{s}p_\text{s})^2}$$

200℃时：K_H=0.383 atm^{-1}，K_s=0.489 atm^{-1}，K_U=0.580 atm^{-1}，在 p_Hs=2.45 atm，

p_{Us}=0.53 atm，p_{ss}=0.515 atm 下观察到的反应速率=0.032 mol/(g cat·h)

解：取异丁烯作为 A，计算扩散率之比：

$$D_U/D_H=(2/112)^{1/2}=0.134;\ D_U/D_s=(114/112)^{1/2}=1.01$$

效率因子计算需要的其他参数：

$$\omega = 1+\sum_i K_i(p_{is}+\frac{p_{As}\nu_i D_A}{D_i}) =1+0.383\times(2.450-0.134\times0.530)$$

$$+0.489\times(0.515-1.01\times0.530)=2.42$$

$$K=\frac{K_A-D_A\sum_i \frac{K_i\nu_i}{D_i}}{\omega}=\frac{0.580+0.134\times0.383-1.01\times0.489}{2.42}=0.0565(\text{atm}^{-1})$$

$$E=\frac{-D_B p_{Bs}}{\nu_B D_A p_{As}}-1=\frac{2.450}{1\times0.134\times0.530}-1=33.6$$

Kp_{As} 和 E 的值表明效率因子不可能大于 1，且前者接近于 0，后者又很大，η-Φ 关系接近于一级反应。在 Φ_L 的计算中，L 可近似取催化剂颗粒体积与外表面积之比，约为 0.472 cm。

$$c_{As}=\frac{p_{As}}{RT}=\frac{0.530}{82.06\times473}=1.37\times10^{-5}(\text{mol/cm}^3)$$

$$\frac{-1}{V_c}\frac{dn}{dt}=\frac{0.0320\times1.39}{3600}=1.24\times10^{-5}[\text{mol/(cm}^3\cdot\text{s)}]$$

估算的有效扩散系数=0.0248 cm^2/s，

$$\Phi_L=\frac{0.0472^2\times1.24\times10^{-5}}{1.37\times10^{-5}\times0.0248}=0.081$$

阻滞作用微弱，催化剂的效率因子接近于 1。

【例 3-15】 可逆反应对效率因子的影响。先假设反应不可逆。综合考虑催化剂尺寸 L、有效扩散率 D_e 和观察到的反应速率 $\left(-\frac{1}{V_c}\frac{dn}{dt}\right)$，导致 Φ_L=1.0，又假设产物阻滞导致 K=–0.70，取 p_{As}=1。因此，Kp_{As}=–0.70，又查得效率因子为 0.5。但是该反应实际上为不可逆，且 p_{Ae}=0.5，于是 $C=p_{Ae}/p_{As}$=0.5，

$$B=\frac{K(p_{As}-p_{Ae})}{1+Kp_{Ae}}=\frac{-0.70\times(1-0.5)}{1+(-0.70\times0.5)}=-0.54$$

又查得效率因子为 0.35。考虑可逆反应后，虽然 K 值不变，但 C 和 B 值都改变。如果 p_{Ae}=0.9，C=0.9，$B=\frac{-0.70\times(1-0.9)}{1+(-0.70\times0.9)}=-0.19$。

【例 3-16】 扩散影响不显著判据应用于裂解硅铝催化剂的烧焦反应。在 460℃时两个不同颗粒度（0.2 cm 和 0.01 cm）上的烧焦速率是相同的，说明此

时 0.2 cm 的催化剂的效率因子接近于 1。在 475℃烧焦速度出现差异。耗氧速率为 4×10^{-7} mol/(cm^3·s)。$D_e=6.2\times10^{-3}$ cm^2/s（20℃）等温。预测有扩散影响时的反应速率。

解：烧焦反应对氧为一级。过量空气条件下产物的阻滞可以略去。氧的有效扩散系数和表面浓度为

$$D_e=6.2\times10^{-3}\sqrt{\frac{748}{293}\times\frac{2}{32}}=2.48\times10^{-3}(\text{cm}^2/\text{s})$$

$$c_s=\frac{0.21}{22400}\times\frac{273}{748}=3.42\times10^{-6}(\text{mol}/\text{cm}^3)$$

在 0.2 cm 的催化剂颗粒上扩散影响不显著，即 Weisz 模数为 1 时最大反应速率为

$$\Phi_s\cong1=\frac{R^2}{D_e}\left(\frac{-1}{V_c}\frac{\text{d}n}{\text{d}t}\right)\frac{1}{c_s}=\frac{0.2^2}{2.48\times10^{-3}}\times\frac{1}{3.42\times10^{-6}}\times\left(\frac{-1}{V_c}\frac{\text{d}n}{\text{d}t}\right)\cong1$$

$$\left(\frac{-1}{V_c}\frac{\text{d}n}{\text{d}t}\right)\cong2.12\times10^{-7}\,\text{mol}/(\text{cm}^3\cdot\text{s})$$

该值与实验值 4×10^{-7} mol/(cm^3·s)是一致的。

【例 3-17】 还原尾气中的氮氧化物。氮氧化物是大气中的污染气体之一，使用球形碳质固体颗粒床层可降低氮的排放浓度。原料气含 NO_2，其余为氮气，流速 1×10^{-6} m^2/s（0.001 L/s）。反应器内径 5.08 cm，温度 1173 K，压力 101.3 kPa。NO+C⟶CO+1/2 N_2，一级速率方程：$-r_{NO}=kS_aC_{NO}$。S_a=530 m^2/g，$k=4.42\times10^{-10}$ m^3/(m^2·s)。计算 NO 浓度降低到 0.004%所需要的多孔固体的量（该 NO 浓度低于环境保护署要求的标准）。

计算所需要的其他数据：动力黏度 $v=1.53\times10^{-8}$ m^2/s，扩散系数 $D_{AB}=2.0\times10^{-8}$ m^2/s，有效扩散系数 $D_e=2.66\times10^{-8}$ m^2/s，催化剂和床层的性质：孔半径 $r=1.3\times10^{-9}$ m，床层空隙率 $\varepsilon_b=0.5$，床层密度 $\rho_b=1.4\times10^6$ g/m^3，颗粒半径 $R=1.3\times10^{-3}$ m，$\gamma=1.0$。

解：NO 浓度从 2%降低到 0.004%，不考虑体积变化。

其转化率：$X=(2-0.004)/2=99.8\%$

NO 沿床层的浓度变化关系为 $\frac{\text{d}C_A}{\text{d}z}=-\left(\frac{\Omega\rho_b kS_a}{U}\right)C_A$，其右边乘以横截面积 A_c 可给出催化剂固体质量，有 $W=\rho_bA_cz$，于是 NO 浓度随固体的变化为 $\frac{\text{d}C_A}{\text{d}W}=-\left(\frac{\Omega kS_a}{v}\right)C_A$，利用边界条件 $W=0$，$C_A=C_{A0}$，且 $v=v_0$，积分得到：$X=1-\frac{C_A}{C_{A0}}=1-\exp(-\Omega kS_aW/v_0)$；

$W = \dfrac{v_0}{\Omega k S_a} \ln \dfrac{1}{1-X}$，而 $\Omega = \dfrac{\eta}{1+\dfrac{\eta k S_a}{k_c a_c}}$。

（1）计算球形颗粒及反应的效率因子：

$$\phi = R\sqrt{\frac{2k}{D_e r}} = 0.003\sqrt{\frac{2\times 4.42\times 10^{-10}}{2.66\times 10^{-8}\times 1.3\times 10^{-9}}} = 15.17$$

$$\eta = \frac{3}{\phi^2}(\phi \coth\phi - 1) \approx \frac{3}{15.7} = 0.20$$

（2）计算外传质系数：

使用关联：$Sh=Re^{1/2}Sc^{1/3}$ 对 2 in 颗粒，$A_c=2.03\times10^{-3}\ \text{m}^2$，表观速度：

$$U=v_0/A_c=10^{-6}/=2.03\times10^{-3}=4.93\times10^{-4}(\text{m/s})$$

$$Re=Ud_p/(1-\varepsilon_b)\nu=4.93\times10^{-4}\ 6\times10^{-3}/(1-0.5)(1.53\times10^{-8})=386.7$$

$$Sc=\nu/D_{AB}=1.53\times10^{-8}/2.0\times10^{-8}=0.765，Sh=386.7^{1/2}0.765^{1/3}=18.0$$

$$k_c = \frac{1-\varepsilon_b}{\varepsilon_b}\left(\frac{D_{AB}}{d_p}\right)Sh = \frac{0.5}{0.5}\frac{2.0\times 10^{-8}}{6.0\times 10^{-3}}\times 18.0 = 6\times 10^{-5}(\text{m/s})$$

（3）固体的外表面积计算：

$$a_c = \frac{6(1-\varepsilon_b)}{\rho_b d_p} = \frac{6\times 0.5}{1.4\times 10^6\times 6\times 10^{-3}} = 3.57\times 10^{-4}(\text{m}^2/\text{g})$$

（4）总效率因子的计算：

$$\Omega = \frac{\eta}{1+\dfrac{\eta k S_a}{k_c a_c}} = \frac{0.2}{1+\dfrac{0.2\times 4.42\times 10^{-10}\times 530}{6\times 10^{-5}\times 3.57\times 10^{-5}}} = \frac{0.2}{1+2.19} = 0.0627$$

说明内外传质限制显著。

（5）达到 99.8%转化所需要的固体质量的计算：

$$W = \frac{v_0}{\Omega k S_a}\ln\frac{1}{1-X} = \frac{1\times 10^{-6}}{0.0627\times 4.42\times 10^{-10}\times 530}\ln\frac{1}{1-0.998} = 423(\text{g})$$

（6）反应器长度：

$$L = \frac{W}{A_c \rho_b} = \frac{423}{2.03\times 10^{-3}\times 1.4\times 10^6} = 0.15(\text{m})$$

（7）从反应数据确定速度限制区。

可以从反应速率、流体速度、催化剂颗粒大小和温度的依赖关系来判断反应速率的控制区（表 3-4-1）。

表 3-4-1　反应控制区的判别

限制类型	反应速率随如下因素的改变		
	速度	颗粒大小	温度
外扩散	$U^{1/2}$	$d_p^{-3/2}$	约为线性
内扩散	无关	d_p^{-1}	指数
表面反应	无关	无关	指数

计算的活化能在 8～24 kJ/mol 范围内，扩散限制的可能性非常大。对活化能为 200 kJ/mol 的反应，则受表面反应控制。

3.5　三相催化反应动力学和反应器效率

3.5.1　引言

通常三相反应体系是指一个气相反应物和一个液相反应物在固体催化剂表面上发生的反应。为了使反应物在催化剂活性位上转化为产物，三相反应过程相比气固相反应更为复杂，包括如下主要步骤：①气相反应物从气体主体中传输到气-液界面；②反应物从气-液界面传输到液体主体中；③反应物从液体主体传输到催化剂的外表面；④反应物在充满液体催化剂的内孔中的扩散；⑤反应物在催化剂表面的活性位上的吸附；⑥吸附物种在催化剂活性位上进行表面反应，产生吸附的产物物种；⑦产物通过内扩散进入液体主体（液相产物）或再逆步骤①～③进入气体中（气相产物）。反应物种在气体主体到催化剂颗粒内部的浓度分布如图 3-5-1

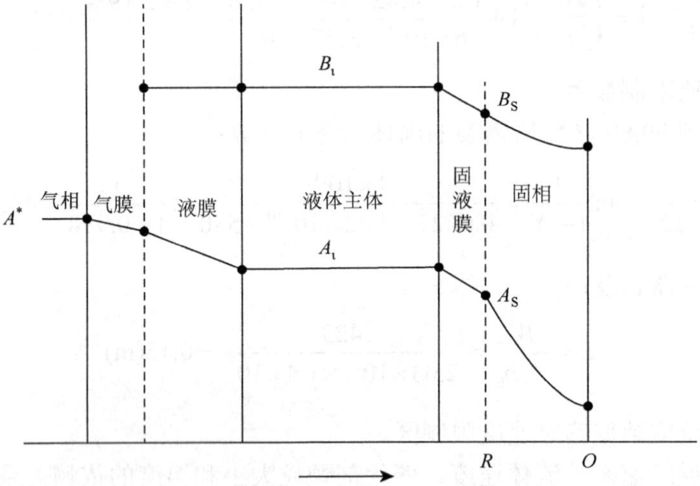

图 3-5-1　三相催化体系中反应物 A 的浓度分布

所示。如果反应可逆，得到的是气体产物，产物的脱附及它们从催化剂表面到液体或气体主体的传输等过程可能是速率控制步骤。

为了分析三相催化反应器性能和预测传质过程对反应速率的影响，有必要详细考察这些过程的速率。先分析微分反应器数据，为解决复杂问题做铺垫。

3.5.2 三相体系的催化反应动力学

本征反应动力学是反应本身的特征，它是催化反应器设计的基础。本征表面反应动力学可以用若干模型来表述，除了考虑的速率过程较多外（引入的效率因子表达式较为复杂），与气固催化剂反应动力学没有本质的差别。可以采用Langmuir-Hinshelwood 型的动力学方程，也可以采用指数律动力学方程。

3.5.3 三相反应体系中本征动力学数据的分析

考虑三相反应体系中发生的具有典型性的气相反应物A和液相反应物B在固体催化剂表面发生的反应。在许多情况下，反应物B的浓度大大超过溶解的气体A，此时A是关键组分；也有B是关键组分的情形。两者的分析方法是类似的。当A和B可比较时，需要另做讨论。

对A是关键组分的情形，指数律动力学表示为

$$r_{\mathrm{A}} = k_m C_{\mathrm{A}}^m \tag{3-5-1}$$

其中，k_m是准m级反应速率常数，$\mathrm{mL \cdot g^{-1} \cdot (mL/mol)^{m-1} \cdot s^{-1}}$，定义为

$$k_m = k_{mn} C_{\mathrm{Bl}}^n \tag{3-5-2}$$

其中，C_{Bl}是反应物B在液体主体中的浓度（mol/mL）。只要C_{Bl}远大于C_{A}在液体中的饱和溶解度（在反应器条件下对应于气相浓度的液相中的平衡值C_{A}^*），上式是可靠的。这里已经假定了反应是等温的，催化剂颗粒是完全润湿的，孔中被液体充满。在三相体系中催化反应发生时必定包含如下的两个步骤：①液相到催化剂表面的总包传质；②催化剂颗粒内的扩散。

1. 总传质速率

物种A从气相到催化剂表面的传质速率可由相关方程计算。在三相催化反应器中的气-液传质为

$$R_{\mathrm{A}} = K_{\mathrm{L}} a_{\mathrm{B}} (C_{\mathrm{A}}^* - C_{\mathrm{Al}}) \tag{3-5-3}$$

其中，R_{A}是单位反应器体积的传质速率[mol/(mL·s)]；C_{A}^*是气体的饱和溶解度，（mol/mL）；C_{Al}是物种A在液体主体中的浓度（mol·mL）；$K_{\mathrm{L}} a_{\mathrm{B}}$是总包气-液传质系数，它与气边和液边的传质系数间的关系为

$$\frac{1}{K_{\mathrm{L}}a_{\mathrm{B}}}=\frac{1}{H_{\mathrm{A}}k_{\mathrm{g}}a_{\mathrm{B}}}+\frac{1}{k_{\mathrm{L}}a_{\mathrm{B}}} \tag{3-5-4}$$

其中，H_A 为 Henry 定律常数，定义为 C_{Ag}/C_A^*，单位为（mol/mL 气体）（mol/mL 液体）；C_{Ag} 为 A 在气体主体中的浓度（mol/mL）；$k_g a_B$ 气边传质系数（s^{-1}）；$k_L a_B$ 液边传质系数（s^{-1}）；a_B 为气-液界面面积（cm^2/s）。对难溶的纯气体如氢气，在没有惰性气体稀释条件下，项 $K_L a_B$ 可近似作 $k_L a_B$。

A 从液体主体到催化剂表面的传质速率可表示为

$$R_{\mathrm{A}}=k_{\mathrm{s}}a_{\mathrm{p}}(C_{\mathrm{Al}}-C_{\mathrm{As}}) \tag{3-5-5}$$

其中，k_s 为液-固传质系数（cm/s）；a_p 为单位反应器体积内催化剂颗粒的外表面积（cm^2/mL）；C_{As} 为在催化剂表面 A 的浓度（mol/mL）。

对球形颗粒，外表面积 a_p 为

$$a_{\mathrm{p}}=6w/(\rho_{\mathrm{p}}d_{\mathrm{p}}) \tag{3-5-6}$$

其中，w 是单位反应器体积中催化剂的数量（g/mL），对于固定床反应器如滑流床和填料鼓泡塔，它与催化剂负荷成比例，等于 $\rho_p(1-\varepsilon_B)$，其中 ε_B 是床层空隙率；ρ_p 为催化剂的颗粒密度（g/mL）；d_p 为平均颗粒直径（cm）。

组合式（3-5-3）和式（3-5-5），得到 A 从气相主体到催化剂颗粒外表面的总传质速率：

$$R_{\mathrm{A}}'=M_{\mathrm{A}}(C_{\mathrm{A}}^{*}-C_{\mathrm{As}}) \tag{3-5-7}$$

$$M_{\mathrm{A}}=\left(\frac{1}{K_{\mathrm{L}}a_{\mathrm{B}}}+\frac{1}{k_{\mathrm{s}}a_{\mathrm{p}}}\right)^{-1} \tag{3-5-8}$$

上式适用于各类动力学模型。

2. 总催化反应速率

1）内扩散阻力可略去，指数律动力学

当粒内扩散阻力可以略去时，反应物 A 在整个颗粒内的浓度都等于催化剂外表面上的浓度 C_{As}。单位反应器体积的反应速率用指数律动力学模型表示为

$$r_{\mathrm{A}}=wk_{m}C_{\mathrm{As}}^{m} \tag{3-5-9}$$

对一级反应（m=1），其总速率为

$$r_{\mathrm{A}}=C_{\mathrm{A}}^{*}\left(\frac{1}{K_{\mathrm{L}}a_{\mathrm{B}}}+\frac{1}{k_{\mathrm{s}}a_{\mathrm{p}}}+\frac{1}{wk_{1}}\right)^{-1} \tag{3-5-10}$$

二分之一级反应的总速率：

$$r_{\mathrm{A}}=\frac{(wk_{1/2})^{2}}{2M_{\mathrm{A}}}\left\{\left[1+\frac{4C_{\mathrm{A}}^{*}M_{\mathrm{A}}^{2}}{(wk_{1/2})^{2}}\right]^{1/2}-1\right\} \tag{3-5-11}$$

二级反应的总速率：

$$r_A = \frac{M_A^2}{2wk_2}\left[1+\frac{2wk_2C_A^*}{M_A}-\left(1+\frac{4C_A^*wk_2}{M_A}\right)^{1/2}\right] \tag{3-5-12}$$

其中，$k_{1/2}$［$mL\cdot g^{-1}\cdot$（mL/mol）$^{-1/2}\cdot s^{-1}$］和 k_2［$mL\cdot g^{-1}\cdot$（mL/mol）$\cdot s^{-1}$)］分别是准二分之一级和准二级反应速率常数。

2）内扩散阻力可略去，Langmuir-Hinshelwood 型动力学

对 Langmuir-Hinshelwood 单位机理和无粒内浓度梯度，其总速率

$$r_A = \frac{M_A^2}{2K_A}\left\{1+K_AC_A^*+\frac{wk_1}{M_A}-\left[\left(1+K_AC_A^*+\frac{wk_1}{M_A}\right)^2-\frac{4C_A^*wk_1K_A}{M_A}\right]^{1/2}\right\} \tag{3-5-13}$$

Langmuir-Hinshelwood 双位机理、无粒内浓度梯度，不考虑其他组分的吸附时，其总速率是如下三次方程的合理解：

$$r_A^3 - r_A^2\left(\frac{2M_A}{K_A}+2C_A^*M_A\right)+r_A\left[\left(\frac{M_A}{K_A}\right)^2+\frac{2M_A^2C_A^*}{K_A}+C_A^{*2}M_A^2+\frac{wk_1M_A}{K_A^2}\right]-\frac{wk_1C_A^*M_A^2}{K_A^2}=0 \tag{3-5-14}$$

在一定条件下，它有三个正的实根，指出有可能存在多个稳定态。但是，如果 $K_AA\,C_A^*$ 的值大于 8，只有一个解。

【例 3-18】　丙酮在雷尼 Ni 催化剂上加氢生成异丙醇浆态反应器，反应对氢为 1/2 级，T=14℃，P=10 atm，$k_{1/2}=2.35\times10^{-3}(cm^3\cdot mol)^{1/2}/(g\cdot s)$，$H_2$ 反应条件下的溶解度 $A^*=2.75\times10^{-5}$ mol/cm^3，气液传质系数 $K_La_B=0.0186\ s^{-1}$，液固传质系数 $k_sa_p=0.226\ s^{-1}$，催化剂负荷 $w=2.5\times10^{-2}$ g/cm^3。

解：从气相到催化剂外表面的传质总速率：

$$M_A=\left(\frac{1}{K_La_B}+\frac{1}{k_sa_p}\right)^{-1}=(1/0.0186+1/0.266)^{-1}=0.0174(s^{-1})$$

反应速率常数：$(wk_{1/2})^2=(2.5\times10^{-2}\times2.35\times10^{-3})^2=3.45\times10^{-9}$。反应速率为

$$r_A=\frac{(wk_{1/2})^2}{2M_A}\left\{\left[1+\frac{4C_A^*M_A^2}{(wk_{1/2})^2}\right]^{1/2}-1\right\}=\frac{3.45\times10^{-9}}{2\times0.0174}\left[\left(1+\frac{4\times2.75\times10^{-5}\times0.0174^2}{3.45\times10^{-9}}\right)^{1/2}-1\right]$$
$$=2.24\times10^{-7}[mol/(cm^3\cdot s)]$$

此时表面浓度 C_A（C_{As}）为

$$C_{As}=C_A^*-r_A/M_A=2.75\times10^{-5}-2.24\times10^{-7}/0.0174=1.46\times10^{-5}(mol/cm^3)$$

可以看到，C_{As} 要明显低于 C_A^*，指出外传质速率对总速率有重要贡献。

【例 3-19】　一氧化碳在氧化钴催化剂上的氧化

氧过量时，反应速率可表示为：$r_{\mathrm{A}}=\dfrac{wk_1C_{\mathrm{As}}}{(1+K_{\mathrm{A}}C_{\mathrm{As}})^2}$，$k_1$=6.51 cm^3/(g·s)，$K_{\mathrm{A}}$=1.206×10^6 cm^3/mol，$H_{\mathrm{A}}$=5.39，$T$=120℃，$P_{\mathrm{CO}}$=0.1 atm，$w$=0.025 g/cm^3，$K_{\mathrm{L}}a_{\mathrm{B}}$=0.0167 s^{-1}，$k_{\mathrm{s}}a_{\mathrm{p}}$=0.25 s^{-1}，计算上述条件下的反应速率。

解：可以假定一氧化碳的浓度在整个反应器中是均匀的。因此总反应速率可以用如下方程计算：

$$r_{\mathrm{A}}^3-r_{\mathrm{A}}^2\left(\frac{2M_{\mathrm{A}}}{K_{\mathrm{A}}}+2C_{\mathrm{A}}^*M_{\mathrm{A}}\right)+r_{\mathrm{A}}\left(\frac{M_{\mathrm{A}}^2}{K_{\mathrm{A}}^2}+\frac{2M_{\mathrm{A}}^2C_{\mathrm{A}}^*}{K_{\mathrm{A}}}+M_{\mathrm{A}}^2C_{\mathrm{A}}^{*2}+\frac{wk_1M_{\mathrm{A}}}{K_{\mathrm{A}}^2}\right)-\frac{wk_1C_{\mathrm{A}}^*M_{\mathrm{A}}^2}{K_{\mathrm{A}}^2}=0$$

它能够表示为

$$r_{\mathrm{A}}^3+\delta_1r_{\mathrm{A}}^2+\delta_2r_{\mathrm{A}}+\delta_3=0$$

其中，

$$\delta_1=-\left(\frac{2M_{\mathrm{A}}}{K_{\mathrm{A}}}+2C_{\mathrm{A}}^*M_{\mathrm{A}}\right)=-4.38\times10^{-8}[\mathrm{mol/(cm^3\cdot s)}]$$

$$\delta_2=\frac{M_{\mathrm{A}}^2}{K_{\mathrm{A}}^2}+\frac{2M_{\mathrm{A}}^2C_{\mathrm{A}}^*}{K_{\mathrm{A}}}+M_{\mathrm{A}}^2C_{\mathrm{A}}^{*2}+\frac{wk_1M_{\mathrm{A}}}{K_{\mathrm{A}}^2}=2.22\times10^{-15}[\mathrm{mol/(cm^3\cdot s)}]^2$$

$$\delta_3=-\frac{wk_1C_{\mathrm{A}}^*M_{\mathrm{A}}^2}{K_{\mathrm{A}}^2}=-1.56\times10^{-23}[\mathrm{mol/(cm^3\cdot s)}]^3$$

对所需要的参数，计算如下：

$$M_{\mathrm{A}}=(1/0.167+1/0.25)^{-1}=0.015(\mathrm{s^{-1}})$$
$$C_{\mathrm{Ag}}=p_{\mathrm{gA}}/(RT)=0.1/(82.06\times393)=3.1\times10^{-6}(\mathrm{mol/cm^3})$$
$$C_{\mathrm{A}}^*=A_{\mathrm{g}}/H_{\mathrm{A}}=3.1\times10^{-6}/5.39=5.75\times10^{-7}(\mathrm{mol/cm^3})$$

解上述的三次方程（使用 Perry & Chiltonde 程序）得到：r_{A}=8.11×10^{-9}，该值约为C_{A}^*的十分之一，说明外传质阻力有重要影响。如果没有传质阻力，反应速率应该为

$$r_{\mathrm{A}}=\frac{wk_1C_{\mathrm{A}}^*}{(1+K_{\mathrm{A}}C_{\mathrm{A}}^*)^2}=3.26\times10^{-8}\,\mathrm{mol/(cm^3\cdot s)}$$

显然大于有传质阻力时的值。

3）粒内扩散影响不能省略

在存在粒内扩散阻力的情况下，反应物的浓度在整个催化剂颗粒内分布因此可由扩散反应的微分方程求得。对一级反应球形颗粒催化剂，反应物在催化剂颗粒内的浓度分布为

$$\frac{A}{A_{\mathrm{s}}}=\frac{\sinh\left(\dfrac{3\varphi r}{R}\right)}{\dfrac{r}{R}\sinh(3\varphi)}\tag{3-5-15}$$

其中，φ 是 Thiele 模数，定义为

$$\varphi = \frac{R}{3}\left(\frac{\rho_p k_1}{D_e}\right)^{1/2} \tag{3-5-16}$$

其中，D_e是反应物 A 在催化剂颗粒内的有效扩散系数（cm^2/s）；r 是催化剂颗粒中心到任一点的距离（cm）；R 是催化剂颗粒的半径（cm）。Thiele 模数的大小决定了粒内扩散对总反应的贡献。如果 $\varphi<0.2$，催化剂颗粒内的反应物浓度几乎是均一的；如果 φ 值比较大，扩散阻力变得显著。φ 值随催化剂颗粒半径的增大而增大，对大颗粒催化剂粒内浓度梯度就会比较显著。对有内扩散限制时，催化剂的效率因子：

$$\eta_c = \frac{1}{\varphi}\left(\cot 3\varphi - \frac{1}{3\varphi}\right) \tag{3-5-17}$$

$$r_A = \eta_c w k_1 C_{As} \tag{3-5-18}$$

于是考虑粒内扩散影响时的一级反应的总反应速率为

$$r_A = C_A^*\left[\frac{1}{K_L a_B} + \frac{1}{k_s a_p} + \frac{R}{3w}\left(\frac{\rho_p}{k_1 D_e}\right)^{1/2}\right]^{-1} \tag{3-5-19}$$

【例 3-20】 巴豆醛在 0.5% Pd/Al_2O_3 上加氢，使用滴流床反应器。反应对氢是一级的，速率常数 $k_1=3.69\times10^2\ cm^3/(s\cdot g\ Pd)$，$T=51$℃，在 1 atm 反应条件下，氢的溶解度为 $2.80^{-6}\ mol/cm^3$，计算反应速率。粒子半径为 0.25 cm，催化剂的粒子密度为 $1.5\ g/cm^3$，$k_s=0.01\ cm/s$，有效扩散率 $D_e=2\times10^{-5}\ cm^2/s$，催化剂滞留$=1-\varepsilon_B=0.6$。

解：基于单位催化剂质量的反应速率常数为

$$k_1=369\times0.005=1.845(cm^3/g)$$

Thiele 模数为

$$\varphi = \frac{R}{3}\left(\frac{\rho_p k_1}{D_e}\right)^{1/2} = 31.0$$

催化剂负荷为

$$w=\rho_p(1-\varepsilon_B)=1.5\times0.6=0.9(g/cm^3)$$

液固接触面积：

$$a_p = \frac{6w}{\rho_p d_p} = \frac{6\times0.9}{1.5\times0.5} = 7.2(cm^{-1})$$

由于 $\varphi>5$，可以使用如下方程：

$$r_A = C_A^*\left[\frac{1}{K_L a_B} + \frac{1}{k_s a_p} + \frac{R}{3w}\left(\frac{\rho_p}{k_1 D_e}\right)^{1/2}\right]^{-1} = 3.703\times10^{-8}\ mol/(cm^3\cdot s)$$

对 m 级反应，反应速率也能够用催化剂的效率因子表示：

$$r_A = \eta_c w k_m C_{As}^m \tag{3-5-20}$$

由于 m 级反应对速率方程的非线性性质，不可能获得效率因子的分析解。对非线性体系，Thiele 模数的定义为

$$\varphi=\frac{R\rho_{\rm p}rC_{\rm As}\left[\int_0^{A_s}2D_{\rm e}\rho_{\rm p}r_{\rm A}'(C_{\rm A}){\rm d}C_{\rm A}\right]^{-1/2}}{3} \tag{3-5-21}$$

对 m 级反应，上式的值为

$$\varphi=\frac{R}{3}\left[\frac{m+1}{2}\frac{\rho_{\rm p}k_mC_{\rm As}^{m-1}}{D_{\rm e}}\right]^{1/2} \tag{3-5-22}$$

除了 $m=1$，Thiele 模数是浓度 $C_{\rm As}$ 的函数。由于 Thiele 模数是一个未知量，需要用试错法计算 $r_{\rm A}$。对三相反应体系，该计算能够通过定义一个总效率因子而得到简化，可以推导出隐含该量的方程。

3.5.4 总效率因子

1. 指数律动力学总效率因子的分析解

总效率因子的概念可以简化三相反应体系速率计算。它可以把外传质和内传质影响组合起来，并延伸至非线性体系。三相反应器的总效率因子 η 定义为：反应的真实速率除以略去全部传递效应时的速率。

$$\eta=\frac{r_{\rm A}}{wr_{\rm A}'C_{\rm A}^*} \tag{3-5-23}$$

对 m 级反应：

$$\eta=\frac{r_{\rm A}}{wk_mC_{\rm A}^{*m}} \tag{3-5-24}$$

应该注意到，这里的 η 表示反应器效率。$\eta\to1$，反应器操作效率最高，而传递阻力的出现将使 η 小于 1。为了用已知参数表示 η，可以利用公式如下：

$$a_{\rm s}=1-\frac{\eta}{\sigma_{\rm A}} \tag{3-5-25}$$

$$\sigma_{\rm A}=\frac{M_{\rm A}C_{\rm A}^*}{wr_{\rm A}'C_{\rm A}^*}=\frac{M_{\rm A}}{wk_mC_{\rm A}^{*m}} \tag{3-5-26}$$

其中，$a_{\rm s}=\dfrac{C_{\rm As}}{C_{\rm A}^*}$，为无因次表面浓度。而 $\sigma_{\rm A}$ 是表征外传质（气-液和液-固）和最大可能传质速率与最大反应速率之比的无因次参数。由此可以得到：

$$\eta=\eta_{\rm c}\left(1-\frac{\eta}{\sigma_{\rm A}}\right) \tag{3-5-27}$$

$$\eta_{\rm c}=\frac{1}{\varphi}\left(\cot3\varphi-\frac{1}{3\varphi}\right)\left(1-\frac{\eta}{\sigma_{\rm A}}\right) \tag{3-5-28}$$

反过来，把一般化 Thiele 模数用总效率因子来表示，得到：

$$\varphi=\frac{R}{3}\left[\frac{m+1}{2}\frac{\rho_{\mathrm{p}}k_m C_{\mathrm{As}}^{m-1}}{D_{\mathrm{e}}}\left(1-\frac{\eta}{\sigma_{\mathrm{A}}}\right)^{m-1}\right]^{1/2}=\varphi_0\left(1-\frac{\eta}{\sigma_{\mathrm{A}}}\right)^{(m-1)/2} \tag{3-5-29}$$

参数 φ_0 是基于平衡溶解度 C_{A}^* 的 Thiele 模数，

$$\varphi_0=\frac{R}{3}\left(\frac{m+1}{2}\frac{\rho_{\mathrm{p}}k_m C_{\mathrm{As}}^{m-1}}{D_{\mathrm{e}}}\right)^{1/2} \tag{3-5-30}$$

代入式（3-5-29），

$$\eta=\frac{\left(1-\dfrac{\eta}{\sigma_{\mathrm{A}}}\right)^{(m+1)/2}}{\varphi_0}\left\{\coth[3\varphi_0(1-\eta/\sigma_{\mathrm{A}})^{(m-1)/2}]-\frac{1}{3\varphi_0(1-\eta/\sigma_{\mathrm{A}})^{(m-1)/2}}\right\} \tag{3-5-31}$$

上述方程是获得三相反应器中具有指数律动力学的总效率因子的代数方程，其中 η 需要用试错方法求解。解这类非线性方程的标准方法有 Newton-Raphson 迭代等。在该方法中，式（3-5-31）表示成 $F(\eta)=0$，左边等于 η 减式（3-5-31）的右边。如果 η 的 N 次试错值是 η_N，改进的第（N+1）次试错值 η_{N+1} 次值为

$$\eta_{N+1}=\eta_N-\frac{F(\eta_N)}{F'(\eta_N)} \tag{3-5-32}$$

其中，$F'(\eta_N)$是函数 $F(\eta)$对 η 的导数，

$$\eta=1+\frac{m+1}{\sigma_{\mathrm{A}}^2}\frac{\left(1-\dfrac{\eta}{\sigma_{\mathrm{A}}}\right)^{(m-1)/2}}{\varphi_0}\{\coth[3\varphi_0(1-\eta/\sigma_{\mathrm{A}})^{(m-1)/2}] \tag{3-5-33}$$

$$-\frac{3(m-1)}{2\sigma_{\mathrm{A}}}\left(1-\frac{\eta}{\sigma_{\mathrm{A}}}\right)^{(m-1)/2}\cos ech^2[3\varphi_0(1-\eta/\sigma_{\mathrm{A}})^{(m-1)/2}]-\frac{1}{3\varphi_0^2\sigma_{\mathrm{A}}}$$

应该注意到，η 一般是小于 σ_{A}，因此 η 的第一次试错范围在 0～σ_{A}之间。该程序一直重复至收敛为止。

【例 3-21】　计算以下条件下三相反应器中催化剂粒子的有效因子。1/2 级反应，φ_0=5，σ_{A}=0.3。

解：选择初始值 η=0，使用 Newton-Raphson 法进行迭代计算：$\eta_{N+1}=\eta_N-F(\eta_N)/F'(\eta)$。

结果如下表：

次数	假定的 η_N 值	$F(\eta)$	$F'(\eta)$	η_{N+1} 值
1	0	-2.13×10^{-1}	1.544	0.138
2	0.138	5.02×10^{-3}	1.627	0.135
2	0.135	4.25×10^{-6}	1.625	0.135

只需迭代计算三次就收敛了。有效因子值为 0.135。可以使用的另一个计算方法是图解法。σ_A 在 0～σ_A 范围内对 η 作 $F(\eta)$-η 图。它与 y=0 线的交点给出所需要的 η 值。

总效率因子 η 能够表示成以 σ_A 作为参数的 η 对 φ_0 的作图。对一级和半级反应动力学结果见图 3-5-2 和图 3-5-3。可以直接读出 η 和计算反应速率，无须进行详细的计算。例如，为了解【例 3-20】中的问题，可以使用图 3-5-3 来预测 η 值。η-φ_0 图指出，φ_0＜0.2 时，η 值近似为恒定值，指出粒内扩散阻力可以略去。此时 η 方程简化为

$$\eta=(1-\eta/\sigma_A)^m \tag{3-5-34}$$

对在实际中常常碰到的一些情形，可以应用如下的简化方程：

$$\begin{aligned}
&\eta=(1+1/\sigma_A)^{-1}\quad(m=1)\\
&\eta=\frac{1}{2\sigma_A}[(1+4\sigma_A)^{1/2}-1]\quad(m=0.5)\\
&\eta=\frac{\sigma_A^2}{2}\left[1+\frac{2}{\sigma_A}-(1+4/\sigma_A)^{1/2}\right]\quad(m=2)
\end{aligned}\tag{3-5-35}$$

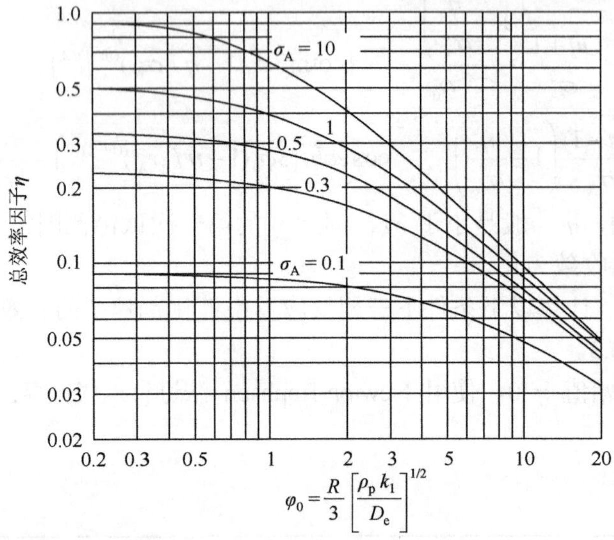

图 3-5-2　一级反应的总效率因子

对不同 σ_A 的 η 对 φ_0 作图应该接近于低 φ_0 值时的渐近值。

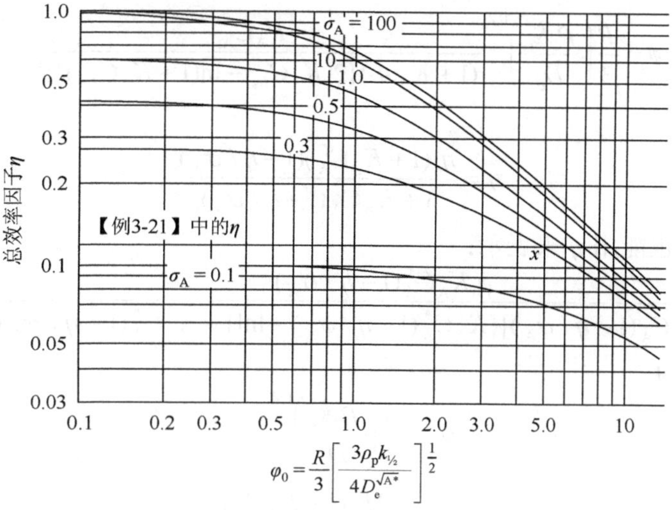

图 3-5-3 半级反应的总效率因子

【例 3-22】 丙酮加氢。考虑【例 3-16】计算催化剂粒子大小为 100 μm 和 200 μm 时的总效率因子和反应速率。指出无粒内扩散时的粒子大小。$D_e=10^{-6}$ cm²/s，$\rho_p=4.5$ g/cm³。

解：假定液固传质阻力可以略取（计算证明它不会引入大的误差）。

$$M_A=K_L a_B$$

$$M_A=0.0186\ \text{s}^{-1}$$

$$\sigma_A=\frac{M_A C_A^{*\,1/2}}{wk_{1/2}}=\frac{0.0186\times(2.75\times10^{-5})^{1/2}}{0.025\times2.35\times10^{-3}}=1.660$$

$$\varphi_0=\frac{R}{3}\left[\left(\frac{m+1}{2}\right)\frac{\rho_p k_{1/2}}{D_e C_A^{*1/2}}\right]^{1/2}=4.9093\times R$$

100 μm 粒子，$\varphi_0=2.04$，$\eta=0.446$，反应速率 $R_A=1.374\times10^{-7}$ mol/(cm³·s)；
200 μm 粒子，$\varphi_0=4.08$，$\eta=0.235$，反应速率 $R_A=7.240\times10^{-8}$ mol/(cm³·s)。

只要 $\varphi_0<0.2$，粒内扩散阻力可以忽略

$$R<3\times0.2\left[\frac{2D_e C_A^{*\,1/2}}{(m+1)\rho_p k_{1/2}}\right]^{1/2}=4.87\times10^{-4}\ \text{cm}\ (\text{直径}9.74\ \mu\text{m})$$

2. 遵循 L-H 动力学的总效率因子

L-H 动力学的速率表达式为（单位机理）：

$$r_A=\frac{\eta_c w k_1 A C_{As}}{1+K_A C_{As}} \tag{3-5-36}$$

这里的 η_c 是催化剂效率因子，Thiele 模数为

$$\phi = \frac{R}{3}\left(\frac{\rho_p k_1}{D_e}\right)^{1/2} \frac{K_A C_{As}}{(1+K_A A_s)\{2[K_A C_{As} - \ln(1+K_A C_{As})]\}^{1/2}} \quad (3\text{-}5\text{-}37)$$

经处理可得

$$\eta = \frac{\eta_c(1+K_A C_A^*)(1-\eta/\sigma_A)}{1+K_A C_A^*(1-\eta/\sigma_A)} \quad (3\text{-}5\text{-}38)$$

式（3-6-41）也能用 η 来表示：

$$\phi = \frac{\phi_0 K_A C_A^*(1-\eta/\sigma_A)}{\sqrt{2}[1+K_A C_A^*(1-\eta/\sigma_A)]\{K_A C_A^*(1-\eta/\sigma_A) - \ln[1+K_A C_A^*(1-\eta/\sigma_A)]\}} \quad (3\text{-}5\text{-}39)$$

ϕ_0 和 σ_A 分别为

$$\phi_0 = \frac{R}{3}\left(\frac{\rho_p k_1}{D_e}\right)^{1/2}$$

$$\sigma_A = \frac{M_A(1+K_A C_A^*)}{w k_1} \quad (3\text{-}5\text{-}40)$$

图 3-5-4 给出了某些特定值下的 η-φ_0 图。总效率因子随 $K_A A^*$ 值的增大而增加。从图 3-5-4 也能够看到，在低 σ_A 和低 φ_0 值时总效率因子接近于渐近值（也就是粒内扩散阻力可以略去的区域）。η 值的无因次形式为

$$\eta = \frac{1}{2K_A A^*}\{(1+K_A C_A^*)(1+\sigma_A) - [(1+K_A C_A^*)^2(1+\sigma_A)^2 - 4\sigma_A K_A C_A^*(1+K_A C_A^*)]^{1/2}\} \quad (3\text{-}5\text{-}41)$$

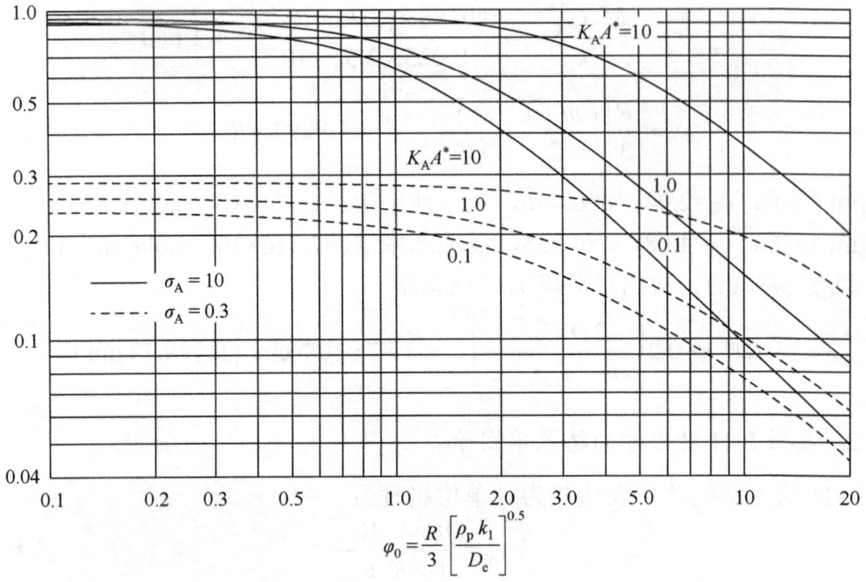

图 3-5-4　L-H 动力学（单位机理）的总效率因子

因为 Thiele 模数的确定范围不够精确，催化反应的效率因子必须用数值方法获得。

【例 3-23】　L-H 动力学的有效因子

计算单位 L-H 模型的 η 值，φ_0=10，$K_A C_A^*$=1，σ_A=0.6。

解：需要使用的方程有

$$\eta = \frac{\eta_c(1+K_A C_A^*)(1-\eta/\sigma_A)}{1+K_A C_A^*(1-\eta/\sigma_A)}$$

$$\varphi = \frac{\varphi_0 K_A C_A^*(1-\eta/\sigma_A)}{\sqrt{2}[1+K_A C_A^*(1-\eta/\sigma_A)][K_A C_A^*(1-\eta/\sigma_A)-\ln\{1+K_A C_A^*(1-\eta/\sigma_A)\}}$$

$$\eta_c = \frac{1}{\varphi}\left(\coth 3\varphi - \frac{1}{3\varphi}\right)$$

重排第一个方程：

$$\eta_c = \frac{1+K_A C_A^*(1-\eta/\sigma_A)}{(1+K_A C_A^*)(1-\eta/\sigma_A)} \times \eta$$

使用该方程在 η 为 0～1 的范围内，从已知的参数可以计算 η_c 的值（如图 3-5-4）。对不同的 η 值，可以反算 φ 值，因此相应的 η_c 值可由第三个方程计算。于是，η_c-η 关系见图 3-5-5，其交点给出准确的 η=0.12。

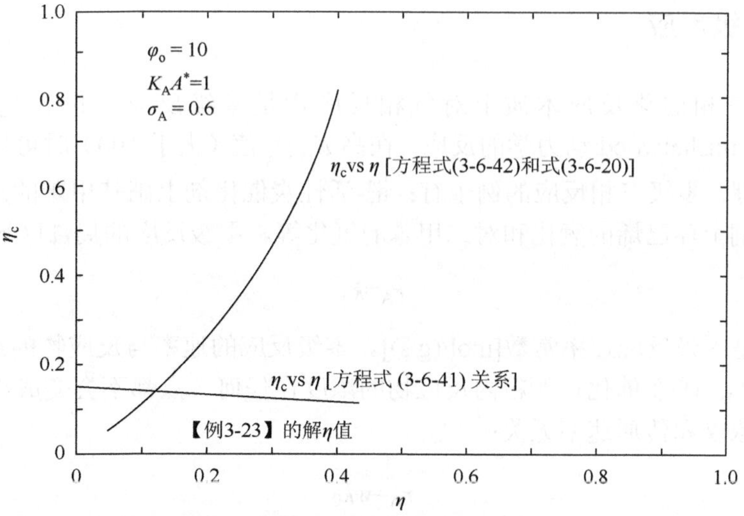

图 3-5-5　L-H 动力学的图解法

【例 3-24】　葡萄糖到山梨春的加氢，催化剂为雷尼 Ni。动力学遵从 L-H 模型。

在葡萄糖浓度为 1.39×10^{-3} mol/cm^3 和 T=98℃时，反应速率常数 k_1=3.989 cm^3/(g·s)和平衡常数 K_A=1.23×10^5 cm^3/mol。计算如下反应条件下的反应速率：P=14.66 atm，催化剂负荷 w=3.88×10^{-2} g/cm^3，d_p=10^{-3} cm，氢在葡萄糖溶液中的溶解度 A^*=7.56×10^{-6} mol/cm^3，气液传质系数 K_La_B=7.81×10^{-2}s^{-1}，k_s=0.116 cm/s，D_e=6.94×10^{-5} cm^2/s，ρ_p=4.0 g/cm^3。

解：先考虑粒内扩散的重要性：计算 φ_0，

$$\varphi_0=\frac{R}{3}\left(\frac{\rho_p k_1}{D_e}\right)^{1/2}=0.08$$

因为 φ_0＜0.2，粒内扩散的影响可以忽略不计。可以使用下式计算有效因子：

$$\eta=\frac{1}{2K_AC_A^*}\{(1+K_AC_A^*)(1+\sigma_A)-[(1+K_AC_A^*)^2(1+\sigma_A)^2-4(1+K_AC_A^*)\sigma_AK_AC_A^*]^{1/2}\}$$

式中，

$$K_AC_A^*=1.23\times10^5\times7.56\times10^{-6}=0.929$$
$$a_p=(6\times3.88\times10^{-2})/(4\times10^{-3})=58.2\ \text{cm}^{-1}$$
$$M_A=[1/0.0781+1/(0.116\times58.2)]^{-1}=0.0772\ \text{s}^{-1}$$
$$\sigma_A=[0.0772\times(1+0.929)]/(0.0388\times3.989)=0.962$$

把这些值代入上式，可计算得到 η=0.57。因此反应速率为

$$r_A=\eta k_1C_A^*w/(1+K_AC_A^*)=3.457\times10^{-7}\ \text{mol}/(\text{cm}^3\cdot\text{s})$$

3.5.5 零级反应

有些三相催化反应本质上对气相反应物是零级反应，也就是遵从单位 Langmuir-Hinshelwood 动力学的反应，在高 $K_AC_A^*$ 值（大于 100）时可以近似按零级反应处理。零级三相反应的例子有：钯-活性炭催化剂上硝基甲苯的加氢、在氧化物催化剂上环己烯的氧化和对二甲苯的氧化等。零级反应的局部区域速率为

$$r_A=k_0 \tag{3-5-42}$$

其中，k_0 是零级反应速率常数[mol/(g·s)]。零级反应的速率与反应物的浓度无关。有两种情形：①在催化剂颗粒内反应物的浓度在任何一点都不会变成零，此时反应速率与浓度和传质速率无关：

$$r_A=wk_0 \tag{3-5-43}$$

②在催化剂颗粒内反应物的浓度在某一点 λ 变成零，反应只在 R～λ 的范围内进行；而在 0～λ 范围内没有反应物因子也没有反应发生。零级反应的浓度分布见图 3-5-6。具有有限浓度的判据是反应物的平衡溶解度应该大于一个临界值。

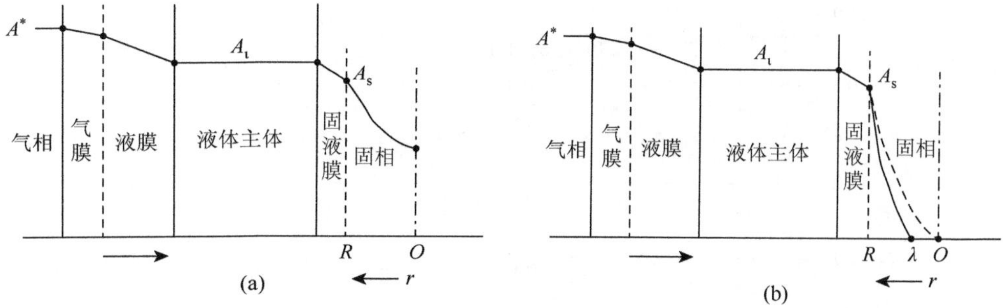

图 3-5-6　零级反应的浓度分布

该临界值由下式给出：

$$C_{\mathrm{A,critical}}^{*} = \frac{k_0 \rho_{\mathrm{p}} R^2}{6 D_{\mathrm{e}}} + \frac{w k_0}{M_{\mathrm{A}}} \tag{3-5-44}$$

因此，如果 $C_{\mathrm{A}}^{*} > C_{\mathrm{A,critical}}^{*}$，反应速率可以用式（3-5-45）计算，此时传质效应是不重要的。

$$\begin{cases} r_{\mathrm{A}} = w k_0 [1-(\lambda / R)^3] \\ r_{\mathrm{A}} = M_{\mathrm{A}} \left\{ C_{\mathrm{A}}^{*} - \dfrac{k_0 \rho_{\mathrm{p}} R^2}{6 D_{\mathrm{e}}} [1-3(\lambda / R)^2 + 2(\lambda / R)^3] \right\} \end{cases} \tag{3-5-45}$$

可以联立解上述方程组以求解 λ/R 和 R_{A}。它们也可以用总效率因子 η 表示。对零级反应，η 的定义为

$$\eta = R_{\mathrm{A}}/(w \cdot k_0) \tag{3-5-46}$$

得到的隐含 η 的方程为

$$\eta = \sigma_{\mathrm{A}} \left\{ 1 - \frac{3\varphi_0^2}{2} [(3-2\eta) - 3(1-\eta)^{2/3}] \right\} \tag{3-5-47}$$

其中，

$$\varphi_0 = \frac{R}{3} \left(\frac{k_0 \rho_{\mathrm{p}}}{D_{\mathrm{e}} C_{\mathrm{A}}^{*}} \right)^{1/2}; \quad \sigma_A = \frac{M_{\mathrm{A}} C_{\mathrm{A}}^{*}}{w k_0} \tag{3-5-48}$$

类似地，总效率因子可以用以 σ_{A} 为参数的 η-φ_0 作图表示，如图 3-5-7 所示。对给定的操作条件，σ_{A} 和 φ_0 是已知的，η 的值可查图得到，已知 η 可以使用式（3-5-46）计算反应速率。这一分析对三相反应器操作模式的含义是很明显的。例如，如果反应物的平衡饱和浓度大于判据浓度，进一步增加反应物浓度并不能增强反应器性能。从式（3-5-44）可以看到，增加传质速率可以减小 $C_{\mathrm{A,critical}}^{*}$ 的值。因此如果 $C_{\mathrm{A}}^{*} > C_{\mathrm{A,critical}}^{*}$，反应速率会随传质速率的增加而增大（通过改进搅拌等）。另外，如 C_{A}^{*} 已经大于 $C_{\mathrm{A,critical}}^{*}$，操作条件的进一步改变不可能对反应速率的改进有帮助。因此，上述分析能够用于三相反应器中零级反应的最优操作条件的建立。

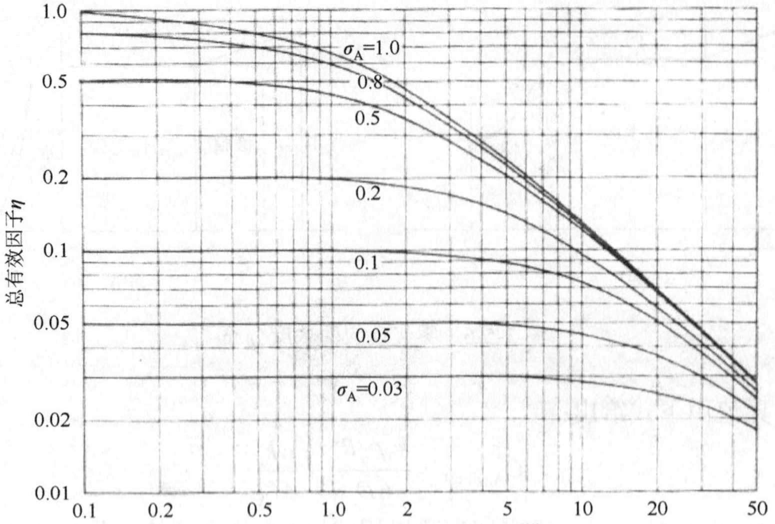

$$\varphi_0=\frac{R}{3}\left(\frac{k_0\rho_p}{D_eC_A^*}\right)^{1/2}$$

图 3-5-7　零级反应总效率因子

【例 3-25】　甲醛的乙炔化

甲醛和乙炔在炔化铜催化剂上生产丁炔二醇是一个工业重要的工业反应。当乙炔的浓度大于 8.5×10^{-6} mol/cm^3 时，该反应对乙炔是零级的。计算该反应的理论速率并与实验结果做比较。已知：T=70℃，ρ_p= 4 g/cm^3，D_e=7.28×10^{-6} cm^2/s，H_A=2.53，K_La_B=0.107 s^{-1}，k_sa_p=0.186 s^{-1}，w=0.0571 g/cm^3，d_p=0.01 cm。

解：从图 3-5-8，可以获得本征零级反应速率 $k_0=r_A/w=9.25\times10^{-7}$ mol/(g·s)，参数 $M_A=(1/K_La_B+1/k_sa_p)^{-1}=0.0679$ s^{-1}，乙炔的临界浓度 $C^*_{A临界}=k_0\rho_p\mathrm{R}^2/6D_e+wk_0/M_A=$ 2.88×10^{-6} mol/cm^3，对应的乙炔分压（$C_A^*H_AR_gT$）为 0.205 atm，与实验值 0.25 atm 一致。

为了计算乙炔浓度低于 0.2 atm 时的反应速率，必须求解下列方程组：

$$\begin{cases} r_A = wk_0\left[1-\left(\dfrac{\lambda}{R}\right)^3\right] \\ r_A = M_A\left\{C_A^*-\dfrac{k_0\rho_pR^2}{6D_e}\left[1-3\left(\dfrac{\lambda}{R}\right)^2+2\left(\dfrac{\lambda}{R}\right)^3\right]\right\} \end{cases}$$

为方便可以用图解法，以 r_A 对 λ/R 作图，两条曲线的交点就是所要求的解。计算速率与实验值（图 3-5-8）一致。乙炔分压为 0.1 atm 时，如图 3-5-9，R_A 和 λ/R 值分别为 0.58 mol/(cm^3·s)和 4.2×10^{-8} mol/cm^3。λ/R 小于 1，表明仅有部分催化剂被利用。

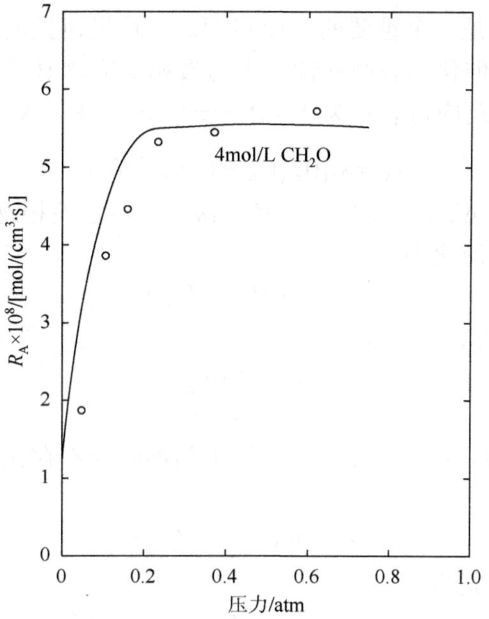

图 3-5-8　甲醛乙炔化理论速率与实验速率的比较

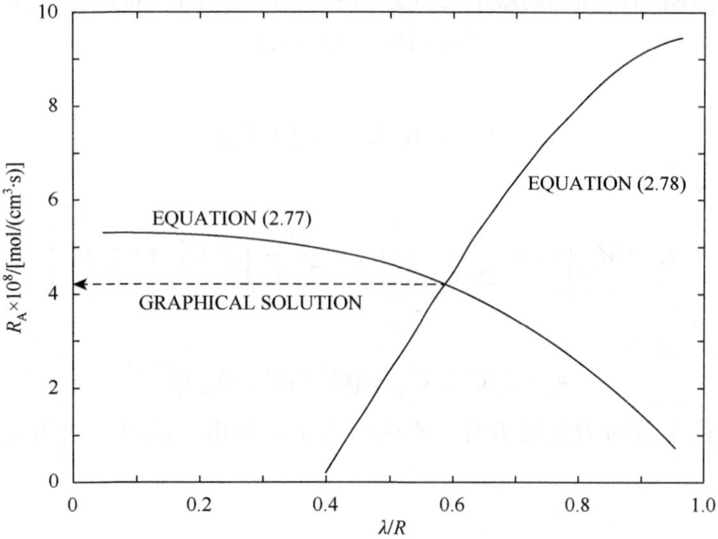

图 3-5-9　零级反应速率的图解

3.5.6 可逆反应

在某些三相反应器中，气相物种在有固体催化剂存在时发生可逆反应。脂肪酸酯加氢生成脂肪醇是一个重要的工业实例。在这里讨论的是可逆反应的简化情形：气相反应物 A 在催化剂表面活性位上与液相反应物 B 进行可逆反应生成不挥发的产物 E 和 F，该反应可表示为 $A+B\underset{k_{11}/K_R}{\overset{k_{11}}{\rightleftharpoons}}E+F$，A 的反应速率为

$$r_A=k_{11}(C_AC_B-C_EC_F/K_R) \tag{3-5-49}$$

假设反应对反应物种 A、B、E 和 F 都是一级。再假定液相物种 B、E 和 F 都是过量的，此时速率方程简化为

$$r_A=k_1(C_A-C_{Ae}) \tag{3-5-50}$$

其中，C_{Ae} 是平衡浓度，其定义为

$$C_{Ae}=\frac{C_{El}C_{Fl}}{C_{Bl}K} \tag{3-5-51}$$

k_1 是准一级速率常数，$k_1=k_{11}C_{Bl}$。如果催化剂颗粒内不存在粒内浓度梯度，单位反应器体积的速率为

$$r_A=wk_1(C_{As}-C_{Ae}) \tag{3-5-52}$$

获得总反应速率表达式为

$$r_A=(C_A^*-C_{Ae})\left(\frac{1}{M_A}+\frac{1}{wk_1}\right)^{-1} \tag{3-5-53}$$

例如，脂肪酸脂加氢到脂肪醇的反应对氢和醇是二级的、对脂是一级的：

$$2A+B\underset{k_{21}/K_R}{\overset{k_{21}}{\rightleftharpoons}}2E \tag{3-5-54}$$

其动力学为

$$r_A=k_{21}(C_A^2C_B-C_E^2/K_R) \tag{3-5-55}$$

总包反应速率表达式为

$$r_A=M_A\left\{C_A^*+\frac{M_A}{2wk_2}-\left[\left(C_A^*+\frac{M_A}{2wk_2}\right)^2-C_A^{*2}+C_{Ae}^2\right]^{1/2}\right\} \tag{3-5-56}$$

其中，

$$k_2=k_{21}C_{Bl},\ C_{Ae}=[C_{El}^2/(C_{Bl}\cdot K_R)]^{1/2} \tag{3-5-57}$$

如果粒内扩散阻力是显著时，不能应用上述分析。此时，应该使用总效率因子的概念。

3.5.7　双反应物限制速率情形的分析

如果两个反应物的浓度可比较时，它们在催化剂颗粒内会有显著的浓度梯度，如图 3-5-10 所示。如果 B 的扩散率远远小于 A 的扩散率，即便 C_{Bl} 与 C_A^* 比较有显著过量时，这种情况也可能出现。因为低的扩散率也会导致在体系内存在显著

的浓度梯度。判别 B 的浓度在体系内浓度均一的一个近似判据为

$$\frac{D_{eB}C_{Bs}}{\nu D_{eA}C_{As}} > 10 \tag{3-5-58}$$

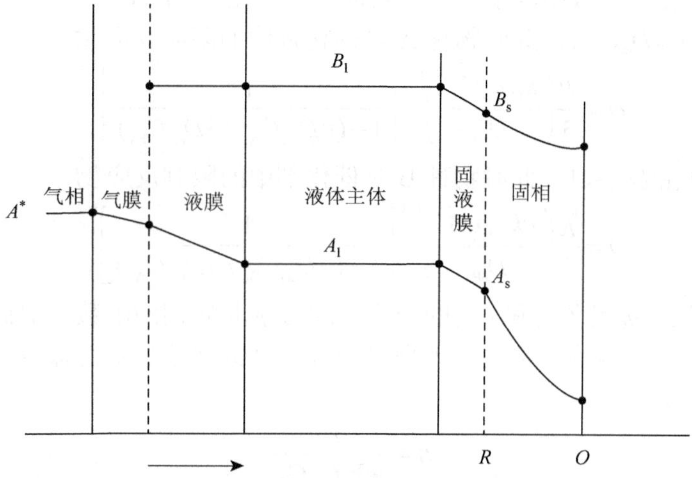

图 3-5-10　A 和 B 的浓度可比较时的浓度分布

下面为不能满足该判据情况的分析，同时给出一些重要的例子。

（1）有机污染物的氧化在污水体系中污染物的浓度一般是很低的，以至于浓度 C_{Bl} 和 C_A^* 是可比较的。

（2）油类的加氢，C_{Bl} 与 C_A^* 比较一般是过量的，但是 D_{eB}/D_{eA} 一般是处于 0.01 的数量级，在实际上不能满足式（3-5-58）的条件。

（3）石油馏分的加氢脱硫，此时有机硫（B 组分）的浓度与溶解氢的浓度是可比较的，而且 D_{eB}/D_{eA} 也是很低的。

在分析此类问题时，需要考虑两个物种的传质。导得的总速率：

$$r_A = \frac{M_A M_B C_A^* C_{Bl}}{2}\left\{\frac{1}{M_A C_A^*} + \frac{\nu}{M_B C_{Bl}} + \frac{1}{wk_{11} C_A^* C_{Bl}} - \left[\left(\frac{1}{M_A C_A^*} + \frac{\nu}{M_B C_{Bl}} + \frac{1}{wk_{11} C_A^* C_{Bl}}\right)^2 - \frac{4\nu}{M_A M_B C_A^* C_{Bl}}\right]^{1/2}\right\} \tag{3-5-59}$$

式（3-6-61）要求满足的条件为

$$\begin{aligned} &\frac{R}{3}\left(\frac{\rho_p k_{11} C_{Bs}}{D_{eA}}\right)^{1/2} < 0.2 \quad \left(\frac{D_{eB}C_{Bs}}{\nu D_{eA}C_{As}} > 1\right) \\ &\frac{R}{3}\left(\frac{\nu \rho_p k_{11} C_{As}}{D_{eB}}\right)^{1/2} < 0.2 \quad \left(\frac{D_{eB}C_{Bs}}{\nu D_{eA}C_{As}} < 1\right) \end{aligned} \tag{3-5-60}$$

当上面的条件不能满足时，单位反应器体积的反应速率能够用催化剂的效率因子表示：

$$r_A = wk_{11}C_{As}C_{Bs}\eta_c \tag{3-5-61}$$

其中，η_c是催化剂的效率因子。计算它需要一般化的 Thiele 模数。

（1）对 $D_{eB}/D_{eA}>1$，此时物种 A 是催化剂中的限制反应物，

$$\varphi = \frac{R}{3}\left(\frac{k_{11}\rho_p C_{Bs}}{D_{eA}}\right)^{1/2}\left[\frac{1}{1-(\nu D_{eA}C_{As}/3D_{eB}C_{Bs})}\right]^{1/2} \tag{3-5-62}$$

（2）对 $D_{eB}/D_{eA}<1$，此时物种 B 是催化剂中的限制反应物，

$$\varphi = \frac{R}{3}\left(\frac{\nu k_{11}\rho_p A_s}{D_{eB}}\right)^{1/2}\left[\frac{1}{1-(\nu D_{eB}C_{Bs}/3D_{eA}C_{As})}\right]^{1/2} \tag{3-5-63}$$

可以注意到 η_c 是 C_{As} 和 C_{Bs} 的函数，因为 φ 是它们的函数。对此类情形，必须解联立方程。而较为方便的是处理单一方程，也就是要需用总效率因子概念，此时它被定义为

$$\eta = \frac{r_A}{wk_{11}C_A^* C_{Bl}} \tag{3-5-64}$$

获得隐含总效率因子 η 的方程为

$$\eta = \frac{1}{\varphi}\left(\coth 3\varphi - \frac{1}{3\varphi}\right)\left(1-\frac{\eta}{\sigma_A}\right)\left(1-\frac{\eta}{\sigma_B}\right) \tag{3-5-65}$$

对 A 或 B 是催化剂中的限制物种，存在以下两种不同情况。

（1）A 是限制物种：

$$\varphi = \frac{\varphi_0(1-\eta/\sigma_B)}{[1-\eta/\sigma_B-(1/3/p)(1-\eta/\sigma_A)]^{1/2}} \tag{3-5-66}$$

（2）B 是限制物种：

$$\varphi = \frac{\varphi_0\sqrt{p}(1-\eta/\sigma_A)}{[1-\eta/\sigma_A-(1/3/p)(1-\eta/\sigma_B)]^{1/2}} \tag{3-5-67}$$

其中，

$$\varphi_0 = \frac{R}{3}\left(\frac{\rho_p k_{11}C_{Bl}}{D_{eA}}\right)^{1/2}$$

$$p = \frac{\nu D_{eA}C_A^*}{D_{eB}C_{Bl}} \tag{3-5-68}$$

【例 3-26】 甲酸的氧化

在 CuO-ZnO 催化剂上甲酸在滑流床反应器中用空气氧化。在如下条件下，计算其氧化速率：240℃，40 atm，甲酸浓度为 2×10^{-6} mol/mL，O_2 的 Henry 常数为 88.7(mol/mL 气)/(mol/mL 液)，$k_{11}=4.45\times10^5\ mL^2/(g\cdot mol\cdot s)$，$K_L a_B=9\times10^{-3}\ s^{-1}$，$(k_s a_p)_A=$

0.04 s^{-1}，$(k_s a_p)_B$=0.035 s^{-1}，R=0.12 cm，ρ_p=2.35 g/mL，ε_B=0.44，D_{e,O_2}=2.6×10^{-4} cm^2/s，$D_{e,甲酸}$=2.08×10^{-4} cm^2/s，ν=2。

解：氧的气相浓度：C_{Ag}=0.21×40/82/513=1.997×10^{-4}（mol/mL）

氧的溶解度是中等的，C_A^*=1.997×10^{-4}/88.7=2.25×10^{-6}（mol/mL）

假定氧（A）是限制物种，计算效率因子所需的参数为

$$\varphi_0=\frac{0.12}{3}\left(\frac{2.35\times4.45\times10^5\times2\times10^{-6}}{2.6\times10^{-4}}\right)=321.769$$

$$p=\frac{\nu D_{eA}C_A^*}{D_{eB}C_{Bl}}=\frac{2\times2.6\times10^{-4}\times2.25\times10^{-6}}{2.08\times10^{-4}\times2\times10^{-6}}=2.8125$$

$$M_A=\left(\frac{1}{9\times10^{-3}}+\frac{1}{0.04}\right)^{-1}=7.35\times10^{-3}(s^{-1})$$

$$M_B=(k_s a_p)_B=0.035(s^{-1})$$

$$\sigma_A=\frac{M_A}{wk_{11}C_{Bl}}=\frac{7.35\times10^{-3}}{(1-0.44)\times2.35\times4.45\times10^5\times2\times10^{-6}}=6.275\times10^{-3}$$

$$\sigma_B=\frac{M_A}{wk_{11}C_{Bl}}=\frac{0.035}{(1-0.44)\times2\times2.35\times4.45\times10^5\times2.25\times10^{-6}}=1.328\times10^{-2}$$

利用式（3-5-66）计算 φ 值，再由式（3-5-65）用 Newton-Raphson 方法计算总效率因子的值。在 Newton-Raphson 方法中，函数 F 是式（3-5-65）的重排形式：

$$F=\eta-\eta_c\left(1-\frac{\eta}{\sigma_A}\right)\left(1-\frac{\eta}{\sigma_B}\right)$$

它的导数为

$$F'=1+\eta_c\left[\frac{1}{\sigma_B}\left(1-\frac{\eta}{\sigma_A}\right)+\frac{1}{\sigma_A}\left(1-\frac{\eta}{\sigma_B}\right)\right]$$

为方便计算没有对 η_c 作微分。进行迭代计算，如表 3-5-1 所示。得到总效率因子的值是 6.2×10^{-3}。该值与 σ_A 的比较指出，外传质是限制过程。

表 3-5-1　迭代计算过程

N	假设的 η_N 值	$F(\eta)$	$F'(\eta)$	η 计算值
1	0	0.0676	16.90	0.004
2	0.004	−0.09427	54.91	0.5718
3	0.005718	0.0391	87.69	0.6165
4	0.006165	−0.003105	86.86	0.006201
5	0.006201	−3.084×10^{-5}	86.21	0.006201

氧化速率可以计算如下：

$$r_{\mathrm{B}} = \nu\eta w k_{11} C_{\mathrm{A}}^{*} C_{\mathrm{Bl}} = 3.268\times10^{-8}\,\mathrm{mol/(mL\cdot s)}$$

如果假定粒内扩散阻力不显著，反应速率可以直接使用式（3-5-59）计算。此时，速率值为 3.999×10^{-8} mol/(mL·s)，稍高于前面计算得到的比较精确的值。现在能够验证 A 是限制反应物的判据：

$$\frac{D_{\mathrm{eB}} C_{\mathrm{Bl}}(1-\eta/\sigma_{\mathrm{B}})}{\nu D_{\mathrm{eA}} C_{\mathrm{A}}^{*}(1-\eta/\sigma_{\mathrm{A}})} = 15.77$$

该值大于 1 证实了 A 是限制物种。类似地，用式（3-5-63）可以计算 φ 为 0.393，说明颗粒内扩散的贡献不可忽略，因为 φ＞0.2。

3.5.8 反应器效率

1. 恒定气相浓度

已经反应掉的反应物总量能够从 A 的物料总平衡计算：

已反应掉的 A 的摩尔数=进入液体中的 A 的摩尔数−离开的液体中的 A 的摩尔数+从气相传入的 A 的摩尔数

数学上可表示为

$$V_{\mathrm{R}} r_{\mathrm{A}} = Q_{\mathrm{l}} C_{\mathrm{Ali}} - Q_{\mathrm{l}} C_{\mathrm{Alf}} + A_{\mathrm{R}} \int_0^L K_{\mathrm{L}} a_{\mathrm{B}} (C_{\mathrm{A}}^{*} - C_{\mathrm{Al}}) \mathrm{d}x \tag{3-5-69}$$

其中，A_{R} 是反应器的横截面积（cm^2）。通过定义一个反应器效率 η_{R} 可以将上述方程无因次化，

$$\eta_{\mathrm{R}} = \frac{\text{A的总实际反应速率}}{\text{基于整个催化剂表面都暴露于浓度}A^{*}\text{的反应速率}} = \frac{r_{\mathrm{A}}}{w k_1 C_{\mathrm{A}}^{*}} \tag{3-5-70}$$

重排为

$$\eta_{\mathrm{R}} = \frac{a_{\mathrm{li}} - a_{\mathrm{lf}}}{\alpha_{\mathrm{r}}} + \frac{\alpha_{\mathrm{gl}}}{\alpha_{\mathrm{r}}} \int_0^1 (1-a_{\mathrm{l}}) \mathrm{d}z \tag{3-5-71}$$

不同反应器模型有不同的 a_{l}，得到的反应器效率的计算公式如下。

（1）离散模型：

$$\eta_{\mathrm{R}} = \frac{\beta_{\mathrm{ls}}}{\alpha_{\mathrm{r}}(\alpha_{\mathrm{gl}}+\beta_{\mathrm{ls}})}\left[\alpha_{\mathrm{gl}} + \left(a_{\mathrm{li}} - \frac{\beta_{\mathrm{ls}}}{\alpha_{\mathrm{gl}}+\beta_{\mathrm{ls}}}\right)\left(1 - \frac{Pe(\lambda_1-\lambda_2)e^{Pe}}{\lambda_1^2 e^{\lambda_1} - \lambda_2^2 e^{\lambda_2}}\right)\right] \tag{3-5-72}$$

（2）活塞流模型：

$$\eta_{\mathrm{R}} = \frac{\beta_{\mathrm{ls}}}{\alpha_{\mathrm{r}}(\alpha_{\mathrm{gl}}+\beta_{\mathrm{ls}})}\left[\alpha_{\mathrm{gl}} + \left(a_{\mathrm{li}} - \frac{\beta_{\mathrm{ls}}}{\alpha_{\mathrm{gl}}+\beta_{\mathrm{ls}}}\right)\{1-\exp[-(\alpha_{\mathrm{gl}}+\beta_{\mathrm{ls}})]\}\right] \tag{3-5-73}$$

（3）完全返混模型：

$$\eta_R = \frac{\beta_{ls}(a_{li} + \alpha_{gl})}{\alpha_r(1 + \alpha_{gl} + \beta_{ls})} \tag{3-5-74}$$

上面三个公式中的无因次参数定义为 $z = \frac{x}{L}$,无因次距离； $a_l = \frac{C_{Al}}{C_A^*}$，无因次浓度；

$a_S = \frac{C_{As}}{C_A^*}$，无因次表面浓度；

$\alpha_{gl} = \frac{K_L a_B L}{u_l}$，无因次气液传质系数；$\alpha_{ls} = \frac{k_s a_p L}{u_l}$，无因次液固传质系数；

$\alpha_r = \frac{wk_1 L}{u_l}$，无因次反应速率常数。

$$\beta_{ls} = \frac{\eta_c \alpha_r \alpha_{ls}}{\alpha_{ls} + \eta_c \alpha_r} \tag{3-5-75}$$

图 3-5-11 表示了一个活塞流模型的 η_R-α_{gl} 说明性的作图：a_{li}=0，α_r=10，β_{ls}/α_r=0.1、0.5、1.0。对较大的 α_{gl} 值也就是气液传质阻力可以忽略时，反应器效率趋近于 β_{ls}/α_r 值。β_{ls}/α_r 可以看作液固反应器效率，也就是没有气液传质阻力时的反应器效率。a_{li}=1 时，进料为预饱和状态的液体，反应器效率大于 a_{li}=0 时反应器效率 η_R，但是它们的差别随 α_{gl} 的增大而减小。

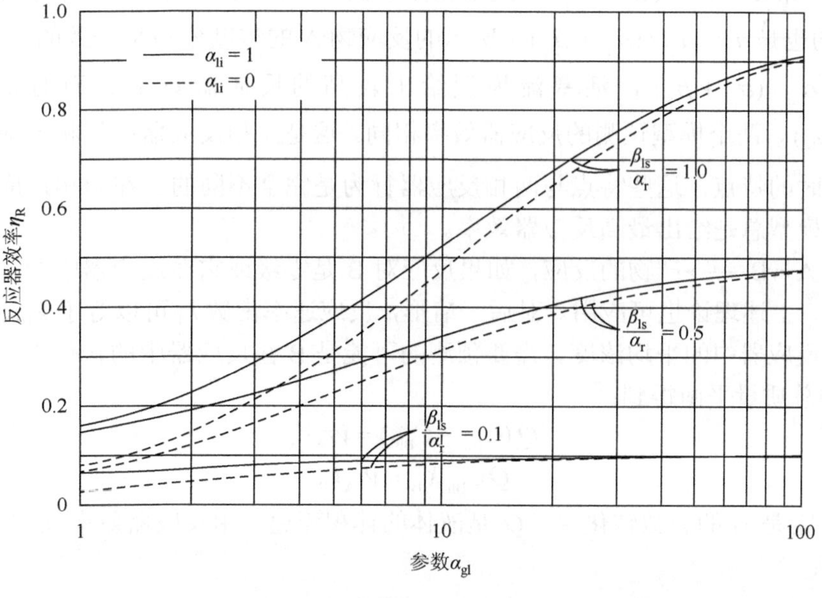

图 3-5-11　活塞流模型的反应器效率-α_{gl} 的说明性作图（α_r=10）

为了比较不同模型的反应器效率，以 $\alpha_{gl}/(\alpha_{gl}+\beta_{ls})$ 作参数，建立 $\eta_R\alpha_r/\beta_{ls}$ 对 $(\alpha_{gl}+\beta_{ls})$ 关系图。对活塞流模型和完全返混模型，如图 3-5-12 所示（a_{li}=0.5）。

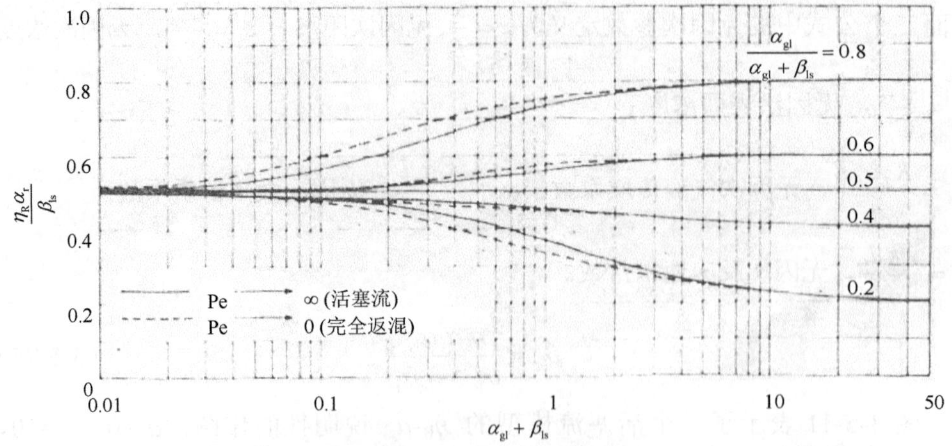

图 3-5-12　a_{li}=0.5 的反应器效率

该图指出，这两个极端模型预测的反应器效率的差别较小。如果 $\alpha_{gl}+\beta_{ls}>3$，两个模型的结果几乎一致。即便 $\alpha_{gl}+\beta_{ls}<3$，反应器效率的最大差别也只有约 12%。如果 $a_{li}<\alpha_{gl}/(\alpha_{gl}+\beta_{ls})$，返混模型给出较好的反应器性能，这与图 3-5-13［对应的也是 $a_{li}<\alpha_{gl}/(\alpha_{gl}+\beta_{ls})$］所示的反应物 A 的浓度分布是一致的。类似地，当 $a_{li}>\alpha_{gl}/(\alpha_{gl}+\beta_{ls})$，活塞流模型给出较高的反应器效率。而对 $a_{li}=\alpha_{gl}/(\alpha_{gl}+\beta_{ls})$，两个模型预测的反应器效率相同。这是三相反应器中气相反应物是关键组分时的特点，这些特点与两相反应器行为是完全不同的。在两相反应器中，活塞流模型总是给出最高反应器效率。

对 A+νB——→产物的反应，如果反应对 B 是零级或它在反应器中的浓度变化很小时，上述理论也可应用。对后一情形，反应速率常数 k_1 可以等于 $k_{1n}C_{Bl}^n$，C_{Bl} 表示在反应器中的平均浓度。需要预测的可能是 B 在反应器中的转化率。这可以从 B 的总质量平衡得到：

$$Q_l(C_{Bli}-C_{Blf})=\nu r_A V_R \tag{3-5-76}$$

$$Q_l C_{Bli} X_B=\nu r_A V_R \tag{3-5-77}$$

其中，X_B 是 B 的分数转化率；Q_l 是液体的体积流速。用反应器效率 η_R 表示 r_A，可得到：

$$X_B=q\alpha_r\eta_R \tag{3-5-78}$$

其中，q 的定义为 $\nu C_A^*/C_{Bli}$。

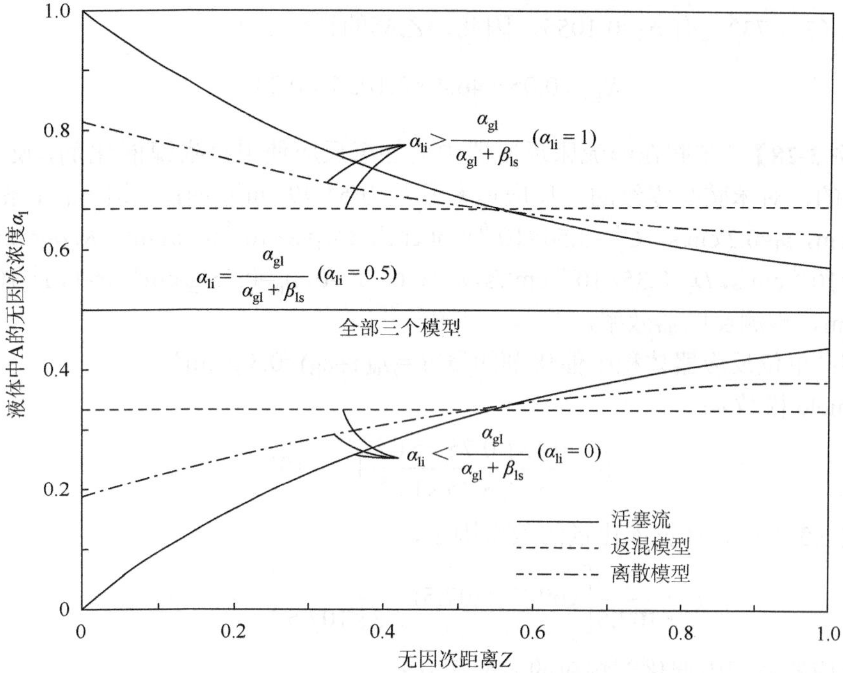

图 3-5-13　不同反应器模型的浓度分布

【例 3-27】　乙醇在涓流床反应器中的氧化

30℃条件下，乙醇在 Pt/Al_2O_3 催化剂上与 Na_2CO_3 发生氧化反应。反应对氧是一级的，对乙醇是零级的，反应速率常数为 0.0177 $cm^3/(g\cdot s)$。计算在直径 20 cm、高 5 m 的涓流床反应器中在如下条件下的乙醇的转化率：假设液体和气体都是活塞流，d_p=0.5 cm，u_l=0.2 cm/s，$C_A^*=4.0\times10^{-5}$ mol/cm^3，$C_{Bli}=8\times10^{-4}$ mol/cm^3，K_La_B=0.02 s^{-1}，$k_s=3.86\times10^{-3}$ cm/s，$D_e=4.16\times10^{-6}$ cm^2/s，ε_B=0.42，A_{li}=0，ρ_p=1.8 g/cm^3，ν=1。

解：计算乙醇转化率所需要的参数如下。催化剂负荷 $w=\rho_p(1-\varepsilon_B)=1.8\times(1-0.42)=1.044$（g/cm^3）。因此 a_p 能够计算如下：$a_p=6w/\rho_p/d_p=6.96$ cm^{-1}。参数 $q=\nu C_A^*/C_{Bli}=0.05$。由于 $q\ll1$，物种 A 是关键反应物。所以可以用式（3-5-75）计算反应器效率 η_R，式（3-5-73）计算转化率 X_B。式（3-5-79）能够使用于计算所需要的无因次参数：

$$\alpha_{gl}=\frac{0.02\times500}{0.2}=50,\ \alpha_{ls}=\frac{3.68\times10^{-3}\times6.96\times500}{0.2}=67.32,$$

$$\alpha_r=\frac{1.044\times0.0177\times500}{0.2}=46.4,\ \varphi=\frac{0.25}{3}\left(\frac{1.8\times0.0177}{4.16\times10^{-6}}\right)^{1/2}=7.3$$

从式（3-5-17），有 η_c=0.13，使用式（3-5-77），有 $\beta_{ls}=\dfrac{0.13\times46.4\times67.32}{67.32+(0.13\times46.4)}=5.536$，

使用式（3-5-73），有 η_R=0.1055，因此，乙醇的转化率为

$$X_B = 0.05 \times 46.4 \times 0.1055 = 0.245$$

【例 3-28】 苯胺在涓流床反应器中的加氢反应使用负载镍催化剂，反应对氢是一级的，对苯胺是零级的，反应速率常数为 51.49 $cm^3/(g \cdot s)$，其他操作条件为：d_p=0.5 cm，u_l=0.2 cm/s，C_A^*=3.56×10^{-6} mol/cm^3，C_{Bli}=8×10^{-4} mol/cm^3，K_La_B=0.02 s^{-1}，k_s=1.0×10^{-2} cm/s，D_e=8.35×10^{-6} cm^2/s，ε_B=0.6，A_{li}=0，ρ_p=0.75 g/cm^3，ν=1，L=100 cm，R=15 cm，预测反应器效率。

解：单位反应器体积中催化剂的量 $w=\rho_p(1-\varepsilon_B)$=0.3 g/$cm^3$，

Thiele 模数 φ：

$$\varphi = \frac{0.15}{3}\left(\frac{0.75 \times 51.5}{8.35 \times 10^{-6}}\right)^{1/2} = 107.5$$

使用式（3-5-17）计算催化剂的效率因子，

$$\eta_c = \frac{1}{107.5}\left[\coth(3 \times 107.5) - \frac{1}{3 \times 107.5}\right] = 9.3 \times 10^{-3}$$

单位反应器体积中催化剂颗粒的表面积 a_p：

$$a_p = \frac{6 \times (1-0.6)}{0.3} = 8.0(cm^{-1})$$

由式（3-5-76）计算所需要的无因次参数：

$$\alpha_{gl} = \frac{0.02 \times 100}{0.2} = 10, \quad \alpha_{ls} = \frac{8 \times 0.01 \times 100}{0.2} = 40, \quad \alpha_r = \frac{0.3 \times 51.49 \times 100}{0.2} = 7710,$$

使用式（3-5-77）可以计算：

$$\beta_{ls} = \frac{9.3 \times 10^{-3} \times 7710 \times 40}{40 + (9.3 \times 10^{-3} \times 7710)} = 25.67$$

分别计算活塞流和完全返混模型预测的反应器效率：

$a_{li}=0$：活塞流模型，$\eta_R = 9.062 \times 10^{-4}$，完全返混模型，$\eta_R = 9.069 \times 10^{-4}$。

$a_{li}=1$：活塞流模型，$\eta_R = 1.00 \times 10^{-3}$，完全返混模型，$\eta_R = 9.9774 \times 10^{-4}$。

2. 气相浓度变化

气相浓度变化需要关注两个变量在反应器中气体的除去率 a_{gf} 和反应器效率。在极限情形下，可以给出在反应器出口的其他和液体无因次浓度 a_{gf} 和 a_{lf}。

（1）气液顺流，且活塞流：

$$a_{gf}=\frac{\lambda\alpha_{gl}(a_{li}-1)(e^{\lambda_1}-e^{\lambda_2})+\lambda_1 e^{\lambda_2}-\lambda_2 e^{\lambda_1}}{\lambda_1-\lambda_2} \tag{3-5-79}$$

$$a_{lf}=\frac{\gamma\alpha_{gl}(a_{li}-1)[(\gamma\alpha_{gl}+\lambda_1)e^{\lambda_1}-(\gamma\alpha_{gl}+\lambda_2)e^{\lambda_2}]}{\gamma\alpha_{gl}(\lambda_1-\lambda_2)}+\frac{\lambda_1(\gamma\alpha_{gl}+\lambda_1)e^{\lambda_2}-\lambda_2(\gamma\alpha_{gl}+\lambda_1)e^{\lambda_1}}{\gamma\alpha_{gl}(\lambda_1-\lambda_2)} \tag{3-5-80}$$

其中，

$$\lambda_1=1/2[-(\gamma\alpha_{gl}+\alpha_{gl}+\beta_{ls})+\sqrt{(\gamma\alpha_{gl}+\alpha_{gl}+\beta_{ls})^2-4\gamma\alpha_{gl}\beta_{la}}\,] \tag{3-5-81}$$

$$\lambda_2=1/2[-(\gamma\alpha_{gl}+\alpha_{gl}+\beta_{ls})-\sqrt{(\gamma\alpha_{gl}+\alpha_{gl}+\beta_{ls})^2-4\gamma\alpha_{gl}\beta_{la}}\,] \tag{3-5-82}$$

（2）气液逆流，且活塞流：

$$a_{gf}=\frac{\lambda\alpha_{gl}a_{li}(e^{\lambda_1}-e^{\lambda_2})+\lambda_1-\lambda_2}{\lambda_1-\lambda_2}$$

$$a_{lf}=\frac{\gamma\alpha_{gl}a_{li}(\lambda_1-\lambda_2)e^{\lambda_1+\lambda_2}+(\gamma\alpha_{gl}-\lambda_1)(\gamma\alpha_{gl}-\lambda_2)(e^{\lambda_1}-e^{\lambda_2}]}{\gamma\alpha_{gl}[(\gamma\alpha_{gl}-\lambda_2)e^{\lambda_1}-(\gamma\alpha_{gl}-\lambda_1)e^{\lambda_2}]} \tag{3-5-83}$$

其中，

$$\lambda_1=1/2[-(-\gamma\alpha_{gl}+\alpha_{gl}+\beta_{ls})+\sqrt{(-\gamma\alpha_{gl}+\alpha_{gl}+\beta_{ls})^2-4\gamma\alpha_{gl}\beta_{la}}\,] \tag{3-5-84}$$

$$\lambda_2=1/2[-(-\gamma\alpha_{gl}+\alpha_{gl}+\beta_{ls})-\sqrt{(-\gamma\alpha_{gl}+\alpha_{gl}+\beta_{ls})^2-4\gamma\alpha_{gl}\beta_{la}}\,] \tag{3-5-85}$$

（3）两相返混，顺流或逆流：

$$a_{gf}=\frac{1+\gamma\alpha_{gl}a_{li}}{1+\gamma\alpha_{gl}}$$

$$a_{lf}=\frac{a_{li}+\alpha_{gl}/(1+\gamma\alpha_{gl})}{1+\alpha_{gl}+\beta_{ls}-\gamma\alpha_{gl}^2/(1+\gamma\alpha_{gl})} \tag{3-5-86}$$

（4）气相活塞流液相返混，顺流或逆流：

$$a_{gf}=a_{lf}+(1-a_{lg})\exp(-\gamma\alpha_{gl})$$

$$a_{lf}=\frac{\gamma a_{li}+1-\exp(-\gamma\alpha_{gl})}{\gamma+\gamma\beta_{ls}+1-\exp(-\gamma\alpha_{gl})} \tag{3-5-87}$$

反应器效率定义为

$$\eta_R=\frac{r_A}{wk_1C_{Agi}/H_A} \tag{3-5-88}$$

反应速率能够从总质量平衡得到：

$$r_A=\frac{Q_g}{V_R}(C_{Agi}-C_{Agf})+\frac{Q_l}{V_R}(C_{Ali}-C_{Alf}) \tag{3-5-89}$$

利用上述两个方程，可以得到：

$$\eta_R = \frac{(1-a_{gf})/\gamma + a_{li} - a_{lf}}{\alpha_r} \tag{3-5-90}$$

将 a_{gf} 和 a_{lf} 代入方程，可以计算不同情形下的反应器效率 η_R。分析其随不同参数变化的规律。对气体和液体以活塞流顺流向下的情形，参数 γ 对它的影响表示为以 α_{gl} 为参数的图 3-5-14 中。考核了 β_{ls}/α_r 等于 0.5 和 1.0 的两种情况。反应器效率随参数 γ 的减小而增大。产生该现象的原因如下：参数 γ 减小，反应器中气体浓度接近于均一。参数 γ=0.001 时，其结果接近于纯气体进料。

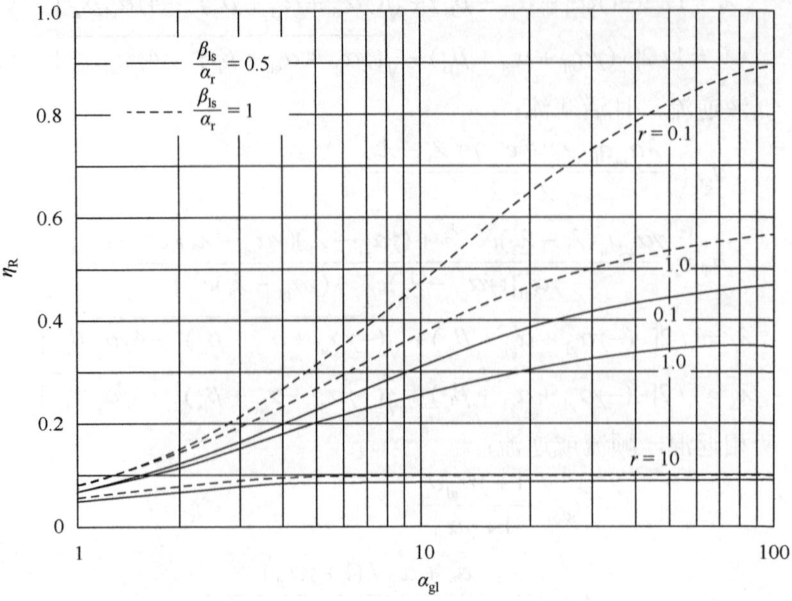

图 3-5-14　参数 γ 对反应器效率的影响（气液活塞流，气相浓度变化情形）

图 3-5-15 在 a_{li}=0、α_r=10、β_{ls}/α_r=1 和不同的 γ 和 α_{gl} 值下，顺流和逆流操作的反应器性能做了比较。一般说来，顺流操作，反应器效率高，虽然顺流和逆流操作的最大差别发生于较高的 γ 值（也就是低气体流速）。这是因为在顺流操作下，气体 A 在液体中溶解度高，反应速率增加。因此，为了获得高的反应器性能，采用高气体流速和顺流操作是比较理想的。图 3-5-15 的比较是基于两种操作的传质系数是相同的假设。

图 3-5-16 给出了不同流动模型在 a_{li}=0、β_{ls}=5、γ=0.1 时离开反应器的气体组分浓度 a_{gf} 与 α_{gl} 之间的关系。在气体和液体都是活塞流时，逆流操作的出口气体浓度最低，完全返混时最高。因此，如果三相反应器被用于净化和除去气体组分时，逆流操作应该是比较理想的。

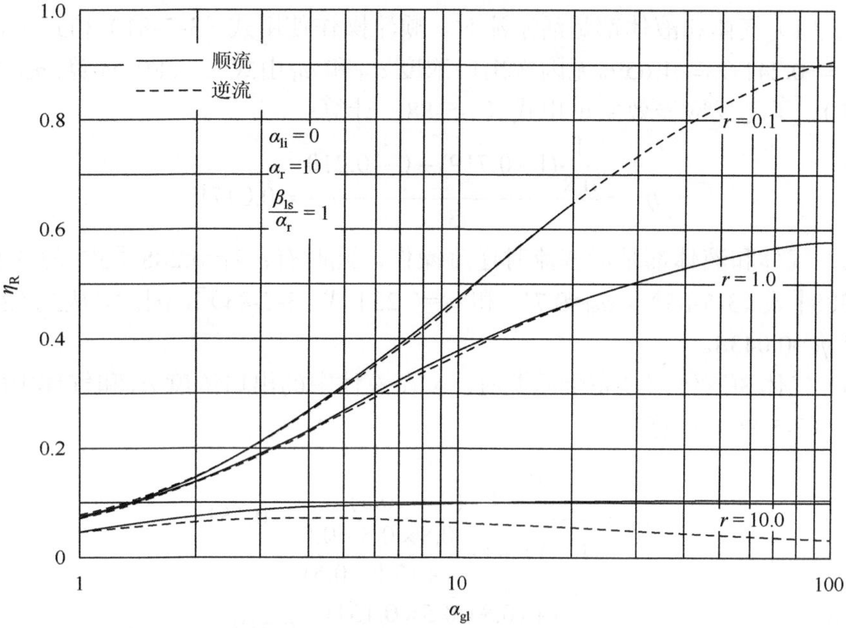

图 3-5-15　气液活塞流顺流和逆流操作的比较

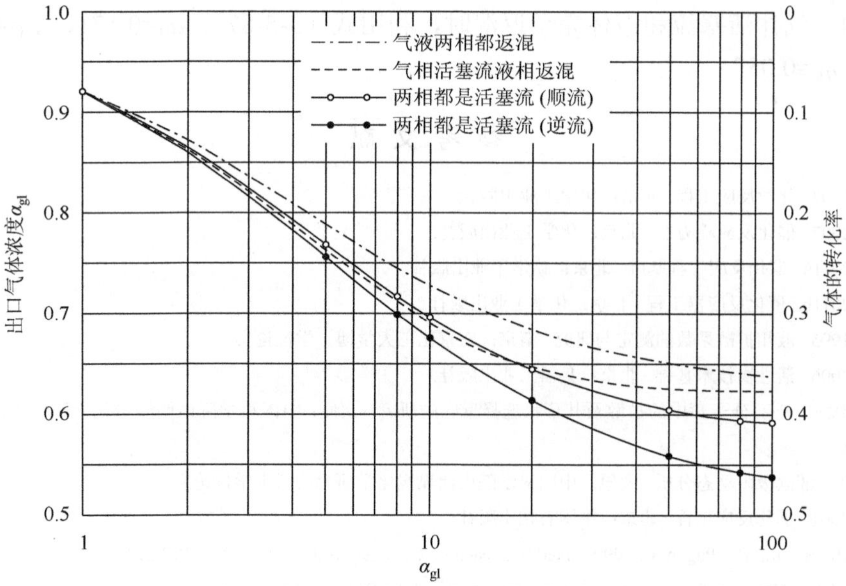

图 3-5-16　不同模型的出口气体浓度-α_{gl} 作图

【例 3-29】　用前述模型预测在如下条件下的反应器效率：一级反应，$a_{li}=0$，$\beta_{ls}=1$，$\gamma=0.8$，$\alpha_{gl}=0.5$，$\alpha_r=3$。

解：（1）气体和液体都是活塞流时，顺流操作使用式（3-5-81）和式（3-5-82）可得：λ_1=−0.241，λ_2=−1.659。无因次出口浓度 a_{gf} 和 a_{lf} 由式（3-5-80）计算：a_{gf}=0.719，a_{lf}=0.210。于是反应器效率可用式（3-5-88）计算：

$$\eta_R = \frac{\frac{1}{0.8}(1-0.719)+0-0.210}{3} = 0.0471$$

（2）气体和液体都是活塞流时逆流操作，此时有：λ_1=0.288［式（3-5-84）］，λ_2=−1.388［式（3-5-85）］，a_{gf}=0.711 和 a_{lf}=0.23［式（3-5-83）］，因此，从式（3-5-88）计算得 η_R=0.0438。

（3）气体和液体都是完全返混时，A 在液体中的出口浓度 a_{lf} 和气体中的浓度 a_{gf} 用式（3-5-86）计算：

$$a_{lf} = \frac{0+\frac{0.5}{1+(0.8\times 0.5)}}{1+0.5+1-\frac{0.8\times 0.5\times 0.5}{1+(0.8\times 0.5)}} = 0.151$$

$$a_{gf} = \frac{1+(0.8\times 0.5\times 0.151)}{1+(0.8\times 0.5)} = 0.757$$

因此，η_R=0.051。

（4）气体活塞流和液体完全返混时，利用式（3-5-87），a_{lf}=0.171，a_{gf}=0.726，因此，η_R=0.057。

参 考 文 献

陈甘棠. 2007. 化学反应工程. 北京：化学工业出版社.

陈诵英. 2007. 催化反应动力学. 北京：化学工业出版社.

陈诵英. 2011a. 催化反应工程基础. 北京：化学工业出版社.

陈诵英. 2011b. 催化反应器工程. 北京：化学工业出版社.

范益群. 1995. 液相扩散系数的测定与研究. 南京：南京化工大学博士学位论文.

黄振兴. 2006. 活性炭技术基础. 北京：兵器工业出版社.

梁五更. 1990. 沸石分子筛中的扩散及其形状选择反应的研究. 太原：中国科学院山西煤炭化学研究所博士学位论文.

杨骏. 1996. 液固吸附动态分析. 太原：中国科学院山西煤炭化学研究所博士学位论文.

朱炳辰. 2001. 催化反应工程. 北京：中国石化出版社.

Andrigo P，Bagatin R，Pagani G. 1999. Fixed bed reactors. Catalysis Today，52（2）：197-221.

Bird B B. 1958. Notes on Transport Phenomena. New York：John Wiley and Son，Inc.

Cavalli L，Di Mario A. 1997. Laboratory scale plants for catalytic tests. Catalysis Today，34（3-4）：369-377.

Coulson J M. 1964. Chemical Engineering. 2nd Ed. Oxford：Pergamon Press.

Donati G，Paludetto R. 1999. Batch and semibatch catalytic reactors（from theory to practice）. Catalysis Today，52（2）：183-195.

Dullien F A L. 1979. Fluid Transport and Pore Structure. New York：Academic Press.

Fogler G S. 1997. Elements of Chemical Reaction Engineering. 2nd Ed. New Delhi：Prentice-hall of India private limited.

Forni L. 1997. Laboratory reactors. Catalysis Today，34（3-4）：353-367.

Forni L. 1999. Mass and heat transfer in catalytic reactions. Catalysis Today，52（2）：147-152.

Forzatti P. 1997. Kinetic study of a simple chemical reaction. Catalysis Today，34（3-4）：401-409.

Forzatti P，Lietti L. 1999. Catalyst deactivation. Catalysis Today，52（2）：165-181.

Froment G F. 1979. Chemical Reaction Analysis and design. New York：Wiley.

Levenspiel O. 1962. Chemical Reaction Engineering-An Introduction to The Design of Chemical Reactors. New York：John Wiley and Sons，Inc.

Ramachandran P A. 1983. Three-Phase Catalytic Reactors. New York：Gordon and Breach Science Publishers.

Ruthven M. 1984. Fundamentals of Adsorption Separation. New York：McGraw-Hill.

Santacesaria E. 1997. Kinetics and transport phenomena. Catalysis Today，34（3-4）：393-400.

Santacesaria E. 1997. Kinetics and transport phenomena in heterogeneous gas-solid and gas-liquid-solid systems. Catalysis Today，34（3-4）：411-420.

Satterfild G N. 1970. Mass Transfer in Heterogeneous Catalysis. New York：MIT Press.

Smith J M. 1981. Chemical Engineering Kinetics. 3rd Ed. 台北：状元出版社.

Tronconi E，Beretta A. 1999. The role of inter-and intra-phase mass transfer in the SCR-DeNO$_x$ reaction over catalysts of different shapes. Catalysis Today，52（2）：249-258.

Weller S W. 1992. Kinetics of heterogeneous catalyzed reactions. Catalysis Reviews，34（3）：227-280.

第 4 章　催化反应器设计 I：等温情形

4.1　引　言

4.1.1　概述

催化剂反应器设计的第一件事是基于所针对的反应和所使用的催化剂的性质和特征选择可使用的反应器类型及操作方法。然后评价该催化反应的性能，也就是需要的催化剂体积（或质量）、流出产物的组成和所要求的操作条件，如温度、压力及其在反应器内的分布。要做出的第一个选择就是需要对不同类型反应器的性能进行计算和评估。最终的选择取决于利润、安全和环境因素的综合平衡。确定反应器类型的最为重要的因素是反应的类型和操作方法。例如，间歇操作釜肯定不适合于气相催化反应，但比较适合于液相催化反应，特别是原料贵重的场合，如药物化学品合成中，因为反应条件的控制比劳动力成本重要。

一般可利用的数据包括温度、压力、反应物流的组成和流速，同时也知道设计的条件和要求包括所希望产品的生产速率、催化剂能够达到的活性和选择性及稳定性。用这些数据、选用的催化反应器类型和操作方法来评估反应器的性能，也就是求解质量平衡（摩尔平衡）、能量平衡、速率方程和化学计量式（对非等温操作需要加上能量平衡）组合而成的设计方程。对给定催化反应器类型，满足设计的操作条件和催化剂体积，可以有多种组合。基于利润的最优设计取决于原料、投资和操作成本及终端产品的市场价格。首先要建立计算反应器性能的方法，然后需要用优化方法找出利润率最高的设计。

一般说来，原料组成会随时间而变，这种变化可能是突然的，也可能是缓慢变化的。这就需要尽可能快地确定如何改变操作条件使反应器回到最优的反应器性能。首先必须选用特定的操作条件作为控制点。然后为应答这类波动发展一个策略或战略以获得最大利润。控制方法可以是人工的，也可以是半计算机化的，对后者可以用计算机快速确定利润关系，但输出的操作条件的变化需要人工来完成。也可以采用数字化或闭环程序来自动调节操作条件。所有的控制方法要获得成功必须要有在不同条件下设计反应器的知识。最优设计常常需要用迭代方法进行数值计算，这肯定需要由计算机来完成。对比较简单的情形，也需要有数值微分和数值积分方面的重复计算，这仍然需要由计算机来完成。

总结起来，催化反应器设计包括的主要内容有：①选择和确定反应器的类型和形式，依据催化反应性质、动力学、物料平衡来确定获得一定产品数量所需要的催化剂质量或体积，同时确定催化反应器的大小和个数；②依据催化反应性质、动力学、物料平衡来确保设计的反应器是热稳定的和安全的，不会导致失控状态的发生；③选择适当的反应器内构件、结构材料，计算反应器强度以确保可以经受反应条件的要求和反应物料的腐蚀作用，这是反应器中的机械设计。接下来的两章重点介绍前两项内容。对催化剂反应器的机械设计是机械工程师的事情，本书不做介绍。

4.1.2　催化反应器设计的一般方法

催化反应器逐级放大的方法虽然比较保险，但非常耗费时间和金钱，在科技发展和大量数据积累的今天，该方法似乎需要并已经在改变。另外，仅仅根据所发生催化反应的知识来设计催化反应器的先验设计，目前仍然无法达到。因此对催化剂反应器的设计只能采取折中的方法：也就是建立反应器模型与实验验证相结合。

催化反应器设计的第一步是要针对特定的反应和催化剂收集必要的数据，特别是要获得该催化反应过程合适、可靠的速率表达式，因此必须以实验数据为基础。实验数据可以从下述方法中的一个来获得：①从适合于催化反应动力学研究的实验室反应器获得，如在第 2 章中详细讨论的，在排除了传递过程的干扰下获得本征动力学数据，也就是浓度-时间或接触时间数据，利用数值微分方法得到速率-浓度数据，再利用这些数据建立起合适的速率方程；②在小和中间试验反应器中来获得，可以变更组成、温度、压力，可以有传递过程的影响，但数据处理时要分离出它的影响，给出传递过程的确切影响程度；关于传递过程对整个催化反应速率的影响已经在第 3 章中做了相当详细的介绍和讨论；③从工业催化反应器获得数据，有时是可以利用的，只要计算速率和建立速率关系就可以直接利用。

第二步是基于催化反应速率表达式、物料和能量平衡及反应计量方程式进行不同催化反应器类型的设计计算，这样不仅可以获得确定产品数量所需要的催化剂质量或体积，以及需要输入或传出的热量，而且可以为反应器类型的选择及它的大小和个数提供依据。

第三步是机械和土建设计部分。

因此，在第 2 章和第 3 章的基础上，本章和第 5 章要介绍的主要内容是等温催化反应器和非等温催化反应器设计的通用方法，目标是确定反应的转化率或催化剂体积（或质量），并给出具体例子。而三相反应器的设计由于各有其特殊性，因此放在反应器相关章节中讨论。

虽然催化反应器的完整设计必定会包括反应器的机械设计和建筑设计，也就是要选择构建反应器的结构材料、器壁厚度和内构件来保证反应器能够经受住催化反应的操作条件和腐蚀性。但本书中不包括这些内容。

4.1.3　反应器中的物料平衡和设计方程

主要讨论三种最基本类型的催化反应器中的物料平衡和设计方程。

1. 间歇式反应器

对某一个物种，其一般化的物料平衡或摩尔平衡方程为

$$\frac{\mathrm{d}N_j}{\mathrm{d}t}=\int_V r_j\mathrm{d}V \tag{4-1-1}$$

如果理想混合，整个反应器中任何一点的速率相同，则设计方程为

$$\frac{\mathrm{d}N_j}{\mathrm{d}t}=r_j\mathrm{d}V \tag{4-1-2}$$

图 4-1-1 显示用于气相催化反应的两类不同的间歇式反应器。

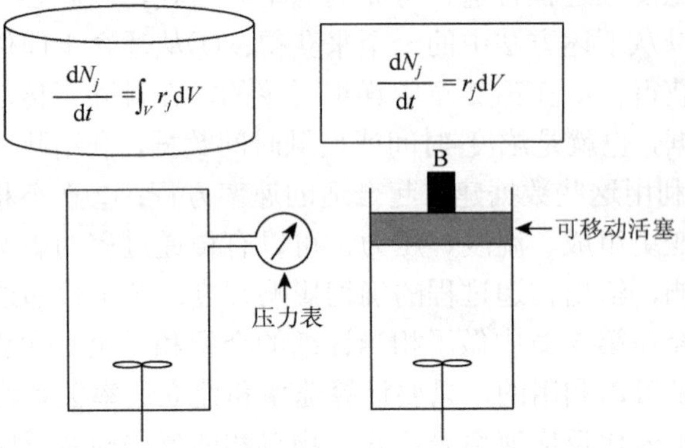

图 4-1-1　气相催化反应的间歇釜式反应器

2. 连续流动搅拌槽催化反应器

对某一个物种，其一般化的物料平衡或摩尔平衡方程为

$$\frac{\mathrm{d}N_j}{\mathrm{d}t}=\int_V r_j\mathrm{d}V+F_{j0}-F_j \tag{4-1-3}$$

稳态下，设计方程与间歇釜式反应类似，如图 4-1-2 所示：

$$V=\frac{F_{j0}-F_j}{-r_j} \qquad (4\text{-}1\text{-}4)$$

$$F_j=C_jv$$

3. 管式催化反应器

一般化的物料平衡或摩尔平衡方程为

$$\frac{\mathrm{d}N_j}{\mathrm{d}t}=\int_V r_j\mathrm{d}V+F_{j0}-F_{j(y)} \qquad (4\text{-}1\text{-}5)$$

在活塞流和稳态条件下，如图 4-1-3 所示，设计方程为

$$\frac{\mathrm{d}F_j}{\mathrm{d}V}=r_j$$

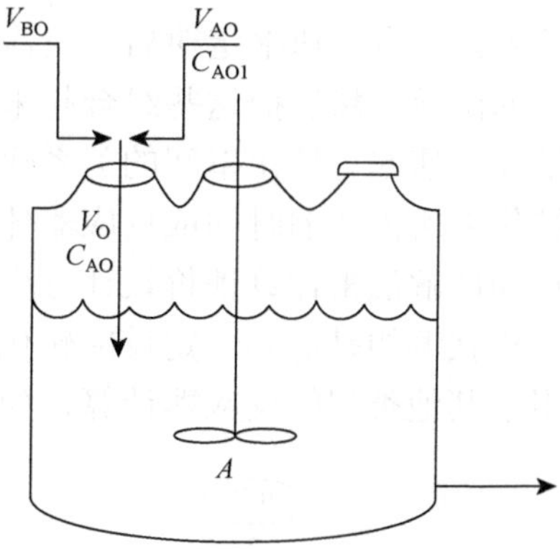

图 4-1-2　连续流动搅拌槽催化反应器

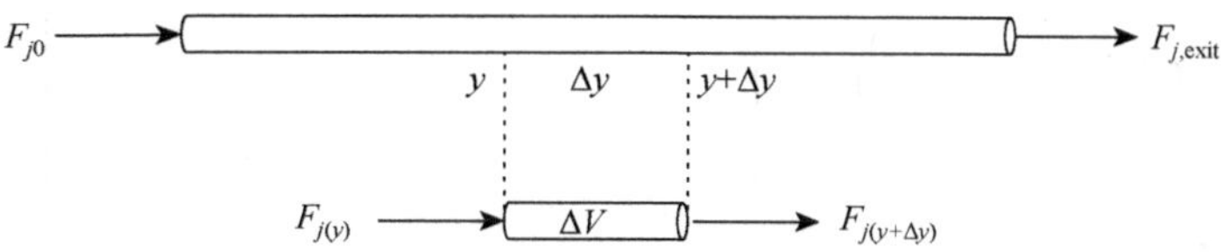

图 4-1-3　管式催化反应器

4.2　等温反应器设计

催化反应的反应器设计或分析与一般化学反应的反应器设计或分析几乎没有差别。但是在催化反应中的动力学速率方程要远比均相反应复杂。复杂性只是使基本设计方程的分析解变得比较困难。非催化反应与催化反应的反应器设计计算的基本差别是：对后者反应速率以固体催化剂质量 W 而不是以反应器体积 V 为基础，计算更为复杂。因此先讨论相对较为简单的化学反应的反应器设计。这一节讨论不同类型等温反应器设计。利用已经学过的知识可以形成一个设计结构，通过使用这个结构能够解决等温催化反应器的工程问题。

4.2.1　等温反应器设计结构

等温反应器设计的程序如图 4-2-1 所示，按照这个程序对等温反应器设计会有一个很好的了解。通过使用物料（摩尔平衡）来获得设计方程，也就是把在操作条件下的反应速率表示转化率的函数。一旦得到了$-r_A=f(X)$，就可以直接进行反应器设计计算，例如，计算达到一定反应转化率所需要的时间或反应器体积。如果反应速率不能直接表示为转化率的函数，需要先得到速率定律，如用实验直

接测定。有了速率定律后，还需要利用化学计量式和体系条件把浓度表示为转化率的函数，然后把这些组合起来才有可能把反应速率表示为转化率的函数。接着把反应速率与转化率间的关系代入适当的设计方程中就有可能计算达到一定反应转化率所需要的时间或反应器体积。然后用合适的方法，如使用积分表、数值计算和图解法来计算评价设计方程，现在肯定是用计算机来完成这一任务。虽然该结构强调的是达到一定反应转化率所需要的时间或反应器体积计算，但是也可以用于其他类型的反应器计算，如计算给定体积下的转化率。

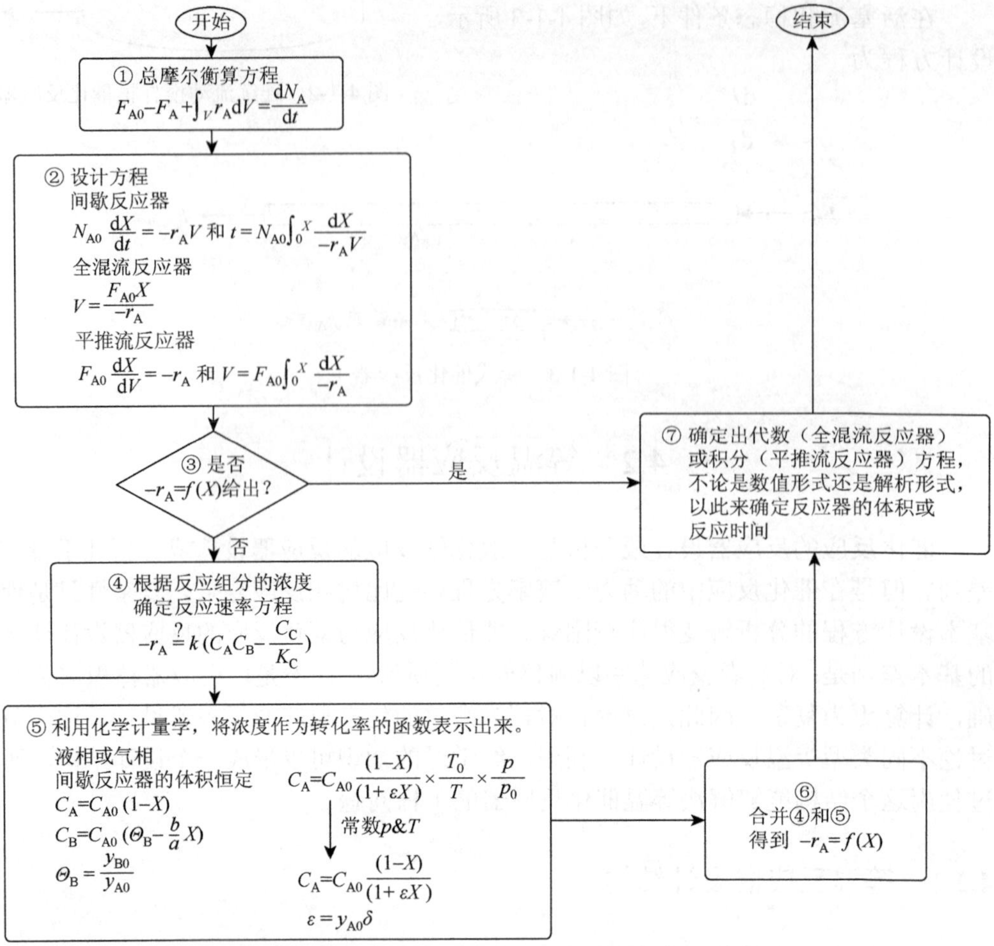

图 4-2-1　等温反应器设计框图

4.2.2　间歇反应器的设计

化学工程师的一个主要工作是放大实验室结果到中间工厂或工业规模。中间工厂的设计是基于实验室数据。但是中间工厂研究是很耗费资金的，因此在许多情况下被略去，直接从实验室规模（微工厂）的操作设计到工业规模的工厂。为了完成这类直接放大，需要对催化反应动力学和相关的传递过程有详细的了解。下面，对已知反应级数的液相催化反应进行分析来了解如何分析实验室规模的釜式反应器。

1. 间歇操作

在模型化间歇反应器中，既没有物料流进也没有物料流出，反应器处于全混状态。对大多数液相反应，其密度随反应的变化一般很小，可以被略去（即 $V=V_0$）。因此，间歇反应器的物料（摩尔）平衡为

$$\frac{1}{V}\frac{\mathrm{d}N_{\mathrm{A}}}{\mathrm{d}t}=r_{\mathrm{A}} \tag{4-2-1}$$

用浓度表示（因为体积 V=初始 V_0）：

$$\frac{\mathrm{d}C_{\mathrm{A}}}{\mathrm{d}t}=r_{\mathrm{A}} \tag{4-2-2}$$

一般说来，分析实验室数据时，最好用可测量的变量来加工数据。对多数液相反应浓度是可测量变量，应用的总摩尔平衡方程为

$$-\frac{\mathrm{d}C_{\mathrm{A}}}{\mathrm{d}t}=-r_{\mathrm{A}}$$

对不可逆二级反应：

$$-r_{\mathrm{A}}=kC_{\mathrm{A}}^2 \tag{4-2-3}$$

组合速率定律和摩尔平衡方程得

$$-\frac{\mathrm{d}C_{\mathrm{A}}}{\mathrm{d}t}=kC_{\mathrm{A}}^2;\quad -\frac{\mathrm{d}C_{\mathrm{A}}}{\mathrm{d}C_{\mathrm{A}}^2}=\mathrm{d}t \tag{4-2-4}$$

如果反应在等温条件下进行，利用初始条件 t=0，$C_{\mathrm{A}}=C_{\mathrm{A0}}$，积分上述方程得

$$\frac{-1}{1}\int_{C_{\mathrm{A0}}}^{C_{\mathrm{A}}}\frac{\mathrm{d}C_{\mathrm{A}}}{C_{\mathrm{A}}^2}=\int_0^t\mathrm{d}t;\quad \frac{1}{k}\left(\frac{1}{C_{\mathrm{A}}}-\frac{1}{C_{\mathrm{A0}}}\right)=t \tag{4-2-5}$$

对间歇操作反应器，循环时间比上述给出的时间要长，因为除反应时间外，装料 t_{f}、卸料 t_{e}、升温、降温和清釜 t_{c} 都需要时间，因此，总循环时间 t_{t} 为

$$t_{\mathrm{t}}=t_{\mathrm{f}}+t_{\mathrm{e}}+t_{\mathrm{c}}+t$$

对间歇聚合过程，循环时间如表 4-2-1 所示，在 5～70 h 之间。为减少装料和卸料时间，需要用大的管线和泵，同时也要加快清釜的速度。

表 4-2-1　间歇操作的时间分配

活动	时间/h
装料和搅拌	1.5～3.0
加热到反应温度	1.0～2.0
反应	变化
卸料和清釜	0.5～1.0
除反应外的总时间	3.0～6.0

下面以实例来说明速率方程中速率常数的确定。

【例 4-1】　利用间歇釜式反应器数据确定速率常数

水解环氧乙烷生产乙二醇，$C_2H_4O+H_2O \longrightarrow C_2H_6O_2$，$H_2SO_4$ 作催化剂。每年 2 亿 lb［1 lb（磅）=0.453592 kg］。为设计该反应器，需要利用釜式反应器数据确定速率常数。由于反应等温进行，需要的速率常速仅仅需要工业反应器温度的数据。高温有副反应，低于 40℃反应速率太慢，因此选用的温度为 55℃。而水解用的水量是大大过量的，反应期间它的浓度可以认为是不变化的。反应对环氧乙烷是一级的。在实验室，500 mL 2 mol/L（2 kmol/m^3）环氧乙烷水溶液于 500 mL 含 0.9wt%硫酸的水混合，温度 55℃。乙二醇浓度随时间变化的数据列于表 4-2-2 中。利用这些数据确定反应速率常数。

表 4-2-2　乙二醇浓度随时间变化的数据

时间/min	乙二醇浓度/(kmol/m^3)	$(C_{A0}-C_C)/C_{A0}$	时间/min	乙二醇浓度/(kmol/m^3)	$(C_{A0}-C_C)/C_{A0}$
0.0	0.000	1.00	3.0	0.610	0.390
0.5	0.145	0.855	4.0	0.715	0.285
1.0	0.270	0.730	6.0	0.848	0.152
1.5	0.376	0.624	10.0	0.957	0.043
2.0	0.467	0.533			

$$C_2H_4O+H_2O \longrightarrow C_2H_6O\text{（}H_2SO_4\text{ 作催化剂）} \qquad A+B \longrightarrow C$$

解：（1）全混间歇釜式反应器中的摩尔平衡：

$$\frac{1}{V}\frac{dN_A}{dt}=r_A$$

（2）速率定律：

$$-r_A=kC_A \qquad (C_B \cong C_{B0})$$

（3）化学计量式：液相-无体积变化，

$$V=V_0$$

$$C_A = \frac{N_A}{V} = \frac{N_A}{V_0}$$

$$\frac{1}{V_0}\frac{dN_A}{dt} = \frac{d(N_A/V_0)}{dt} = \frac{dC_A}{dt}$$

（4）结合速率定律和摩尔平衡：

$$\frac{dC_A}{dt} = kC_A$$

等温操作，积分这个方程并代入初始条件 t=0，C=C_0，得

$$\ln(C_{A0}/C_A)=kt$$

可以得到在时间 t 的环氧乙烷和乙二醇的浓度分别为

$$C_A = C_{A0}e^{-kt}$$

$$C_C = C_{A0} - C_A = C_{A0}(1-e^{-kt})$$

$$\ln\frac{C_{A0}-C_C}{C_{A0}} = -kt$$

以第三个方程的左边的值（表 4-2-2 的第三行）对 t 作图，其斜率为$-k$，如图 4-2-2 所示。

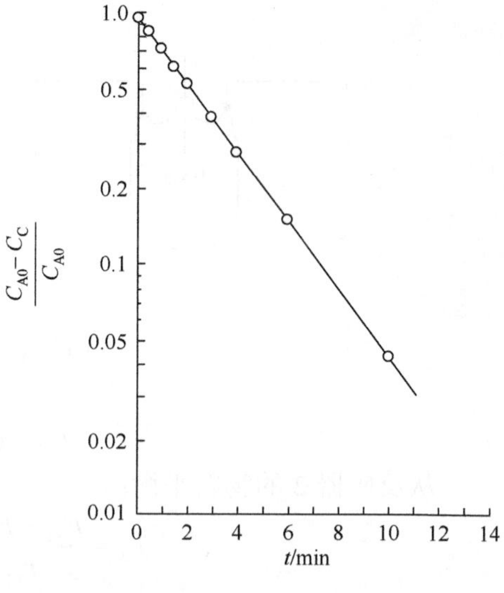

图 4-2-2　$\ln\frac{C_{A0}-C_C}{C_{A0}}$-$t$

用分段法在（C_{A0}−C_C）/C_{A0}=0.6（t=1.55 min）0.06（t=8.95 min）之间计算 k 值：

$$k = \frac{\ln 10}{t_2 - t_1} = \frac{2.3}{8.95-1.55} = 0.311(\text{min}^{-1})$$

速率定律：$-r_A$=0.311×C_A

该速率定律能够用于工业反应器的设计。

CSTR 反应器设计：

设计方程：$V = \dfrac{F_{A0}X}{(-r_A)_{exit}}$　　　（4-2-6）

该方程给出达到转化率 X 所需要的反应器体积。对体积不变化的反应，有

$$V = v_0\left(\frac{C_{A0}-C_A}{-r_A}\right),\ \tau = \frac{V}{v_0} = \frac{C_{A0}-C_A}{-r_A} \quad (4\text{-}2\text{-}7)$$

对一级反应，

$$-r_A = kC_A$$

结合速率定律和摩尔平衡，

$$\tau = \frac{C_{A0} - C_A}{kC_A}$$

对 A 的流出浓度 C_A，

$$C_A = C_{A0}/(1+k\tau) \tag{4-2-8}$$

对体积不变的反应，

$$X = (C_{A0} - C_A)/C_{A0}，\ X = k\tau/(1+k\tau) \tag{4-2-9}$$

τk 有时称为 Damkoler 数。它可以用于快速计算转化率。对一级和二级反应，Damkoler 数分别为 τk 和 $\tau k C_{A0}$。Da=0.1 或更小，转化率常常小于 10%，而 Da=10，转化率常常大于 90%。

2. 反应器设计计算

1）串联 CSTR（图 4-2-3）

没有体积变化（$V=V_0$）的一级反应在串联 CSTR 中进行，从反应器 1 流出的反应物 A 的浓度：

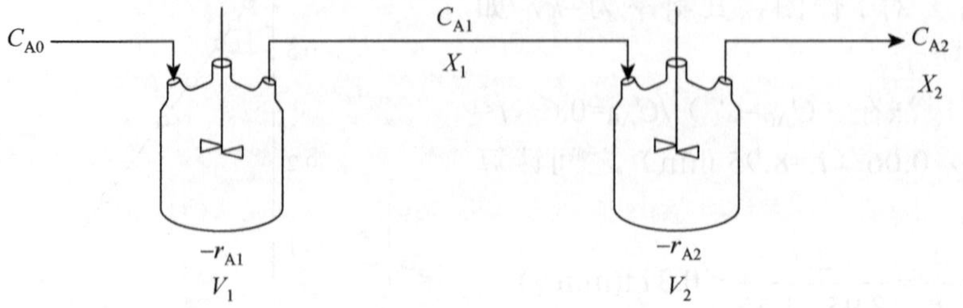

图 4-2-3　两个 CSTR 串联

$$C_{A1} = C_{A0}/(1+k_1\tau_1)$$

从反应器 2 的物料平衡：

$$V_2 = \frac{F_{A1} - F_{A2}}{-r_{A2}} = \frac{v_0(C_{A1} - C_{A2})}{k_2 C_{A2}}$$

解出 C_{A2}，第二个反应器的浓度：

$$C_{A2} = \frac{C_{A1}}{1 + k_2\tau_2} = \frac{C_{A0}}{(1 + k_2\tau_2)(1 + k_1\tau_1)}$$

如果由 n 个大小相等的串联 CSTR 反应器（$\tau_1=\tau_2=\cdots=\tau_n=\tau$），在相同的温度下操作（$k_1=k_2=\cdots=k_n=k$），离开最后一个反应器的反应物浓度将是

$$C_{An} = \frac{C_{A0}}{(1 + k\tau)^n} = \frac{C_{A0}}{(1 + \mathrm{Da})^n} \tag{4-2-10}$$

串联反应器的总转化率应该是

$$X = 1 - \frac{1}{(1+k\tau)^n} \tag{4-2-11}$$

转化率对反应器数目的作图如图 4-2-4 所示。从图中可以看出，如果 Da 准数相对比较大，如大于等于 1，只要有 2～3 个串联反应器其转化率大约为 90%，因此再添加反应器的价格就不一定合算了。如果 Da 准数小于等于 0.1，每添加一个反应器，转化率会继续显著增加。在第 n 个反应器中 A 的消耗速率为

$$-r_{An} = kC_{An} = \frac{kC_{A0}}{(1+k\tau)^n}$$

2）并联 CSTR（图 4-2-5）

现在考虑并联而不是串联 n 个大小相等的 CSTR 反应器。

对任意一个反应器的物料平衡：

$$V_i = F_{A0i}\left(\frac{X_i}{-r_{Ai}}\right) \tag{4-2-12}$$

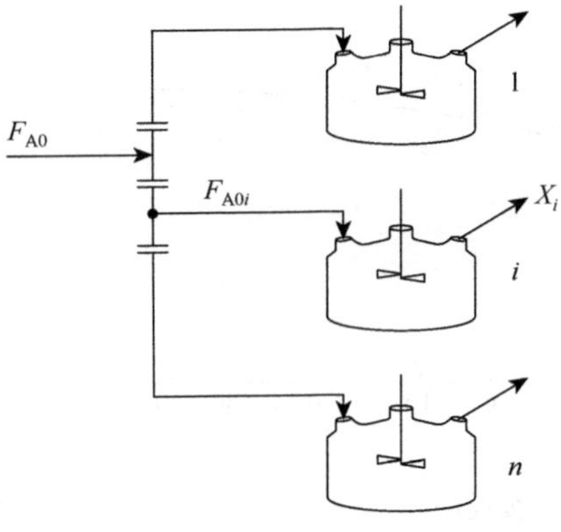

图 4-2-4　一级反应的转化率与串联反应器数目建的关系

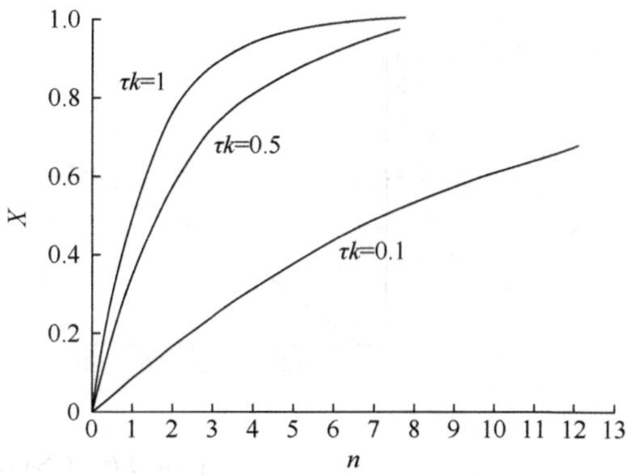

图 4-2-5　并联的 CSTR

因为大小相等，操作在相同的温度下和同样的进料速率，因此

$$X_1 = X_2 = \cdots = X_n = X,\ -r_1 = -r_2 = \cdots = -r_n = -r$$

每个反应器的体积：$V_i = V/n$；摩尔流速：$F_{A0i} = F_{A0}/n$，于是有

$$\frac{V}{n} = \frac{F_{A0}}{n}\left(\frac{X_i}{-r_{Ai}}\right) \tag{4-2-13}$$

$$V = \frac{F_{A0}X_i}{-r_{Ai}} = \frac{F_{A0}X}{-r_A} \tag{4-2-14}$$

也就是说，每个反应器达到的转化率是相同的。

3）CSTR 中的二级反应

对于在 CSTR 中进行的液相反应，速率定律和设计方程的组合得

$$V = \frac{F_{A0}X}{kC_A^2}$$

如果密度不变，有 $v=v_0$，$F_{A0}X=v_0(C_{A0}-C_A)$，于是

$$\tau = \frac{V}{v_0} = \frac{C_{A0}-C_A}{kC_A^2} = \frac{X}{kC_{A0}(1-X)^2} \tag{4-2-15}$$

解得

$$X = \frac{(1+2\tau kC_{A0}) - \sqrt{(1+2\tau kC_{A0})^2-(2\tau kC_{A0})^2}}{2\tau kC_{A0}}$$

$$= \frac{(1+2\tau kC_{A0}) - \sqrt{1+4\tau kC_{A0}}}{2\tau kC_{A0}} = \frac{(1+2\mathrm{Da}) - \sqrt{1+4\mathrm{Da}}}{2\mathrm{Da}}$$

转化率与参数 τkC_{A0} 的作图如图 4-2-6 所示。可以看到，高转化率时，为把转化率增加到 85%需要增加 10 倍的反应器体积或用提高温度来增加相应的反应速率常数，这是因为这时的反应物浓度已经很低，导致速率很小。

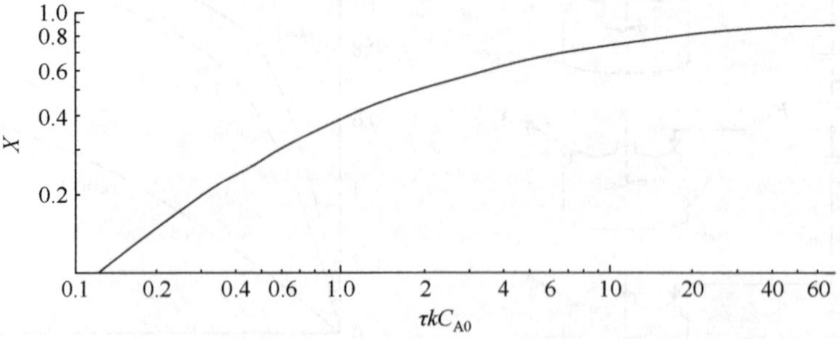

图 4-2-6　CSTR 中的二级反应

【例 4-2】　在 CSTR 中每年生产 2 亿磅乙二醇。在 1990 年生产了 55 亿磅乙二醇，价格每磅 0.29 美元。其最多质量化学品的排名是第 26 名。约一半的乙二醇用作抗冷冻剂，另一半用于制造聚酯。二聚酯的 88%用于制造纤维，12%制造瓶和膜。要求每年生产 2 亿磅乙二醇，反应器等温操作。环氧乙烷（浓度：1 lbmol/ft^{3}①）溶液和含 0.90wt% H_2SO_4 的水等体积进料，如图 4-2-7 所示。如果转化率为 80%，计算所需要的反应器体积。如果反应器并联，需要多少个容量为 800 gal②的反应器？每个反应器的转化率为多少。如果串联，需要多少个容量为 800 gal 的反应器，每个反应器的转化率为多少？反应速率常数为 0.311 min^{-1}。

① lbmol，磅摩尔，物质的量的单位。举例：1 lbmol O_2 的量=32 lb 的 O_2 的量。ft（英尺，长度单位），1 ft=3.048×10^{-1} m。

② gal，加仑，容积单位。1 gal（UK）=4.54609 L；1 gal（US）=3.78543 L；1 gal（US，dry）=4.405 L。

解：

$$F_{\mathrm{C}}=2\times10^{8}\times\frac{\mathrm{lb}}{\mathrm{a}}\times\frac{1\ \mathrm{a}}{365\ \mathrm{d}}\times\frac{1\ \mathrm{d}}{24\ \mathrm{h}}\times\frac{1\mathrm{h}}{60\,\mathrm{min}}\times\frac{1\ \mathrm{lbmol}}{62\ \mathrm{lb}}=6.137\frac{\mathrm{lbmol}}{\mathrm{min}}$$

$$=F_{\mathrm{A0}}X$$

$$F_{\mathrm{A0}}=\frac{F_{\mathrm{C}}}{X}=\frac{6.137}{0.8}=7.67\left(\frac{\mathrm{lbmol}}{\mathrm{min}}\right)$$

设计方程、速率定律和计量方程：

$$V=\frac{F_{\mathrm{A0}}X}{-r_{\mathrm{A}}},\ -r_{\mathrm{A}}=kC_{\mathrm{A}}$$

$$C_{\mathrm{A}}=C_{\mathrm{A0}}(1-X)$$

组合 $V=\dfrac{F_{\mathrm{A0}}X}{kC_{\mathrm{A0}}(1-X)}=\dfrac{v_0X}{k(1-X)}$

混合前反应物 A 进料的体积流速为

$$v_{\mathrm{A0}}=\frac{F_{\mathrm{A0}}}{C_{\mathrm{A0}}}=\frac{7.67\ \mathrm{lbmol/min}}{1\ \mathrm{lbmol/ft^3}}=7.67\ \mathrm{ft^3}$$

因为，$v_{\mathrm{B0}}=v_{\mathrm{A0}}$，$v_0=v_{\mathrm{A0}}+v_{\mathrm{B0}}=15.34\ \mathrm{ft^3/min}$

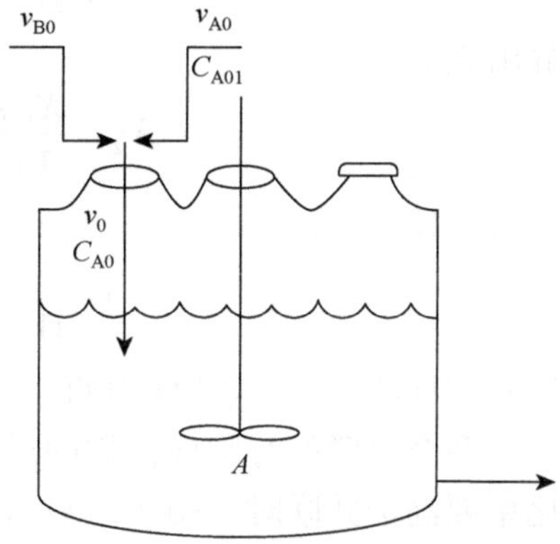

图 4-2-7　生产乙二醇的 CSTR 示意图

代入：

$$V=\frac{F_{\mathrm{A0}}X}{kC_{\mathrm{A0}}(1-X)}=\frac{v_0X}{k(1-X)}=\frac{15.34\dfrac{\mathrm{ft^3}}{\mathrm{min}}\times0.8}{0.311\ \mathrm{min^{-1}}\times(1-0.8)}=197.3\ \mathrm{ft^3}$$

为达到 80%转化率需要一个直径 5 ft、高约 10 ft 的反应器。

CSTR 并联时，两个 800 gal 的反应器并联，每个进料为 7.67 ft³/min（$v_0/2$），达到的转化率：

$$X=\frac{\tau k}{1+\tau k}$$

$$\tau=\frac{V}{v_0/2}=\left(800\ \mathrm{gal}\times\frac{1\ \mathrm{ft^3}}{7.48\ \mathrm{gal}}\right)\times\frac{1}{7.67\ \mathrm{ft^3/min}}=13.94\ \mathrm{min}$$

$$\mathrm{Da}=\tau k=13.94\ \mathrm{min}\times0.311\ \mathrm{min^{-1}}=4.34$$

$$X=\frac{\tau k}{1+\tau k}=\frac{\mathrm{Da}}{1+\mathrm{Da}}=\frac{4.34}{1+4.34}=0.81$$

800 gal 反应器串联时，

$$X=\frac{\tau_1k}{1+\tau_1k}$$

$$\tau_1=\frac{V_1}{v_{01}}=\left(800\ \mathrm{gal}\times\frac{1\ \mathrm{ft^3}}{7.48\ \mathrm{gal}}\right)\times\frac{1}{15.34\ \mathrm{ft^3/min}}=6.97\ \mathrm{min}$$

$$\mathrm{Da}_1 = \tau_1 k = 6.97\ \mathrm{min} \times 0.311\ \mathrm{min}^{-1} = 2.167$$

$$X = \frac{\mathrm{Da}_1}{1+\mathrm{Da}_1} = \frac{4.34}{1+4.34} = 0.684$$

为计算第二个反应器出口的转化率，我们有 $V_1=V_2$，$v_1=v_2=v$，于是 $\tau_1=\tau_2=\tau$。在第二个反应器中，结合摩尔平衡和速率定律，得到：

$$V_{\mathrm{CST}} = \frac{F_{\mathrm{A0}}(X_2 - X_1)}{-r_{\mathrm{A2}}} = \frac{C_{\mathrm{A0}} v_0 (X_2 - X_1)}{k C_{\mathrm{A0}}(1 - X_2)} = \frac{v_0}{k}\frac{(X_2 - X_1)}{(1 - X_2)}$$

解出 X_2：

$$X_2 = \frac{X_1 + \tau k}{1 + \tau k} = \frac{0.684 + 2.167}{1 + 2.167} = 0.90$$

也可以使用方程

$$X = 1 - \frac{1}{(1+\tau k)^n} = 1 - \frac{1}{(1+2.167)^2} = 0.90$$

得到同样的结果。因此使用两个串联的 800 gal 反应器即可每年生产 2 亿磅乙二醇。

两个串联的有同样体积的反应器（图 4-2-8），如果反应级数大于零给出的转化率要高于并联时（图 4-2-9）的转化率。

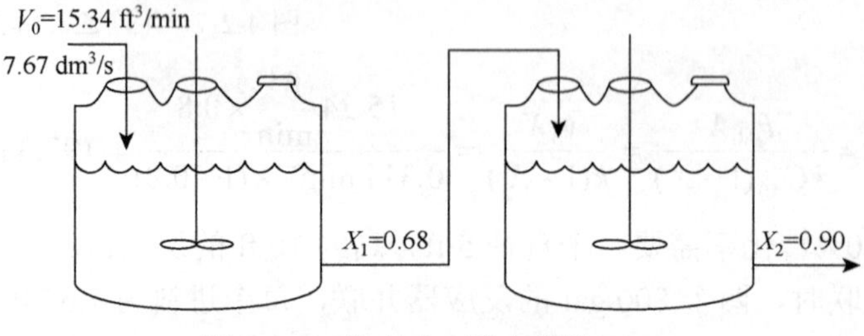

图 4-2-8　生产乙二醇串联的 CST

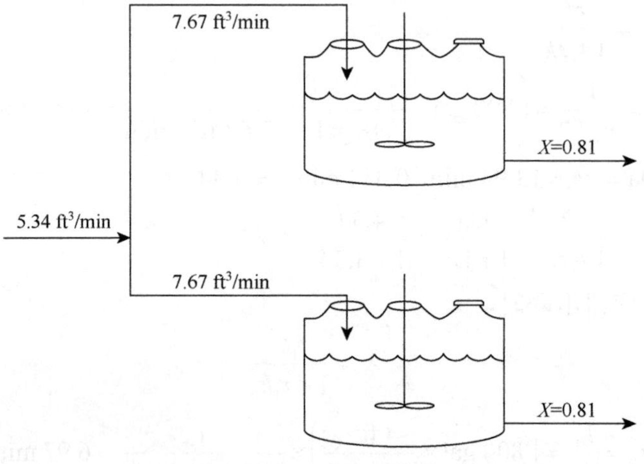

图 4-2-9　生产乙二醇并联的 CST

4.2.3　管式反应器

气相反应主要在管式反应器中进行。假设没有径向温度、速度和浓度梯度，称为活塞流。活塞流反应器设计方程的积分形式为

$$V = F_{A0}\int \frac{dX}{-r_A} \tag{4-2-16}$$

将二级反应的速率方程代入得

$$V = F_{A0}\int_0^X \frac{dX}{kC_A^2}$$

对等温和恒压的气相反应，反应物浓度可以表示为转化率的函数：

$$C_A = C_{A0}\frac{1-X}{1+\varepsilon X}$$

再代入设计方程得

$$V = F_{A0}\int_0^X \frac{(1+\varepsilon X)^2 dX}{kC_{A0}^2(1-X)^2}$$

$$V = \frac{F_{A0}}{kC_{A0}^2}\int_0^X \frac{(1+\varepsilon X)^2 dX}{(1-X)^2}$$

积分得

$$V = \frac{v_0}{kC_{A0}}[2\varepsilon(1+\varepsilon)\ln(1-X)+\varepsilon^2 X+\frac{(1+\varepsilon)^2 X}{1-X}] \tag{4-2-17}$$

用反应器的横截面积 A_C 除，得到与反应器长度相关联的设计方程：

$$L = \frac{v_0}{kC_{A0}A_c}[2\varepsilon(1+\varepsilon)\ln(1-X)+\varepsilon^2 X+\frac{(1+\varepsilon)^2 X}{1-X}] \tag{4-2-18}$$

对四个不同的 ε 值，转化率与反应器长度间的作图如图 4-2-10 所示，目的是要说明体积变化对反应参数的影响。下面使用有代表性的参数值：

k=5.0 L/(mol·s)，A_c=100 cm^2，C_{A0}=0.02 mol/L，v_0=1 L/s

$$L(\text{m}) = 1.0[2\varepsilon(1+\varepsilon)\ln(1-X)+\varepsilon^2 X+\frac{(1+\varepsilon)^2 X}{1-X}]$$

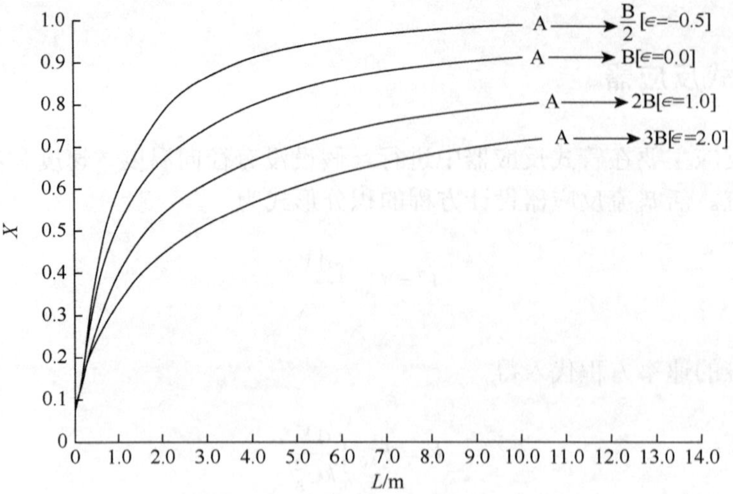

图 4-2-10　转化率与反应器长度之间的关系

从该图可以看到，对相同的速率参数，体积缩小（总摩尔数减少）的反应，在同样长度的反应器中其转化率最高。在固定温度和压力下这一关系是可以预料的，因为体积流速 $v=(1-0.5X)v_0$ 随转化率增加而下降，反应物有更多的时间停留在反应器中。相反，对体积增大（总摩尔数增加）的反应，反应物在反应器中的停留时间减少。

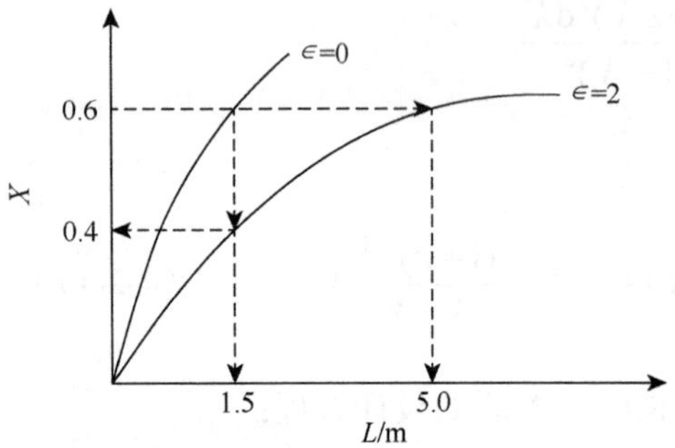

图 4-2-11　转化率与反应器长度间的关系

【例 4-3】　略去体积随反应的变化：气相裂解反应：A⟶2B+C 在管式反应器中进行，反应是二级的，参数值与图 4-2-10 给出的相同。但是，通过体积变化的校正[ε=(1)(2+1−1)=2]需要有长度为 5.0 m 的管式反应器。如果使用的反应器长度为 1.5 m，达到的转化率仅为 40%，如图 4-2-11 所示。

【例 4-4】　在活塞流反应器中生产每年 3 亿磅乙烯，设计满负荷的管式反应器。在美国按总质量排名乙烯是第四位的化学品，但是在有机化学品中排名第一。在 1990 年，生产的乙烯超过 350 亿磅，价格每磅 0.24 美元。65%的乙烯用于制造塑料，20%环氧乙烷和乙二醇，5%纤维，5%溶剂。

从乙烷裂解生产 3 亿磅乙烯，计算活塞流反应器的体积。反应是不可逆的，要求达到 80%转化率，在 1100 K 等温操作，压力 6 atm。

解： $C_2H_6 \longrightarrow C_2H_4 + H_2 (A \longrightarrow B + C)$

$$F_B = 300\times10^6 \frac{\text{lb}}{\text{a}}\times\frac{1\ \text{a}}{365\ \text{d}}\times\frac{1\ \text{d}}{24\ \text{h}}\times\frac{1\ \text{h}}{3600\ \text{s}}\times\frac{\text{lbmol}}{28} = 0.340\frac{\text{lbmol}}{\text{s}}$$

$$= F_{A0}X$$

$$F_{A0} = \frac{F_B}{X} = \frac{0.34}{0.8} = 0.425\frac{\text{lbmol}}{\text{s}}$$

设计方程、速率定律和计量方程：

$$F_{A0}\frac{dX}{dV} = -r_A,\ V = F_{A0}\int_0^X \frac{dX}{-r_A}$$

$$-r_A = kC_A,\ k = 0.072(1000\ \text{K}),\ E = 82\ \text{kcal}/(\text{g}\cdot\text{mol})$$

$$C_A = \frac{F_A}{v} = \frac{F_{A0}(1-X)}{v_0(1+\varepsilon X)} = C_{A0}\frac{1-X}{1+\varepsilon X}$$

结合上面的方程，

$$V = F_{A0}\int_0^X \frac{dX}{kC_{A0}(1-X)/(1+\varepsilon X)} = F_{A0}\int_0^X \frac{(1+\varepsilon X)dX}{kC_{A0}(1-X)} = F_{A0}\frac{1}{C_{A0}}\int_0^X \frac{(1+\varepsilon X)dX}{k(1-X)}$$

等温条件下，

$$V = F_{A0}\frac{1}{kC_{A0}}\int_0^X \frac{(1+\varepsilon X)dX}{(1-X)} = F_{A0}\frac{1}{kC_{A0}}\left[(1+\varepsilon)\ln\frac{1}{1-X} - \varepsilon X\right]$$

参数计算：

$$C_{A0} = y_{A0}C_{T0} = \frac{y_{A0}P_0}{RT_0} = (1)\times\frac{6\ \text{atm}}{0.73\ \text{ft}^3\cdot\text{atm}/\text{lbmol}\cdot{}^\circ\text{R}\times1980{}^\circ\text{R}} = 0.00415\frac{\text{lbmol}}{\text{ft}^3}$$

$$\varepsilon = y_{A0}\delta = (1)\times(1+1-1) = 1$$

在 1100 K 时的 k，

$$k(T_2) = k(T_1)\exp\left[\frac{E}{R}\left(\frac{1}{T_1}-\frac{1}{T_2}\right)\right] = \frac{0.072}{\text{s}}\left[\frac{82000\ \text{cal}/(\text{g}\cdot\text{mol})}{1.987\ \text{cal}/(\text{mol}\cdot\text{K})}\left(\frac{1}{1000}-\frac{1}{1100}\right)\right] = 3.07\ \text{s}^{-1}$$

$$V = F_{A0}\frac{1}{kC_{A0}}\left[(1+\varepsilon)\ln\frac{1}{1-X} - \varepsilon X\right] = \frac{0.425\ \text{lb}/(\text{s}\cdot\text{mol})}{\frac{3.07}{\text{s}}\times0.00415\ \text{lbmol}/\text{ft}^3}\left[(1+1)\ln\frac{1}{1-0.8} - (1)\times0.8\right]$$

$$= 80.7\ \text{ft}^3 = 2.28\ \text{m}^3 = 2280\ \text{L}$$

需要使用 80 根直径 2 in[英寸（长度单位），1 in=2.54 cm]、长 40 ft 的商品管子，其截面积 0.0205 ft^2，管子的数目：

$$n = \frac{80.7\ \text{ft}^3}{0.0205\ \text{ft}^2\times40\ \text{ft}} = 98.4$$

为满足每年从乙烷生产 3 亿磅乙烯的要求，决定使用 100 根这样的管子。每根管子出口的浓度和转化率如图 4-2-12 所示。

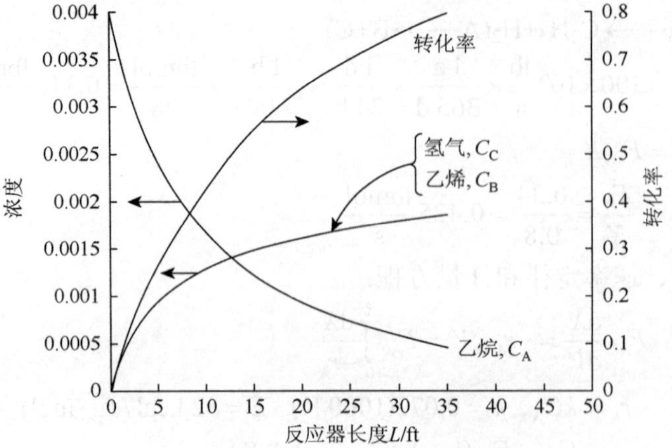

图 4-2-12 转化率与反应器长度间的关系

4.2.4 压力降

在液相催化反应中，反应物浓度受总压力的影响很小，因此可以不考虑压力对反应速率的影响。但是在气相催化反应中，反应物种的浓度与总压力成正比，因此在许多情况下需要考虑压力降对反应体系的影响，而且可能成为影响反应器操作的关键因素。

1. 压力降和速率定律

考虑在速率定律中的压力降，对理想气体定律，反应物种 i 的浓度为

$$C_i = \frac{F_i}{v} = \frac{F_{A0}(\Theta_i + \upsilon_i X)}{v_0(1+\varepsilon X)\dfrac{P_0 T}{P T_0}} \tag{4-2-19}$$

等温操作：

$$C_i = \frac{C_{A0}(\Theta_i + \upsilon_i X)}{(1+\varepsilon X)\dfrac{P_0}{P}} \tag{4-2-20}$$

把压力比用体积或催化剂质量表示以考虑压力降。然后把浓度、速率定律和设计方程组合起来。但是，只要一考虑压力降，需要使用物料（摩尔）平衡的微分形式。例如，反应 A——→B 在管式反应器中进行，用催化剂质量表示的物料（摩尔）平衡的微分形式为

$$F_{A0}\frac{dX}{dW} = -r'_A,\ g\cdot mol/(g\ cat\cdot min)$$

速率定律：

$$-r'_A = kc_A$$

气相反应的化学计量式：

$$C_A = \frac{C_{A0}(1-X)}{(1+\varepsilon X)\frac{P_0 T}{P T_0}}$$

于是速率定律可以写作：

$$-r'_A = \frac{kC_{A0}(1-X)}{(1+\varepsilon X)\frac{P_0 T}{P T_0}} \tag{4-2-21}$$

可以看到，因摩擦损失导致的压力降使反应速率下降。

把式（4-2-20）与摩尔平衡相结合，在等温操作时，有

$$F_{A0}\frac{dX}{dW} = \frac{kC_{A0}(1-X)}{(1+\varepsilon X)}\frac{P}{P_0}$$
$$\frac{dX}{dW} = \frac{k(1-X)}{v_0(1+\varepsilon X)}\frac{P}{P_0} \tag{4-2-22}$$

也就是它也仅仅为转化率和压力的函数，可以写成：

$$\frac{dX}{dW} = f_1(X,P) \tag{4-2-23}$$

现在需要有压力降与催化剂质量间的关系，以获得转化率仅为催化剂质量的函数关系。

2. 通过填料床层的流动

大多数气相反应是催化反应，需要流过装填有催化剂的床层。计算填料床层压力降所使用的方程一般是 Ergun 方程：

$$\frac{dP}{dL} = -\frac{G}{\rho g_c D_p}\frac{1-\phi}{\phi^3}\left[\frac{150(1-\phi)\mu}{D_p} + 1.75G\right] \tag{4-2-24}$$

其中，P 为压力（lb/ft^2）；ϕ为空隙率，$1-\phi$=固体体积/总床层体积；g_c=32.174 $lb_m \cdot ft/(s^2 \cdot lb_f)$=$4.17\times10^8$ $lb_m \cdot ft/(h^2 \cdot lb_f)$（转换因子）；$D_p$ 为床层中颗粒的直径（ft）；μ 为通过床层的气体黏度[$lb_m/(ft \cdot h)$]；L 为反应器长度（ft）；u 为表观流速，μ=体积流速/反应器的横截面积（ft/h）；ρ 为气体密度（lb/ft^3）；$G=\rho u$=表观质量流速[$g/(cm^2 \cdot s)$]，[$lb_m/(ft^2 \cdot h)$]。

对填料床反应器，更多的兴趣在压力与催化剂质量间的关系而不是在压力与反应器体积间的关系。反应器体积与催化剂质量间的关系为

催化剂质量=固体体积×固体催化剂的密度

$$W=(1-\phi)A_c L\times\rho_c \tag{4-2-25}$$

其中，A_c 是反应器的横截面积。用催化剂质量表示 Ergun 方程：

$$\frac{\mathrm{d}P}{\mathrm{d}L}=-\frac{G}{\rho g_{\mathrm{c}} D_{\mathrm{p}}}\frac{1}{\phi^3}\left[\frac{150(1-\phi)\mu}{D_{\mathrm{p}}}+1.75G\right]\frac{1}{A_{\mathrm{c}}\rho_{\mathrm{c}}} \tag{4-2-26}$$

在使用 Ergun 方程计算压力降时，随压力改变的仅有的参数是气体密度 ρ。先计算两个情况下的压力降。

1）恒密度

如果气体密度用一个恒定的平均密度替代，则有

$$\frac{\mathrm{d}P}{\mathrm{d}L}=-\overline{\beta}=\frac{G}{\rho g_{\mathrm{c}} D_{\mathrm{p}}}\frac{1-\phi}{\phi^3}\left[\frac{150(1-\phi)\mu}{D_{\mathrm{p}}}+1.75G\right] \tag{4-2-27}$$

在 L=0、P=P_0 和 L=L、P=P 之间积分，$P=P_0-\overline{\beta}L$，$P/P_0=1-\overline{\beta}L/P_0$，因为

$$V=A_{\mathrm{c}}L,\quad P/P_0=1-\overline{\beta}V/A_{\mathrm{c}}P_0 \tag{4-2-28}$$

为关联压力和催化剂质量，使用 $W=(1-\phi)\rho_{\mathrm{c}}V$，

$$P/P_0=1-\frac{\overline{\beta}}{A_{\mathrm{c}}P_0(1-\phi)\rho_{\mathrm{c}}}W=1-\overline{\alpha}W$$

$$\overline{\alpha}=\frac{\overline{\beta}}{A_{\mathrm{c}}P_0(1-\phi)\rho_{\mathrm{c}}} \tag{4-2-29}$$

现在，可以组合速率方程、设计方程给出一级等温反应的转化率和催化剂质量间的关系：

$$W=\frac{1-\left[\left(1-\dfrac{2v_0\overline{\alpha}}{k}\right)\ln\dfrac{1}{1-X}\right]^{1/2}}{\overline{\alpha}}$$

2）可变密度

因为反应器在稳态下操作，在反应器任何一点的质量流速都是一样的，且等于进口处的值（也就是连续性方程）m_0。

$$m_0=m,\quad \rho_0 v_0=\rho v$$

$$v=v_0(1+\varepsilon X)\frac{P_0T}{PT_0}$$

于是，

$$\rho=\rho_0\frac{v_0}{v}=\rho_0\frac{T_0}{T}[1/(1+\varepsilon X)]\frac{P}{P_0} \tag{4-2-30}$$

结合式（4-2-29）和式（4-2-23）得到：

$$\frac{\mathrm{d}P}{\mathrm{d}L}=-\frac{G}{\rho g_{\mathrm{c}} D_{\mathrm{p}}}\frac{1-\phi}{\phi^3}\left[\frac{150(1-\phi)\mu}{D_{\mathrm{p}}}+1.75G\right]\frac{P_0T}{PT_0}(1+\varepsilon X)=-\beta_0\frac{P_0T}{PT_0}(1+\varepsilon X)$$

$$\beta_0=\frac{G}{\rho g_{\mathrm{c}} D_{\mathrm{p}}}\frac{1-\phi}{\phi^3}\left[\frac{150(1-\phi)\mu}{D_{\mathrm{p}}}+1.75G\right] \tag{4-2-31}$$

最后得到：

$$\frac{\mathrm{d}P}{\mathrm{d}W}=-\beta_0\frac{P_0T}{A_c\rho_c(1-\phi)PT_0}(1+\varepsilon X)=-\frac{\alpha}{2}\frac{P_0T}{(P/P_0)T_0}(1+\varepsilon X) \quad (4\text{-}2\text{-}32)$$

$$\alpha=\beta_0\frac{2}{A_c\rho_c(1-\phi)P_0}$$

对等温操作，式（4-2-32）仅仅是转化率和压力的函数：

$$\frac{\mathrm{d}P}{\mathrm{d}W}=f_2(X,P) \quad (4\text{-}2\text{-}33)$$

考虑到式（4-2-23），需要联立解这两个一阶微分方程。可以使用不同的数值方法来求解。

如果 ε=0，可以略去 εX 项，此时在等温操作条件下可以获得解析解：

$$\frac{\mathrm{d}P}{\mathrm{d}W}=-\beta_0\frac{P_0}{P},\ \left(\frac{P}{P_0}\right)^2=1-\frac{2\beta_0L}{P_0}$$

$$\frac{P}{P_0}=\left(1-\frac{2\beta_0L}{P_0}\right)^{1/2} \quad (4\text{-}2\text{-}34)$$

$$\frac{P}{P_0}=(1-\alpha W)^{1/2} \quad (4\text{-}2\text{-}35)$$

上述方程可以用于取代速率定律中的压力，这样一来，摩尔平衡方程可以写为转化率和压力的函数，然后可以用数值方法或解析解方法求解。

3）举例

【例 4-5】　填料床层中的压力降

填料床层使用的催化剂颗粒为直径 1/2 in 的球，反应器长 60 ft、内径 1.5 in、名义尺寸 40 的管子，床层的空体积分数为 0.45。气体流速 104.4 lb/h。温度 260 ℃，性质类似于空气，入口压力 10 atm。计算压力降。

解：使用的方程：

$$\frac{P}{P_0}=\left(1-\frac{2\beta_0L}{P_0}\right)^{1/2}$$

$$\beta_0=\frac{G}{\rho g_c D_p}\frac{1-\phi}{\phi^3}\left[\frac{150(1-\phi)\mu}{D_p}+1.75G\right]$$

$$G=m/A_c$$

参数计算：

$$A_c=0.01414\ \mathrm{ft}^2,\ G=104.4/0.01414=7383.3[\mathrm{lb/(h\cdot ft^2)}],$$

260℃、10 atm 空气的性质：

$$\mu=0.0673\ \mathrm{lb_m/(ft\cdot h)},\ \rho_0=0.413\ \mathrm{lb_m/ft^2}$$

$$D_p=1/4\ \mathrm{in}=0.0208\ \mathrm{ft},\ g_c=4.17\times10^8\ \mathrm{lb_m\cdot ft/(lb_f\cdot h^2)}$$

代入计算：

$$\beta_0=\frac{G}{\rho g_c D_p}\frac{1-\phi}{\phi^3}\left[\frac{150(1-\phi)\mu}{D_p}+1.75G\right]=\frac{7383.3(1-0.45)}{0.0208\times4.17\times10^8\times0.413\times0.45^3}\times$$

$$\left[\frac{150(1-0.45)\times0.0673}{0.0208}+1.75\times7383.3\right]=0.01244(266.9+12920.8)$$

$$=164.1\frac{\text{lb}_\text{f}}{\text{ft}^3}=0.0755\frac{\text{atm}}{\text{ft}}$$

$$\frac{P}{P_0}=\left(1-\frac{2\beta_0 L}{P_0}\right)^{1/2}=\left(1-\frac{2\times0.0775\times60}{10}\right)^{1/2}$$

$$P=0.265P_0=2.65\text{ atm}$$

$$\Delta P=P_0-P=10-2.65=7.35(\text{atm})$$

【例 4-6】 计算有压力降反应器中的转化率

在 1990 年，美国生产 50 亿磅的环氧乙烷，价格为每磅 0.5 美元。60%以上的环氧乙烷用于制造乙二醇，乙二醇的 30%用于制造抗冷冻剂、30%聚酯、10%表面活性剂和 5%溶剂。用气相氧化法从乙烯氧化（空气）生产环氧乙烷，计算达到 60%转化率所需要的催化剂质量。

$$C_2H_4+1/2O_2\longrightarrow C_2H_4O$$

$$A+1/2B\longrightarrow C$$

填料床反应器温度 260℃，进料按化学计量比，乙烯的进料速率 0.30 lbmol/s，压力 10 atm。使用 10 束内径 1.5 in、名义尺寸 40 的管子，共 1000 束装填催化剂。每根管子的摩尔流速为 0.0003 lbmol/s。性质类似于空气。直径 1/4 in 的催化剂的密度 120 lb/ft^3，床层的空体积分数为 0.45。速率定律为

$$-r'_A=kP_A^{1/3}P_B^{2/3},\ \text{lbmol/(lb cat}\cdot\text{h)}$$

$$260℃,\ k=0.141\frac{\text{lbmol}}{\text{atm}\cdot\text{lbcat}\cdot\text{h}}$$

解：微分摩尔平衡：

$$F_{A0}\frac{dX}{dW}=-r'_A$$

速率定律：

$$-r'_A=kP_A^{1/3}P_B^{2/3}=k(C_ART)^{1/3}(C_BRT)^{2/3}=kRT_0C_A^{1/3}C_B^{2/3}$$

化学计量式：气相等温

$$v=v_0(1+\varepsilon X)\frac{P_0}{P}$$

$$C_A=\frac{F_A}{v}=\frac{C_{A0}(1-X)}{1+\varepsilon X}\frac{P}{P_0}$$

$$C_B=\frac{F_B}{v}=\frac{C_{A0}(\Theta_B-X/2)}{1+\varepsilon X}\frac{P}{P_0}$$

结合速率定律和浓度：

$$-r_A' = kRT_0\left[\frac{C_{A0}(1-X)}{1+\varepsilon X}\frac{P}{P_0}\right]^{1/3}\cdot\left[\frac{C_{A0}(\Theta_B - X/2)}{1+\varepsilon X}\frac{P}{P_0}\right]^{2/3}$$

$$=\frac{kC_{A0}RT_0}{1+\varepsilon X}\frac{P}{P_0}(1-X)^{1/3}\cdot(\Theta_B - X/2)^{2/3}$$

$$\Theta = 1/2$$

$$-r_A' = kP_{A0}\frac{(1-X)^{1/3}(1/2-X/2)^{2/3}}{1+\varepsilon X}\frac{P}{P_0} = k\frac{1-X}{1+\varepsilon X}\frac{P}{P_0}$$

$$k' = kP_{A0}(1/2)^{2/3} = 0.63kP_{A0}$$

获得设计方程：对填料床反应器，当 $\varepsilon X \ll 1$ 时，压力和催化剂质量间的关系为

$$\frac{P}{P_0} = (1-\alpha W)^{1/2}$$

$$-r_A' = k'\frac{1-X}{1+\varepsilon X}(1-\alpha W)^{1/2}$$

再结合微分摩尔平衡得

$$F_{A0}\frac{dX}{dW} = -r_A' = k'\frac{1-X}{1+\varepsilon X}(1-\alpha W)^{1/2}$$

分离变量并积分得

$$F_{A0}\left[(1+\varepsilon)\ln\frac{1-X}{1+\varepsilon X} - \varepsilon X\right]/k' = \frac{2}{3\alpha}[1-(1-\alpha W)^{1/2}]$$

解出 W 得

$$W = \left(1-\left\{\frac{3\alpha}{2k'}F_{A0}\left[(1+\varepsilon)\ln\frac{1-X}{1+\varepsilon X} - \varepsilon X\right]\right\}^{2/3}\right)\Big/\alpha$$

每根管子的参数计算（即进料速率除以 1000）：

乙烯：　$F_{A0}=3\times10^{-4}$ lbmol/s=1.08 lbmol/h

氧：　$F_{B0}=1.5\times10^{-4}$ lbmol/s=0.54 lbmol/h

惰性物质（氮气）：$F_I=1.5\times10^{-4}$ lbmol/s×0.79/0.21=5.64×10^{-4} lbmol/s=2.03 lbmol/h

$$F_{T0} = 3.65 \text{ lbmol/h}$$

$$y_{A0} = F_{A0}/F_{T0} = 0.30,\ \varepsilon = y_{A0}\delta = 0.3\times(1-1/2-1) = -0.15$$

$$P_{A0} = y_{A0}P_0 = 3.0 \text{ atm}$$

$$k' = kP_{A0}(1/2)^{2/3} = 0.0141\times3\times0.63 = 0.0266[\text{lbmol/(lb cat·h)}]$$

$$W=\left(1-\left\{\frac{3\alpha}{2k'}F_{A0}\left[(1+\varepsilon)\ln\frac{1-X}{1+\varepsilon X}-\varepsilon X\right]\right\}^{2/3}\right)\Big/\alpha$$

$$=\frac{1-\left\{(3\alpha\times 1.08)/(2\times 0.0266)\left[(1-0.15)\ln\frac{1}{1-0.6}-(-0.15)\times 0.6\right]\right\}^{2/3}}{\alpha}$$

对 60%转化率，$W=\left(1-\left\{\frac{3\alpha}{2k'}F_{A0}\left[(1+\varepsilon)\ln\frac{1-X}{1+\varepsilon X}-\varepsilon X\right]\right\}^{2/3}\right)\Big/\alpha$ 简化为

$$W=\frac{1-(1-1.303\alpha F_{A0}/k')^{2/3}}{\alpha}$$

为了计算 α，$\alpha=\frac{2\beta_0}{A_c(1-\phi)\rho_c P_0}$ 需要表观质量流速和每个进入组分的质量流速：

$$m_{A0}=1.08\times 28=30.24\ \text{lb/h}$$

$$m_{A0}=0.54\times 32=17.28\ \text{lb/h}$$

$$m_{A0}=2.03\times 28=56.84\ \text{lb/h}$$

$$m_{T0}=104.4\ \text{lb/h}$$

总流速：

$$G=\frac{m_{T0}}{A_c}=\frac{104.4}{0.01414}=7383.3\frac{\text{lb}}{\text{h}\cdot\text{ft}^2}$$

这些值与【例 4-5】中的相同，因此可以使用该例中的计算值 β=0.0775 atm/ft。

$$\alpha=\frac{2\beta_0}{A_c(1-\phi)\rho_c P_0}=\frac{2\times 0.0775}{0.01414\times(1-0.45)\times 120\times 10}=0.0166(\text{lbcat})^{-1}$$

$$W=\frac{1-1-\dfrac{1.303\times 0.0166\times 1.08}{0.0266}}{0.0166}=45.4(\text{lb cat/tube})$$

$$W_T=45400\ \text{lb cat}$$

该催化剂质量相对应的压力降大约为 5 atm。如果略去压力降，结果将是

$$W=\frac{F_{A0}}{k'}\left[(1+\varepsilon)\ln\frac{1}{1-X}-\varepsilon X\right]=\frac{1.08}{0.0266}\times\left[(1-0.15)\ln\frac{1}{1-0.6}-(-0.15\times 0.6)\right]$$

$$=35.3(\text{lb cat/tube})$$

为达到所希望的转化率这些催化剂是不够的。用这些催化剂只能达到 53%的转化率。

【例 4-7】 反应过程有压力降

如果【例 4-6】中的体积变化不能够被略去，就需要用数值方法联立求解描述转化率和压力随催化剂质量变化的微分方程。

解：不需要再推导方程，利用【例 4-6】得到的方程：

$$F_{A0}\frac{dX}{dW}=k\frac{1-X}{1+\varepsilon X}\frac{P}{P_0}$$

$$\frac{dP}{dW}=-\frac{\alpha}{2}\frac{P_0(1+\varepsilon X)}{P/P_0}$$

令 $y=\frac{P}{P_0}$，$a=\frac{k'}{F_{A0}}$，$\alpha=\frac{2\beta_0}{A_c\rho_c(1-\phi)P_0}$，于是有

$$\frac{dX}{dW}=a\frac{1-X}{1+\varepsilon X}y$$

$$\frac{dy}{dW}=-\frac{\alpha}{2}\frac{(1+\varepsilon X)}{y}$$

在进口处的边界条件：$W=0$，$y=1$，$X=0$。由于这组联立微分方程的非线性不是很高，可以使用 Euler 方法解之。该方法的准确性很高，如果催化剂质量增量的选择是很小的话。催化剂质量的第一、第二个增量为

$$X_1=X_0+\frac{a(1-X_0)}{1+\varepsilon X_0}y_0\Delta W$$

$$y_1=y_0-\frac{\alpha}{2y_0}(1+\varepsilon X_0)\Delta W$$

对于

$$X_0=0, y_0=1$$

$$X_1=a\Delta W$$

$$y_1=1-\frac{a\Delta W}{2}$$

$$W_1=\Delta W$$

对第二次迭代，

$$X_2=X_1+\frac{a(1-X_1)}{1+\varepsilon X_1}y_1\Delta W$$

$$y_2=y_1-\frac{\alpha}{2y_1}(1+\varepsilon X_1)\Delta W$$

$$W_2=2\Delta W$$

对 i 次迭代，

$$X_{i+1}=X_i+\frac{a(1-X_i)}{1+\varepsilon X_i}y_i\Delta W$$

$$y_{i+1}=y_i-\frac{\alpha}{2y_i}(1+\varepsilon X_i)\Delta W$$

$$W_i=i\Delta W$$

直到 n 次迭代达到所希望的催化剂质量 $W=i\Delta W$。把【例 4-6】中的 α、ε 和 a 的值代入，使用合适的计算程序进行计算，表 4-2-3 给出迭代的结果。

表 4-2-3　计算机输出的迭代结果

W	X	Y
0.000	0.000	1.000
5.000	0.115	0.958
10.000	0.215	0.915
15.000	0.300	0.870
20.000	0.373	0.824
25.000	0.436	0.776
30.000	0.490	0.724
35.000	0.535	0.670
40.000	0.574	0.610
45.000	0.606	0.545
50.000	0.633	0.472
55.000	0.654	0.385
60.000	0.670	0.274

由表可以看到，在 Ergun 方程中略去 εX 项获得的解析解产生的误差小于 10%，但是如果 εX 值较大的话会导致较大的误差。

有许多解常微分方程的计算机软件，如 O.D.E，界面对使用者是极端友好的。这里使用的是其中的 POLYMATH 和 Mathematica 软件对上述方程进行数值解，只要把方程和相应的参数值及初始边界条件输入计算机，就会输出结果。

3. 管线压力降

气体在无填料的管线中流动的压力降一般可以略去。在管线流动沿长度的压力降为

$$\frac{\mathrm{d}P}{\mathrm{d}L}=-G\frac{\mathrm{d}u}{\mathrm{d}L}-\frac{2fG}{\rho D} \tag{4-2-36}$$

其中，D 为管子的直径（cm）；u 为气体平均速度（cm/s）；f 为摩擦因子；$G=\rho ug$(cm^2·s)。

摩擦因子是 Re 准数和管子粗糙度的函数。一般质量流速 G 是恒定的，因此可以有

$$\rho\frac{\mathrm{d}P}{\mathrm{d}L}-G^2\frac{\mathrm{d}P}{\rho\mathrm{d}L}+\frac{2fG^2}{D}=0$$

沿管长度积分可得

$$\frac{P_0^2-P^2}{2}=G^2\frac{P_0}{\rho_0}\left(2f\frac{L}{D}+\ln\frac{P_0}{P}\right)$$

略去第二项：

$$\frac{P_0^2-P^2}{2}=2fG^2\frac{P_0}{\rho_0}\frac{L}{D}$$

重排得

$$\frac{P}{P_0}=\left(1-\frac{4fG^2V}{\rho_0P_0A_cD}\right)^{1/2}=(1-\alpha_pV)^{1/2}$$

$$\alpha_p=\frac{4fG^2V}{\rho_0P_0A_cD} \tag{4-2-37}$$

对【例 4-4】的流动条件，α_p=0.0118，压力降小于 10%。

4.2.5　可逆反应

前面讨论的都是不可逆反应。对等温反应，用于不可逆反应器的设计程序也可以应用于可逆反应的反应器设计。但是有一个例外，首先要计算在等温温度下能够达到的最大转化率，也就是平衡转化率。为了说明如何把不可逆反应的反应器设计扩展到可逆反应，故选择的反应器类型是间歇釜式反应器。选择的反应是氮和氧生成氮氧化物，因为它是空气中的重要污染物之一。

1. 氮氧化物在烟雾生成中的作用

来自汽车尾气的 NO 在过氧化物自由基存在下被氧化成 NO_2。二氧化氮在光催化剂作用下分解给出初始原子：

$$NO_2+h\nu\longrightarrow NO+O \tag{4-2-38}$$

然后生成臭氧：

$$O+O_2\longrightarrow O_3$$

臭氧在大气中氧化烃类生成醛、不同的自由基和其他中间物，而且进一步反应生成不希望的污染物：

$$\begin{aligned} &O_3+RCH{=\!=}CHR \longrightarrow RCHO+R\dot{O}+H\dot{C}O \\ &O_3+RCH{=\!=}CHR \xrightarrow{h\nu} \dot{R}+R\dot{C}O \end{aligned} \tag{4-2-39}$$

一个特别的例子是臭氧与丁二烯反应生成丙醛和甲醛，它们会极大地刺激眼睛。通过再生 NO_2 会有更多的臭氧生成并循环。完成再生的一个手段是通过 NO 与大气中的氧进行自由基反应。例如，生成的自由基与 O_2 反应给出过氧自由基：

$$\dot{R}+O_2 \longrightarrow RO\dot{O}$$

过氧自由基再与氧化亚氮反应生成二氧化氮：

$$RO\dot{O}+NO \longrightarrow R\dot{O}+NO_2$$

这样反应循环已经完成，产生的是相对少量的氮氧化物和大量的污染物。当然，也会发生许多其他反应，虽然这样的叙述没有错，但是，该反应循环机理确实可粗略地表述氮氧化物在空气污染中所起的作用。氮氧化物是从氮气和氧气在汽车燃烧汽缸中的 2700 K 温度下形成：

$$N_2+O_2 \underset{k_{-1}}{\overset{k_1}{\rightleftharpoons}} 2NO \tag{4-2-40}$$

假定反应为基元、均相、可逆和吸热反应，不考虑发生在汽缸中其他反应的影响，速率定律表示为

$$-r_{N_2}=k_1C_{N_2}C_{O_2}-k_{-1}C_{NO}^2=k_1(C_{N_2}C_{O_2}-C_{NO}^2/K_e) \tag{4-2-41}$$

其中，速率常数是用生成的 N_2 定义的；K_e 是平衡常数。

2. 举例

【例 4-8】 平衡转化率计算

氮和氧在汽车引擎汽缸中反应生成氧化亚氮。汽缸被看成是一个小的釜式反应器。作为第一次近似，反应时间远短于汽缸压缩的时间，因此，可以认为反应是等温发生于 2700 K，恒体积反应器 0.4 L，压力 20 atm。气体组成为：77%N_2，15%O_2，6%其他气体，可认为是惰性的。该温度下的平衡常数为 0.01。计算：（1）氮的平衡转化率，X_e；（2）NO 的平衡浓度。

解：平衡时有

$$-r_{N_2}=0=k_1(C_{N_2}C_{O_2}-C_{NO}^2/K_e)$$

把 NO 的平衡浓度表示为 N_2 和 O_2 平衡浓度的函数：

$$K_eC_{N_2e}C_{O_2e}=C_{NOe}^2$$

对等温、绝热和没有体积变化的反应，浓度和转化率可用下面一套化学计量式关联：

$$C_{N_2}=C_{N_20}(1-X),\ C_{O_2}=C_{N_20}(\Theta_{O_2}-X),\ C_{NO}=C_{N_20}(2X)$$

$$4X_e^2=K_e(1-X_e)(\Theta_{O_2}-X_e)$$

结合上述方程得　$\left(\dfrac{4}{K_e}-1\right)X_e^2+(1+\Theta_{O_2})X_e-\Theta_{O_2}=0$

从题意，取 $0<\Theta<1$，

$$\Theta_{O_2}=\frac{y_{O_20}}{y_{N_20}}=\frac{0.15}{0.77}=0.195$$

代入二次方程，

$$399X_e^2+1.195X_e-0.195\Theta_{O_2}=0$$

$$X_e=0.0207\approx 0.02$$

平衡浓度为

$$C_{NOe}=C_{N_20}(2X_e)$$

$$C_{N_20}=\frac{y_{N_20}P_0}{RT_0}=\frac{0.77\times 20}{0.082\times 2700}=0.0696(\text{mol}/\text{L})$$

$$C_{NOe}=2\times 0.02\times 0.0696=0.00278(\text{mol/L})$$

【例 4-9】　在等温间歇釜式反应器中的可逆反应

所有条件与【例 4-8】的相同，如果在 151 μs 内达到平衡的 80%，计算向前反应的速率常数。

解：反应　　$N_2+O_2 \rightleftharpoons 2NO$，$A+B \rightleftharpoons 2C$

对 80%平衡转化率，

$$X=0.8\times X_e=0.016$$

恒体积间歇反应器的设计方程：

$$\frac{dN_A}{dt}=r_AV,\ C_{A0}\frac{dX}{dt}=-r_A,\ t=C_{A0}\int_0^X\frac{dX}{-r_A}$$

速率定律：

$$-r_A=k_1\left(C_AC_B-\frac{C_C^2}{K_e}\right)$$

化学计量式：气相，$\varepsilon=0$，$V=V_0$，

$$C_A = C_{A0}(1-X),\ C_B = C_{A0}(\Theta_B - X),\ C_C = 2C_{A0}X$$

组合：

$$t = \frac{1}{k_1 C_{A0}} \int_0^X \frac{dX}{(1-X)(\Theta - X) - 4X^2 / K_e}$$

代入 C_{A0}、t、K_e、Θ 的值，解出 k_1：

$$k_1 = \frac{1}{151\times10^{-6}\times0.0696} \times \int_0^{0.016} \frac{dX}{0.195 - 1.195X - 399X^2}$$

需要使用数值计算：

$$k_1 = 9.51\times10^4 \times \int_0^{0.016} f(X)dX$$

用 Simpson 数值积分，h=0.008，

$$\int_{X_0}^{X_2} f(X)dX = \frac{h}{3}[f(X_0) + 4f(X_1) + f(X_2)]$$

$$X_0 = 0.0,\ f(X_0) = f(0) = \frac{1}{0.195-0} = 5.128$$

$$X_1 = 0.008,\ f(X_1) = f(0.008) = \frac{1}{0.195 - 1.195\times0.008 - 399\times0.008^2} = 6.25$$

$$X_2 = 0.016,\ f(X_2) = f(0.016) = \frac{1}{0.195 - 1.195\times0.016 - 399\times0.016^2} = 13.56$$

$$k_1 = 9.51\times10^4 \times \frac{0.008}{3} \times [5.128 + 4\times6.25 + 13.56] = 1.11\times10^4[\mathrm{L/(mol\cdot s)}]$$

4.2.6 反应器的非稳态操作

首先讨论 CSTR 反应器从启动达到稳态所需要的时间（图 4-2-13），再讨论半间歇反应器。主要是预测浓度和转化率与时间之间的关系。这些反应器的物料平衡一般是微分方程，对零级和一级反应可以获得解析解。半间歇操作有两种基本类型。一种类型是在反应 A+B⟶C+D 中仅有一个反应物（如 A）慢慢加到已经装满另一个反应物的反应器中。此种情形是不希望的，因 A 浓度过高而发生副反应或者反应是强放热的。在某些情形中，反应物 A 是气体，连续鼓泡通过液体反应物 B。此类反应的例子是氨解、氯化、水解等。另一类间歇反应器如图 4-2-13（c）所示，A 和 B 同时连续加入反应容器中。一个产物是挥发性的连续移出。由于产物的移出使反应向右边移动，达到增加转化率的目的。此外，移出一个产物使反应物的浓度增加从而增加反应速率，缩短反应时间。这类反应操作称为反应蒸馏，如酰化和酯化反应，移出的反应物是水。

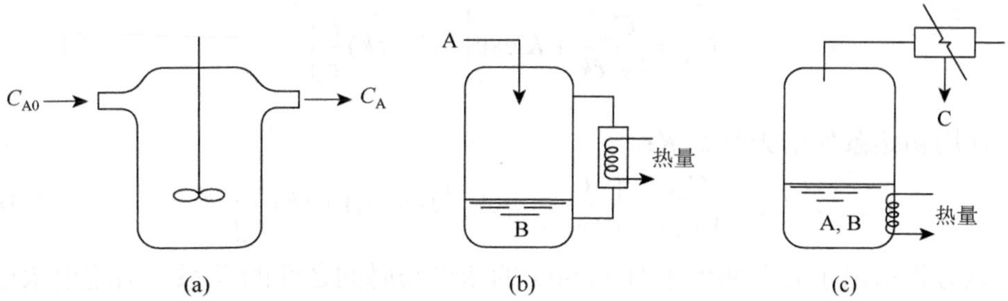

图 4-2-13　半间歇釜式反应器

1. CSTR 的启动

为了确定 CSTR 从启动达到稳态的时间，先从一般摩尔平衡开始：

$$F_{A0} - F_A + r_A V = \frac{dN_A}{dt} \tag{4-2-42}$$

$$C_{A0}v_0 - vC_A + r_A V = \frac{d(C_A V)}{dt} \tag{4-2-43}$$

在启动中，转化率是没有意义的，因为无法从累计的摩尔数中分离出反应掉的摩尔数。因此，必须使用浓度作为变量。对均相液相催化反应有 $v=v_0$，对恒移出，$V=V_0$。于是，上式变为

$$C_{A0} - C_A + r_A\tau = \tau\frac{dC_A}{dt} \tag{4-2-44}$$

对零级和一级反应可以获得解析解。

对反应 A$\longrightarrow$B，$-r_A=kC_A$ 可以得到：

$$C_{A0}/\tau = \frac{1+\tau k}{\tau}C_A + \frac{dC_A}{dt} \tag{4-2-45}$$

初始条件：$t=0$，$C_A=C_{Ai}$，C_{Ai} 是 A 在 CSTR 中的初始浓度。

使用 Laplace 变换解上面的一阶常微分方程，也可以用积分因子 IF：

$$\mathrm{IF} = \exp(\int\frac{1+\tau k}{\tau}dt) = \exp\left[(1+\tau k)\frac{t}{\tau}\right] \tag{4-2-46}$$

则上面的方程转化为

$$\frac{d\left\{C_A\exp\left[(1+\tau k)\frac{t}{\tau}\right]\right\}}{dt} = \frac{C_{A0}}{\tau}\exp\left[(1+\tau k)\frac{t}{\tau}\right]$$

积分并除以 $\exp\left[(1+\tau k)\frac{t}{\tau}\right]$ 得

$$C_{\mathrm{A}} = \frac{C_{\mathrm{A0}}}{1+\tau k} + K\exp\left[-(1+\tau k)\frac{t}{\tau}\right] \tag{4-2-47}$$

使用初始条件消去常数 K：

$$C_{\mathrm{A}} = \frac{C_{\mathrm{A0}}}{1+\tau k} - \left(\frac{C_{\mathrm{A0}}}{1+\tau k} - C_{\mathrm{Ai}}\right)\exp\left[-(1+\tau k)\frac{t}{\tau}\right] \tag{4-2-48}$$

该方程给出了开车和停车时（t=0）的浓度与时间之间的关系。当流出浓度达到稳态浓度值 C_{As} 的 99%，就说稳态已经达到了。稳态时，

$$C_{\mathrm{A}}=C_{\mathrm{As}}=\frac{C_{\mathrm{A0}}}{1+\tau k} \tag{4-2-49}$$

用 t_{s} 表示稳态已经基本达到的时间，有

$$C_{\mathrm{A}} = \frac{C_{\mathrm{A0}}}{1+\tau k}\left\{1-\exp\left[-(1+\tau k)\frac{t_{\mathrm{s}}}{\tau}\right]\right\} \tag{4-2-50}$$

结合式（4-2-49）和式（4-2-50）得

$$\begin{aligned}\frac{C_{\mathrm{A}}}{C_{\mathrm{As}}} &= 1-\exp\left[-(1+\tau k)\frac{t_{\mathrm{s}}}{\tau}\right] \\ t_{\mathrm{s}} &= \frac{1}{1+\tau k}\ln\frac{C_{\mathrm{As}}}{C_{\mathrm{As}}-C_{\mathrm{A}}}\end{aligned} \tag{4-2-51}$$

当 $C_{\mathrm{A}}=0.99C_{\mathrm{As}}$，

$$t_{\mathrm{s}} = \frac{1}{1+\tau k}\ln\frac{C_{\mathrm{As}}}{C_{\mathrm{As}}-C_{\mathrm{A}}} = \frac{1}{1+\tau k}\ln 100 = 4.6\frac{1}{1+\tau k} \tag{4-2-52}$$

对一级反应，$t_{\mathrm{s}}=4.6\tau$，对快速反应，达到稳态的时间为 $4.6/k$。对大部分一级反应体系，达到稳态的时间为接触时间的 3～4 倍或更短。

2. 半间歇反应器

讨论液相反应：A+B⟶C，其中 A 慢慢加入反应物 B 中。对物种 A 的摩尔平衡：

$$\begin{aligned}F_{\mathrm{A0}} - 0 + r_{\mathrm{A}}V(t) &= \frac{\mathrm{d}N_{\mathrm{A}}}{\mathrm{d}t} \\ v_0 C_{\mathrm{A0}} + r_{\mathrm{A}}V &= \frac{\mathrm{d}(C_{\mathrm{A}}V)}{\mathrm{d}t} = \frac{V\mathrm{d}C_{\mathrm{A}}}{\mathrm{d}t} + \frac{C_{\mathrm{A}}\mathrm{d}V}{\mathrm{d}t}\end{aligned} \tag{4-2-53}$$

反应器体积可以从总的质量平衡计算：

进反应器的速率−出反应器的速率+产生的速率=累计的速率

$$\rho_0 v_0 - 0 + 0 = \mathrm{d}(\rho V)/\mathrm{d}t \tag{4-2-54}$$

因为密度恒定，$\mathrm{d}V/\mathrm{d}t$=0，初始条件 t=0，$V=V_0$，积分得

$$V=V_0+v_0 t \tag{4-2-55}$$

除以 v_0，令 $\tau_0=V_0/v_0$，$\tau=V/v_0$，我们有

$$\tau=\tau_0+t \tag{4-2-56}$$

于是有

$$v_0(C_{A0}-C_A)+r_AV=\frac{dC_A}{dt}$$

由此可得

$$C_{A0}-C_A+r_A\tau=\tau\frac{dC_A}{d\tau} \tag{4-2-57}$$

表观一级反应，在开始时，B 是过量的，因此可以简化为

$$-r_A=k'C_AC_B=k'C_{B0}C_A=k'C_A$$

代入式（4-2-57）化简得

$$\frac{dC_A}{d\tau}+\frac{1+\tau k}{\tau}C_A=\frac{C_{A0}}{\tau} \tag{4-2-58}$$

$$\begin{aligned}&\mathrm{IF}=\exp\left(\int\frac{1+\tau k}{\tau}d\tau\right)=\tau e^{\tau k}\\&\frac{d(C_A\tau e^{\tau k})}{d\tau}=C_{A0}e^{\tau k}\end{aligned} \tag{4-2-59}$$

使用初始条件消除积分常数，获得在反应器中反应物浓度与 τ 或真实的时间间的关系：

$$C_A=\frac{C_{A0}}{\tau k}-\left(\frac{C_{A0}}{\tau_0k}-C_{Ai}\right)\tau_0\frac{\exp(k\tau_0-k\tau)}{\tau} \tag{4-2-60}$$

$$C_A=\frac{C_{A0}}{(t+\tau)k}-\left(\frac{C_{A0}}{\tau_0k}-C_{Ai}\right)\tau_0\frac{e^{-tk}}{\tau_0+t} \tag{4-2-61}$$

对非零级、非一级和非等温反应，就必须用数值方法来确定转化率与时间之间的函数关系。例如，对反应 A+B⟶C+D，B 加到含 A 的反应器中。对 A 和 B 都是一级。物料平衡：

容器中 A 在时间 t 的摩尔数=容器中 A 在时间 t_0 的摩尔数–B 在时间 t 反应掉的摩尔数

$$N_A=N_{A0}-N_{A0}X \tag{4-2-62}$$

类似地，对 B

容器中 B 在时间 t 的摩尔数=容器中 B 在时间 t_0 的摩尔数–A 在时间 t 反应掉的摩尔数

$$N_B=N_{Bi}+\int_0^t F_{B0}dt-N_{A0}X \tag{4-2-63}$$

如果加料速率恒定，

$$N_B=N_{Bi}+F_{B0}t-N_{A0}X \tag{4-2-64}$$

物种 A 物料平衡的另一个形式：

$$r_A V=dN_A/dt \tag{4-2-65}$$

而流体的体积：

$$V=V_0+v_0 t$$

于是有

$$-r_A V=N_{A0}dX/dt \tag{4-2-66}$$

该式是容易用数值方法求解的。一个最简单的方法是 Miline 的方法。在该方法中：

$$t=i\Delta t$$

$$X_{i+1}=X_i+\frac{(-r_A V)_i\Delta t}{N_{A0}} \tag{4-2-67}$$

$$V=V_0+tv_0$$

二级反应，进行数值解的一个改进方法是 Runge-Kutta-Gill 方法。为此需要把反应速率$-r_A$表示为转化率 X 和时间 t 的函数。对前述的不可逆二级反应，
速率定律：

$$-r_A=kC_A C_B \tag{4-2-68}$$

A 和 B 的浓度：

$$C_A=\frac{N_A}{V}=\frac{N_{A0}(1-X)}{V_0+v_0 t} \tag{4-2-69}$$

$$C_B=\frac{N_B}{V}=\frac{N_{Bi}+F_{B0}t-N_{A0}X}{V_0+v_0 t} \tag{4-2-70}$$

代入速率定律得

$$-r_A=\frac{k[N_{A0}(1-X)](N_{Bi}+F_{B0}t-N_{A0}X)}{(V_0+v_0 t)^2} \tag{4-2-71}$$

组合式（4-2-66）和式（4-2-71）给出：

$$N_{A0}\frac{dX}{dt}=\frac{k[N_{A0}(1-X)](N_{Bi}+F_{B0}t-N_{A0}X)}{V_0+v_0 t} \tag{4-2-72}$$

它可以用于数值解获得转化率与时间之间的函数关系。

4.2.7 举例

【例 4-10】 等温半间歇反应器中的二级反应

生产溴化甲烷的反应是一个不可逆液相反应：

$$CNBr + CH_3NH_2 \longrightarrow CH_3Br + NCNH_2$$

使用等温半间歇釜式反应器，盛有溴化腈浓度为 0.05 mol/L 的溶液 5 升，甲胺水溶液的浓度 0.025 mol/L，加料速率 0.05 L/s，反应速率常数 k=2.2L/(s·mol)。求溴化腈的转化率、溴化甲烷的浓度、反应速率与时间之间的函数关系。

解：该反应式写成 A+B⟶C+D，

A 的摩尔平衡：

$$N_{A0}\frac{dX}{dt} = -r_A V, \frac{dX}{dt} = \frac{-r_A V}{N_{A0}}$$

速率定律：

$$-r_A = kC_A C_B$$

化学计量式：

$$C_A = \frac{N_A}{V} = \frac{N_{A0}(1-X)}{V_0 + v_0 t}, \ V = V_0 + v_0 t$$

$$C_B = \frac{N_{Bi} + F_{B0}t - N_{A0}X}{V_0 + v_0 t}$$

$$C_C = \frac{N_C}{V} = \frac{N_{A0}X}{V}$$

组合上述方程（N_{Bi}=0），

$$\frac{dX}{dt} = F(X,t) = \frac{k(1-X)(F_{B0}t - N_{A0}X)}{V_0 + v_0 t}$$

上述方程需要用数值方法求解。当使用 Runge-Kutta-Gill 方法时，给出任何时间 t 的转化率为

$$X_{i+1} = X_i + \frac{\Delta t}{6}[k_1 + (2-\sqrt{2})k_2 + (2+\sqrt{2})k_3 + k_4]$$

$$t_i = i\Delta t$$

$$k_1 = F(X_i, \ t_i)$$

$$k_2 = F\left(X_i + \frac{k_1 \Delta t}{2}, \ t_i + \frac{\Delta t}{2}\right)$$

$$k_3 = F\left[X_i + \left(\frac{1}{\sqrt{2}} - \frac{1}{2}\right)k_1\Delta t + \left(1 - \frac{1}{\sqrt{2}}\right)k_2\Delta t, \ t_i + \frac{\Delta t}{2}\right]$$

$$k_4 = F\left[X_i - \frac{k_2\Delta t}{\sqrt{2}} + \left(1 + \frac{1}{\sqrt{2}}\right)k_3\Delta t, \ t_i + \Delta t\right]$$

此外，还需要给出 V_0、v_0、C_{A0}、C_{B0}。这样可以编制计算机程序。溴化甲烷的浓度示于图 4-2-14 中，其转化率如图 4-2-15 所示，反应速率和生成的摩尔数与时间的关系如图 4-2-16 所示。当然也可以使用其他数值方法，如 POLYMATH 程序。

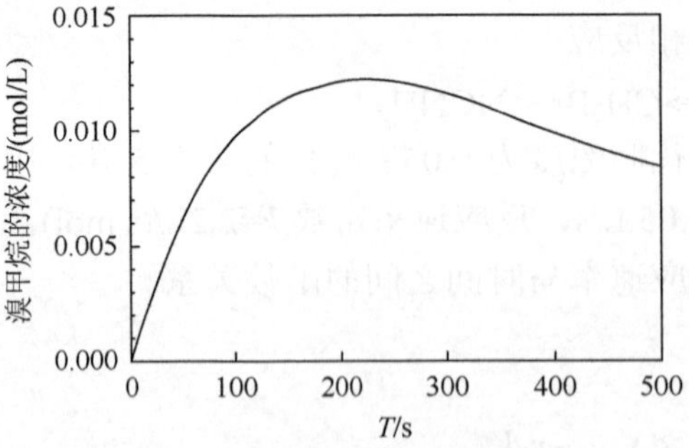

图 4-2-14　溴化甲烷的浓度随时间的变化

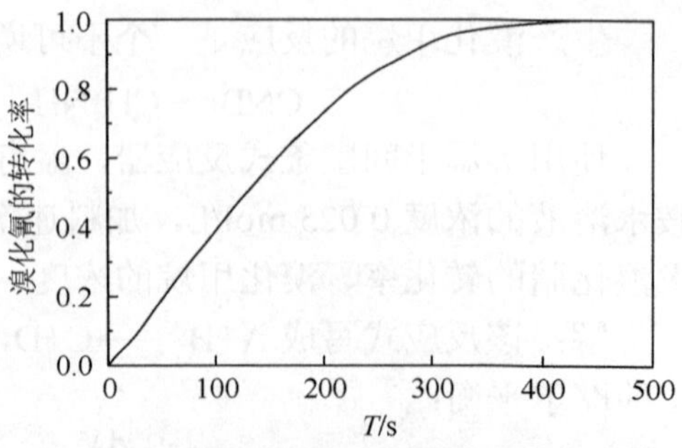

图 4-2-15　溴化甲烷的转化率随时间的变化

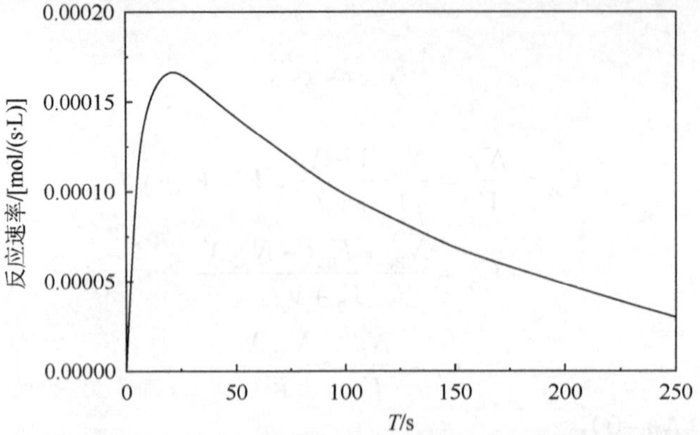

图 4-2-16　溴化甲烷的反应速率随时间的变化

【例 4-11】　己二酸和己二醇在硫酸催化下在釜式反应器中缩聚生产醇酸树脂。二级反应，$r=k\,C_AC_B$，k=1.97 L/(kg mol·min)，$C_{A0}=C_{B0}$=0.004 kg mol/L。

（1）计算转化率 x=0.5、0.6 和 0.8 时所需反应时间；（2）x=0.8，每天消耗 2400 kg 己二酸，每批辅助时间为 1 h，装料系数 η=0.75，计算反应器体积。

解：（1）$r=k\,C_A^2$，等温液相反应，假设反应体积不变。

$$t=C_{A0}\int_0^{x_i}\frac{dx}{r}=C_{A0}\frac{1}{kC_{A0}^2}\int_0^{x_i}\frac{dx}{(1-x)^2}=\frac{1}{kC_{A0}}\frac{x}{1-x}$$

$$x=0.5,\ t=\frac{1}{1.97\dfrac{\text{L}}{\text{kg mol}\cdot\text{min}}\times 0.004\dfrac{\text{kg mol}}{\text{L}}}\times\frac{0.5}{1-0.5}=126\ \text{min}=2.10\ \text{h}$$

$$x=0.6,\ t=\frac{1}{1.97\dfrac{\text{L}}{\text{kg mol}\cdot\text{min}}\times 0.004\dfrac{\text{kg mol}}{\text{L}}}\times\frac{0.6}{1-0.6}=191\ \text{min}=3.18\ \text{h}$$

$$x=0.8,\ t=\frac{1}{1.97\dfrac{\text{L}}{\text{kg mol}\cdot\text{min}}\times 0.004\dfrac{\text{kg mol}}{\text{L}}}\times\frac{0.8}{1-0.8}=508\ \text{min}=8.47\ \text{h}$$

（2）x=0.8，总时间 t=反应时间 8.47 h，考虑 1 h 的辅助时间，最后为 9.47 h。

己二酸 $C_4H_2(COOH)_2$，M=146，每小时需处理 F_{A0}=2400 kg/(24×146)=0.685 kg mol/h，体积 $v=F_{A0}/C_{A0}$=0.685(kg mol/h)/0.004(kg mol/L)=171 L/h

所需反应器有效体积 $V_R=v$(L/h)×t(h)=171×9.47=1619(L)=1.619(m^3)

所需实际反应器体积 $V=V_R/\eta$=1.619/0.75=2.16(m^3)。

【例 4-12】　【例 4-11】中的条件，使用活塞流管式反应器，计算其体积。

解：对恒容等温二级液相反应，有

$$t=\frac{V_R}{v_0}=\frac{1}{kC_{i0}}\frac{x_i}{1-x_i}=\frac{1}{1.97\times0.004}\times\frac{0.8}{1-0.8}=508(\text{min})=8.47(\text{h})$$

$$V_R=v(\text{L/h})\times t(\text{h})=171\times8.47=1448(\text{L})=1.45(\text{m}^3)$$

节省了辅助时间，反应器体积比釜式反应器小。

【例 4-13】　乙酸和乙醇在盐酸催化下在釜式反应器中生产乙酸乙酯。100℃，可逆液相反应：

$$CH_3COOH+C_2H_5OH \rightleftharpoons CH_3COOC_2H_5+H_2O$$

$r=k_1C_1C_2-k_{-1}C_3C_4$，$k_1=4.76\times10^{-4}$ m^3/(kg mol·min)，$k_{-1}=1.63\times10^{-4}$ m^3/(kg mol·min)

在 0.3785 m^3 水溶液中，乙酸 90.8 kg，乙醇 181.6 kg，密度为 1043 kg/m^3

计算反应 120 min 后乙酸的转化率。

解：乙酸和乙醇的分子量分别为 60 和 46。

$$C_{10}=\frac{90.8}{60\times0.3785}=4.0(\text{kg mol/m}^3),\ C_{20}=\frac{181.6}{46\times0.3785}=10.43(\text{kg mol/m}^3)$$

$$C_{30}=0,\ C_{40}=\frac{0.3785\times1043-90.8-181.6}{18\times0.3785}=18.0(\text{kg mol/m}^3)$$

设乙酸的转化率为 x，则有

$$C_1=C_{10}(1-x)=4.0\times(1-x),\ C_2=C_{20}-C_{10}x=10.43-4.0x$$

$$C_3=C_{30}+C_{10}x=0+4.0x=4.0x,\ C_4=C_{40}+C_{10}x=18.0+4.0x$$

代入速率方程：

$r=k_1C_1C_2-k_{-1}C_3C_4=4.76\times10^{-4}$[m^3/(kg mol·min)]×4(1−$x$)(10.43−4$x$)(kg mol/m^3)^2−1.63×10^{-4}[m^3/(kg mol·min)]×(4x)×(18.0+4.0x)(kg mol/m^3)^2=8.0×10^{-2}(0.248−0.49x+0.063x^2) [kg mol/(min·m^3)]

得

$$t=C_{10}\int_0^x\frac{dx}{r}=\frac{4.0}{8.0\times10^{-2}}\int_0^x\frac{dx}{0.248-0.49x+0.063x^2}$$

$$=\frac{50}{0.42}\ln\left[\frac{0.126x-0.91}{0.126x-0.07}\times\frac{0.07}{0.91}\right]$$

t=120 min，可以解得 x=0.363，即有 36.3%的乙酸已经被转化为乙酸乙酯。

【例 4-14】　甲苯加氢脱烷基催化反应器设计

反应式：

$$C_6H_5CH_3 + H_2 \longrightarrow C_6H_6 + CH_4$$

原料组成：20%甲苯，40%氢气，40%惰性气体。

得到速率方程已经在第 2 章的例子中建立：

$$-r_T' = \frac{1.4\times10^{-8} P_{H_2} P_T}{1+1.26P_T+1.01P_B}$$

用它作为催化反应器设计的基础。

反应器设计首先要把分压 P_T、P_B 和 P_{H_2} 表示成转化率 X 的函数，组合速率定律也作为转化率的函数，并得到的填料床层设计方程进行积分：

$$W = F_{A0}\int\frac{dX}{-r_A' X}$$

1）固定（填料）床反应器

要求达到 89.5%的甲苯转化率，催化剂的堆密度为 2.3 g/cm³，计算填料床反应器需要装填的催化剂的质量。反应条件如前面所述，反应物流的体积流速为 400 L/min。同时计算在 CSTR 中的催化剂质量（堆密度 0.4 g/cm³）。

解：（1）设计方程：

$$\frac{dF_T}{dW} = -r_T'$$

$$F_{T0}\frac{dX}{dW} = -r_T'$$

不考虑压力降和催化剂的失活，上式可以积分：

$$W = F_{T0}\int_0^X \frac{dX}{-r_T'}$$

（2）速率定律：$-r_T' = \dfrac{kK_T P_{H_2} P_T}{1+K_T P_T + K_B P_B}$

（3）化学计量式：

$$P_T = C_T RT = C_{T0}RT_0\frac{1-X}{1+\varepsilon X} = P_{T0}\frac{1-X}{1+\varepsilon X}$$

$$\varepsilon = y_{T0}\delta = 0.2\times0 = 0$$

$$P_{T0} = y_{T0}P_0 = 0.2\times10 = 2(\text{atm})$$

$$P_T = 2\times(1-X)$$

$$P_{H_2} = P_{T0}(\Theta_{H_2} - X),\ \Theta_{H_2} = 0.4/0.2 = 2$$

$$P_{H_2} = P_{T0}(\Theta_{H_2} - X) = 2\times(2-X)$$

$$P_B = C_B RT = C_{T0}RT_0(\Theta_B + X) = P_{T0}(\Theta_B + X)$$

$$\Theta_B = 0,\ P_B = 2X$$

（4）组合得到：

$$W = F_{T0}\int_0^X \frac{dX}{-r'_T} = F_{T0}\int \frac{[1+P_{T0}K_B X + P_{T0}K_T(1-X)]dX}{kK_T P_{T0}^2(1-X)(2-X)}$$

（5）参数计算。代入分压得到：

$$\begin{aligned}-r'_T &= \frac{5.64\times10^{-8}(1-X)(2-X)}{1+2.52(X)+2.02P(1-X)}\frac{\text{gmolT}}{\text{g cat}\cdot\text{s}}\\ &= \frac{3.38\times10^{-3}\times(1-X)(2-X)}{3.02+0.5X}\frac{\text{gmolT}}{\text{kg cat}\cdot\text{min}}\end{aligned} \tag{4-2-73}$$

计算特定苯摩尔流速下反应器的转化率。甲苯的摩尔进料速率：

$$F_{T0} = C_{T0}v = \frac{P_{T0}}{RT_0}v_0 = \frac{2}{0.082\times873}\times400 = 11.175(\text{gmolT / min})$$

出口苯的摩尔流速 F_B=$F_{T0}X$=10 gmol/min

对应的转化率：X=F_B/F_{T0}=10.0/11.175=0.895

使用式（4-2-73）计算获得该转化率所需要的催化剂质量。

（6）数值计算：

$X\text{-}1/(-r'_T)$ 计算如表 4-2-4 所示，作图如图 4-2-17 所示。

表 4-2-4　$X\text{-}1/(-r'_T)$ 计算结果

X	$-r'_T$	$1/(-r'_T)$
0.0	2.24×10^{-3}	f_1=446
0.2	1.52×10^{-3}	f_2=656
0.4	0.963×10^{-3}	f_3=1038
0.6	0.534×10^{-3}	f_4=1872
0.8	0.218×10^{-3}	f_5=4565
0.895	0.103×10^{-3}	f_6=9708

$$W = F_{T0}\int_0^X \frac{dX}{-r'_T} = 11.175\frac{\text{gmolT}}{\text{min}}\text{（曲线下的面积）}$$

使用 Simpson 规则进行数值积分，得到的面积为 1957 kg cat·min/g mol T。于是

$$W=11.175\times1957=2.19\times10^4(\text{kg cat})$$

使用数值积分，把曲线下的面积分成两部分：X=0 到 X=0.8，h_1=0.2、X=0.8 到 h_2=0.095、X=0.895，有

$$W = F_{T0}\left[\frac{h_1}{3}(f_1 + 4f_2 + 2f_3 + 4f_4 + f_5) + \frac{h_2}{2}(f_5 + f_6)\right]$$
$$= 11.175 \times (1148 + 679) = 2.04 \times 10^4 (\text{kg cat})$$

由于催化剂的堆密度为 2.3 g/cm^3=2.3 kg/L，所以，需要的反应器体积为 9510 L，即 9.51 m^3。

2）流化 CSTR 反应器

计算达到相同转化率所需要的催化剂质量，其操作条件与固定床反应器相同。此时流化反应其中催化剂的堆密度为 0.4 g/cm^3。此时的设计方程为

$$W = \frac{F_{T0}X}{-r_T'}$$

X=0.895 时的反应速率为

$$-r_T' = 1.03\times10^{-4}\ \text{g molT/(kg cat·min)}$$
$$W = \frac{F_{T0}X}{-r_T'} = \frac{10\times0.895}{1.03\times10^{-4}} = 9.70\times10^4 (\text{kg cat})$$
$$V = \frac{9.70\times10^4}{0.4} = 2.42\times10^5 (\text{L})$$

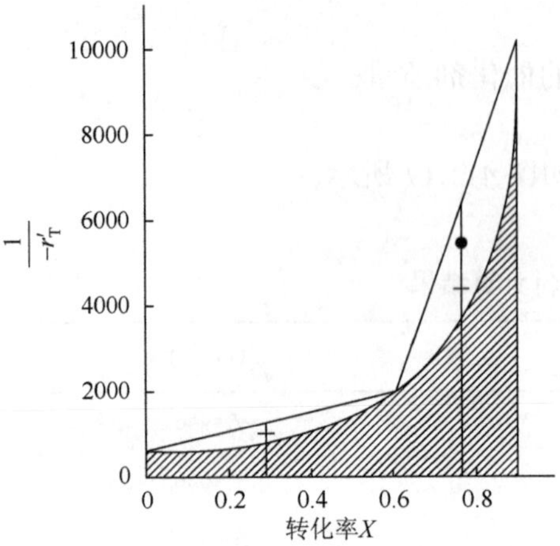

图 4-2-17　图解积分

这个反应器体积太大了，应该提高反应温度或使用串联的 CSTR 反应器。

上面的例子说明了催化剂反应器设计的大部分工作。

作为一个等温反应器设计的一个小结，其设计的程序包括：使用设计方程（也就是质量衡算式）、速率定律、化学计量式，把其组合起来也就是把设计方程表示成转化率的函数，将包括的参数进行仔细的计算，然后对该方程或方程组进行解析解或数值解。另外，需要时必须考虑压力降。

4.2.8　反应分离

把催化反应与分离过程相结合，也就是把催化剂也作为填料使用，是催化反应过程和与产物的分离过程放在一个容器（既是催化反应器又是分离装置）中，这样不仅可以使反应和分离两个步骤合并为一个，而且节约能量。这是催化反应工程的发展新趋势之一。

1. 反应蒸馏

在一个装置中同时进行反应和蒸馏可以大量节约投资和成本。如果一个产物中有一个是低沸点物质，它可以从反应混合物中蒸发出来而得以分离，这时反应蒸馏技术具有很大的吸引力。例如，乙酸甲酯的生产。低沸点的乙酸甲酯可以从产物中移出，从而使逆反应可以被略去，并反应完全。这是可以进行理论分析的。

2. 膜反应器

反应器中含有膜，它可以使某些组分透过并阻止另一些组分透过，或防止颗粒接触催化剂。像反应蒸馏一样，也可以破坏反应的热力学平衡，达到高转化率。

主要有两类催化膜反应器，如图 4-2-18 所示。左面的一个是惰性膜反应器，催化剂颗粒在进料一边；右面的是催化膜反应器，催化剂直接沉积在膜上，只有某个反应产物可以透过膜。例如，环己烷脱氢，产物氢是可以透过膜的，使一个可逆反应变成了不可逆。

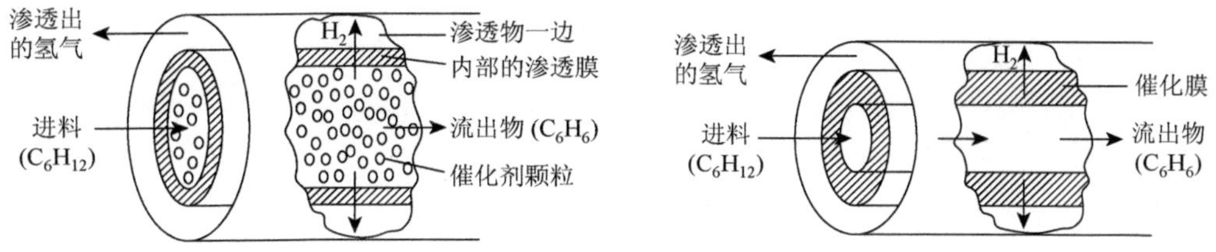

图 4-2-18　两类不同的膜催化反应器

参 考 文 献

陈甘棠. 2007. 化学反应工程. 北京：化学工业出版社.

陈诵英，孙彦平. 2011. 催化反应器工程. 北京：化学工业出版社.

陈诵英. 2011. 催化反应工程基础. 北京：化学工业出版社.

张濂，许志美. 2005. 化学反应器分析. 上海：华东理工大学出版社.

张兆君，颜宁，颜东. 1998. 催化反应器设计. 北京：科学技术文献出版社.

朱炳辰. 2007. 化学反应工程. 北京：化学工业出版社.

Aris R. 1975. The mathematical Theory of Diffusion and Reaction in Permeable Catalysts. Oxford：Clarendon Press.

Donati G，Paludetto R. 1997. Scale up of chemical reactors，Catalysis Taday，34：483-533.

Dudukovic M P，Larachi F，Mills P L. 2002. Multiphase catalytic reactors：A perspective on current knowledge and future trends. Catalysis Review，44（1）：123-246.

Fogler G S. 1997. Elements of Chemical Reaction Engineering. 2nd Ed. New Delhi：Prentice-hall of India private limited.

Froment G F，Bischoff K B. 1979. Chemical Reaction Analysis and design. New York：Wiley.

Jenson V G，Jeffreys G V. 1963. Mathematical Methods in Chemical Engineering. London：Academic Press.

Levenspiel O. 1962. Chemical Reaction Engineering—An Introduction to The Design of Chemical Reactors. New York：John Wiley and Sons，Inc.

Pernicone N. 1997. Scale-up of catalyst production. Catalysis Taday，34：535-547.

Smith J M. 1981. Chemical Engineering Kinetics. 3rd Ed. 台北：状元出版社.

Solinas M A. 1997. Methodologies for economic and financial analysis. Catalysis Taday，34：469-481.

Trotta R，Miracca I. 1997. Approach to the industrial process. Catalysis Taday，34：429-446.

Trotta R，Miracca I. 1997. Case history：synthesis and decomposition of MTBE. Catalysis Taday，34：447-455.

第 5 章　催化反应器设计Ⅱ：非等温情形

5.1　引　　言

本章关心的是催化反应器中的热效应。等温反应器设计中使用的基本设计方程、速率定律和化学计量式对非等温反应器设计仍然是可靠的。主要的差别在于：温度变化而引起的设计方程复杂化，导致计算方法不同。对非等温反应器设计需要有能量平衡方程，对不同催化反应器的应用也有所不同，需要与摩尔平衡方程、速率方程和化学计量式偶合①。

为确定设计非等温反应器所必需的附加信息，先讨论下面的例子：在 PFR 中绝热进行强放热反应。

【例 5-1】　所需要的附加信息是什么？

计算不可逆液相反应 A——→B 在 70%转化率时所需要的反应器体积。反应器绝热操作，反应放热，温度随反应器位置而变，转化率随温度增高而增大。

解：设计方程：

$$V = F_{A0}\int_0^X \frac{dX}{-r_A}$$

速率方程：

$$-r_A = kC_A$$

液相：

$$v = v_0$$

化学计量式：

$$C_A = C_{A0}(1-X)$$

组合：

$$V = v_0\int_0^X \frac{dX}{k(1-X)}$$

$$k = k_1 \exp\left[\frac{E}{R}\left(\frac{1}{T_1}-\frac{1}{T}\right)\right]$$

由于温度沿反应器长度因转化率而变，速率常数也随之而变，所以不能够提到积分号的外面。组合阿伦尼乌斯方程：

---

① 本章中涉及的部分计算数据单位源于英制或美制单位，与国际单位制的换算关系见章末表格。

$$V = v_0 \int_0^X \frac{\mathrm{d}X}{\exp\left[\frac{E}{R}\left(\frac{1}{T_1}-\frac{1}{T}\right)\right](1-X)}$$

必须使转化率与温度间发生关系，通过能量平衡可以达到这一点。

5.2 能量平衡

5.2.1 热力学第一定律

热力学第一定律可以应用于密闭体系，也可应用于开放体系。在密闭体系中，没有与环境的质量交换，因此其总能量的变化 dE 等于进入体系反应物热流 δQ 减去体系对环境所做的功 δW。在密闭体系中的能量平衡：

$$\mathrm{d}E=\delta Q-\delta W \tag{5-2-1}$$

连续流动催化反应器是一个体系，因为与环境有质量交换。如图 5-2-1 所示，质量流也会带来能量的交换。只有单个组分进入和离开的能量平衡如式（5-2-2）所示。对有多个组分的开放体系的能量平衡为

[体系内能量=环境到体系–体系对环境–质量流带入体–质量流带出体]

$$\frac{\mathrm{d}E}{\mathrm{d}t}=\dot{Q}-\dot{W}-F_{进}E_{进}-F_{出}E_{出} \tag{5-2-2}$$

$$\left(\frac{\mathrm{d}E}{\mathrm{d}t}\right)_{\mathrm{sys}}=\dot{Q}-\dot{W}+\sum_{i=1}^{n}E_i\,F_i\Big|_{\mathrm{in}}-\sum_{i=1}^{n}E_i\,F_i\Big|_{\mathrm{out}} \tag{5-2-3}$$

其中，F_i、E_i 分别为 i 组分的摩尔流速和所带的能量。

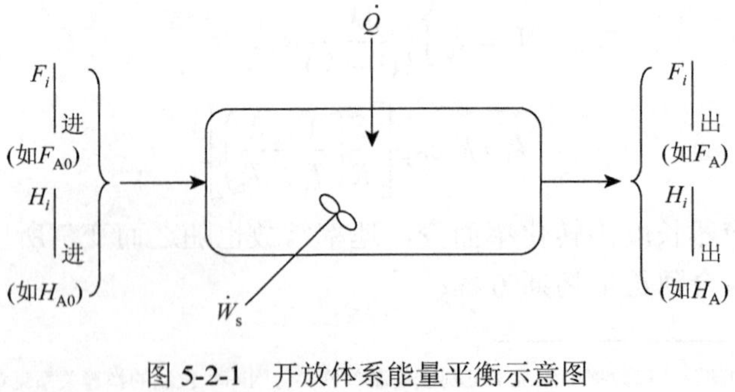

图 5-2-1　开放体系能量平衡示意图

5.2.2　功的计算

一般把功 $\dot{W}$ 分为流动功和其他功 $\dot{W}_s$。流动功是使组分流入和流出体系所必需的功。例如，不存在剪应力时有

$$\dot{W} = -\sum_{i=1}^{n} F_i P V_i \Big|_{\text{in}} + \sum_{i=1}^{n} F_i P V_i \Big|_{\text{out}} + \dot{W}_s \tag{5-2-4}$$

方程式（5-2-4）右边前两项是流动功的速率；P 是压力（kPa）；V_i 是 i 组分的比容（m^3/mol）。通常称 $\dot{W}_s$ 为轴功，来自于搅拌器（CSTR）或透平机（PFR）。流动功常常包含在质量流的能量交换项中。把式（5-2-4）代入（5-2-3）中，可得

$$\left(\frac{\mathrm{d}E}{\mathrm{d}t}\right)_{\text{sys}} = \dot{Q} - \dot{W} + \sum_{i=1}^{n} (E_i + PV_i) F_i \Big|_{\text{in}} - \sum_{i=1}^{n} (E_i + PV_i) F_i \Big|_{\text{out}} \tag{5-2-5}$$

能量 E_i 是内能 U_i、动能 u_i^2 和位能 gz_i 及其他能量（如电能磁能或光能）之和：

$$E_i = U_i + \frac{u_i^2}{2} + gz_i + \text{其他} \tag{5-2-6}$$

在绝大多数反应器中，动能、位能和其他能量如电能磁能或光能与焓、传递的热量和功项比较是非常小的，完全可以略去：

$$E_i = U_i \tag{5-2-7}$$

从热力学知：

$$H_i = U_i + PV_i \tag{5-2-8}$$

进入或离开体系的焓为

$$F_i H_i = F_i (U_i + PV_i)$$

组合式（5-2-5）、式（5-2-7）和式（5-2-8）得

$$\left(\frac{\mathrm{d}E}{\mathrm{d}t}\right)_{\text{sys}} = \dot{Q} - \dot{W} + \sum_{i=1}^{n} H_i F_i \Big|_{\text{in}} - \sum_{i=1}^{n} H_i F_i \Big|_{\text{out}} \tag{5-2-9}$$

用下脚标“0”表示进入条件，上式可以写成：

$$\left(\frac{\mathrm{d}E}{\mathrm{d}t}\right)_{\text{sys}} = \dot{Q} - \dot{W} + \sum_{i=1}^{n} H_{i0} F_{i0} - \sum_{i=1}^{n} H_i F_i \tag{5-2-10}$$

为了便于应用，需要再细分：①摩尔流速 F_i，F_{i0}；②摩尔焓 H_i，$H_{i0}[H_i=H_i(T), H_{i0}=H_i(T_0)]$。

5.2.3 从稳态摩尔流获得反应热

讨论一般化反应：

$$A+b/aB \longrightarrow c/aC+d/aD$$

方程式（5-2-10）中的进入和离开项分别为

进入：$$\sum H_{i0}F_{i0}=H_{A0}F_{A0}+H_{B0}F_{B0}+H_{C0}F_{C0}+H_{D0}F_{D0}+H_{I0}F_{I0} \quad (5\text{-}2\text{-}11)$$

离开：$$\sum H_iF_i=H_AF_A+H_BF_B+H_CF_C+H_DF_D+H_IF_I \quad (5\text{-}2\text{-}12)$$

下面讨论用转化率来表示摩尔流速。在没有累积和化学计量系数为 υ 的情况下有

$$F_i=F_{i0}(\Theta_i+\upsilon_iX)$$

对上述一般化反应，各个组分流率用转化率表示有

$$F_A=F_{A0}(1-X)$$

$$F_B=F_{A0}\left(\Theta_B-\frac{b}{a}X\right)$$

$$F_{Ci}=F_{A0}\left(\Theta_C+\frac{c}{a}X\right)$$

$$F_D=F_{A0}\left(\Theta_D+\frac{d}{a}X\right)$$

$$F_{Ii}=F_{A0}\Theta_I$$

把它们代入式（5-2-11）和式（5-2-12），然后由式（5-2-11）减式（5-2-12）得

$$\begin{aligned}\sum H_{i0}F_{i0}-\sum H_{i0}F_{i0}=&F_{A0}[(H_{A0}-H_A)+\Theta_B(H_{B0}-H_B)+\Theta_C(H_{C0}-H_C)\\&+\Theta_D(H_{D0}-H_D)+\Theta_I(H_{I0}-H_I)]-\left(\frac{d}{a}H_D+\frac{c}{a}H_C-\frac{b}{a}H_B-H_A\right)F_{A0}X\end{aligned} \quad (5\text{-}2\text{-}13)$$

上式右边带括号的项是温度为 T 时的反应热 $\Delta H_R(T)$，

$$\Delta H_R(T)=\frac{d}{a}H_D(T)+\frac{c}{a}H_C(T)-\frac{b}{a}H_B(T)-H_A(T) \quad (5\text{-}2\text{-}14)$$

代入式（5-2-13）得

$$\sum H_{i0}F_{i0}-\sum H_{i0}F_{i0}=F_{A0}\sum\Theta_u(H_{i0}-H_i)-\Delta H_R(T)F_{A0}X \quad (5\text{-}2\text{-}15)$$

结合式（5-2-10）和式（5-2-15），获得稳态能量平衡：

$$\left(\frac{dE}{dt}\right)_{sys}=\dot{Q}-\dot{W}+F_{A0}\sum_{i=1}^{n}(H_{i0}-H_i)-\Delta H_R(T)F_{A0}X=0 \quad (5\text{-}2\text{-}16)$$

如果反应期间发生相变化，上式仍然能够使用。

5.2.4　反应焓项

物种 i 在特定温度 T 和压力下的摩尔焓通常用它在某个参考温度 T_R 下的生成焓 $H_i^0(T_R)$ 加上因温度变化而引起的焓变 ΔH_{Qi} 来表示：

$$H_i = H_i^0(T_R) + \Delta H_{Qi} \tag{5-2-17}$$

$$\Delta H_{Qi} = \int_{T_1}^{T_2} C_{pi} \mathrm{d}T \tag{5-2-18}$$

其中，T_1 通常是 25℃。

【例 5-2】　把 $H_A(T)$ 关系转化到 $H_A^0(T_R)$ 关系

A 在 25℃时是固体，它的生成焓是 H_A^0(298 K)，写出它在气态温度为 T 时的焓的表达式。

解： 由于温度增加，它从固体变为液体再变为气体，因此需要考虑在熔点时的熔化热和在沸点时的蒸发热。

物种 A 在温度 T 时的焓=物种 A 在温度 T_R 时的生成焓+从 T_R 到 T_m 的 ΔH_Q+在温度 T_m 时的熔化热+从 T_m 到 T_b 的 ΔH_Q+在温度 T_b 时的蒸发热+从 T_b 到 T 的 ΔH_Q

$$H_A(T) = H_A^0(T_R) + \int_{T_R}^{T_m} C_{psA} \mathrm{d}T + \Delta H_{mA}(T_m) + \int_{T_m}^{T_b} C_{plA} \mathrm{d}T + \Delta H_{vA}(T_b) + \int_{T_b}^{T} C_{pvA} \mathrm{d}T$$

工业上很多反应是不包含相变的。现在考虑没有相变化的反应，其能量平衡为

$$H_i = H_i^0(T_R) + \int_{T_R}^{T} C_{pi} \mathrm{d}T \tag{5-2-19}$$

在温度为 T 时的热容常用多项式表示：

$$C_{pi} = \alpha_i + \beta_i T + \gamma_i T^2 \tag{5-2-20}$$

焓变的计算可以使用下式：

$$H_i - H_{i0} = [H_A^0(T_R) + \int_{T_R}^{T} C_{pi} \mathrm{d}T - [H_i^0(T_R) + \int_{T_R}^{T_{i0}} C_{pi} \mathrm{d}T] = \int_{T_{i0}}^{T} C_{pi} \mathrm{d}T \tag{5-2-21}$$

把它代入式（5-2-16）得

$$\dot{Q} - \dot{W} + F_{A0} \sum \int_{T_{i0}}^{T} \Theta_i C_{pi} \mathrm{d}T - \Delta H_R(T) F_{A0} X = 0 \tag{5-2-22}$$

5.2.5 $\Delta H_{\mathrm{R}}(T)$、$\Delta H_{R}^{0}(T_{\mathrm{R}})$和$\Delta C_p$与温度间的关联

对前面的一般化反应，利用式（5-2-14）和式（5-2-19），在温度为 T 时的反应热可表示为

$$\Delta H_{\mathrm{R}}(T)=\left[\frac{d}{a}H_{\mathrm{D}}^{0}(T_{\mathrm{R}})+\frac{c}{a}H_{\mathrm{C}}^{0}(T_{\mathrm{R}})-\frac{b}{a}H_{\mathrm{B}}^{0}(T_{\mathrm{R}})-H_{\mathrm{A}}^{0}(T_{\mathrm{R}})\right]+\int_{T_{\mathrm{R}}}^{T}\left[\frac{d}{a}C_{p\mathrm{D}}+\frac{c}{a}C_{p\mathrm{C}}-\frac{B}{a}C_{p\mathrm{B}}-C_{p\mathrm{A}}\right]\mathrm{d}T \tag{5-2-23}$$

右边第一项是在参考温度下的反应热：

$$\Delta H_{\mathrm{R}}^{0}(T_{\mathrm{R}})=\frac{d}{a}H_{\mathrm{D}}^{0}(T_{\mathrm{R}})+\frac{c}{a}H_{\mathrm{C}}^{0}(T_{\mathrm{R}})-\frac{b}{a}H_{\mathrm{B}}^{0}(T_{\mathrm{R}})-H_{\mathrm{A}}^{0}(T_{\mathrm{R}}) \tag{5-2-24}$$

第二项括号内是反应 1 mol A 时的热容的变化：

$$\Delta C_p=\frac{d}{a}C_{p\mathrm{D}}+\frac{c}{a}C_{p\mathrm{C}}-\frac{b}{a}C_{p\mathrm{B}}-C_{p\mathrm{A}} \tag{5-2-25}$$

结合式（5-2-25）、式（5-2-24）和式（5-2-23）得

$$\Delta H_{\mathrm{R}}(T)=\Delta H_{\mathrm{R}}^{0}(T_{\mathrm{R}})+\int_{T_{\mathrm{R}}}^{T}\Delta C_p\mathrm{d}T \tag{5-2-26}$$

5.2.6 恒定热容或平均热容

对恒定或平均热容，式（5-2-26）变为

$$\Delta H_{\mathrm{R}}(T)=\Delta H_{\mathrm{R}}^{0}(T_{\mathrm{R}})+\Delta\bar{C}_p(T-T_{\mathrm{R}}) \tag{5-2-27}$$

其中，

$$\Delta\bar{C}_p=\frac{\int_{T_{\mathrm{R}}}^{T}\Delta C_p\mathrm{d}T}{T-T_{\mathrm{R}}} \tag{5-2-28}$$

类似地，式（5-2-22）中的积分也可写成：

$$\sum\int_{T_{i0}}^{T}\Theta_i C_{pi}\mathrm{d}T=\sum(T-T_{i0})\Theta_i\bar{C}_{pi}$$

平均热容定义为

$$\bar{C}_{pi}=\frac{\int_{T_{i0}}^{T}C_{pi}\mathrm{d}T}{T-T_{i0}} \tag{5-2-29}$$

代入式（5-2-22）得到稳态下的能量平衡：

$$\dot{Q}-\dot{W}_s-F_{A0}\sum\Theta_i\bar{C}_{pi}(T-T_{i0})-[\Delta H_R^0(T_R)+\Delta\bar{C}_p(T-T_R)]F_{A0}X=0 \quad (5\text{-}2\text{-}30)$$

对几乎所有的体系，反应物总是以相同的温度进入体系，也就是 $T_{i0}=T_0$。

5.2.7　可变热容

一般而言，热容与温度密切相关，有时使用平均热容可能是不合适的。此时可以结合式（5-2-20）和式（5-2-23）得

$$\Delta H_R(T)=\Delta H_R^0(T_R)+\int_{T_R}^{T}(\Delta\alpha+\Delta\beta T+\Delta\gamma T^2)\mathrm{d}T$$

$$\Delta H_R(T)=\Delta H_R^0(T_R)+\Delta\alpha(T-T_R)+\frac{1}{2}\Delta\beta(T^2-T_R^2)+\frac{1}{3}\Delta\gamma(T^3-T_R^3)$$

$$\Delta\alpha=\frac{d}{a}\alpha_D+\frac{c}{a}\alpha_C-\frac{b}{a}\alpha_B-\alpha_A \quad (5\text{-}2\text{-}31)$$

$$\Delta\beta=\frac{d}{a}\beta_D+\frac{c}{a}\beta_C-\frac{b}{a}\beta_B-\beta_A$$

$$\Delta\gamma=\frac{d}{a}\gamma_D+\frac{c}{a}\gamma_C-\frac{b}{a}\gamma_B-\gamma_A$$

类似地，式（5-2-22）中的热容也可写成：

$$\begin{aligned}\sum\int_{T_0}^{T}\Theta_iC_{pi}\mathrm{d}T&=\int_{T_0}^{T}(\sum\Theta_i\alpha_i+\sum\Theta_i\beta_iT+\sum\Theta_i\gamma_iT^2)\mathrm{d}T\\&=\sum\Theta_i\alpha_i(T-T_0)+\frac{1}{2}\sum\Theta_i\beta_i(T^2-T_0^2)+\frac{1}{3}\sum\Theta_i\gamma_i(T^3-T_0^3)\end{aligned} \quad (5\text{-}2\text{-}32)$$

把式（5-2-31）和式（5-2-32）代入式（5-2-22），能量平衡变为

$$\begin{aligned}&\dot{Q}-\dot{W}+F_{A0}[\sum\Theta_i\alpha_i(T-T_0)+\frac{1}{2}\sum\Theta_i\beta_i(T^2-T_0^2)+\frac{1}{3}\sum\Theta_i\gamma_i(T^3-T_0^3)]\\&-F_{A0}X[\Delta H_R^0(T_R)+\Delta\alpha(T-T_R)+\frac{1}{2}\Delta\beta(T^2-T_R^2)+\frac{1}{3}\Delta\gamma(T^3-T_R^3)]=0\end{aligned} \quad (5\text{-}2\text{-}33)$$

【例 5-3】　反应热

计算氨合成反应的反应热，氢气和氮气在 150℃，对反应的氮用 kcal/mol 表示，对反应的氢用 kJ/mol 表示。

解：$N_2+H_2 \longrightarrow 2NH_3$，从物理化学手册上可以查得物种的生成焓：

$$\Delta H_R^0(T_R)=2H_{NH_3}^0(T_R)-3H_{H_2}^0(T_R)-H_{N_2}^0(T_R)$$

在 25℃时，元素氮和氢的生成焓是零，

$$\Delta H_{\mathrm{R}}^{0}(T_{\mathrm{R}})=2H_{\mathrm{NH_3}}^{0}(T_{\mathrm{R}})-3(0)-0=2H_{\mathrm{NH_3}}^{0}=2\times(-11020)\frac{\mathrm{cal}}{\mathrm{mol\ N_2}}=-22.04\ \mathrm{kcal/mol\ N_2}$$

$$=-99.22\ \mathrm{kJ/mol\ N_2}$$

其中，负号表示反应放热。

方法 1　已知平均热容，如果有在 25～150℃时的平均热容可以利用，计算在 150℃时的反应热便很简单。

$$\bar{C}_{p\mathrm{H_2}}=6.992\ \mathrm{cal/mol\cdot K},\ \bar{C}_{p\mathrm{N_2}}=6.984\ \mathrm{cal/mol\cdot K},\ \bar{C}_{p\mathrm{NH_3}}=8.92\ \mathrm{cal/mol\cdot K}$$

$$\Delta\bar{C}=2\bar{C}_{p\mathrm{NH_3}}-3\bar{C}_{p\mathrm{H_2}}-\bar{C}_{p\mathrm{N_2}}=-10.12\ \mathrm{cal/mol\ N_2\cdot K}$$

$$\Delta H_{\mathrm{R}}(T)=\Delta H_{\mathrm{R}}^{0}(T)+\Delta\bar{C}_{p}(T-T_{\mathrm{R}})=-23.310\ \mathrm{kcal/mol\ N_2}=-97.530\ \mathrm{kJ/mol\ N_2}$$

方法 2　热容用多项式表示：

$$C_{p\mathrm{H_2}}=6.946-0.196\times10^{-3}T+0.476\times10^{-6}T^2$$

$$C_{p\mathrm{N_2}}=6.457+0.139\times10^{-3}T-0.069\times10^{-6}T^2$$

$$C_{p\mathrm{NH_3}}=5.92+8.963\times10^{-3}T-1.764\times10^{-6}T^2$$

首先计算多项式中的系数变化：

$$\Delta\alpha=2(5.92)-3(6.946)-6.457=-15.46$$

$$\Delta\beta=10^{-3}\times[2(8.963)-3(-0.196)-1.39]=17.12\times10^{-3}$$

$$\Delta\gamma=10^{-6}\times[2(-1.764)-3(0.476)-(-0.069)]=-4.89\times10^{-6}$$

然后有

$$\Delta H_{\mathrm{R}}(T)=\Delta H_{\mathrm{R}}^{0}(T)+\Delta\alpha(T-T_{\mathrm{R}})+\frac{\Delta\beta}{2}(T^2-T_{\mathrm{R}}^{0})+\frac{\Delta\gamma}{3}(T^3-T_{\mathrm{R}}^{3})$$

$$=-22040-15046(423-298)+\frac{17.12\times10^{-3}}{2}(423^2-198^2)-\frac{4.89}{3}(423^3-298^3)$$

$$=-23.280(\mathrm{cal/mol\ N_2})=-97410(\mathrm{J/mol\ N_2})$$

基于氢气的反应热：

$$\Delta H_{\mathrm{R}}(423\ \mathrm{K})=\frac{1\ \mathrm{molN_2}}{3\ \mathrm{molH_2}}(-97.53\ \mathrm{kJ/mol\ N_2})=-32.51\ \mathrm{kJ/mol\ H_2}$$

5.2.8　加进反应器的热量 $\dot{Q}$

加进反应器的热量 $\dot{Q}$，在许多情形下由总传热系数 U、热交换面积 A 和反应与环境温度差（$T-T_{\mathrm{a}}$）给出。在 CSTR 内部的流体温度基本相同以及热交换器外部的温度基本相同（如冷凝蒸汽）情况下，有

$$\dot{Q}=UA(T_{\mathrm{a}}-T)\tag{5-2-34}$$

如果不相等，则有

$$\dot{Q} = UA\Delta T_{平均} = UA\frac{T_{a1}-T_{a2}}{\ln\frac{T_{a1}-T}{T_{a2}-T}} \quad (5\text{-}2\text{-}35)$$

其中，T_{a1}、T_{a2}和 T 分别为进入和离开热交换器流体及 CSTR 内流体的温度。对管式流动反应器，热流沿反应器长度是改变的，此时必须沿反应器长度积分以获得加到反应器的总热量：

$$\dot{Q} = \int_A U(T_a - T)\mathrm{d}A = \int_V Ua(T_a - T)\mathrm{d}V \quad (5\text{-}2\text{-}36)$$

其中，a 是单位反应器体积的热交换面积。对直径为 D 的管式反应器，a=4/D。

5.3　稳态下的非等温连续流动反应器

在稳态条件下，所有变量对时间的导数为零：

$$\frac{\mathrm{d}N_i}{\mathrm{d}t} = 0,\ \left(\frac{\mathrm{d}E}{\mathrm{d}t}\right)_{\mathrm{sys}} = 0 \quad (5\text{-}3\text{-}1)$$

能量平衡为

$$\dot{Q} - \dot{W}_s - F_{A0}\sum\int_{T_{i0}}^{T}\Theta_i C_{pi}\mathrm{d}T - [\Delta H_R^0(T_R) + \int_{T_R}^{T}\Delta C_p\mathrm{d}T]F_{A0}X = 0 \quad (5\text{-}3\text{-}2)$$

对恒定或平均热容，上式变为

$$\dot{Q} - \dot{W}_s - [\Delta H_R^0(T_R) + \Delta\bar{C}_p(T - T_R)]F_{A0}X = F_{A0}\sum\Theta_i\bar{C}_{pi}(T - T_{i0}) \quad (5\text{-}3\text{-}3)$$

5.3.1　应用于 CSTR

虽然对 CSTR 整个反应器内温度是均匀的，但是并不意味着反应是等温的。当进料温度与反应器内流体的温度一样时，能够达到等温操作。反应速率在整个反应器内基本不变时，CSTR 的设计方程为

$$V = \frac{F_{A0}X}{-r_A}$$

偶合上能量平衡方程：

$$(\dot{Q} - \dot{W}_s)/F_{A0} - [\Delta H_R^0(T_R) + \Delta\bar{C}_p(T - T_R)]X = \sum\Theta_i\bar{C}_{pi}(T - T_{i0}) \quad (5\text{-}3\text{-}4)$$

就可以设计非等温 CSTR。如果必要，可以加热、冷却或在反应器内加盘管，如图 5-3-1 所示。

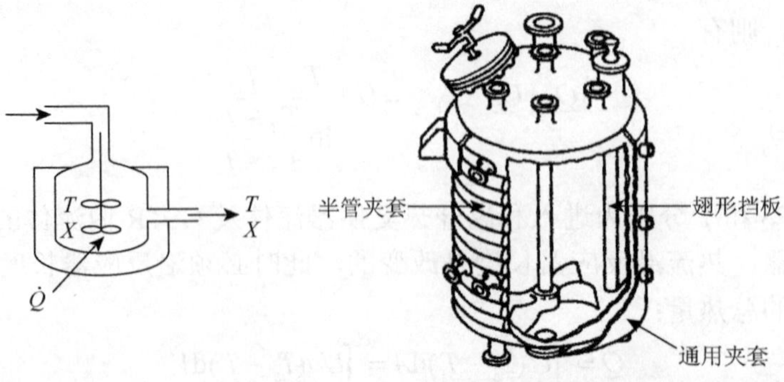

(a) (b)

图 5-3-1 CSTR

在绝热操作条件下，式（5-3-4）的第一项为零，于是能量平衡方程变为

$$-[\Delta H_{\mathrm{R}}^{0}(T_{\mathrm{R}})+\Delta\bar{C}_{p}(T-T_{\mathrm{R}})]X=\sum\Theta_{i}\bar{C}_{pi}(T-T_{i0}) \tag{5-3-5}$$

为了说明非等温反应器设计的程序，举一级不可逆反应 A——→B 为例：①CSTR 设计方程：$V=\dfrac{F_{\mathrm{A0}}X}{-r_{\mathrm{A}}}$；②速率定律：$-r_{\mathrm{A}}=kc_{\mathrm{A}}$，$k=\exp(-E/RT)$；③化学计量式（液相，$v=v_0$）$C_{\mathrm{A}}=C_{\mathrm{A0}}(1-X)$；④组合得到：

$$V=\frac{v_0}{A\mathrm{e}^{-E/RT}}\frac{X}{1-X} \tag{5-3-6}$$

情形 1：已知变量 X、C_{A0}、F_{A0} 和 v_0，计算反应器体积 V。程序如下

①解方程式（5-3-4）得特定条件下的温度 T；

②从阿伦尼乌斯方程计算 k；

③用方程式（5-3-6）计算反应器体积 V。

情形 2：已知变量 V、C_{A0}、F_{A0} 和 v_0，计算反应器出口温度 T 和转化率 X。程序如下

①解能量平衡方程获得 X 与 T 间的函数关系[如果绝热，用方程式（5-3-5）]

$$X_{\mathrm{EB}}=\frac{\sum\Theta_{i}\bar{C}_{pi}(T-T_{0})}{-[\Delta H_{\mathrm{R}}^{0}(T_{\mathrm{R}})+\Delta\bar{C}_{p}(T-T_{\mathrm{R}})]}$$

②解摩尔平衡方程式（5-3-6）以获得另一个 X 与 T 之间的函数关系

$$X_{\mathrm{MB}}=\frac{\tau A\mathrm{e}^{-E/RT}}{1+\tau A\mathrm{e}^{-E/RT}}，\tau=\frac{V}{v_0}$$

③在同一张图上画出上面两个步骤所得的曲线以获得交点。在这一点，既满足能量也满足摩尔平衡方程。另一个方法是对所获得的各个方程联立进行数值解。用数值解的缺点是无法获得可能的多解。工作程序如图 5-3-2 所示。它的应用用下面的例子来说明。

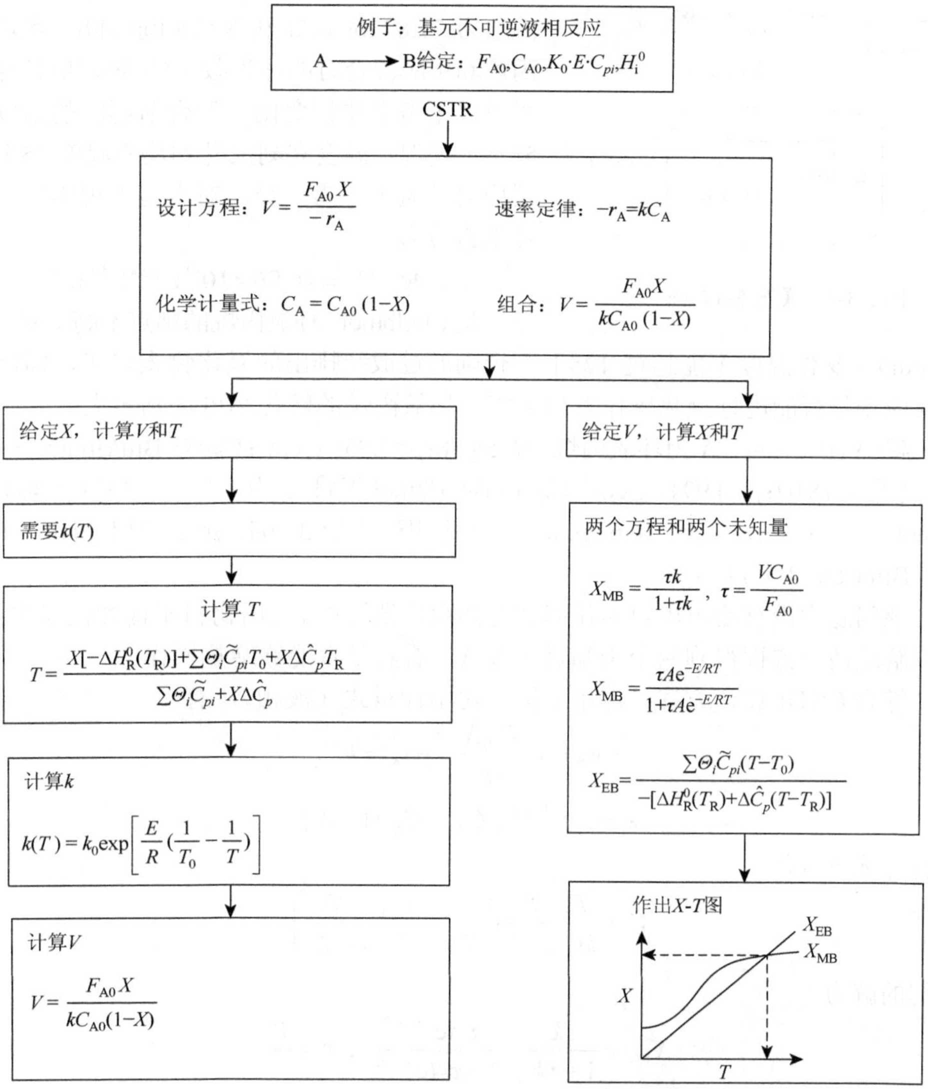

图 5-3-2　非等温 CSTR 的设计框图

【例 5-4】　在绝热反应器 CSTR 中生产 1, 2-丙二醇。以硫酸作催化剂用环氧丙烷水解生成 1, 2-丙二醇：

$$C_3H_6O+H_2O \longrightarrow C_3H_8O_2$$

在 1990 年生产了 8 亿磅 1, 2-丙二醇，价格每磅 0.56 美元。如图 5-3-3 所示，有一个 300 gal 的 CSTR 反应器，环氧丙烷的进料速率是 2500 lb/h（43.03 lbmol/h），进料物流的组成为：等体积环氧丙烷和甲醇的（46.62 ft^3/h）和含硫酸 0.1%硫酸的水。水的体积流速为 233.1 ft^3/h，是环氧丙烷和甲醇流速的 2.5 倍。甲醇和水的摩尔

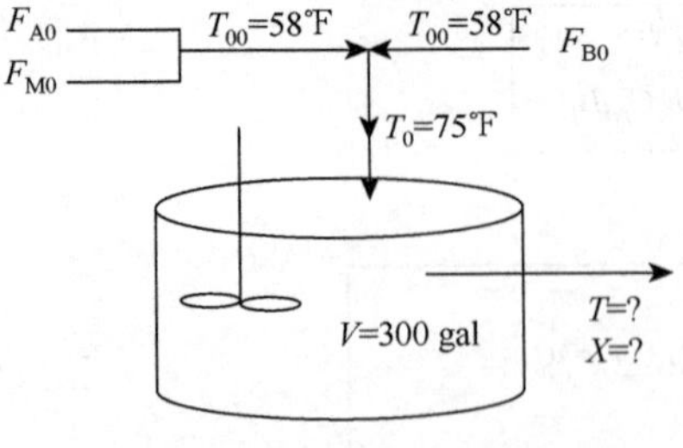

图 5-3-3 【例 5-4】图示

流速为 71.87 lbmol/h 和 802.8 lbmol/h。水环氧丙烷和甲醇混合时的体积收缩约 3%，但是计算时可以不考虑体积变化。混合前物料的温度是 58℉，使混合温度立刻上升到反应温度 75℉。反应对环氧丙烷为一级，对水为表观零级，其速率常数为

$$k = Ae^{-E/RT} = 16.96\times10^{12}\,e^{-32000/RT}\,h^{-1}$$

单位是 Btu/lbmol。环氧丙烷的沸点不高于 93.7℉（1 atm）。操作温度不能超过 125℉，否则通过放空排出的氧化物太多了。需回答该反应器是否能进行绝热操作？如果能，环氧丙烷的转化率可达到多大？

解: A+B⟶C，A 为环氧丙烷[M=58.08; ρ=0.859 g/cm^3; C_p=35 Btu/(lbmol·℉)]，B 为水[M=18.02; ρ=0.9941 g/cm^3; C_p=18 Btu/(lbmol·℉)]，C 为 1, 2-丙二醇[C_p=46 Btu/(lbmol·℉); M=76.11; ρ=1.036 g/cm^3]，M 为甲醇 [M=32.04; ρ=0.7914 g/cm^3; C_p=19.5 Btu/(lbmol·℉)]。

该问题中没有给出出口转化率和绝热反应器温度。应用物料平衡和能量平衡，可以解这两个方程得到两个未知量 T 和 X，看看是否能够绝热操作。

综合 CSTR 设计方程、速率定律、化学计量式（液相），有

$$v=v_0, V = \frac{F_{A0}X}{-r_A},\ -r_A = kC_A$$

$$k = Ae^{-E/RT},\ C_A = C_{A0}(1-X)$$

结合上述方程得

$$V = \frac{F_{A0}}{kC_{A0}}\left(\frac{X}{1-X}\right) = \frac{v_0}{k}\left(\frac{X}{1-X}\right)$$

它们的解为

$$X_{EB} = \frac{\tau k}{1+\tau k} = \frac{\tau Ae^{-E/RT}}{1+\tau Ae^{-E/RT}},\ \tau = \frac{V}{v_0}$$

能量平衡：

$$-X[\Delta H_R^0(T_R) + \Delta\bar{C}_p(T-T_R)] = \sum\Theta_i\bar{C}_{pi}(T-T_R)$$

解得 X：

$$X = \frac{\sum\Theta_i\bar{C}_{pi}(T-T_0)}{-[\Delta H_R^0(T_R) + \Delta\bar{C}_{pi}(T-T_R)]}$$

可以利用上面的两个方程解出两个未知量 X 和 T。

计算：

（1）温度为 T 时的反应热：

$\Delta H_{\text{R}}(T) = \Delta H_{\text{R}}^0(T_{\text{R}}) + \Delta \overline{C}_p(T - T_{\text{R}})$：

$H_{\text{A}}^0(68℉) = -66600\ \text{Btu/lbmol}$

$H_{\text{B}}^0(68℉) = -132000\ \text{Btu/lbmol}$

$H_{\text{C}}^0(68℉) = -226000\ \text{Btu/lbmol}$

$\Delta H_{\text{R}}^0(68℉) = -226000 - [(-123000 - (-66600)] = -364000(\text{Btu/lbmol PO})$

$\Delta \overline{C}_p = \overline{C}_{p\text{C}} - \overline{C}_{p\text{B}} - \overline{C}_{p\text{A}} = 46 - 18 - 35 = -7[\text{Btu/(lbmol}\cdot℉)]$

$\Delta H_{\text{R}}(T) = -36400 - 7 \times (T - 528)$

（2）化学计量（C_{A0}，$-\Theta_i$，τ），体积流速：

$$v_0 = v_{\text{A0}} + v_{\text{M0}} + v_{\text{B0}} = 46.62 + 46.62 + 233.1 = 326.3(\text{ft}^3/\text{h})$$

$$V = 300\ \text{gal} = 40.1\ \text{ft}^3$$

$$\tau = \frac{V}{v_0} = \frac{40.1}{326.3} = 0.1229(\text{h})$$

$$C_{\text{A0}} = \frac{F_{\text{A0}}}{v_0} = \frac{43.04\ \text{lbmol/h}}{326.3\ \text{ft}^3/\text{h}} = 0.132\ \text{lbmol/ft}^3$$

对甲醇：

$$\Theta_{\text{M}} = \frac{F_{\text{M0}}}{F_{\text{A0}}} = \frac{71.87\ \text{lbmol/h}}{43.04\ \text{lbmol/h}} = 1.67$$

对水：

$$\Theta_{\text{B}} = \frac{F_{\text{B0}}}{F_{\text{A0}}} = \frac{8.2.8\ \text{lbmol/h}}{43.04\ \text{lbmol/h}} = 18.65$$

（3）能量平衡项：

$$\sum \Theta_i \overline{C}_{pi} = \overline{C}_{p\text{A}} + \Theta_{\text{B}} \overline{C}_{pi\text{B}} + \Theta_{\text{M}} \overline{C}_{p\text{M}} = 35 + 18.65 \times 18 + 1.67 \times 19.5 = 403.3[\text{Btu/(lbmol}\cdot℉)]$$

$$T_0 = T_{00} + \Delta T_{\text{mix}} = 58 + 17 = 75℉ = 535°\text{R}$$

$$T_{\text{R}} = 68℉ = 528°\text{R}$$

对绝热反应，从能量平衡计算转化率：

$$X_{\text{EB}} = \frac{\sum \Theta_i \overline{C}_{pi}(T - T_0)}{-[\Delta H_{\text{R}}^0(T_{\text{R}}) + \overline{C}_{pi}(T - T_{\text{R}})]} = \frac{403.3\ \text{Btu/(lbmol}\cdot℉) \times (T - 535)℉}{-[-36400 - 7 \times (T - 528)]\text{Btu/lbmol}}$$
$$= \frac{403.3 \times (T - 535)}{36400 + 7 \times (T - 528)} \tag{5-3-7}$$

从摩尔平衡计算转化率：

$$X_{\mathrm{MB}}=\frac{\tau A\mathrm{e}^{-E/RT}}{1+\tau A\mathrm{e}^{-E/RT}}=\frac{16.96\times10^{12}\,\mathrm{h}^{-1}\times0.1229h\exp(-32400/1.987T)}{1+16.96\times10^{12}\,\mathrm{h}^{-1}\times0.1229h\exp(-32400/1.987T)}$$
$$=\frac{2.084\times10^{12}\exp(-16306/T)}{1+2.084\times10^{12}\exp(-16306/T)}\qquad(5\text{-}3\text{-}8)$$

解上面的方程式（5-3-7）和式（5-3-8）可以用不同的方法（如代入法）。为了了解 X 和 T 之间的函数关系，可以用图解法。以摩尔和能量平衡的 X 对 T 作图，两曲线的交点给出所需要的解。

从图解法也能够了解这两条曲线是否有多于一个的交点。如果用数值方法找根，很可能只获得一个根，对多稳态需要另作讨论。先选择 T 值，从式（5-3-7）和式（5-3-8）分别计算转化率值，如表 5-3-1 所示。计算结果的作图如图 5-3-4 所示。能量平衡比较接近于直线；而曲线对应于摩尔平衡。从该图可以看到，只有一个交点，对应的转化率为 85%和 613°R。该点既满足能量平衡也满足摩尔平衡。由于温度必须保持在低于 125℉（585°R），我们不能使用 300 gal 的新反应器。

表 5-3-1　计算结果

T/°R	X_{MB}	X_{EB}	T/°R	X_{MB}	X_{EB}
535	0.108	0.000	595	0.723	0.656
550	0.217	0.166	605	0.800	0.764
565	0.500	0.330	615	0.860	0.872
575	0.500	0.440	625	0.900	0.980
585	0.620	0.550			

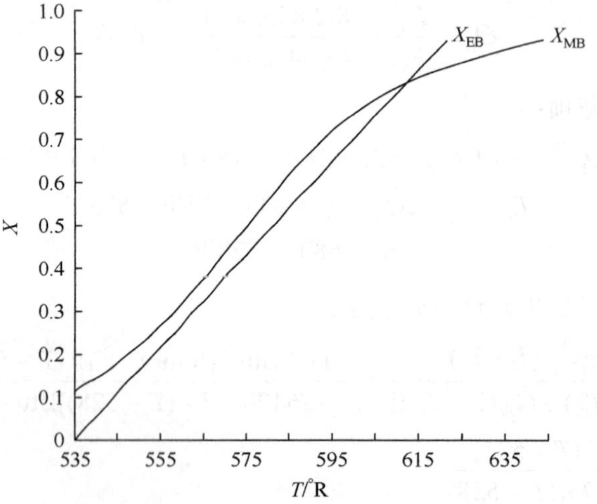

图 5-3-4　图解法作图

【例 5-5】 带冷却盘管的 CSTR 反应器。在【例 5-4】中环氧丙烷水合所用的反应器是带冷却盘管的 CSTR 反应器。冷却盘管的冷却面积为 40 ft^2，管内的冷却水的流速是很大的，而且冷却剂的温度保持在 85℉。冷却盘管的总传热系数为 100 Btu/(h·ft^2·℉)。如果使用该冷却盘管，反应器是否能够满足最大温度 125℉（585°R）的约束。

解：假设不考虑冷却盘管所占据的反应器体积，从摩尔平衡计算的转化率与温度间的关系与【例 5-4】得到的一样。结合摩尔平衡、化学计量和速率定律有

$$X_{\mathrm{MB}}=\frac{\tau A\mathrm{e}^{-E/RT}}{1+\tau A\mathrm{e}^{-E/RT}}=\frac{2.084\times10^{12}\exp(-16306/T)}{1+2.084\times10^{12}\exp(-16306/T)}$$

能量平衡：

$$\frac{UA(T_{\mathrm{a}}-T)}{F_{\mathrm{A0}}}-X[\Delta H_{\mathrm{R}}^{0}(T_{\mathrm{R}})+\Delta\bar{C}_{p}(T-T_{\mathrm{R}})]=\sum\Theta_{i}\bar{C}_{pi}(T-T_{0})$$

为 X_{EB} 解上面的能量平衡方程得

$$X_{\mathrm{EB}}=\frac{\sum\Theta_{i}\bar{C}_{pi}(T-T_{0})+UA(T_{\mathrm{a}}-T)}{-[\Delta H_{\mathrm{R}}^{0}(T_{\mathrm{R}})+\bar{C}_{pi}(T-T_{\mathrm{R}})]}$$

$$\frac{UA}{F_{\mathrm{A0}}}=100\frac{\mathrm{Btu}}{\mathrm{h}\cdot\mathrm{ft}^{2}\cdot{}^{\circ}\mathrm{F}}\times\frac{40\ \mathrm{ft}^{2}}{43.04\ \mathrm{lb/(mol\cdot h)}}=\frac{92.9\ \mathrm{Btu}}{\mathrm{lbmol}\cdot{}^{\circ}\mathrm{F}}$$

冷却温度为 T_{a}=85℉=545°R，利用前面已经得到的值，得

$$X_{\mathrm{EB}}=\frac{403.3\times(T-535)+92.9\times(T-545)}{36400+7\times(T-528)}$$

像前面一样，计算得到表 5-3-2，从表中可以看到温度 564°R 既可以满足摩尔平衡，又可以满足能量平衡，对应的转化率是 37%。因此，我们可以使用带冷却盘管 300 gal 的新反应器，反应温度 104℉。像前面例子那样利用摩尔平衡和能量平衡方程作图，也只有一个交点，即只有一个稳定态，X=0.37，T=104℉（564°R）。

表 5-3-2　计算结果

T/°R	X_{MB}	X_{EB}	T/°R	X_{MB}	X_{EB}
535	0.108	–0.025	570	0.440	0.448
550	0.217	0.178	575	0.500	0.515
564	0.367	0.367	585	0.620	0.649
565	0.379	0.381	595	0.723	0.784

5.3.2 绝热管式催化反应器

能量平衡方程式（5-3-2）把在反应器中任何一点的转化率与在这一点反应混合物温度关联起来了（也就是给出了 X 与 T 之间的函数关系）。在通常条件下，外功是可以被略去的，因此，在管式反应器设计中一般不考虑。除非反应在绝热条件下进行，否则对方程式（5-3-2）进行计算仍然是困难的，因为在非绝热反应器中体系的传热情况是沿反应器长度而变的。对绝热反应器不会出现这样的问题。所以，先分析绝热管式反应器。

在方程式（5-3-2）中的前两项可以略去的情形下，它简化为

$$\sum \int_{T_{i0}}^{T} \Theta_i C_{pi} \mathrm{d}T = X[\Delta H_{\mathrm{R}}(T)] \tag{5-3-9}$$

把它与微分摩尔平衡方程结合起来以获得温度、转化率和浓度沿反应器的分布：

$$F_{\mathrm{A0}} \frac{\mathrm{d}X}{\mathrm{d}V} = -r_{\mathrm{A}}(X,T)$$

完成这一结合的一个方法是使用方程式（5-3-9）作出一张温度 T 作为转化率 X 函数的表。一旦有了该函数关系，就能够获得常数 $k(T)$与转化率 X 间的函数关系，因此反应速率$-r_{\mathrm{A}}$只作为转化率 X 的函数关系。

对可逆气相反应：$\mathrm{A} \rightleftharpoons \mathrm{B}$，在 PFR 中进行，压力降可以略去，纯原料进入反应器。PFR 设计方程、速率定律、化学计量（液相，$v=v_0$）：

$$V = F_{\mathrm{A0}} \int_0^X \frac{\mathrm{d}X}{-r_{\mathrm{A}}},\quad -r_{\mathrm{A}} = k\left(C_{\mathrm{A}} - \frac{C_{\mathrm{B}}}{K_{\mathrm{e}}}\right),\quad C_{\mathrm{A}} = C_{\mathrm{A0}}(1-X)\frac{T_0}{T}$$

结合上述方程得

$$V = F_{\mathrm{A0}} \int_0^X \frac{\mathrm{d}X}{kC_{\mathrm{A0}}[(1-X) - \dfrac{X}{K_{\mathrm{e}}}]\dfrac{T_0}{T}}$$

为确定能量平衡，解如下方程：$X[-\Delta H_{\mathrm{R}}(T)] = \int_{T_{i0}}^{T} \sum \Theta_i C_{pi} \mathrm{d}T$，然后计算不同 X 值时的 $k(T)$和 $K_{\mathrm{e}}(T)$。计算上述积分的一个程序如下。

（1）选择 X=0。

（2）从能量平衡方程计算 T：

$X=\int_{T_{i0}}^{T}\sum\Theta_i C_{pi}\mathrm{d}T/[-\Delta H_{\mathrm{R}}(T)]$，例如，使用平均热容和假设 $T_{i0}=T$，积分得

$$X=\frac{\sum\Theta_i\bar{C}_{pi}(T-T_0)}{-[\Delta H_{\mathrm{R}}^0(T_{\mathrm{R}})+\Delta\bar{C}_{pi}(T-T_{\mathrm{R}})]}$$

可以解得

$$T=\frac{\sum\Theta_i\bar{C}_{pi}T_0+X[-\Delta H_{\mathrm{R}}^0(T_{\mathrm{R}})+\Delta\bar{C}_{pi}T_{\mathrm{R}}]}{\sum\Theta_i\bar{C}_{pi}+X\Delta\bar{C}_{pi}}$$

（3）计算 T/T_0。

（4）已知 T，利用阿伦尼乌斯方程 $k=A\exp\left(\frac{-E}{RT}\right)$ 计算 $k(T)$。

（5）利用 van't Hoff 方程计算温度为 T 时的平衡常数：

$$\frac{\mathrm{d}\ln K_p}{\mathrm{d}T}=\frac{\Delta H_{\mathrm{R}}(T)}{RT^2}=\frac{\Delta H_{\mathrm{R}}(T)+\Delta\bar{C}_p(T-T_{\mathrm{R}})}{RT^2}$$

$$\ln\frac{K_p(T)}{K_p(T_1)}=\frac{\Delta H_{\mathrm{R}}^0(T_{\mathrm{R}})-T_{\mathrm{R}}\Delta\bar{C}_p}{R}\left(\frac{1}{T_1}-\frac{1}{T}\right)+\frac{\Delta\bar{C}_p}{R}\ln\frac{T}{T_1}$$

由于 $\delta=0$，所以 $K_{\mathrm{p}}=K_{\mathrm{c}}=K_{\mathrm{e}}=K$。

（6）计算速率：$-r_{\mathrm{A}}=kC_{\mathrm{A0}}[(1-X)-X/K]T_0/T$。

（7）增加 X 的一个增量 ΔX，返回步骤（2）再计算另一个点。如果 X 小于 X_{eq} 或所希望的 X 值。

（8）构建一个以 X 为自变量的反应速率以 X 为自变量的表，而 X 返回来又可以计算反应器体积：$V=F_{\mathrm{A0}}\int\frac{\mathrm{d}X}{-r_{\mathrm{A}}}$，可以用数值计算也可以用图解积分。

步骤（1）～（8）的计算程序框图如图 5-3-5 所示。

【例 5-6】　醋酐的绝热生产。丙酮生产醋酐的关键步骤是丙酮蒸气裂解得到乙烯酮和甲烷。$C_3H_6O \longrightarrow C_2H_2O+CH_4$。该反应的速率常数为：$\ln k=34.34-\frac{34222}{T}$（$\mathrm{s^{-1}}$，K）。每小时进料到管式反应器的纯丙酮是 8000 kg。如果反应器绝热，进口温度 1035 K，压力 162 kPa（1.6 atm），当转化率为 20%时，计算所需要的反应器体积。

解：A 为 C_3H_6O，B 为 C_2H_2O，C 为 CH_4。

（1）PFR 设计方程、速率定律、化学计量（液相，$v=v_0$）：

$$V=F_{\mathrm{A0}}\int_0^X\frac{\mathrm{d}X}{-r_{\mathrm{A}}},\ -r_{\mathrm{A}}=kC_{\mathrm{A}},\ C_{\mathrm{A}}=C_{\mathrm{A0}}(1-X)\frac{T_0}{T(1+\varepsilon X)},\ \varepsilon=y_{\mathrm{A0}}\delta=1(1+1-1)=1$$

结合上述方程得

$$V = v_0 \int_0^X \frac{T}{T_0} \frac{(1+X)\mathrm{d}X}{k(1-X)}$$

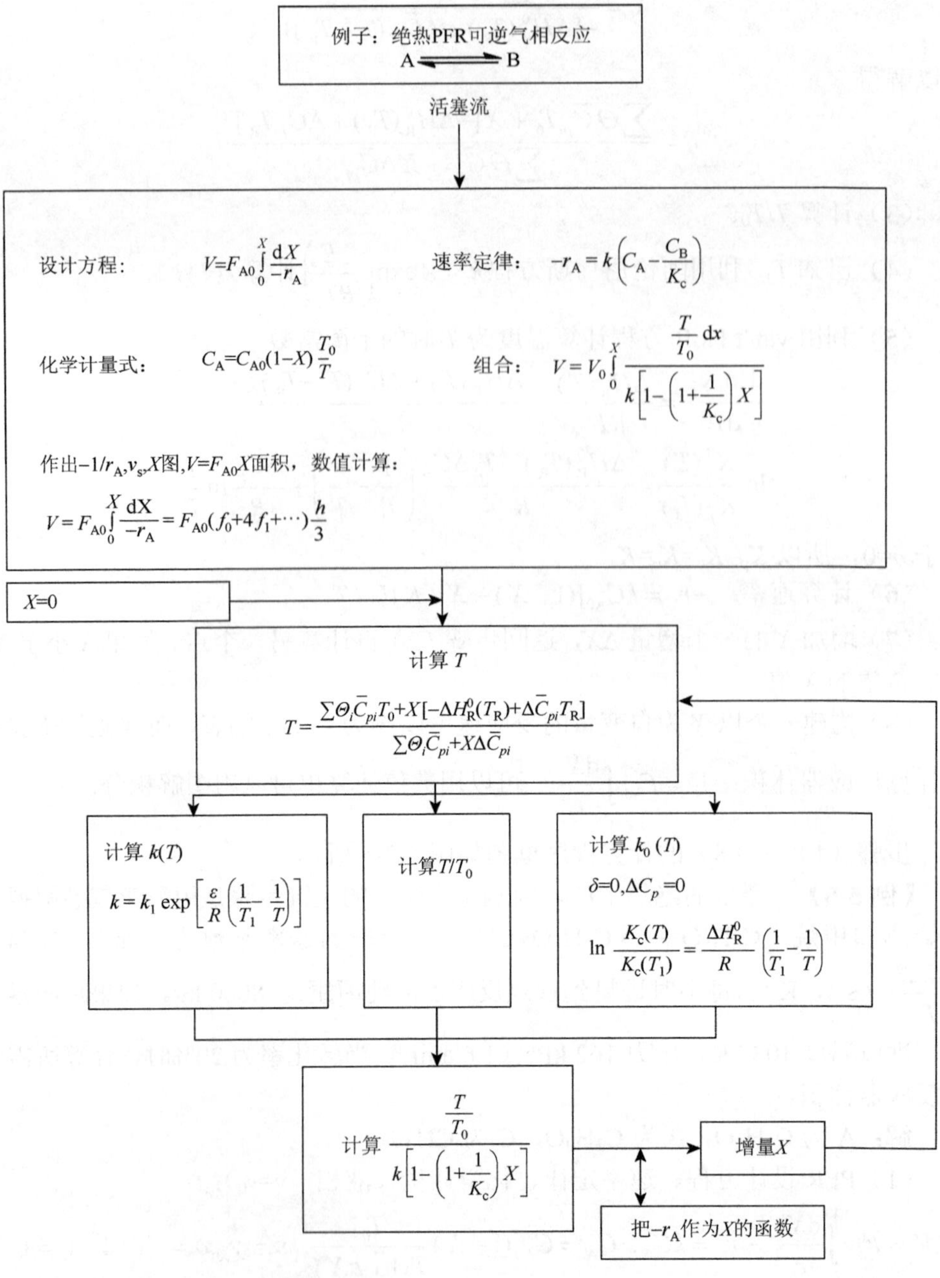

图 5-3-5　非等温 PFR 设计框图

为计算积分，首先必须使用能量平衡以确定 $X(T)$。

（2）能量平衡。由于没有外功输入和绝热操作，有

$$X=\frac{\sum\Theta_i\int_{T_0}^{T}(\alpha_i+\beta_iT+\gamma_iT^2)\mathrm{d}T}{-[\Delta H_{\mathrm{R}}^0(T_{\mathrm{R}})+\int_{T_{\mathrm{R}}}^{T}(\Delta\alpha+\Delta\beta T+\Delta\gamma T^2)\mathrm{d}T}$$

$$\Delta\alpha=\frac{d}{a}\alpha_{\mathrm{D}}+\frac{c}{a}\alpha_{\mathrm{C}}-\frac{b}{a}\alpha_{\mathrm{B}}-\alpha_{\mathrm{A}}$$

$\Delta\beta$ 和 $\Delta\gamma$ 有类似的表达式。因为只有 A 进入反应器，

$$\sum\Theta_i\int_{T_0}^{T}C_{pi}\mathrm{d}T=\int_{T_0}^{T}C_{p\mathrm{A}}\mathrm{d}T$$

积分前式并乘以−1 得

$$X=\frac{\alpha_{\mathrm{A}}(T_0-T)+(\beta_{\mathrm{A}}/2)(T_0^2-T^2)+(\gamma_{\mathrm{A}}/3)(T_0^3-T^3)}{\Delta H_{\mathrm{R}}^0(T_{\mathrm{R}})+\Delta\alpha(T-T_{\mathrm{R}})+(\Delta\beta/2)(T^2-T_{\mathrm{R}}^2)+(\Delta\gamma/3)(T^3-T_{\mathrm{R}}^3)}$$

（3）速率定律中的参数计算：

$$F_{\mathrm{A0}}=\frac{8000\ \mathrm{kg/h}}{58\ \mathrm{g/mol}}=137.9\ \mathrm{kmol/h}=38.3\ \mathrm{mol/s}$$

$$C_{\mathrm{A0}}=\frac{P_{a_0}}{RT}=\frac{162\ \mathrm{kPa}}{8.31\dfrac{\mathrm{kPa\cdot m^3}}{\mathrm{kmol\cdot K}}\times1035\ \mathrm{K}}=0.0188\frac{\mathrm{kmol}}{\mathrm{m^3}}=18.8\ \mathrm{mol/m^3}$$

$$v_0=\frac{F_{\mathrm{A0}}}{C_{\mathrm{A0}}}=2.037\ \mathrm{m^3/s}$$

（4）热平衡参数计算：298 K 时的标准生成热 $\Delta H_R^0(T_{\mathrm{R}})$：

$$H_{\mathrm{A}}^0(T_{\mathrm{R}})=-216.67\ \mathrm{kJ/mol}$$
$$H_{\mathrm{B}}^0(T_{\mathrm{R}}):-61.09\ \mathrm{kJ/mol}$$
$$H_{\mathrm{C}}^0(T_{\mathrm{R}}):-74.81\ \mathrm{kJ/mol}$$
$$\Delta H_{\mathrm{R}}^0(T_{\mathrm{R}})=-61.09+(-74.81)-(-216.67)=-80.87(\mathrm{kJ/mol})$$

$\Delta H_{\mathrm{R}}(T)$和 ΔC_p 计算：每个化合物的热容如下。

丙酮：$C_{p\mathrm{A}}=26.63+0.183T-45.86\times10^{-6}T^2[\mathrm{J/(mol\cdot K)}]$

乙烯酮：$C_{pAB} = 20.04 + 0.0945T - 30.95\times10^{-6}T^2[\text{J/(mol·K)}]$

甲烷：$C_{pC} = 13.39 + 0.077T - 18.71\times10^{-6}T^2[\text{J/(mol·K)}]$

$$\Delta\alpha = \alpha_C + \alpha_B - \alpha_A = 13.39 + 20.04 - 26.63 = 6.8[\text{J/(mol·K)}]$$
$$\Delta\beta = \beta_C + \beta_B - \beta_A = 0.077 + 0.0945 - 0.183 = -0.0115[\text{J/(mol·K)}]$$
$$\Delta\gamma = \gamma_C + \gamma_B - \gamma_A = [-18.71 + (-30.95) - (-45.86)]\times10^{-6} = -3.8\times10^{-6}[\text{J/(mol·K)}]$$
$$\Delta\beta/2 = -5.75\times10^{-3}, \Delta\gamma/3 = -1.27\times10^{-6}$$

计算转化率 X：

$$X = \frac{\alpha_A(T_0 - T) + (\beta_A/2)(T_0^2 - T^2) + (\gamma_A/3)(T_0^3 - T^3)}{\Delta H_R^0(T_R) + \Delta\alpha(T - T_R) + (\Delta\beta/2)(T^2 - T_R^2) + (\Delta\gamma/3)(T^3 - T_R^3)}$$
$$= \frac{26.63\times(1035 - T) + 0.0915\times(1035^2 - T^2) - 15.29\times10^{-6}\times(1035^3 - T^3)}{80.770 + 6.8\times(T - 298) - 5.75\times10^{-3}\times(T^2 - 298^2) - 1.27\times10^{-6}\times(T^3 - 298^3)}$$

与前面一样，首先选定一个 X 的值，然后计算温度 T 和速率定律中的其他参数，而不是去求解 X 的三次方程来获得 T。结果如表 5-3-3 所示。然后可以作出 T-X 图（图 5-3-6），在图上可以获得任何转化率下的温度，有了 X 和 T，可以计算反应器体积和反应速率常数：

$$V = v_0\int_0^X \frac{T}{T_0}\frac{(1+X)\mathrm{d}X}{k(1-X)}$$

$$k(\mathrm{s}^{-1}) = 8.2\times10^{14}\exp\left(\frac{-34222}{T}\right)$$

结果如表 5-3-4 所示。

表 5-3-3　*X*-*T* 计算结果

T/K	1035	1025	1000	975	950	925	900	850
X	0	0.021	0.073	0.124	0.174	0.224	0.271	0.365

表 5-3-4　一些中间计算结果

X	T	k	T/T_0	$f(X)=C_{A0}/(-r_A)=(1+X)T/[T_0k(1-X)]$
0	1035	3.58	1.00	f_1=0.273
0.05	1010	1.57	0.98	f_2=0.690
0.1	985	0.68	0.95	f_3=1.708
0.15	960	0.27	0.93	f_4=4.660
0.20	937	0.11	0.90	f_5=12.274

反应器体积用数值（Simpson）积分方法计算：

$$V = v_0 \frac{\Delta h}{3} \times (f_1 + 4f_2 + 2f_3 + 4f_4 + f_5)$$

$$= 2.037 \frac{\text{m}^3}{\text{s}} \left(\frac{0.05}{3} \right)$$

$$\times (0.279 + 2.76 + 3.416 + 12.274)\text{s} = 1.27\ \text{m}^3$$

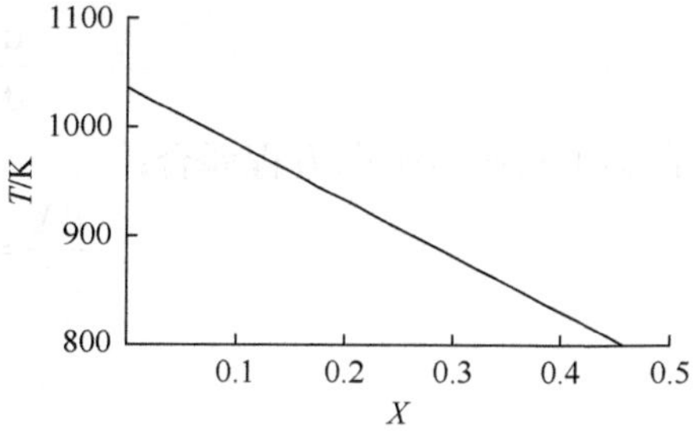

图 5-3-6　*T-X* 图

需要 1000 束每束 40 根内径 1 in、长 2.28 m 的管子，其体积 1.27 m^3，给出 20%的转化。乙烯酮是不稳定的，有可能发生爆炸，这是保持它在低浓度的原因。但是需要校验这类管子的材料和大小是否适用于该温度和压力。

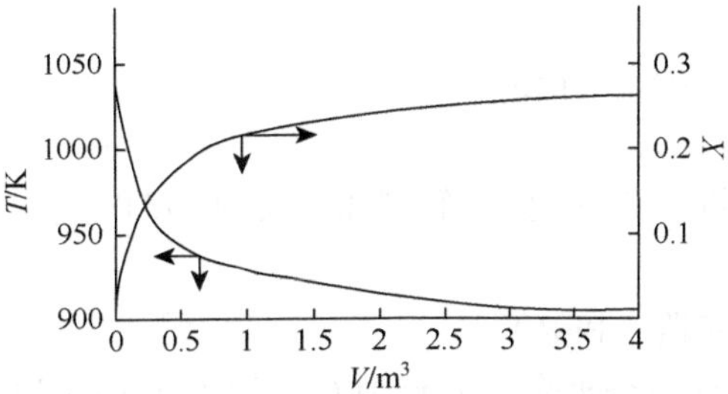

图 5-3-7　*T-V* 图

可以使用数值计算软件来获得 $X(V)$ 和 $T(V)$，如图 5-3-7 所示。对此绝热强吸热反应，反应在 1.25 m^3 后实际已经停止。由于温度下降很大，在此点的转化率很低。增加转化率的一个方法是添加稀释剂（如氮气），只要是提供反应所需要的热。另外，如果稀释剂太多，温度下降，反应也会熄灭。

5.3.3　有热交换的稳态管式反应器

带热交换的管式反应器如图 5-3-8 所示。假定不存在径向梯度，通过单位反应器体积的管壁的热通量是

$$q = Ua(T_1 - T)$$

结合式（5-3-2）和式（5-2-36）且略去式（5-3-2）中的前两项得

$$\int_V Ua(T_a - T)\text{d}V - F_{A0} \int_{T_0}^{T} \Theta_i C_{pi} \text{d}T - [\Delta H_R^0(T_R) + \int_{T_R}^{T} \Delta C_p \text{d}T] F_{A0} X = 0 \quad (5\text{-}3\text{-}10)$$

对体积 V 进行微分，得

$$Ua(T_a - T) - [F_{A0}(\sum \Theta_i C_{pi} + X\Delta C_p)] \frac{\text{d}T}{\text{d}V} - [\Delta H_R^0(T_R) + \int_{T_R}^{T} \Delta C_p \text{d}T] F_{A0} \frac{\text{d}X}{\text{d}V} = 0 \quad (5\text{-}3\text{-}11)$$

因为 $-r_A = F_{A0}\text{d}X / \text{d}V$，重排式（5-3-11）得

$$\frac{\text{d}T}{\text{d}V} = \{[Ua(T_a - T) + (-r_A)[-\Delta H_R(T)]\} / [F_{A0}(\sum \Theta_i C_{pi} + X\Delta C_p)] \quad (5\text{-}3\text{-}12)$$

描述温度沿反应器长度（也就是体积）变化的微分方程：

$$\frac{dT}{dV} = g(X,T)$$

它必须与摩尔平衡方程偶合：

$$\frac{dX}{dV} = \frac{-r_A}{F_{A0}} = f(X,T)$$

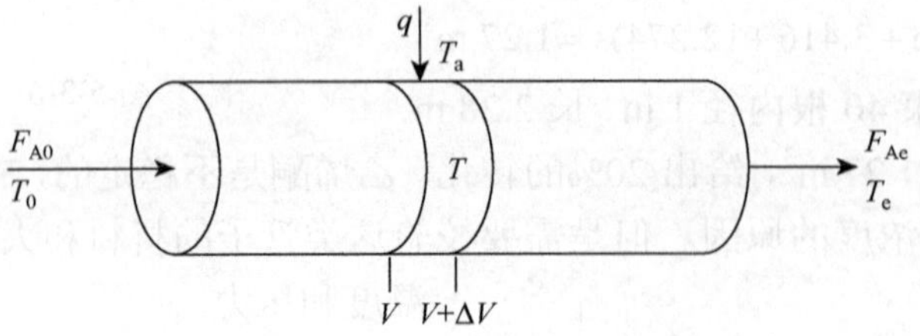

图 5-3-8　有热交换的管式反应器

联立求解。需要用数值方法求解。后面将详细描述一个例子，这些方程使用 Runge-Kutta-Gill 数值积分来求解。

【例 5-7】　有热交换的活塞流管式反应器（PFR）

再一次讨论【例 5-6】的例子。反应器有一个夹套，夹套中有高温气流通过以供应该吸热反应。1035 K 的丙酮进入反应器，外气流的温度为 1150 K。反应器由 1000 束每束 40 根内径 1 in、长 2.28 m 的管子组成，总传热系数为 110 J/(m^2·s·K)。计算气流在反应器中的温度分布。

解：摩尔平衡、速率定律、化学计量和综合方程：

$$F_{A0}\frac{dX}{dV} = -r_A, \quad \frac{dX}{dV} = \frac{-r_A}{F_{A0}}$$

$$-r_A = kC_A$$

$$v = v_0(1+\varepsilon X)\frac{T}{T_0}, C_A = \frac{C_{A0}(1-X)}{(1+\varepsilon X)}\frac{T}{T_0}, \varepsilon = y_{A0}\delta = 1(1+1-1) = 1$$

$$C_A = \frac{C_{A0}(1-X)}{(1+X)}\frac{T}{T_0}$$

$$-r_A = \frac{kC_{A0}(1-X)}{(1+X)}\frac{T}{T_0}$$

能量平衡：

$$\frac{dT}{dV} = \frac{Ua(T_a - T) + (-r_A)[-\Delta H_R(T)]}{F_{A0}(\sum \Theta_i C_{pi} + X\Delta C_p)} = \frac{Ua(T_a - T) + (-r_A)[-\Delta H_R(T)]}{F_{A0}(C_{pA} + X\Delta C_p)}$$

参数计算如下。

（1）摩尔平衡：基于一根管子，v_0=0.002 m^3/s；丙酮的浓度是 18.8 mol/m^3，

因此，进入的摩尔流速是：

$$F_{A0}=C_{A0}v_0=18.8\frac{\text{mol}}{\text{m}^3}\times0.002\frac{\text{m}^3}{\text{s}}=0.0376\frac{\text{mol}}{\text{s}}$$

在 1035 K 时的 k 为 $3.58\ \text{s}^{-1}$，因此：

$$k(T)=3.58\times\exp[34222\left(\frac{1}{1035}-\frac{1}{T}\right)$$

（2）能量平衡：利用前一个例子的结果，有

$$\Delta C_p=6.8-11.5\times10^{-3}T-3.81\times10^{-6}T^2[\text{J/(mol}\cdot\text{K)}]$$

$$\Delta C_{pA}=26.6+183\times10^{-3}T-45.9\times10^{-6}T^2[\text{J/(mol}\cdot\text{K)}]$$

$$\Delta H_R(T)=80770+6.8\times(T-298)-5.75\times10^{-3}\times(T^2-298^2)-1.27\times10^{-6}\times(T^3-298^3)$$

单位体积管子的传热面积：

$$a=\frac{\pi DL}{(\pi D^2/4)L}=\frac{4}{D}=\frac{4}{0.0266\text{m}}=150\ \text{m}^{-1}$$

$$U=110\ \text{J/(m}^2\cdot\text{s}\cdot\text{K)}$$

结合面积和传热系数得

$$U_a=16500\ \text{J/(m}^3\cdot\text{s}\cdot\text{K)}$$

利用上面导得的方程和 POLYMATH 程序可以计算转化率和温度分布，如图 5-3-9 所示。

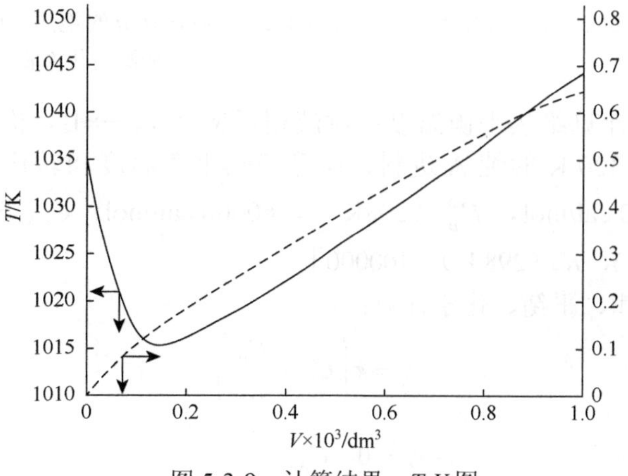

图 5-3-9　计算结果：T-V 图

5.4　平 衡 转 化

在可逆反应中能够达到的最大转化率称为平衡转化率。对吸热反应平衡转化

率随温度增高而增加，直到最大值 1.0，对放热反应平衡转化率随温度升高而降低。

5.4.1　绝热温升和平衡转化

图 5-4-1 显示了放热反应的平衡转化与温度间的关系。为确定绝热条件下放热反应能够达到的最大转化率，需要获得平衡转化与温度间的关系曲线和从能量平衡得到温度-转化率关系曲线（图 5-4-2）的交点。

$$X_{EB}=\frac{\sum \Theta_i \bar{C}_{pi}(T-T_0)}{-\Delta H_R(T_R)}$$

如果进口温度从 T_0 增加到 T_{01}，能量平衡线将向右边平行移动如虚线所示。可以看到，进口温度增加平衡转化率减小。

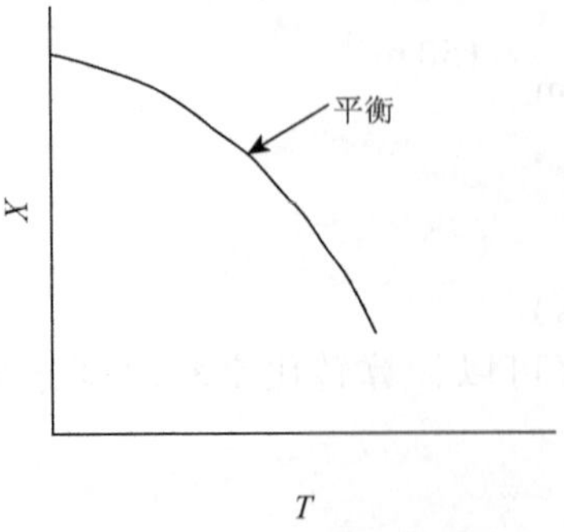

图 5-4-1　放热反应的平衡转化率

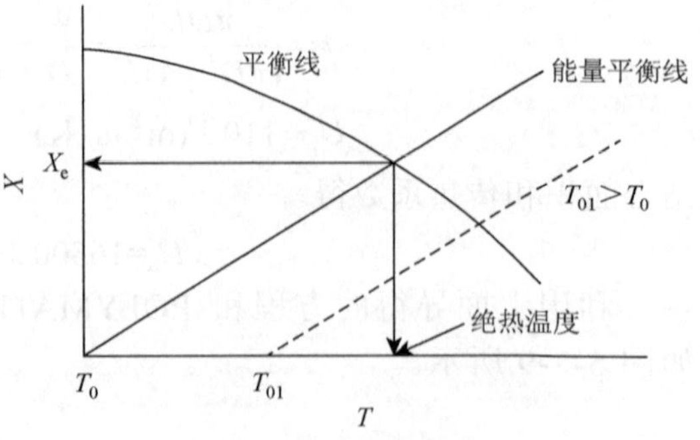

图 5-4-2　图解法计算的绝热温度随温度的变化和平衡转化率曲线

【例 5-8】　计算绝热平衡温度：对液相反应 A$\rightleftharpoons$B。构建平衡转化率-温度图。如果以 300 K 的纯 A 进料，计算绝热平衡温度和转化率［数据：H_A^0（298K）=–40000 cal/mol，H_B^0（298K）=–60000 cal/mol；C_{pA}=50 cal/(mol·K)，C_{pB}=50 cal/(mol·K)，K_e（298 K）=100000］。

解：速率定律、平衡、化学计量：

速率定律：$$-r_A=k\left(C_A-\frac{C_B}{K_e}\right)$$

平衡：$$-r_A=0,\ C_{Ae}=\frac{C_{Be}}{K_e}$$

化学计量式：$$v=v_0,\ C_{A0}(1-X_e)=\frac{C_{A0}}{K_e}$$

解得 X_e：$$X_e=\frac{K_e(T)}{1+K_e(T)}$$

平衡常数计算：先计算 ΔC_p，然后计算 $K_e(T)$。

$$\Delta C_p=C_{pB}-C_{pA}=50-50=0$$

因此平衡常数随温度的改变按照下面的方程：

$$K_e(T)=K_e(T_1)\exp\left[\frac{\Delta H_R^0}{R}\left(\frac{1}{T_1}-\frac{1}{T}\right)\right]$$

$$\Delta H_R^0=H_B^0-H_A^0=-20000\ \text{cal/mol}$$

$$K_e(T)=100000\exp\left[\frac{-20000}{1.987}\left(\frac{1}{298}-\frac{1}{T}\right)\right]=100000\exp\left[-33.78\left(\frac{T-298}{T}\right)\right]$$

代入，可以计算平衡转化率与温度间的关系：

$$X_e=\frac{100000\exp[-33.78(T-298)/T]}{1+100000\exp[-33.78(T-298)/T]}$$

结果如表 5-4-1 和表 5-4-2 及图 5-4-3 所示。

对绝热条件进行的反应，能量平衡简化为

$$X_{EB}=\frac{\sum\Theta_i\bar{C}_{pi}(T-T_0)}{-\Delta H_R}=\frac{50(T-300)}{20000}=2.5\times10^{-3}(T-300)$$

T/K	300	400	500	600
X_{EB}	0	0.25	0.50	0.75

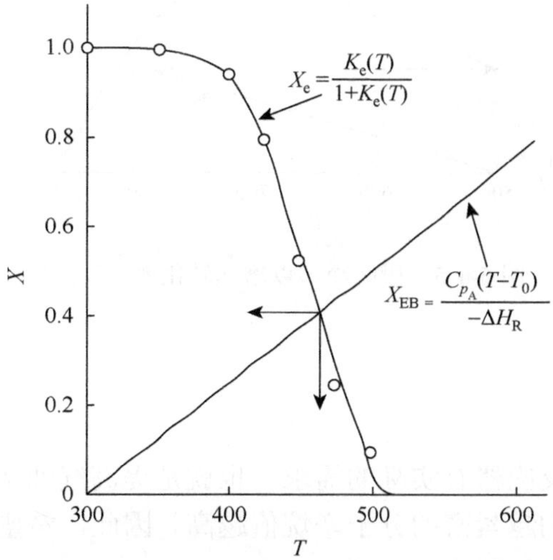

图 5-4-3　X-T 图

表 5-4-1　平衡转化率和温度计算结果

T	298	350	400	425	450	475	500
K_e	10^5	661.60	18.17	4.14	1.11	0.34	0.12
X_e	1.00	1.00	0.95	0.80	0.53	0.25	0.11

表 5-4-2　温度-平衡转化率

T/K	300	400	500	600
X_{EB}	0	0.25	0.50	0.75

用于作图 5-4-3 的能量平衡数据为：温度为 300 K，绝热平衡温度为 465 K，响应的绝热平衡转化率为 0.41。用中间带冷却的串联反应器（图 5-4-4）在绝热操作条件下可以达到比图 5-4-2 所给出的平衡转化率高的转化率。转化率-温度关系如图 5-4-5 所示。

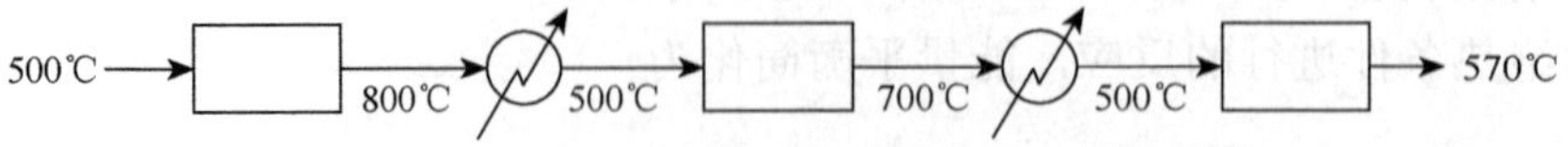

图 5-4-4　中间带冷却的串联反应器

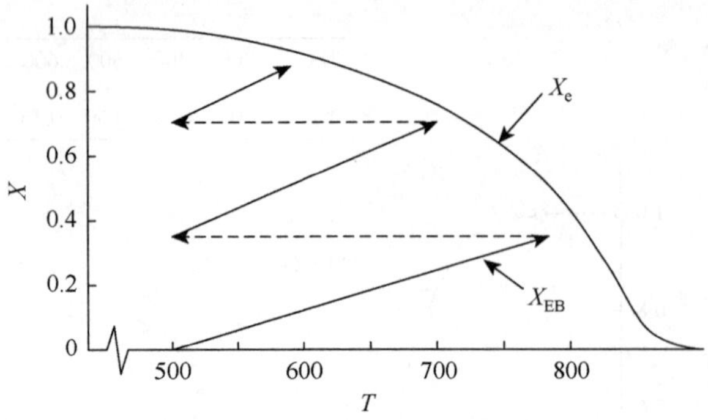

图 5-4-5　段间冷却以增加转化率

5.4.2　吸热反应

中间带加热的串联反应器有实际的需求，也就是提高汽油辛烷值的反应。在碳原子数目一定时，结构越紧密的分子辛烷值越高。因此，希望把直链烃转化为它的支链异构体、环烷烃和芳烃。

$$\text{直链烃} \rightleftharpoons \text{环烷烃} \rightleftharpoons \text{芳烃}$$

反应的第一步 k_1 与第二步 k_2 比较是慢的，两步反应都是强吸热反应。而所允许的操作温度范围是很小的：530℃以上会有不希望的副反应发生，而温度低于430℃基本不会有反应发生。典型的原料组成是 75%直链烃、10%粗汽油（石脑油）和 10%的芳烃。使用的流程如图 5-4-6 所示。可以看到，反应器大小是不一样的，有代表性的大小是高 10～20 m、直径 2～5 m。产物氢一般是被分离和再循环。反应器内流体流动的大概情形如图 5-4-7 所示。反应物径向向内流过用金属网包住的催化剂。催化剂以断续而不是连续的方式慢慢向反应器的下方移动。由于反应是吸热的，平衡转化率随温度增加而提高。有代表性的平衡曲线和分段温度-转化率曲线如图 5-4-8 所示。

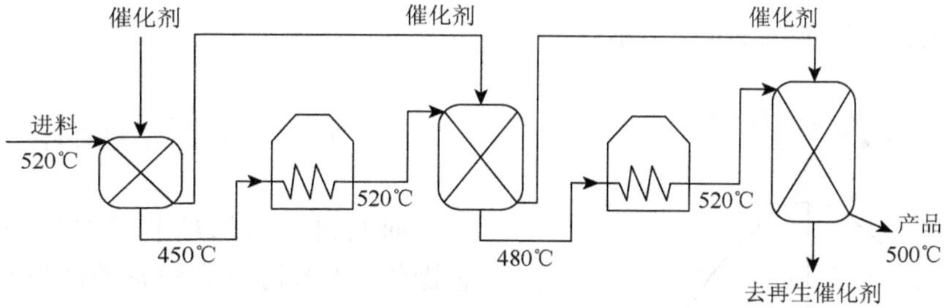

图 5-4-6　带有段间加热的移动床反应器汽油生产

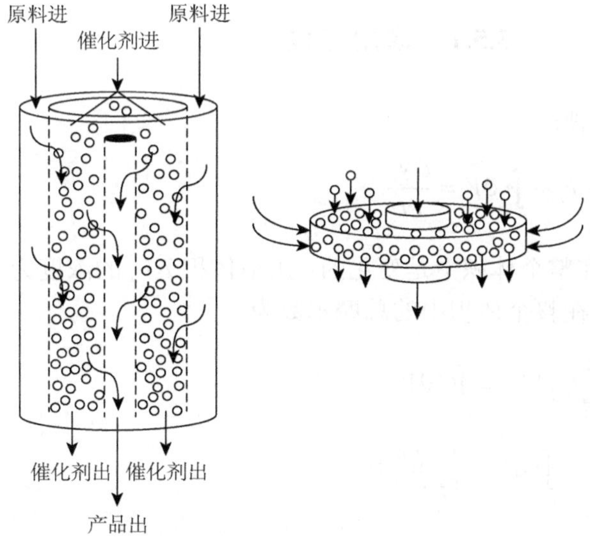

图 5-4-7　移动床反应器内部示意图

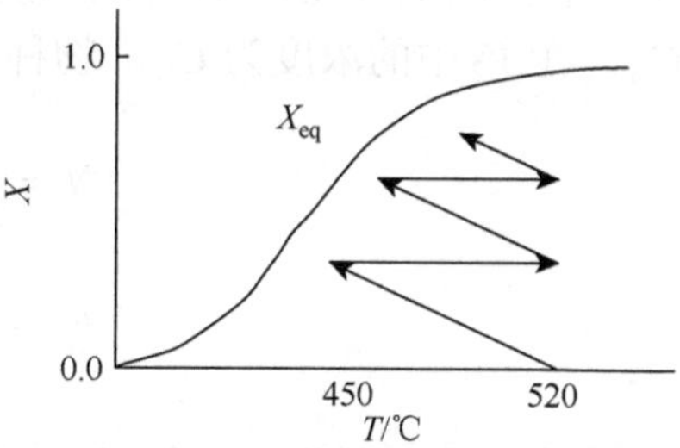

图 5-4-8　吸热反应段间加热温度-转化率轨线

5.4.3 最佳进料温度

考虑一可逆和放热反应，当进料温度改变时会发生什么。在一端，进料温度很高，反应速率常数也很大，反应很快进行，但是平衡转化率接近于零。因此，生成的产物非常少。在另一个极端，进料温度很低，反应速率常数也非常小以至于虽然所有反应物通过反应器但没有发生反应。显然转化率也将接近于零。因此，可以看到必须有一个最佳的进料温度以获得最大的转化率。当温度从低值增加时，反应速率常数也将增加。转化率随进料温度增加而一直增加直至达到该反应的平衡转化率。再进一步增加进料温度只能使转化率降低，因为平衡转化率的下降。该最佳进料温度如图 5-4-9 所示。

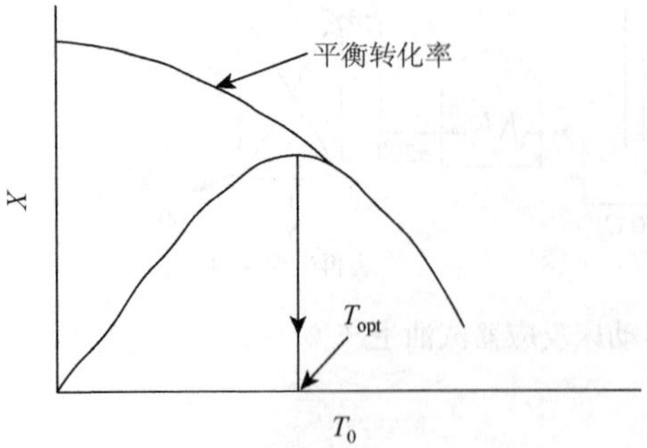

图 5-4-9　找出最佳进料温度

5.5 非稳态操作

前面讨论的都是非等温反应器的稳态操作。本节讨论非稳态的能量平衡，然后把其应用于活塞流反应器、CSTR 和全混间歇反应器。

5.5.1 通用方程

流动形式的摩尔平衡，对 i 物种：

$$F_{i0} - F_i + \int_V r_i \mathrm{d}V = \frac{\partial N_i}{\partial t}$$

由于有空间的变化，i 物种的浓度在整个体积中是变化的：在小体积 ΔV_1 的浓度为 C_{i1}，在 V_2 中的浓度为 C_{i2}。物种 i 在整个体积中的总摩尔数为

$$N_i = \sum_{j=1}^{M} C_{ij}\Delta V_j = \int_0^V C_i \mathrm{d}V$$

$$F_{i0} - F_i + \int_V r_i \mathrm{d}V = \frac{\partial}{\partial t}\int_V C_i \mathrm{d}V$$

对体积 V 微分，摩尔平衡变为

$$-\frac{\partial F_i}{\partial V} + r_i = \frac{\partial C_i}{\partial t} \tag{5-5-1}$$

它与非稳态能量平衡相结合，

$$E_{\mathrm{sys}}=\sum_{i=1}^{n}N_iE_i$$

$$\left(\frac{\partial E}{\partial t}\right)_{\mathrm{sys}}=\dot{Q}-\dot{W}+\sum_{i=1}^{n}H_i\,F_i\big|_{\mathrm{in}}-\sum_{i=1}^{n}H_i\,F_i\big|_{\mathrm{out}}\tag{5-5-2}$$

略去动能和位能的变化，把内能 U_i 用焓 H_i 表示：

$$E_{\mathrm{sys}}=\sum_{i=1}^{n}N_iE_i=\sum_{i=1}^{n}N_iU_i=\sum_{i=1}^{n}N_i(H_i-PV_i)\tag{5-5-3}$$

对时间微分，代入式（5-5-2）得

$$\sum N_i\frac{\partial H_i}{\partial t}+\sum H_i\frac{\partial N_i}{\partial t}-\frac{\partial(P\sum N_iV_i)}{\partial t}=\dot{Q}-\dot{W}+\sum_{i=1}^{n}H_i\,F_i\big|_{\mathrm{in}}-\sum_{i=1}^{n}H_i\,F_i\big|_{\mathrm{out}}\tag{5-5-4}$$

5.5.2　活塞流反应器的非稳态操作

简化式（5-5-4）到使用比较方便的形式：在活塞流反应器的小体积元 ΔV 中使用平衡方程，物种 i 的摩尔平衡为 $N_i=C_i\Delta V$，代入式（5-5-4）中得

$$\begin{aligned}&\sum C_i\frac{\partial H_i}{\partial t}+\sum H_i\frac{\partial C_i}{\partial t}-\frac{\partial P}{\partial t}\sum C_iV_i\\&=\dot{Q}/\Delta V-\dot{W}_{\mathrm{s}}/\Delta V-\left(\sum_{i=1}^{n}H_i\,F_i\big|_{V+\Delta V}-\sum_{i=1}^{n}H_i\,F_i\big|_{V}\right)\Big/\Delta V\end{aligned}\tag{5-5-5}$$

令 $\Delta V\to 0$，因 $\sum C_iV_i=0$ 可以获得

$$\sum C_i\frac{\partial H_i}{\partial t}+\sum H_i\frac{\partial C_i}{\partial t}-\frac{\partial P}{\partial t}=\frac{\partial\dot{Q}}{\partial V}-\frac{\partial\dot{W}_{\mathrm{s}}}{\partial V}-\partial\left(\sum_{i=1}^{n}H_iF_i\right)\Big/\partial V\tag{5-5-6}$$

重排：

$$\frac{\partial\dot{Q}}{\partial V}-\frac{\partial\dot{W}_{\mathrm{s}}}{\partial V}-\sum_{i=1}^{n}F_i\partial H_i/\partial V-\sum H_i\left(\frac{\partial F_i}{\partial t}+\frac{\partial C_i}{\partial t}\right)=\sum C_i\frac{\partial H_i}{\partial t}-\frac{\partial P}{\partial t}\tag{5-5-7}$$

比较式（5-5-7）和式（5-5-1）可以发现，括号内的项就是 i 物种的反应速率 r_i，它与 A 物种的消失速率仅仅差一个化学计量系数：$r_i=\nu\,\upsilon_i(-r_{\mathrm{A}})$，于是有

$$\frac{\partial\dot{Q}}{\partial V}-\frac{\partial\dot{W}_{\mathrm{s}}}{\partial V}-\sum_{i=1}^{n}F_i\partial H_i/\partial V+(-r_{\mathrm{A}})(-\sum\nu_iH_i)=\sum C_i\frac{\partial H_i}{\partial t}-\frac{\partial P}{\partial t}\tag{5-5-8}$$

但是，

$$\dot{Q}=U\pi DL(T_{\mathrm{a}}-T)=\frac{U\pi D}{A_{\mathrm{c}}}(T_{\mathrm{a}}-T)V=UaV(T_{\mathrm{a}}-T)\tag{5-5-9}$$

其中，a 是单位反应器体积的热交换面积。微分上式得

$$\frac{\partial \dot{Q}}{\partial V} = Ua(T_a - T)$$
$$dH_i = C_{pi} dT \tag{5-5-10}$$

把这些方程代入式（5-5-8）得

$$Ua(T_a - T) - \frac{\partial \dot{W}_s}{\partial V} - (\sum_{i=1}^{n} F_i C_{pi})\partial T_i / \partial V + (-r_A)[-\Delta H_R(T)] = \sum C_i C_{pi} \frac{\partial T_i}{\partial t} - \frac{\partial P}{\partial t}$$

略去轴功和压力随时间的变化，得

$$Ua(T_a - T) - (\sum_{i=1}^{n} F_i C_{pi})\partial T / \partial V + (-r_A)[-\Delta H_R(T)] = \sum C_i C_{pi} \frac{\partial T_i}{\partial t} \tag{5-5-11}$$

该方程必须与摩尔平衡方程和速率方程偶合：

$$\frac{\partial F_i}{\partial V} + \nu_i(-r_A) = \frac{\partial C_i}{\partial t}$$
$$-r_A = k(T) f(C_i) \tag{5-5-12}$$

并进行数值解。

对稳态操作且没有外功的情况，式（5-5-11）简化为

$$\frac{\partial T}{\partial V} = \{Ua(T_a - T) + (-r_A)[-\Delta H_R(T)]\} / \sum C_i C_{pi} \tag{5-5-13}$$

用转化率替代摩尔流速 F_i，得到方程式（5-5-14）：

$$\frac{dT}{dV} = \{[Ua(T_a - T) + (-r_A)[-\Delta H_R(T)]\} / [F_{A0}(\sum \Theta_i C_{pi} + X\Delta C_p)] \tag{5-5-14}$$

前面已经说过，该方程需要与摩尔平衡方程联立求解。

5.5.3 CSTR 非稳态操作

如果不考虑空间影响，能量平衡方程式（5-5-4）简化为

$$\sum C_i V C_{pi} \frac{dT}{dt} + \sum H_i V \frac{dC_i}{dt} - V\frac{dP}{dt} = \dot{Q} - \dot{W}_s + \sum_{i=1}^{n} H_i F_i\big|_{in} - \sum_{i=1}^{n} H_i F_i\big|_{out} \tag{5-5-15}$$

物种 i 的摩尔平衡：

$$V\frac{dC_i}{dt} = -\nu_i r_A V + F_{i0} - F_i$$

代入，并略去总压力的变化也不考虑相的变化，式（5-5-15）简化为

$$V\sum C_i C_{pi} \frac{dT}{dt} + \sum \nu_i H_i(-r_A V) + \sum_{i=1}^{n} F_{i0} H_i = Ua(T_a - T) - \dot{W}_s + \sum_{i=1}^{n} F_{i0} H_{i0}$$

重排，

$$Ua(T_a - T) - \dot{W}_s - \sum_{i=1}^{n} F_{i0}(H_i - H_{i0}) - \sum_{i=1}^{n} \nu_i H_i(-r_A V) = V\sum C_i C_{pi} \frac{dT}{dt}$$

把 H_i 和 F_{i0} 的值代入，得

$$UA(T_a - T) - \dot{W}_s - F_{A0}\sum_{i=1}^{n}\Theta_i\bar{C}_{pi}(T - T_{i0}) - \Delta H_R(T)(-r_A V) = V\sum C_i C_{pi}\frac{dT}{dt} \quad (5\text{-}5\text{-}16)$$

对液相反应，

$$\sum C_{pi}C_i \approx \sum C_{pi}C_{i0} = C_{A0}\sum\Theta_i C_{pi} = C_{A0}C_{ps}$$

其中，C_{ps} 是溶液的热容。作为近似，假设所有物种以相同的温度 T_0 进入反应器，

$$UA(T_a - T) - \dot{W}_s - F_{A0}C_{ps}(T - T_{i0}) - \Delta H_R(T)(-r_A V) = C_{A0}VC_{pi}\frac{dT}{dt} \quad (5\text{-}5\text{-}17)$$

该方程与速率定律摩尔平衡方程联立进行数值解。

5.5.4 间歇反应器

间歇反应器一般是处于全混状态的，温度和浓度在整个反应器中是均一的。能量平衡方程是把式（5-5-16）中的 F_{A0} 置零即可。略去总压随时间的变化，得

$$UA(T_a - T) - \dot{W}_s - \Delta H_R(T)(-r_A V) = V\sum C_i C_{pi}\frac{dT}{dt} = \sum N_i C_{pi}\frac{dT}{dt} \quad (5\text{-}5\text{-}18)$$

摩尔平衡：

$$N_i = N_{A0}(\Theta_i + \nu_i X)$$

$$UA(T_a - T) - \dot{W}_s - \Delta H_R(T)(-r_A V) = N_{A0}\left(\sum\Theta_i C_{pi} + \Delta C_p X\right)\frac{dT}{dt} \quad (5\text{-}5\text{-}19)$$

式（5-5-19）必须与摩尔平衡

$$N_{A0}\frac{dX}{dt} = -r_A V \quad (5\text{-}5\text{-}20)$$

以及速率定律联立并用数值方法求解。

对绝热操作且略去外功，能量平衡简化为

$$-\Delta H_R(T)(-r_A V) = N_{A0}(C_{ps} + \Delta C_p X)\frac{dT}{dt} \quad (5\text{-}5\text{-}21)$$

其中，$C_{ps}=\sum\Theta_i C_{pi}$。对恒定或平均热容，可以获得分析解。结合式（5-5-20）和式（5-5-21）得

$$-[\Delta H_R^0(T_R)(-r_A V) + \Delta\bar{C}_p(T - T_R)]\frac{dX}{dt} = N_{A0}(C_{ps} + \Delta\bar{C}_p X)\frac{dT}{dt} \quad (5\text{-}5\text{-}22)$$

用分离变量法，在初始条件 $X=0$、$T=T_0$ 和 $X=X$、$T=T$ 下积分得

$$\frac{1}{\Delta\bar{C}_p}\ln\frac{C_{ps} + \Delta\bar{C}_p X}{C_{ps}} = \frac{1}{\Delta\bar{C}_p}\ln\frac{\Delta H_R^0(T_R) + \Delta\bar{C}_p(T_0 - T_R)}{\Delta H_R^0(T_R) + \Delta\bar{C}_p(T - T_R)} = \frac{1}{\Delta\bar{C}_p}\ln\frac{\Delta H_R(T_0)}{\Delta H_R(T)} \quad (5\text{-}5\text{-}23)$$

取反对数，

$$\frac{C_{ps} + \Delta\bar{C}_p X}{C_{ps}} = \frac{\Delta H_R(T_0)}{\Delta H_R(T)}$$

解出 X，

$$X=\frac{C_{ps}}{\Delta\bar{C}_p}\left[\frac{\Delta H_{\mathrm{R}}(T_0)}{\Delta H_{\mathrm{R}}(T)}\right]-\frac{C_{ps}}{\Delta\bar{C}_p}=\frac{C_{ps}}{\Delta\bar{C}_p}\left[\frac{\Delta H_{\mathrm{R}}(T_0)-\Delta H_{\mathrm{R}}(T)}{\Delta H_{\mathrm{R}}(T)}\right]$$

$$=\frac{C_{ps}}{\Delta\bar{C}_p}\left[\frac{\Delta\bar{C}_p(T_0-T_{\mathrm{R}})-\Delta\bar{C}_p(T-T_{\mathrm{R}})}{\Delta H_{\mathrm{R}}(T)}\right]$$

$$X=\frac{C_{ps}(T-T_0)}{-\Delta H_{\mathrm{R}}(T)}=\frac{\sum\Theta_i\bar{C}_{pi}(T-T_0)}{-\Delta H_{\mathrm{R}}(T)} \tag{5-5-24}$$

该式与从流动反应器推导得到的转化率温度方程式是相同的，重排得

$$T=T_0-\frac{\Delta H_{\mathrm{R}}(T_0)X}{C_{ps}+X\Delta\bar{C}_{pi}}=T_0-\frac{\Delta H_{\mathrm{R}}(T_0)X}{\sum_{i=1}^{n}\Theta_i\bar{C}_{pi}+X\Delta\bar{C}_{pi}} \tag{5-5-25}$$

一旦有了间歇反应器的 T-X 的关系，可以构建与【例 5-5】中类似的表格，使用在 5.1.1 节中类似的方法计算设计方程以确定特定转化率所需要的时间。

$$t=N_{\mathrm{A0}}\int_0^X\frac{\mathrm{d}X}{-r_{\mathrm{A}}V}$$

【例 5-9】 绝热间歇釜式反应器。利用【例 5-4】的数据，有一个新的玻璃管线的 175 gal 的搅拌釜式反应器可利用，装料 1 gal 甲醇和含 0.1wt% H_2SO_4 的水，用于从环氧丙烷生产 1, 2-丙二醇。物料的初始温度为 58℉。如果【例 5-4】的速率定律是正确的，使转化率达到 51.1%需要多少时间？温度应该是多少？

解：速率定律、平衡、化学计量和结合所得方程：

①设计方程：$N_{\mathrm{A0}}\dfrac{\mathrm{d}X}{\mathrm{d}t}=-r_{\mathrm{A}}V$；

②速率定律：$-r_{\mathrm{A}}=kC_{\mathrm{A}}$；

③化学计量式：$C_{\mathrm{A}}=\dfrac{N_{\mathrm{A0}}}{V}(1-X)$；

④组合上述方程：$\dfrac{\mathrm{d}X}{\mathrm{d}t}=k(1-X)$，利用【例 5-4】的数据

$$k(\mathrm{s}^{-1})=4.71\times10^{9}\times\exp\left(\frac{-32400}{1.987\times T}\right)$$

$$k(\mathrm{s}^{-1})=2.73\times10^{-4}\times\exp\left[\frac{32400}{1.987}\left(\frac{1}{535}-\frac{1}{T}\right)\right]$$

可以构建一个表；

⑤能量平衡：对绝热反应，转化率和温度的关系为

$$T = T_0 - \frac{\Delta H_R(T_0)X}{C_{ps} + X\overline{C}_p}$$

⑥参数计算：溶液的热容

$$C_{ps} = \sum \Theta_i \overline{C}_{pi} = \Theta_A \overline{C}_{pA} + \Theta_B \overline{C}_{pB} + \Theta_C \overline{C}_{pC} + \Theta_I \overline{C}_{pI}$$
$$= 1 \times 35 + 18.56 \times 18 + 0 + 1.670 \times 19.5 = 4.3[\text{Btu/(lbmolA℉)}]$$

【例 5-10】给出 $\Delta\overline{C}_p = -7[\text{Btu/(lbmolA}\cdot\text{℉)}]$ 与 C_{ps} 比较是非常小的。表示反应热的方程中的第二项在 51.5%转化率时与它比较也是非常小的（小于 2%）：

$$\Delta H_R(T) = \Delta H_R(T_R) + \Delta\overline{C}_p(T - T_R) = -36400 - 7(T - 528)$$

因为 $\Delta\overline{C}_p$ 很小，可以假设 $\Delta\overline{C}_p$=0，于是在初始温度 535℉下的反应热为

$$\Delta H_R(T) = \Delta H_R(T_R) + \Delta\overline{C}_p(T - T_R) = -36400 - 7(535 - 528) = -36450(\text{Btu/lbmol})$$

在初始反应温度中已经考虑了溶液混合热产生的温升：

$$T_0 = (460+58)+17 = 535\ (℉)$$

于是有

$$T = T_0 - \frac{X\Delta H_R(T_0)}{C_{ps}} = 535 - \frac{-36450X}{403} = 535 + 90.45X$$

数值计算：需要的时间可以由下面的积分计算：

$$t = \int_0^{0.515} \frac{dX}{k(1-X)}$$

选择一个 X 计算 T、k，然后计算 $1/[k(1-X)]$如表 5-5-1 所示。

表 5-5-1　计算给出的数据

X	T/°R	k/s^{-1}	$1/[k(1-X)]$
0	535	2.73×10^{-4}	f_0=3663
0.1288	547	5.33×10^{-4}	f_1=2154
0.2575	558	9.59×10^{-4}	f_2=1404
0.3863	570	17.7×10^{-4}	f_3=921
0.515	582	32.0×10^{-4}	f_4=644

$$\Delta X = h = 0.515 / 4 = 0.1285$$

$$t = \frac{h}{3}[f(x_0) + 4f(x_1) + 2f(x_2) + 4f(x_3) + f(x_4)]$$
$$= \frac{0.1285}{3}[3663 + 4\times2154 + 2\times1404 + 4\times921 + 644] = 833(\text{s}) = 13.9(\text{min})$$

$$T = 582°\text{R} = 122℉$$

当应用 POLYMATH 计算软件时，可以从前述的方程获得转化率和温度与时间的函数关系。结果如图 5-5-1 和图 5-5-2 及表 5-5-2 所示。

有意思的是，比较在相同转化率下不同 CSTR 反应器大小中的停留时间。

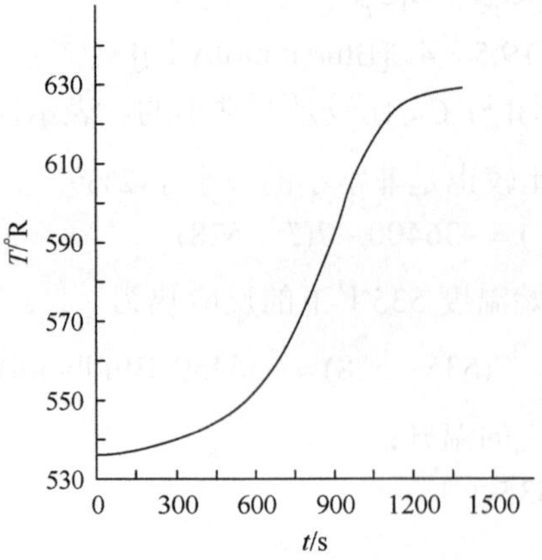

图 5-5-1　时间-温度曲线

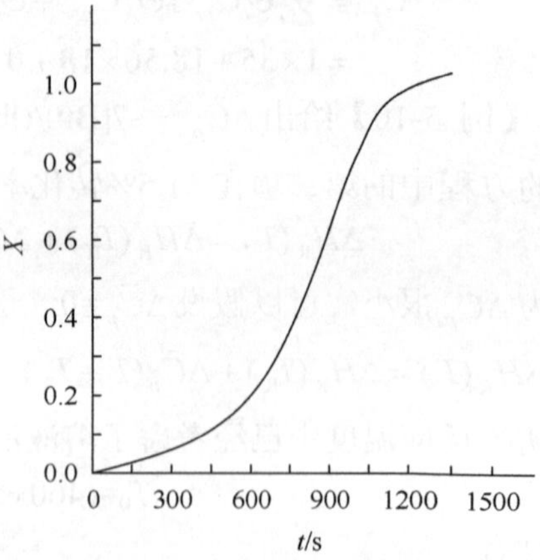

图 5-5-2　转化率-时间曲线

$$\tau = \frac{V}{v_0} = \frac{X}{(1-X)k} = \frac{0.515}{0.0032 \times 0.485} = 332(\text{s})$$

从这一结果可以看出，因温度增加而使反应速率常数的增加要高于因浓度的降低引起的反应速率常数的降低，也就是前者补上后者绰绰有余，因此在 CSTR 中达到该转化率的停留时间要小于在间歇釜或管式活塞流反应器中的停留时间。

表 5-5-2　计算得到的转化率和温度

时间/s	转化率	温度/°R
0	0	535
240	0.076 251 6	541.897
663.074	0.312 785	563.291
747.734	0.396 048	570.823
843.976	0.522 836	582.29
904.049	0.625 983	591.62
975.755	0.771 916	604.82
1 061.15	0.923 396	618.521
1 100.05	0.962 946	622.098
1 153.01	0.987 543	624.323
12 000	0.995 518	625.045

5.6　非绝热操作：二氧化硫氧化

5.6.1　硫酸的制造

从元素硫制造硫酸的第一步是在一个炉子中燃烧硫产生二氧化硫：$S+O_2 \longrightarrow SO_2$，接着用五氧化二钒催化剂把二氧化硫转化为三氧化硫：$SO_2+1/2O_2 \longrightarrow SO_3$，有代表性的硫酸制造工厂的流程图如图 5-6-1 所示。我们处理的是转化器。催化剂是 V_2O_5/浮石，为直径 8 mm、长 8 mm 的圆柱片。密度为 33.8 lb/ft^3，反应温度 818℉和 1029℉。氧化的速率方程为

$$-r'_{SO_2} = k\sqrt{\frac{P_{SO_2}}{P_{SO_3}}}\left[P_{O_2} - \left(\frac{P_{SO_3}}{K_p P_{SO_2}}\right)^2\right] \qquad (5\text{-}6\text{-}1)$$

只要转化率大于 5%，该方程就可以使用。低于 5%转化率时的速率基本上是转化率 5%时的速率。

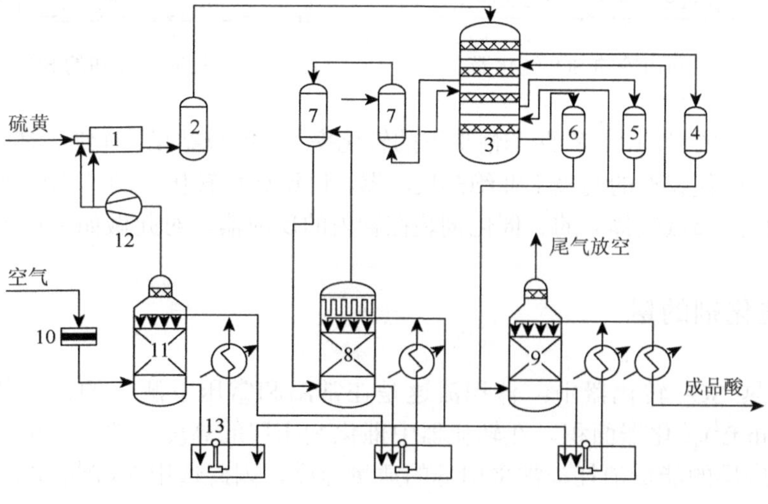

图 5-6-1　硫酸制造过程流程图

1. 焚硫炉；2. 废热锅炉；3. 转化器；4. 蒸汽过热器；5. 蒸发器；6. 锅炉给水预热器；7. 换热器；8. 中间吸收塔；9. 最终吸收塔；10. 过滤器；11. 空气干燥塔；12. 鼓风机；13. 泵

硫酸制造过程可以使用不同类型的反应器。最常用的是中间带有冷却的绝热反应器，其内部结构如图 5-6-2 所示。另一个类型是把冷却管置于反应物流中，如图 5-6-3 所示，使用进气来冷却反应混合物，来自转化器的热反应混合物用于

预热锅炉进水，产生蒸汽和过热蒸汽，然后再预热冷的进料气体。目的是提高能量利用效率。20 世纪 70 年代建立的硫酸工厂容量在 1000～2400 t/d。对 1000 t/d 的工厂，进入转化器的二氧化硫是 7900 lbmol/h，组成为 11%SO_2、10%O_2、79% 惰性气体（主要是 N_2）。

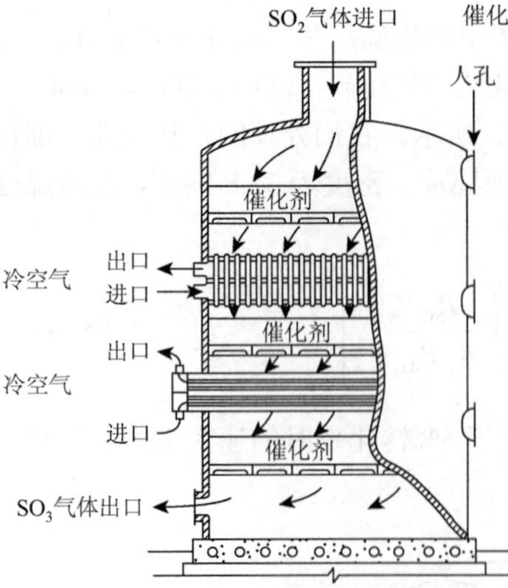

图 5-6-2　层间内冷的 SO_2 转化器

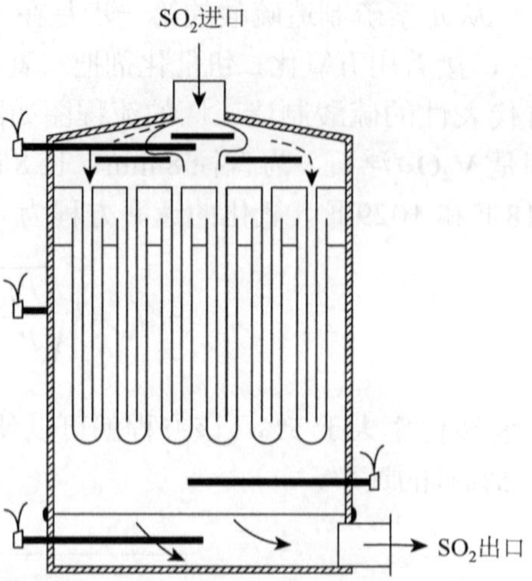

图 5-6-3　反应器冷却的 SO_2 转化器

初始设计的目的，计算两个情形下的转化率，并比较结果，详细表述一个情形。①需要计算有代表性的两段工业绝热反应器，讨论计算转化率的基本原理；②讨论有壁冷（恒温沸点液体）的、催化剂装在管内的反应器。对此做如下详细描述。

5.6.2　催化剂的量

在绝热 SO_2 转化器中，体积流速是在常温和常压下测量的，一般在 75～100 $ft^3/(min \cdot ft^2)$转化器面积。在转化器中催化剂床层的高度一般是 20～50 in。为降低通过床层的能量消耗，常采用低的质量速度，因此选用 75 $ft^3/(min \cdot ft^2)$。对绝热转化器，通常将第一段的转化率控制在 70%，第二段控制在 18%。后面已经计算，第一段使用 1550 ft^3（23 in 深），第二段 2360 ft^3（35 in 深）。对所使用的冷却管式反应器，总催化剂的体积为 3910 ft^3。

5.6.3　反应器构型

催化剂装在管子内，管子放在外面用沸腾液体冷却的热交换器中。由于存在严重的径向温度梯度，管子的外径选用 3 in 以协调最小径向温度梯度和最少的管子数目。其厚度 0.109 in、内径 2.782 in、长 20 ft 以协调最小的鼓风机能量消耗（较短的管子长度）和最低的投资成本（长的管子可以减少管子数目）。于是，3910 ft^3 催化剂需要的管子数目为

N_t=催化剂体积/每一根管子的体积=3910/[20×π×(2.782/12)^2/4]=4631　（5-6-2）

管的横截面积 A_c=3910/20=195.5（ft^2）　（5-6-3）

反应气体与冷却剂之间的总传热系数假定为 10 Btu/(h·ft^2·℉)。它是这类情形中传热系数范围的上限。

5.6.4　操作条件

二氧化硫转化器的操作压力仅稍高于大气压，假设为 2 atm。反应器进口温度调整到有最大转化率时的温度。但是，有两个约束：对 V_2O_5 催化剂，温度低于约 750℉基本无活性，实验结果指出 760℉进口温度时有最大转化率；反应器使用温度不能超过 1120℉。冷却物质应该使用在高的温度以便通过热量的再使用改进热效率。最合适的物质可能是 Dowtherm A，操作限约 750℉，在初始设计中使用该冷却剂。

【例 5-10】　SO_2 氧化

SO_2 以 7900 lbmol/h 进入转化器，其组成为：11%SO_2，10%O_2，79%惰性气体（基本上是氮气）。转化器由外径 3 in、内径 2.782 in、长 20 ft 的 4631 根装了催化剂的管子组成。这些管子为温度 805℉的沸腾液体冷却，冷却剂的温度恒定在这一值。入口的压力为 2 atm。

计算进口温度为 740℉和 940℉时，作出转化率、温度、平衡转化率，以及反应速率沿反应器长度的分布。

数据：φ=0.45，U=10 Btu/(ft^2·h·°R)，ρ_0=0.054 lb/ft^3，A_c=0.0422 ft^2，P_0=2 atm，T_0=1400°R（也可以 1200°R），D_p=0.015 ft^2，g_c=4.17×10^8 lb_m·ft/(lbf·h^2)，μ=0.090 lb/(ft·h)（1400°R），ρ_c=33.8 lb/ft^3。

使用 JANAF 给出的 700 K 和 900 K 的平衡常数值，任一温度下的平衡常数为

$$K_p=\exp\left[\frac{42311}{RT}-11.24\right]（K_p\text{的单位为atm}^{-2}，T\text{的单位为}^{\circ}\text{R}）$$

1600°R 时的 K_p=7.8 atm^{-2}，速率常数：

$$k=\exp\left[\frac{-176008}{T}-110.1\ln T+912.8\right](\text{lbmol SO}_2/\text{lb cat}\cdot\text{s}\cdot\text{atm},T\text{的单位为}^{\circ}\text{R})$$

在这些温度下，催化剂存在扩散影响，应该用一个能够预测整个温度范围的有效反应速率常数的经验方程。JANAF 给出下列数据：

$$\Delta H_{\mathrm{R}}(800℉) = -42471\ \mathrm{Btu/lbmol\ SO_2}$$

$$C_{p\mathrm{SO_2}} = 7.208 + 5.633\times10^3 T(^\circ\mathrm{R}) - 0.343\times10^3 T^2, (\mathrm{Btu/lbmol}\cdot{}^\circ\mathrm{R})$$

$$C_{p\mathrm{SO_2}} = 5.731 + 2.323\times10^3 T - 4.886\times10^3 T^2$$

$$C_{p\mathrm{SO_2}} = 8.511 + 9.517\times10^3 T - 2.325\times10^3 T^2$$

$$C_{p\mathrm{SO_2}} = 6.248 + 8.778\times10^3 T - 2.13\times10^3 T^2$$

解： 1）一般程序

（1）应用关联催化剂质量、反应速率和转化率的活塞流反应器设计方程。用化学计量关系和进料条件使速率定律表示为转化率的函数。

（2）应用关联催化剂质量和温度的能量平衡方程。

（3）使用表示压力降的 Ergun 方程把压力表示为催化剂质量的函数。

（4）列出性质参数值［如 k、K_p、$\Delta H_R^0(T_{\mathrm{R}})$、$C_{pi}$］及它们与温度的关系，以便进行计算。

（5）对设计方程、能量平衡方程和 Ergun 方程同时进行数值积分，以确定出口转化率和出口温度及浓度分布。

2）设计方程

基于催化剂质量的一般摩尔平衡方程（设计方程）用微分形式方程表示：

$$F_{\mathrm{A0}}\frac{\mathrm{d}X}{\mathrm{d}W} = -r_{\mathrm{A}}'$$

3）速率定律

$$-r_{\mathrm{SO_2}}' = k\sqrt{\frac{P_{\mathrm{SO_2}}}{P_{\mathrm{SO_3}}}}\left[P_{\mathrm{O_2}} - \left(\frac{P_{\mathrm{SO_3}}}{K_p P_{\mathrm{SO_2}}}\right)^2\right]$$

4）化学计量关系

表示 $-r_{\mathrm{SO_2}}'$ 作为转化率的函数

$$\mathrm{SO_2 + 1/2O_2 \rightleftharpoons SO_3},\quad \mathrm{A + 1/2B \rightleftharpoons C}$$

$$P_i = C_i(RT) = C_{\mathrm{A0}}\frac{(\Theta_i + \nu_i X)(RT)P}{(1+\varepsilon X)\dfrac{T}{T_0}P_0} = P_{\mathrm{A0}}\frac{(\Theta_i + \nu_i X)P}{(1+\varepsilon X)P_0}$$

把分压代入速率定律并组合得到：

$$\frac{\mathrm{d}X}{\mathrm{d}W}=-r'_{\mathrm{A}}/F_{\mathrm{A0}}=\frac{k}{F_{\mathrm{A0}}}\sqrt{\frac{1-X}{\Theta_{\mathrm{SO_3}}+X}}\left[\frac{P}{P_0}P_{\mathrm{A0}}\frac{\Theta_{\mathrm{O_2}}-1/2X}{1+\varepsilon X}-\left(\frac{\Theta_{\mathrm{SO_3}}+X}{1-X}\right)^2\frac{1}{K_p}\right]$$

$\varepsilon=-0.055,\ P_{\mathrm{A0}}=0.22\ \mathrm{atm},\ \Theta_{\mathrm{SO_2}}=1.0,\ \Theta_{\mathrm{O_2}}=0.91,\quad \Theta_{\mathrm{SO_3}}=0.0,\ \Theta_{\mathrm{N_2}}=7.17$

$F_{\mathrm{A0}}=869\ \mathrm{lbmol/h},\ F_{T0}=7900\ \mathrm{lbmol/h}$

对每根管，催化剂在管中的质量 $W=\rho_c\pi D^2 L/4=28054$ lbcat/tube

$$F_{\mathrm{A0}}=869/4631=0.188[\mathrm{lbmol/(h\cdot tube)}]$$

代入上式：

$$\frac{\mathrm{d}X}{\mathrm{d}W}=-r'_{\mathrm{A}}/F_{\mathrm{A0}}=\frac{k}{F_{\mathrm{A0}}}\sqrt{\frac{1-X}{\Theta_{\mathrm{SO_3}}+X}}\left[\frac{P}{P_0}P_{\mathrm{A0}}\frac{\Theta_{\mathrm{O_2}}-1/2X}{1+\varepsilon X}-\left(\frac{\Theta_{\mathrm{SO_3}}+X}{1-X}\right)^2\frac{1}{K_p}\right]$$

$$=5.329k\sqrt{\frac{1-X}{X}}\left\{\frac{0.2-0.11X}{1-0.055X}\frac{P}{P_0}-\left[\frac{X}{(1-X)K_p}\right]^2\right\}$$

$$\frac{\mathrm{d}X}{\mathrm{d}W}=f_1(X,T,P)$$

积分限是从零到一根管子中的催化剂质量。

5）能量平衡

对稳态操作和没有外功输入时，能量平衡（用催化剂质量作为自变量）可以写为

$$\frac{\mathrm{d}T}{\mathrm{d}W}=\frac{\dfrac{4U}{\rho_c D}(T_a-T)+(-r'_{\mathrm{A}})[-\Delta H_{\mathrm{R}}(T)]}{F_{\mathrm{A0}}(\sum\Theta_i C_{pi}+X\Delta C_p)}$$

6）能量平衡方程中的参数计算

反应热：

$$\Delta H_{\mathrm{R}}(T)=\Delta H_{\mathrm{R}}^0(T_{\mathrm{R}})+\Delta\alpha(T-T_{\mathrm{R}})+\Delta\beta/2(T^2-T_{\mathrm{R}}^2)+\Delta\gamma/3(T^3-T_{\mathrm{R}}^3)$$

对二氧化硫氧化反应：$SO_2+1/2O_2\longrightarrow SO_3$

$\Delta\beta=0.00273$，$\Delta\gamma=0.738\times10^{-6}$，$T_{\mathrm{R}}=1260^{\circ}\mathrm{R}$

代入得到：$\Delta H_R(T) = -42471 - 1.563 \times (T - 1260) + 1.36 \times 10^{-3} \times (T^2 - 1260^2)$

$$+2.459 \times 10^{-7} \times (T^3 - 1260^3)(\Delta H_R \text{的单位为Btu/lbmol}, T\,^\circ\mathrm{R})$$

$$\sum \Theta_i C_{pi} = 57.23 + 0.0147T - 1.94 \times 10^{-6} T^2$$

热传输系数项：

$$\frac{U\pi D}{\rho_c A_c} = \frac{4U}{\rho_c D} = \frac{4 \times 10\ \mathrm{Btu/(h \cdot ft^2 \cdot {}^\circ R)}}{33.8\ \mathrm{lb/ft^3} \times 2.78/12\mathrm{ft}} = 5.11\ \mathrm{Btu/(h \cdot lb\ cat \cdot {}^\circ R)}$$

$$\frac{\mathrm{d}T}{\mathrm{d}W} = \frac{5.11 \times (T_a - T) + (-r_A') \times [-\Delta H_R(T)]}{0.188 \times (\sum \Theta_i C_{pi} + X\Delta C_p)} = f_2(T, P, X)$$

7）压力降

$$\frac{\mathrm{d}P}{\mathrm{d}L} = -\frac{(1-\phi)G(1+\varepsilon X)}{\rho_0 \dfrac{P}{P_0}\dfrac{T_0}{T} g_c D_p \phi^3}\left[\frac{150\mu(1-\phi)}{D_p} + 1.75G\right]$$

$$G = \frac{\sum F_{0i} M_i}{A_c} [M_i(i\text{的分子量}) = 1307.6\ \mathrm{lb/(ft^2 \cdot h)}]$$

$$A_c(\text{横截面积}) = \pi D^2 / 4$$

$$W = \rho_c A_c L$$

$$\frac{\mathrm{d}P}{\mathrm{d}W} = -\frac{(1-\phi)G(1+\varepsilon X)}{\rho_0 A_c \rho_c T_0 P g_c D_p \phi^3}\left[\frac{150\mu(1-\phi)}{D_p} + 1.75G\right]$$

8）压力降方程中的参数计算

$$f_3(X, T, P) = \frac{\mathrm{d}P}{\mathrm{d}W} = -\frac{(1-\phi)G(1+\varepsilon X)}{\rho_0 A_c \rho_c T_0 P g_c D_p \phi^3}\left[\frac{150\mu(1-\phi)}{D_p} + 1.75G\right]$$

代入参数值，得

$$\frac{\mathrm{d}P}{\mathrm{d}W} = \frac{-1.12 \times 10^{-8} \times (1 - 0.055X)T}{P} \times (5500\mu + 2288)$$

我们仅要求获得压力降数量级大小的值，为此考虑反应在等温下进行的情形，即 ε=0 时：

$$\mathrm{d}P/\mathrm{d}W = -0.0432/P$$

积分限为 W=0 时的 P_0=2 atm 到 W=28.54 lb 时的 P=P，得

$$(P^2-4)/2 = -0.0432 \times (0-28.54)，P = 1.239，\Delta P = 2 - 1.239 = 0.76\ \mathrm{atm}$$

因为气体的黏度与温度的平方根成比例，$\mu \infty T^{1/2}$，假定黏度与温度无关：

$$\mathrm{d}P/\mathrm{d}W = f_3(T, P, X)$$

9）解的程序

必须解如下的三个联立微分方程：摩尔（质量）、能量和压力（动量）平衡方程：

$$\frac{dX}{dW}=f_1(T,P,X)$$
$$\frac{dT}{dW}=f_2(T,P,X)$$
$$\frac{dP}{dW}=f_3(T,P,X)$$

解这些方程有不少数值方法可以利用，这里用 Runge-Kutta-Gill 方法：

$$X_{i+1}=X_i+\frac{\Delta W}{6}[k_{1X}+(2-\sqrt{2})k_{2X}+(2+\sqrt{2})k_{3X}+k_{4X}]$$
$$T_{i+1}=T_i+\frac{\Delta W}{6}[k_{1T}+(2-\sqrt{2})k_{2T}+(2+\sqrt{2})k_{3T}+k_{4T}]$$
$$P_{i+1}=P_i+\frac{\Delta W}{6}[k_{1P}+(2-\sqrt{2})k_{2P}+(2+\sqrt{2})k_{3P}+k_{4P}]$$
$$k_{1X}=f_1(T_i,P_i,X_i),k_{1T}=f_2(T_i,P_i,X_i),k_{1P}=f_3(T_i,P_i,X_i)$$
$$k_{2X}=f_1\left(T_i+k_{1T}\frac{\Delta W}{2},P_i+k_{1P}\frac{\Delta W}{2},X_i+k_{1X}\frac{\Delta W}{2}\right)$$

$$k_{2T}=f_2\left(T_i+k_{1T}\frac{\Delta W}{2},P_i+k_{1P}\frac{\Delta W}{2},X_i+k_{1X}\frac{\Delta W}{2}\right)$$

$$k_{2P}=f_3\left(T_i+k_{1T}\frac{\Delta W}{2},P_i+k_{1P}\frac{\Delta W}{2},X_i+k_{1X}\frac{\Delta W}{2}\right)$$

$$k_{3X}=f_1\left[T_i+\left(\frac{1}{\sqrt{2}}-\frac{1}{2}\right)k_{1T}\Delta W+\left(1-\frac{1}{\sqrt{2}}\right)k_{2T}\Delta W,P_i+\left(\frac{1}{\sqrt{2}}-\frac{1}{2}\right)k_{1P}\Delta W+\left(1-\frac{1}{\sqrt{2}}\right)k_{2P}\Delta W,\right.$$
$$\left.X_i+\left(\frac{1}{\sqrt{2}}-\frac{1}{2}\right)k_{1X}\Delta W+\left(1-\frac{1}{\sqrt{2}}\right)k_{2X}\Delta W\right]$$
$$k_{3T}=f_2\left[T_i+\left(\frac{1}{\sqrt{2}}-\frac{1}{2}\right)k_{1T}\Delta W+\left(1-\frac{1}{\sqrt{2}}\right)k_{2T}\Delta W,P_i+\left(\frac{1}{\sqrt{2}}-\frac{1}{2}\right)k_{1P}\Delta W+\left(1-\frac{1}{\sqrt{2}}\right)k_{2P}\Delta W,\right.$$
$$\left.X_i+\left(\frac{1}{\sqrt{2}}-\frac{1}{2}\right)k_{1X}\Delta W+\left(1-\frac{1}{\sqrt{2}}\right)k_{2X}\Delta W\right]$$
$$k_{3P}=f_3\left[P_i+(\frac{1}{\sqrt{2}}-\frac{1}{2})k_{1P}\Delta W+(1-\frac{1}{\sqrt{2}})k_{2P}\Delta W,X_i+(\frac{1}{\sqrt{2}}-\frac{1}{2})k_{1X}\Delta W+(1-\frac{1}{\sqrt{2}})k_{2P}\Delta W,\right.$$
$$\left.T_i+\left(\frac{1}{\sqrt{2}}-\frac{1}{2}\right)k_{1T}\Delta W+\left(1-\frac{1}{\sqrt{2}}\right)k_{TX}\Delta W\right]$$

$$k_{4X}=f_1\left[T_i-\frac{1}{\sqrt{2}}k_{2T}\Delta W+\left(1+\frac{1}{\sqrt{2}}\right)k_{3T}\Delta W,P_i-\frac{1}{\sqrt{2}}k_{2P}\Delta W+\left(1+\frac{1}{\sqrt{2}}\right)k_{3P}\Delta W,\right.$$
$$\left.X_i-\frac{1}{\sqrt{2}}k_{2X}\Delta W+\left(1+\frac{1}{\sqrt{2}}\right)k_{3X}\Delta W\right]$$

$$k_{4T}=f_2\left[T_i-\frac{1}{\sqrt{2}}k_{2T}\Delta W+\left(1+\frac{1}{\sqrt{2}}\right)k_{3T}\Delta W,P_i-\frac{1}{\sqrt{2}}k_{2P}\Delta W+\left(1+\frac{1}{\sqrt{2}}\right)k_{3P}\Delta W,\right.$$
$$\left.X_i-\frac{1}{\sqrt{2}}k_{2X}\Delta W+\left(1+\frac{1}{\sqrt{2}}\right)k_{3X}\Delta W\right]$$

$$k_{4P}=f_3\left[T_i-\frac{1}{\sqrt{2}}k_{2T}\Delta W+\left(1+\frac{1}{\sqrt{2}}\right)k_{3T}\Delta W,P_i-\frac{1}{\sqrt{2}}k_{2P}\Delta W+\left(1+\frac{1}{\sqrt{2}}\right)k_{3P}\Delta W,\right.$$
$$\left.X_i-\frac{1}{\sqrt{2}}k_{2X}\Delta W+\left(1+\frac{1}{\sqrt{2}}\right)k_{3X}\Delta W\right)$$

10）数值程序

在转化率 X=0.0 和 X=0.05 之间时，速率方程与转化率无关，在这个范围内，二氧化硫消失的速率等于 X=0.05 时的反应速率：

$$-r'_{SO_2}=k\left(0.848-\frac{0.1176}{K_p^2}\right)$$

（1）令 X=0.00，$T=T_0$，$P=P_0$。

（2）用下面的方程计算 k：

$$k=\exp\left(\frac{-176008}{T}-110.1\ln T+912.8\right)$$

（3）用下面的方程计算 K_p：

$$K_p=\exp\left(\frac{42311}{RT}-11.24\right)(K_p\text{的单位为atm}^{-2}\text{，}T\text{的单位为}^\circ\text{R})$$

（4）如果 X＜0.05，用方程：

$$-r'_{SO_2}=k\left(0.848-\frac{0.1176}{K_p^2}\right)$$

如果 X＞0.05，用方程

$$\frac{dX}{dW}=-r'_A/F_{A0}=\frac{k}{F_{A0}}\sqrt{\frac{1-X}{\Theta_{SO_3}+X}}\left[\frac{P}{P_0}P_{A0}\frac{\Theta_{O_2}-1/2X}{1+\varepsilon X}-\left(\frac{\Theta_{SO_3}+X}{1-X}\right)^2\frac{1}{K_p}\right]$$
$$=5.329k\sqrt{\frac{1-X}{X}}\left\{\frac{0.2-0.11X}{1-0.055X}\frac{P}{P_0}-\left[\frac{X}{(1-X)K_p}\right]^2\right\}$$

$$\frac{dX}{dW} = f_1(X, T, P)$$

计算 $-r'_{SO_2}$。

（5）用下述方程计算 $f_1(X,T,P)$、$f_2(X,T,P)$ 和 $f_3(X,T,P)$：

$$\frac{dX}{dW} = -r'_A / F_{A0} = \frac{k}{F_{A0}}\sqrt{\frac{1-X}{\Theta_{SO_3}+X}}\left[\frac{P}{P_0}P_{A0}\frac{\Theta_{O_2}-1/2X}{1+\varepsilon X} - \left(\frac{\Theta_{SO_3}+X}{1-X}\right)^2\frac{1}{K_p}\right]$$

$$= 5.329k\sqrt{\frac{1-X}{X}}\left\{\frac{0.2-0.11X}{1-0.055X}\frac{P}{P_0} - \left[\frac{X}{(1-X)K_p}\right]^2\right\}$$

$$\frac{dX}{dW} = f_1(X, T, P)$$

$$\frac{U\pi D}{\rho_c A_c} = \frac{4U}{\rho_c D} = \frac{4\times 10\ \text{Btu}/(\text{h}\cdot\text{ft}^2\cdot{}^\circ\text{R})}{33.8\ \text{lb}/\text{ft}^3\times 2.78/12\text{ft}} = 5.11\ \text{Btu}/(\text{h}\cdot\text{lb cat}\cdot{}^\circ\text{R})$$

$$\frac{dT}{dW} = \frac{5.11\times(T_a - T) + (-r'_A)\times[-\Delta H_R(T)]}{0.188\times(\sum\Theta_i C_{pi} + X\Delta C_p)} = f_2(T, P, X)$$

$$f_3(X,P,T) = -\frac{(1-\phi)G(1+\varepsilon X)}{\rho_0\frac{P}{P_0}\frac{T_0}{T}g_c D_p\phi^3}\left[\frac{150\mu(1-\phi)}{D_p} + 1.75G\right]$$

$$\frac{dP}{dW} = \frac{-1.12\times 10^{-8}\times(1-0.055X)T}{P}\times(5500\mu + 2288)$$

（6）用 Runge-Kutta-Gill 的数值方法计算 X、T、P。

可以通过编制计算机程序来计算。部分的主要结果见图 5-6-4，它们显示了入口温度为 1200°R 和 1400°R 时的转化率、温度和平衡转化率沿反应器长度的分布。

11）结果的讨论

从图 5-6-4 可以看到，在入口温度为 1200°R 时，虽然平衡转化率已经达到 0.99，但是实际转化率仅能够达到 0.685；如果入口温度为 1400°R，大部分反应发生于反应器的前 6 ft，转化率为 0.81，余留的 0.06 转化在余下的 4 ft 产生。这是由温度的逐步下降所致。也就是说，反应器冷却太快了。为达到最大转化率，冷却剂所选择的温度太低了。或许选用其他冷却可能会好些。当然需要找出最佳的冷却剂温度或需要用其他冷却剂。转化率与入口温度间的关系见图 5-6-5。

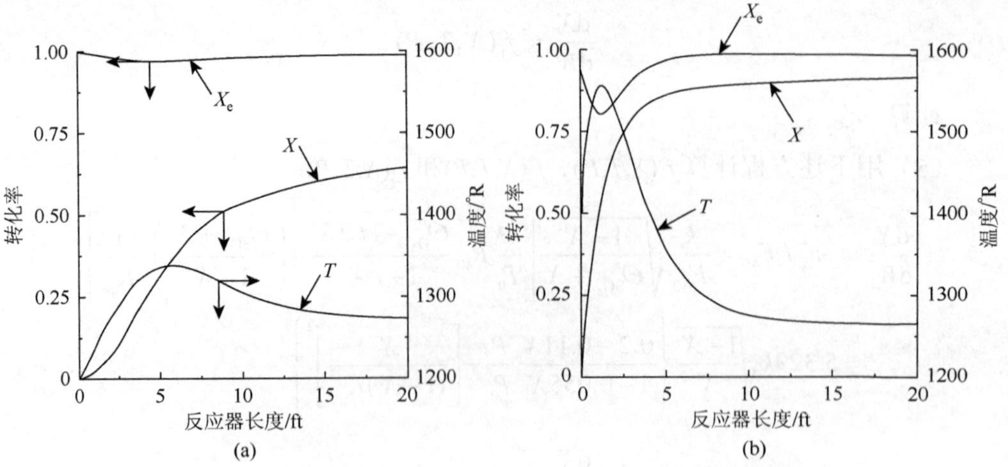

图 5-6-4 转化率、温度和平衡转化率沿反应器长度的分布

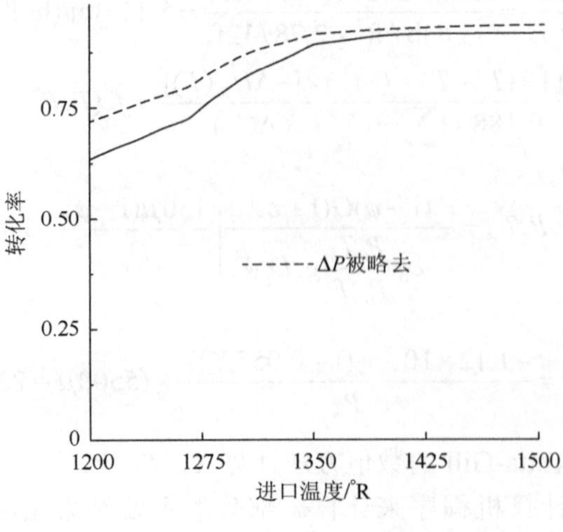

图 5-6-5 转化率-反应器进口温度间的关系

5.7 多 稳 态

在 CSTR 中发生一级反应进行稳态操作的环氧丙烷水解的例子时，如图 4-2-6 所示。从该图可以观察到，如果有一个参数稍做改变，能量和摩尔平衡曲线的交点可能就不止一个。如果有多个交点就有多个条件能够同时满足能量平衡和摩尔平衡，因此反应器可以在多个稳态下操作。略去 CSTR 中所加的轴功并令 $\Delta\bar{C}_p = 0$，能量平衡方程可以重排成：

$$-\Delta H_{\mathrm{R}}(T)F_{\mathrm{A0}}X = F_{\mathrm{A0}}\left[\sum \Theta_i \bar{C}_{pi}(T-T_{i0}) + \frac{UA}{F_{\mathrm{A0}}}(T-T_{\mathrm{a}})\right] \tag{5-7-1}$$

对体积流速不变时的一级反应，

$$V = \frac{v_0 C_{\mathrm{A0}} X}{k C_{\mathrm{A}}} = \frac{v_0 X}{k(1-X)}$$

$$X = \frac{\tau k}{1+\tau k}$$

代入式（5-7-1）得

$$[-\Delta H_{\mathrm{R}}(T)]F_{\mathrm{A0}}\frac{\tau k}{1+\tau k} = F_{\mathrm{A0}}C_{p0}(T-T_0) + UA(T-T_{\mathrm{a}})$$

$$C_{p0} = \sum \Theta_i \bar{C}_{pi} \tag{5-7-2}$$

令

$$\kappa = \frac{UA}{C_{p0}F_{\mathrm{A0}}} \tag{5-7-3}$$

$$T_{\mathrm{c}} = \frac{C_{p0}F_{\mathrm{A0}}T_0 + UAT_{\mathrm{a}}}{UA + C_{p0}F_{\mathrm{A0}}} = \frac{\kappa T_{\mathrm{a}} + T_0}{1+\kappa} \tag{5-7-4}$$

方程式（5-7-2）可以简化为

$$[-\Delta H_{\mathrm{R}}(T)]\frac{\tau k}{1+\tau k} = C_{p0}(1+\kappa)(T-T_{\mathrm{c}}) \tag{5-7-5}$$

该方程的左边是“热产生”项：

$$G(T) = -\Delta H_{\mathrm{R}}X = \frac{-\Delta H_{\mathrm{R}}\tau k}{1+\tau k} = \frac{-\Delta H_{\mathrm{R}}\tau A\mathrm{e}^{-E/RT}}{1+\tau A\mathrm{e}^{-E/RT}} \tag{5-7-6}$$

该方程的右边是“移热”项：

$$R(T) = C_{p0}(1+\kappa)(T-T_{\mathrm{c}}) \tag{5-7-7}$$

为了研究多稳态，可以在同一张图上同时作出 $R(T)$-T 和 $G(T)$-T 曲线，并分析获得多个交点的条件。

5.7.1　移热项 $R(T)$

从方程式（5-7-7）可以看出，$R(T)$随温度线性增加，其斜率为 $C_{p0}(1+\kappa)$。当进口温度 T_0 增加时，直线的斜率不变，但是向右移动，如图 5-7-1 所示。如果降低摩尔流速 F_{A0} 或增加热交换面积，斜率增加，横坐标的截距向左边移动如图 5-7-2 所示。

在条件 $T_a<T_0$ 下：$\kappa=0$，$T_c=T_0$；$\kappa=\infty$，$T_c=T_a$。如果 $T_a>T_0$，截距向右边移动，因为 x 增加。

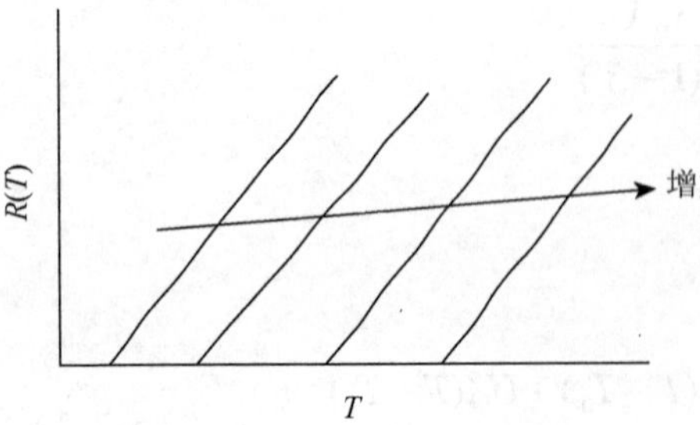

图 5-7-1　移热线随进口温度的变化

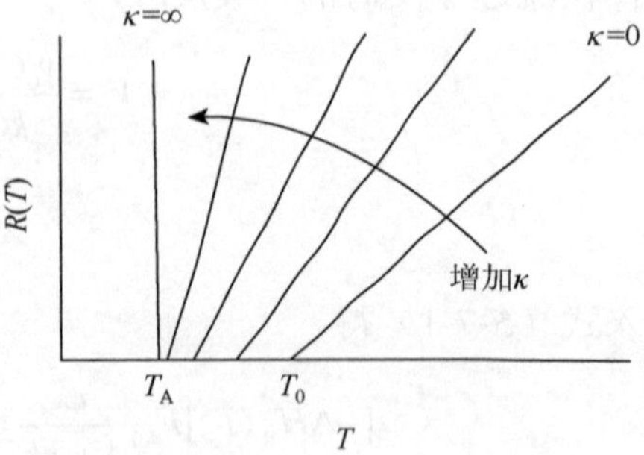

图 5-7-2　移热线随 $\kappa=\dfrac{UA}{C_{p0}F_{A0}}$ 的变化

5.7.2　“热产生”项 $G(T)$

当温度很低时，式（5-7-6）分母中的第二项可以被略去，因此 $G(T)$改变为

$$G(T)=-\Delta H_R\tau A e^{-E/RT} \tag{5-7-8}$$

在很高的温度下，$G(T)=-\Delta H_R^0$。在不同的活化能 E_A 下的 $G(T)$-T 曲线见图 5-7-3。用增加反应器体积或降低流速的方法增加 τ 时，产生的热 $G(T)$的变化见图 5-7-4。

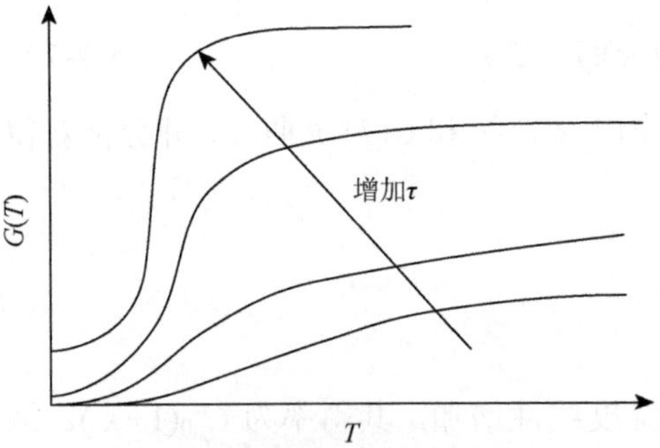

图 5-7-3　热产生曲线

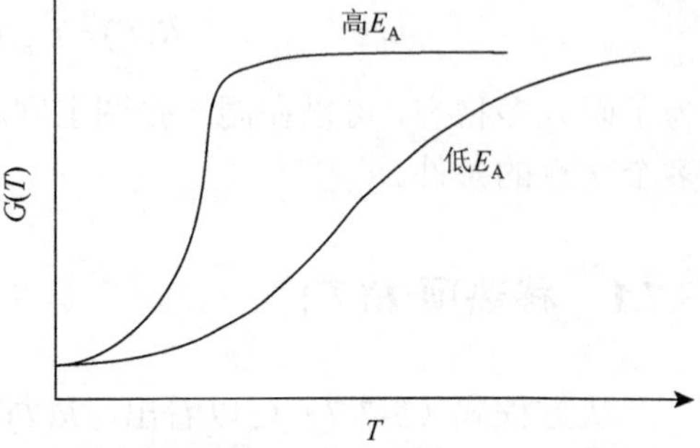

图 5-7-4　热产生曲线随空间-时间的变化

$R(T)$和 $G(T)$曲线的交点给出反应器稳态操作的温度。假定反应器进料的温度 T_{01} 相对较低，用 y 得到反应器稳态操作和 a 表示 $R(T)$和 $G(T)$，曲线如图 5-7-5 所示，可以看到有一个交点 1，从该交点的温度 T_{s1}。

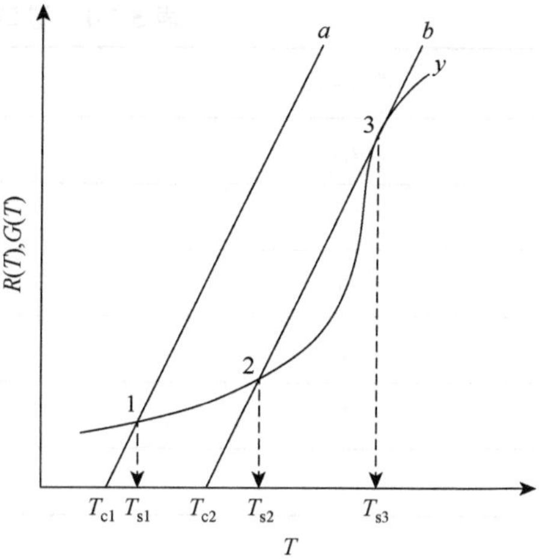

图 5-7-5　在不同 T_0 下找出多稳态

5.7.3　着火-熄火曲线

如果把进料的温度提高到 T_{02}，$G(T)$曲线不变而 $R(T)$向右边移动，如图 5-7-6 中的 b 线所示，它与 $G(T)$相交于点 2 和点 3。因此有两个稳态温度 T_{s2} 和 T_{s3}。如果进料温度进一步增加到 T_{03}，直线 c 与 $R(T)$相交三次（图 5-7-6），有三个稳态温度；再进一步增加进料温度到直线 e，它与 $R(T)$相交又只有两次了；再到 f 直线相交又只有一次了。对 6 个进料温度，见表 5-7-1，给出了进口温度和可能的反应器操作温度。以 T_s 对 T_0 作图，就获得众所周知的着火-熄火曲线，如图 5-7-7 所示。从图可以看到，随进口温度增加稳态温度沿底线增加直到 T_{05}。在 T_{05} 点的任何温度的波动稳态反应器温度将跳至 T_{s11}。发生这样的温度跳动的温度称为着火温度。如果反应器在温度 T_{s12} 操作，当把进口温度从 T_{06} 降低时，最终达到的稳态反应器温度为 T_{s3}，其对应的进口温度为 T_{02}。把进口温度降低到稍低于 T_{02}，将使反应器的稳态温度降低到 T_{s2}。因此，T_{02} 称为熄火温度。

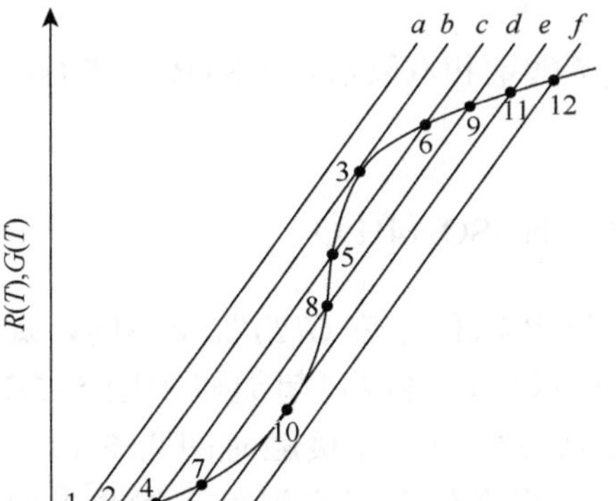

图 5-7-6　在不同 T_0 下找出多稳态

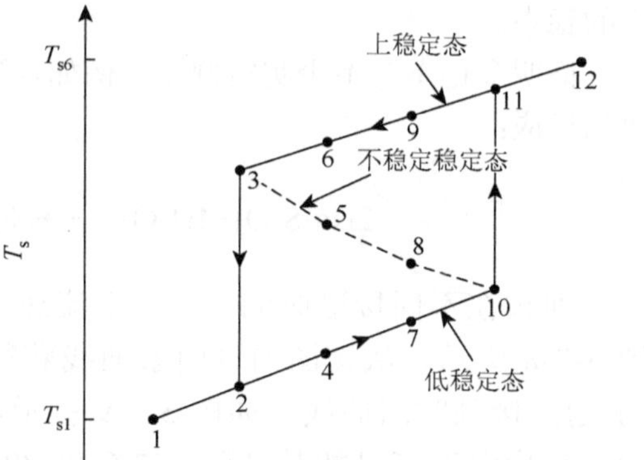

图 5-7-7　着火-熄火温度曲线

表 5-7-1　进口温度与反应器稳态温度

进口温度	反应器温度
T_{01}	T_{s1}
T_{02}	T_{s2}　T_{s3}
T_{03}	T_{s4}　T_{s5}　T_{s6}
T_{04}	T_{s7}　T_{s8}　T_{s9}
T_{05}	T_{s10}　T_{s11}
T_{06}	T_{s12}

在图 5-7-6 和图 5-7-7 中的点 5～8 之间的中间点是不稳定的稳态温度。例如，人们用某些手段使反应器在 T_{s5} 下操作，突然的脉冲使温度增加，产生的热会大于移去的热，稳态反应器温度会不断增加直到达到 T_{s6}。相反，突然的脉冲温度降低，产生的热会小于移去的热，稳态反应器温度会不断下降直到达到 T_{s4}。这样的稳态条件被认为是不稳定的。

与这些不稳定操作点不同的是，当反应器操作在 T_{s12} 时，温度发生了波动，产生的情形将是：突然的温度脉冲增加，产生的热会小于移去的热，反应器温度回落到 T_{s12}，因为反应器温度降低但是进口温度保持不变，生热曲线 $G(T)$会在移热曲线 $R(T)$之上，反应器温度会一直上升直到 T_{s12} 再次被达到。对反应器温度为 T_{s1}、T_{s2}、T_{s4}、T_{s6}、T_{s7}、T_{s9}、T_{s11} 也能做类似的分析。在这些温度下，反应器温度不管是发生正的还是负的小波动，总能回到原来的稳态温度。因此，这些点是稳定的稳态。

证明多稳态有不少实验例子。例如，硫代硫酸钠和双氧水在 CSTR 中进行绝热的反应：

$$2Na_2S_2O_3+4H_2O_2 \longrightarrow Na_2S_3O_6+Na_2SO_4+4H_2O$$

通过在不同接触时间 τ 下改变流速使移热 $R(T)$和生热 $G(T)$曲线不同，如图 5-7-8 所示。从该图的这两条曲线获得了交点后，再构建起类似于图 5-7-7 的温度-接触时间曲线，如图 5-7-9 所示。可以观察到，在接触时间为 2 s 时，稳态反应温度有可能是 4℃、33℃和 80℃。如果在较高稳态温度下操作并且体积流速逐步增加（也就是接触时间逐步缩短），可以看到，当空速降低到低于 7 s 时，反应温度从 70℃下降到 2℃。发生这一降低的流速称为“井喷”（blowout）速度。

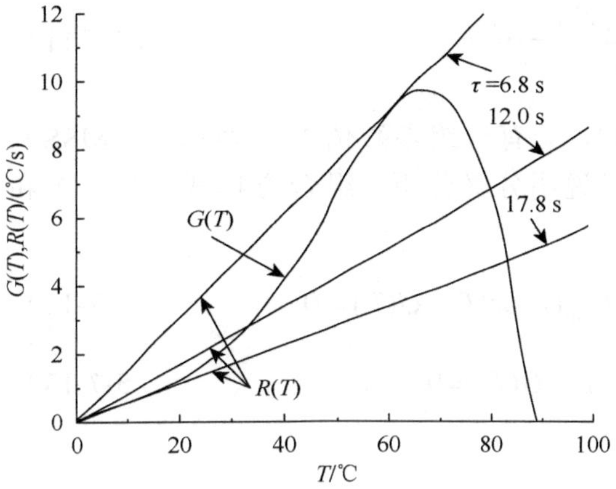

图 5-7-8 硫代硫酸钠氧化的热产生和热移去

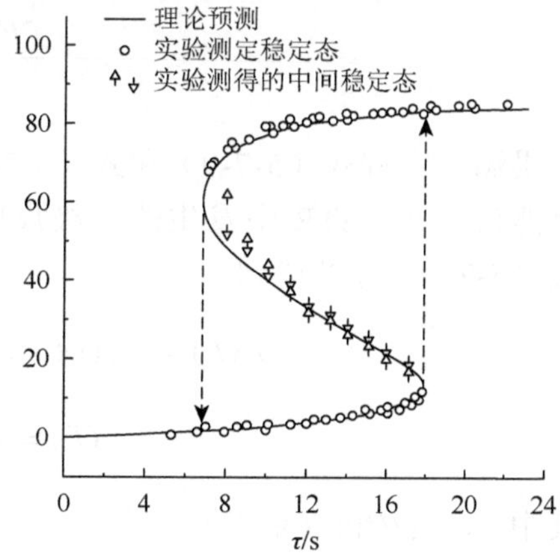

图 5-7-9 多稳态

5.7.4 稳态分叉分析

在反应器动态学中，特别重要的是要找出是否有多稳态点存在或是否有持久的摆动现象产生。分叉（bifurcation）分析的目的是确定会发生多稳态的一组参数值。应用分叉分析要了解是否可能有多稳态现象。分叉点是指当一个参数变化时从曲线的某一点会出现两条分支。函数 $F(x,\lambda)$，x 是标量，λ 是参数，图 5-7-10 表示该曲线（AB，BC，BD），且满足

$$F(x,\lambda)=0 \tag{5-7-9}$$

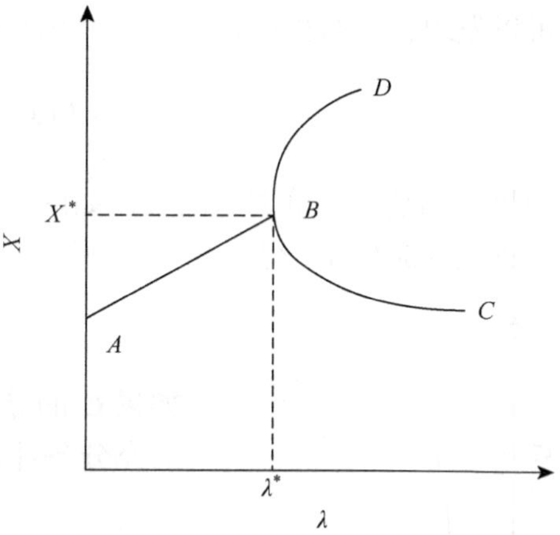

图 5-7-10 分叉点

可以看到，当 x 沿 AB 增加时，给定 x 值下仅有 x 值满足方程式（5-7-9）。但是，继续沿 AB 增加 x，会达到一个分叉点 λ^*，此后就有两个 x 能满足方程式（5-7-9）。因此，可以通过分析体系的方程来了解是否有分叉点存在，即是否多解。

分叉点存在必须满足的还有其他条件。如果使增量 $\Delta\lambda$ 离开分叉点但是仍保持在曲线 BC 或 BD 上，且有

$$F(x^*+\Delta x,\lambda^*+\Delta\lambda)=0 \tag{5-7-10}$$

把式（5-7-10）按泰勒级数展开，可以证明，在分叉点有

$$\frac{\partial F(x^*,\lambda^*)}{\partial x}=0 \tag{5-7-11}$$

如果满足方程式（5-7-9）和式（5-7-11），会有一组参数值产生多稳态（MSS）。仍然讨论在 CSTR 中发生的一级反应以说明分叉分析。组合方程式（5-7-5）和式（5-7-6）可以得到：

$$F(T)=C_{p0}(1+\kappa)T-C_{p0}(1+\kappa)T_{\mathrm{c}}-G(T)=0 \tag{5-7-12}$$

$$F(T)=\alpha T-\beta-G(T)=0 \tag{5-7-13}$$

其中，α *其中*和 β 是正的常数。

对等温 CSTR，可以写成类似形式的摩尔平衡方程：

$$\frac{C_{\mathrm{A}}}{\tau}-\frac{C_{\mathrm{A0}}}{\tau}-r_{\mathrm{A}}(C_{\mathrm{A}})=0 \tag{5-7-14}$$

或

$$F(C_{\mathrm{A}})=\alpha C_{\mathrm{A}}-\beta-G(C_{\mathrm{A}})=0 \tag{5-7-15}$$

可以发现在 CSTR 中，能量和摩尔平衡具有相同的形式：

$$F(y)=\alpha y-\beta-G(y) \tag{5-7-16}$$

如果 $F(y)$是一个单调增函数，如图 5-7-11 所示，对 y 的导数不可能等于零。微分方程式（5-7-16）得

$$\frac{\mathrm{d}F}{\mathrm{d}y}=\alpha-\frac{\mathrm{d}G(y)}{\mathrm{d}y} \tag{5-7-17}$$

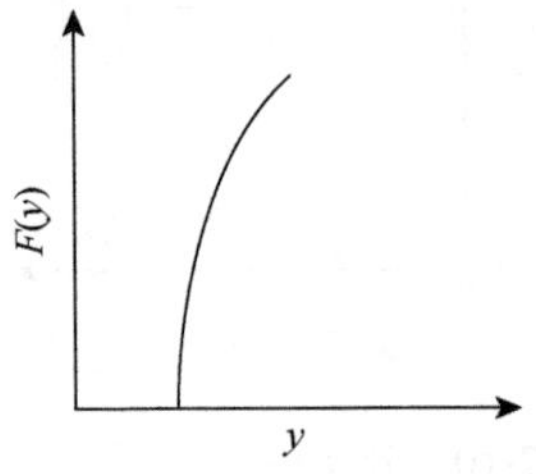

图 5-7-11　单调增函数的一个例子

如果 G 的导数小于 α，$\mathrm{d}F/\mathrm{d}y$ 永远不会为零。因此唯一性的充分条件是

$$\max\left(\frac{\mathrm{d}G}{\mathrm{d}y}\right)<0 \tag{5-7-18}$$

满足了条件式（5-7-18）就没有多稳态。但是，如果 $\mathrm{d}G/\mathrm{d}y>\alpha$，需要做进一步的分析。

应用 CSTR 中分叉点的条件方程式（5-7-9）和式（5-7-11），也就是式（5-7-16）。如果多稳态存在，就有分叉点 y^*，对此点满足如下条件：

（1）
$$\left.\frac{\mathrm{d}F}{\mathrm{d}y}\right|_{y^*}=0=\alpha-\left.\frac{\mathrm{d}G}{\mathrm{d}y}\right|_{y^*} \tag{5-7-19}$$

（2）
$$F(y^*)=0=\alpha y^*-\beta-G(y^*) \tag{5-7-20}$$

图 5-7-12 表明一条抛物线可同时满足条件式（5-7-19）和式（5-7-20）。因此，会有一组参数值导致多解的存在，如图中虚线所证明的。图 5-7-13 显示了具有多稳态反应系统的典型曲线。

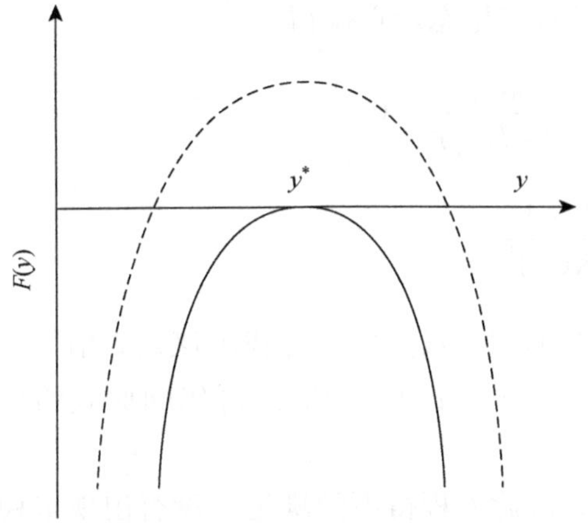

图 5-7-12　抛物线函数的多稳态

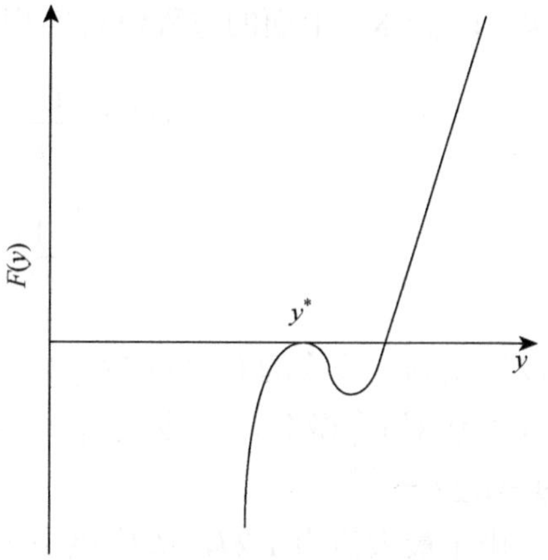

图 5-7-13　化学反应体系很普遍的 $F(y)$曲线

【例 5-11】计算给出多稳态解的参数

一氧化碳在过量氧条件下在流化 CSTR 反应器中进行，催化剂是浸渍铂的氧化铝颗粒。

$$CO+1/2\ O_2 \longrightarrow CO_2$$

一氧化碳（A）消失的速率为：

$$-r_A=\rho_c(-r_A')=\frac{kC_A}{(1+KC_A)^2}$$

结合摩尔平衡得

$$F(C_A)=\frac{C_A}{\tau}-\frac{C_{A0}}{\tau}+\frac{kC_A}{(1+kC_A)^2}=0$$

$$F(C_A)=\alpha C_A-\beta-G(C_A)=0$$

在分叉点 C_A^*，需要满足两个条件：

（1）
$$\frac{dF}{dy}=\frac{dF}{dC_A}\Big|C_A^*=\frac{1}{\tau}+\frac{KkC_A^*}{(1+C_A^*)^3}=0$$

（2）
$$F(C_A^*)=\frac{C_A^*}{\tau}-\frac{C_{A0}}{\tau}+\frac{kC_A^*}{(1+C_A^*)^2}=0$$

结合上面的两个方程得

$$2KC_A^{*2} - KC_{A0}C_A^* + C_{A0} = 0$$

解得 C_A^*，

$$C_A^* = \frac{KC_{A0} \pm \sqrt{KC_{A0}(KC_{A0}-8)}}{4K}$$

如果 $KC_{A0}<8$，上面的方程没有实根，就没有多稳态。重排得

$$F(C_A) = \frac{C_A}{\tau} - \frac{C_{A0}}{\tau} + \frac{kC_A}{(1+kC_A)^2} = 0$$

$$\frac{1}{\tau k} = \frac{KC_A^* - 1}{(1+KC_A^*)^3}$$

可以注意到，该式的右边随 KC_A^* 从 1 增加会通过一最大值。为找出该最大值，把该式右边对 C_A^* 微分，并令它等于零，解出最大值：$C_A^*=2/K$。再代回原式给出 $1/\tau k=1/27$。

由于最大值为 1/27，τk 应该小于 1/27。因此方程得不到满足，没有出现多稳态的可能。

为了了解存在多稳态存在的范围，需要进一步分析。如果令 $y=C_A^*/C_{A0}$，两个方程可以写作：

$$KC_{A0} = \frac{1}{y(1-2y)}$$

$$\tau k = \frac{(1-y)(1+kC_{A0}y)^2}{y}$$

该两个方程可以给出数值并制成表 5-7-2。图 5-7-14 是 KC_A^*-τk 的关系图。其中的阴影部分说明这些变量的组合可以产生多稳态的区域。

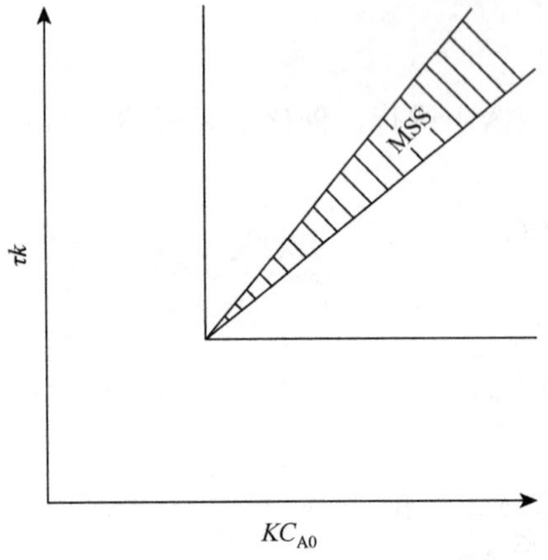

图 5-7-14　KC_{A0}-τk 关系图

表 5-7-2　结算结果

Y	0.1	0.15	0.20	0.25	0.30	0.35	0.40
KC_{A0}	12.5	9.52	8.33	8.0	8.33	9.52	12.5
τk	45.56	33.42	28.41	27.00	28.58	34.87	54.00

5.7.5 稳态的接近

在反应器启动时，非常重要的是如何使温度和浓度接近它们的稳态值。例如，显著的超温可能引起反应物或产物的分解，或者超温是安全操作不可接受的。如果发生任何一种情形，说系统已经超过它的实际安全性范围。虽然可以用数值方法求解不稳定态温度-时间和浓度-时间方程判断是否已经超过这样的极限，但更有用的是使用温度-浓度相平面研究“对稳态的处理或接近”。为了容易说明这些概念，只分析在 CSTR 中进行的液相反应。

非稳态摩尔平衡方程为

$$\tau\frac{\mathrm{d}C_{\mathrm{A}}}{\mathrm{d}t}=(C_{\mathrm{A0}}-C_{\mathrm{A}})-(-r_{\mathrm{A}}\tau)=M_{\mathrm{B}}(C_{\mathrm{A}},T)$$

令

$$M_{\mathrm{B}}=\tau\frac{\mathrm{d}C_{\mathrm{A}}}{\mathrm{d}t}$$

对稳态操作（M_{B}=0），一个典型的 C_{A}-T 图见图 5-7-15。如果反应是一级不可逆反应，且 M_{B}=0，有

$$\frac{C_{\mathrm{A}}}{C_{\mathrm{A0}}}=\frac{1}{1+\tau k}$$

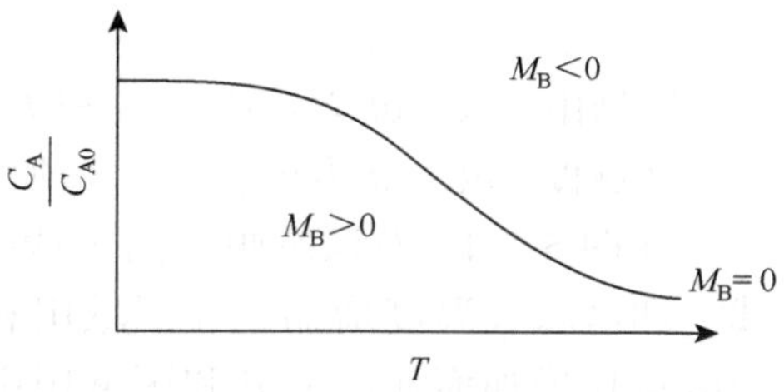

图 5-7-15　浓度-温度曲线

该曲线在相平面上可以分为两个范围：$M_{\mathrm{B}}>0$，浓度随时间增加；$M_{\mathrm{B}}<0$，浓度随时间降低。

考虑两个正值项（$C_{\mathrm{A0}}-C_{\mathrm{A}}$）和（$-r_{\mathrm{A}}\tau$）的相对大小。

当（$C_{\mathrm{A0}}-C_{\mathrm{A}}$）>（$-r_{\mathrm{A}}\tau$）（也就是 $M_{\mathrm{B}}>0$），$\mathrm{d}C_{\mathrm{A}}/\mathrm{d}t$ 为正值，浓度随时间增加。

当（$C_{\mathrm{A0}}-C_{\mathrm{A}}$）<（$-r_{\mathrm{A}}\tau$）（也就是 $M_{\mathrm{B}}<0$），$\mathrm{d}C_{\mathrm{A}}/\mathrm{d}t$ 为负值，浓度随时间降低。

为继续对接近稳态的处理，需要考虑能量平衡。对绝热操作的 CSTR，非稳态能量平衡方程可以写作

$$\tau\frac{\mathrm{d}T}{\mathrm{d}t}=\frac{-\Delta H_{\mathrm{R}}}{C_{ps}}\frac{-r_{\mathrm{A}}}{C_{\mathrm{A0}}}\tau-(1+\kappa)(T-T_{\mathrm{c}})=E_{\mathrm{B}}(C_{\mathrm{A}},T) \qquad (5\text{-}7\text{-}21)$$

$$E_{\mathrm{B}}=\tau\frac{\mathrm{d}T}{\mathrm{d}t}$$

图 5-7-16 是 E_{B}=0 时典型的 C_{A}-T 图。

对不可逆一级反应，E_{B}=0 时的方程为

$$\frac{C_{\mathrm{A}}}{C_{\mathrm{A0}}}=\frac{(1+\kappa)(T-T_{\mathrm{c}})}{\dfrac{k(-\Delta H_{\mathrm{R}})\tau}{C_{ps}}}$$

该曲线在相平面上可以分为两个范围：$E_B>0$，温度随时间增加；$E_B<0$，温度随时间降低。

温度可以随时间降低或升高，这取决于$\frac{-\Delta H_R}{C_{ps}}\frac{-r_A}{C_{A0}}\tau$和$(1+\kappa)(T-T_c)$的相对大小。

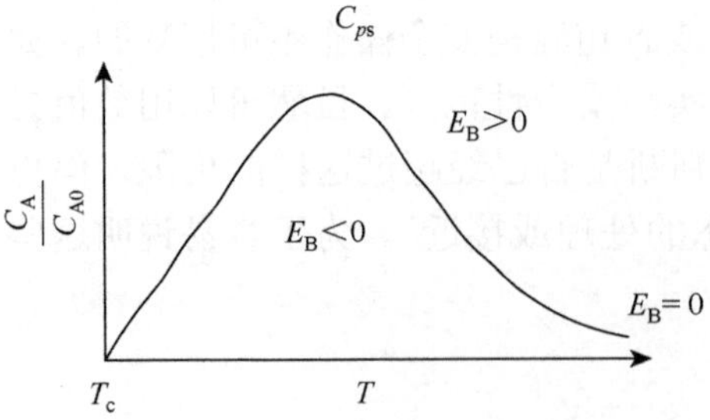

图 5-7-16　典型的浓度-温度曲线

接下来，结合图 5-7-14 和图 5-7-15 得到图 5-7-16，给出了在一组特别参数τ、E和ΔH_R，在M_B=0 和E_B=0 时的曲线。

当然，稳态值是M_B和E_B曲线的交点。可以把相平面上分为四个区域。

区域Ⅰ：dC_A/dt为正值，C_A和T都增加。

区域Ⅱ：dC_A/dt为负值，C_A减小，T增加。

区域Ⅲ：dC_A/dt为负值，C_A和T都下降。

区域Ⅳ：dC_A/dt为正值，C_A增加，T下降。

在图 5-7-17 沿稳态画出的虚线扩展后示于图 5-7-18 的不同区域中。在区域Ⅰ和区域Ⅱ温度增加，在区域Ⅲ和区域Ⅳ下降，而物种 A 的浓度在区域Ⅰ和区域Ⅳ增加而在区域Ⅱ和区域Ⅲ中减小。用该信息可以给出温度-浓度途径的定性构架或轨迹。图 5-7-19 显示了接近稳态的两个不同途径，这是由于虽然在同一初始温度启动反应器，但是有不同初始反应物浓度。在区域Ⅳ，T_i和C_A=0 启动，C_A增加而T下降直到穿过E_B=0，曲线进入区域Ⅰ，在该区域，浓度和温度都增加直到穿过M_B=0 的曲线进入区域Ⅱ，在该区域C_A下降而T增加。C_A-T相图构架继续接近到稳态（C_{As}，T_s）的空间，然后重新进入区域Ⅳ。该轨迹示于图 5-7-20 中。用类似方法可以检测出在C_{Ai}下降而T_i启动时的轨迹。

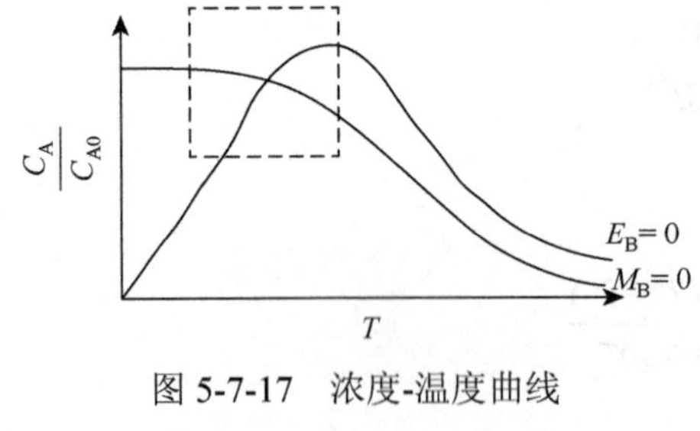

图 5-7-17　浓度-温度曲线

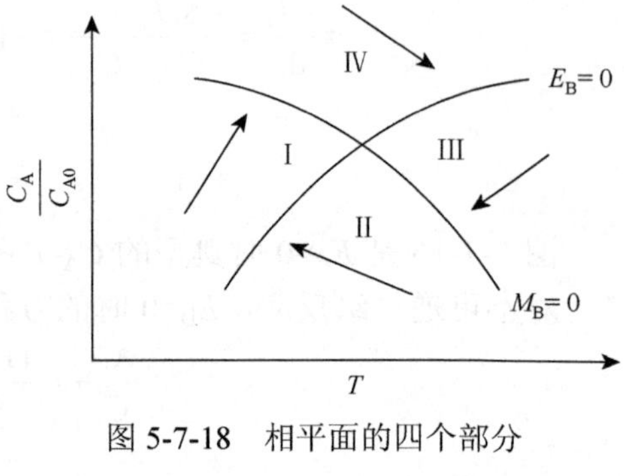

图 5-7-18　相平面的四个部分

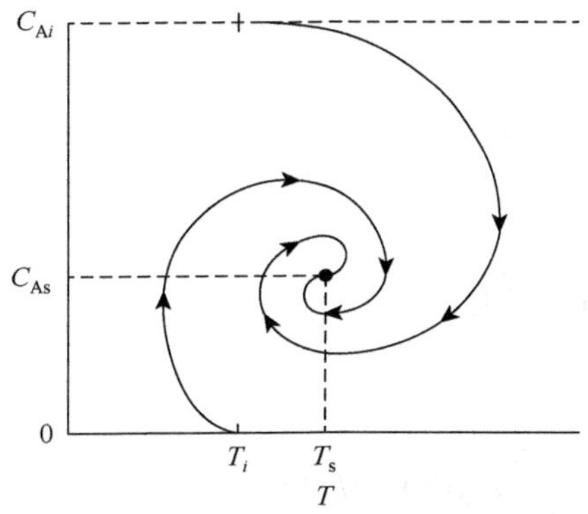

图 5-7-19　接近稳态

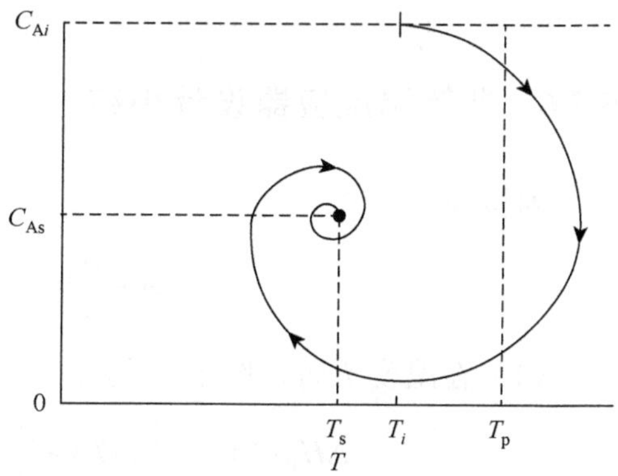

图 5-7-20　超过实际稳定性区限

为精确计算该轨迹，消去时间变量得

$$\frac{\mathrm{d}T}{\mathrm{d}C_A}=\frac{\dfrac{-\Delta H_R}{C_{ps}}\dfrac{-r_A}{C_{A0}}\tau-(1+\kappa)(T-T_c)}{(C_{A0}-C_A)-(-r_A\tau)} \tag{5-7-22}$$

用不同的数值方法算出 $T=f(C_A)$，并在温度-浓度相平面上确定接近稳态的轨迹。例如，如果时间 $t=0$ 时，$T=T_i$ 和 $C_A=C_{Ai}$，使用积分的 Euler 方法可以勾画出路径。第一点的计算如下。在点 1 的温度：

$$T_1=T_i+\left.\frac{\mathrm{d}T}{\mathrm{d}C_A}\right|_i\Delta C_A=T_i+\frac{\dfrac{-\Delta H_R}{C_{ps}}\dfrac{-r_{Ai}}{C_{A0}}\tau-(1+\kappa)(T_i-T_c)}{(C_{A0}-C_{Ai})-(-r_{Ai}\tau)}\Delta C_A \tag{5-7-23}$$

相应的浓度为

$$C_{A1}=C_{Ai}+\Delta C_A$$

接下来的积分步骤为

$$T_2=T_1+\left.\frac{\mathrm{d}T}{\mathrm{d}C_A}\right|_1\Delta C_A=T_1+\frac{\dfrac{-\Delta H_R}{C_{ps}}\dfrac{-r_{A1}}{C_{A0}}\tau-(1+\kappa)(T_1-T_c)}{(C_{A0}-C_{A1})-(-r_{A1}\tau)}\Delta C_A \tag{5-7-24}$$

$$C_{A2}=C_{A1}+\Delta C_A$$

使用简单 Euler 积分程序可以建立 T 和 C_A 间的函数关系。当分母接近零时，轨迹可以通过返回方程式（5-7-22）计算。可以注意到，从相平面可以得到，所选用的启动条件是否会引起超过实际稳定性区限。为了了解是否超过了稳定性区限（图 5-7-20），仅需要简单作出温度-浓度轨迹。如果在温度 T_i 和浓度 C_{Ai} 启动可能超过稳定性区限 T_p。再进行试错证明，如果降低初始温度和初始浓度，就能够得到不超过 T_p 的一组启动条件。

5.7.6　非等温反应器设计小结

对反应：

$$\mathrm{A}+\frac{b}{a}\mathrm{B}\longrightarrow\frac{c}{a}\mathrm{C}+\frac{d}{a}\mathrm{D}$$

（1）在温度 T 时每摩尔 A 的反应热：

$$\Delta H_{\mathrm{R}}(T)=\frac{c}{a}H_{\mathrm{C}}(T)+\frac{d}{a}H_{\mathrm{D}}(T)-\frac{b}{a}H_{\mathrm{B}}(T)-H_{\mathrm{A}}(T)$$

（2）每摩尔 A 在参考温度 T_{R} 时的标准反应热用每个物种的生成热表示：

$$\Delta H_{\mathrm{R}}^{0}(T_{\mathrm{R}})=\frac{c}{a}H_{\mathrm{C}}^{0}(T_{\mathrm{R}})+\frac{d}{a}H_{\mathrm{D}}^{0}(T_{\mathrm{R}})-\frac{b}{a}H_{\mathrm{B}}^{0}(T_{\mathrm{R}})-H_{\mathrm{A}}^{0}(T_{\mathrm{R}})$$

（3）每摩尔 A 的平均热容差：

$$\Delta\overline{C}_{p}=\frac{c}{a}\overline{C}_{p\mathrm{C}}+\frac{d}{a}\overline{C}_{p\mathrm{D}}-\frac{b}{a}\overline{C}_{p\mathrm{B}}-\overline{C}_{p\mathrm{A}}$$

$\overline{C}_{p}$ 是物种 i 在温度 T_{R} 和 T 的平均热容，不能与 $\overline{C}_{pi}$ 混淆，后者是物种 i 在温度 T_0 和 T 的平均热容。

（4）没有相变化，在温度 T 时，每摩尔 A 的反应热与标准反应热的关系：

$$\Delta H_{\mathrm{R}}(T)=\Delta H_{\mathrm{R}}^{0}(T_{\mathrm{R}})+\Delta\overline{C}_{p}(T-T_{\mathrm{R}})$$

（5）略去位能、动能和黏性耗散，稳态能量平衡为

$$\frac{\dot{Q}}{F_{\mathrm{A}0}}-\frac{\dot{W}}{F_{\mathrm{A}0}}-X[\Delta H_{\mathrm{R}}^{0}(T)+\Delta\overline{C}_{p}(T-T_{\mathrm{R}})]=\sum_{i=1}^{n}\Theta_{i}\overline{C}_{pi}\Delta T_{i}$$

其中，n 是进入反应器的物种的数目；

$$\Theta_{i}=\frac{F_{i0}}{F_{\mathrm{A}0}},\Delta T_{i}=T-T_{i0}$$

（6）如果所有物种的进入温度相同，T_0=T_{i0}，没有外功，能量平衡简化为

$$\frac{\dot{Q}}{F_{\mathrm{A}0}}-X[\Delta H_{\mathrm{R}}^{0}(T)+\Delta\overline{C}_{p}(T-T_{\mathrm{R}})=\sum_{i=1}^{n}\Theta_{i}\overline{C}_{pi}(T-T_{0})$$

（7）反应速率常数与温度的关系：

$$k(T)=k_{1}(T_{1})\exp\left[\frac{E}{R}\left(\frac{T-T_{1}}{TT_{1}}\right)\right]$$

（8）平衡常数与温度间关系的 van't Hoff 方程：

$$\frac{\mathrm{d}\ln K_p}{\mathrm{d}T}=\frac{\Delta H_{\mathrm{rxn}}(T)}{RT^2}$$

（9）多稳态：

对不可逆一级反应：

$$G(T)=\frac{-\Delta H_{\mathrm{R}}\tau A\mathrm{e}^{-E/RT}}{1+\tau A\mathrm{e}^{-E/RT}}$$

$$R(T)=C_{p0}(1+\kappa)(T-T_{\mathrm{c}})$$

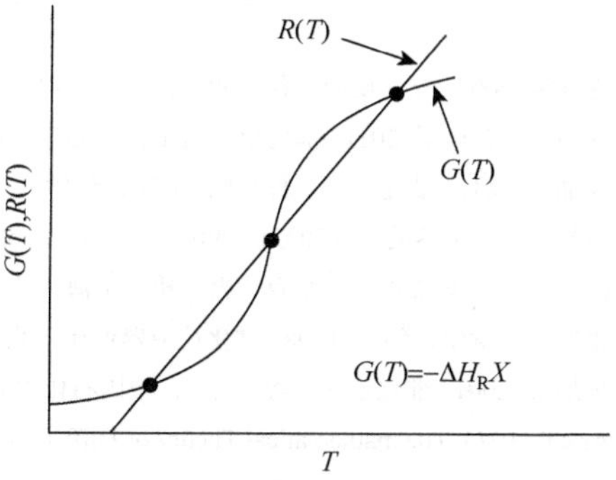

（10）分叉分析用于发现多稳态。在分叉点 y^*：

$$\left.\frac{\mathrm{d}F}{\mathrm{d}y}\right|_{y^*}=0=\alpha-\left.\frac{\mathrm{d}G}{\mathrm{d}y}\right|_{y^*}$$

$$F(y^*)=0=\alpha y^*-\beta-G(y^*)$$

不存在多稳态的条件：

$$\max\left(\frac{\mathrm{d}G}{\mathrm{d}y}\right)<\alpha$$

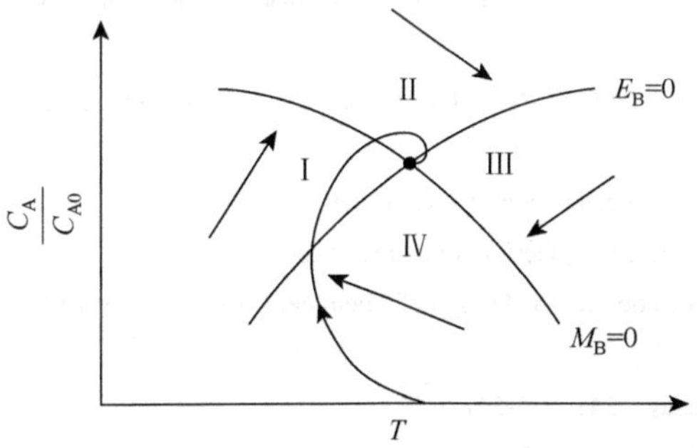

（11）接近多稳态：

通过画出浓度-温度相平面图，就能看到稳态的接近过程及了解是否已经超过实际的稳定性区限。

本章主要美制单位及相应换算关系表

单位符号	单位名称	换算关系
Btu	英热单位	$1\ \mathrm{Btu_{mean}}=1.05587\times10^3$ J $1\ \mathrm{Btu_{th}}=1.05435\times10^3$ J
cal	卡（热量单位）	$1\ \mathrm{cal_{mean}}=4.190$ J $1\ \mathrm{cal_{th}}=4.184$ J
°F	华氏度（温度单位）	1°F=（9/5）（K−273.15）+32
ft	英尺（长度单位）	$1\mathrm{ft}=3.048\times10^{-1}$ m
gal	加仑（容积单位）	1 gal（UK）=4.54609 L 1 gal（US）=3.78543 L 1 gal（US，dry）=4.405 L
in	英寸	1 in=2.54 cm
lb	磅（质量单位）	1lb=0.453592 kg
lbmol	物质的量的单位	举例：1 lbmol O_2 的量=32 lb 的 O_2 的量

参 考 文 献

陈甘棠. 2007. 化学反应工程. 北京：化学工业出版社.

陈诵英，孙彦平. 2011. 催化反应器工程. 北京：化学工业出版社.

陈诵英. 2011. 催化反应工程基础. 北京：化学工业出版社.

多相催化反应器的设计和分析. http：//www.docin.cm.

张濂，许志美. 2005. 化学反应器分析. 上海：华东理工大学出版社.

张兆君，颜宁，颜东. 1998. 催化反应器设计. 北京：科学技术文献出版社.

朱炳辰. 2001. 催化反应工程. 北京：中国石化出版社.

Aris R. 1975. The mathematical Theory of Diffusion and Reaction in Permeable Catalysts. Oxford：Clarendon Press.

Donati G，Paludetto R. 1997. Scale up of chemical reactors. Catalysis Taday，34：483-533.

Dudukovic M P，Larachi F，Mills P L. Multiphase catalytic reactors：A perspective on current knowledge and future trends. 2002. Catalysis Review，44（1）：123-246.

Fogler G S. 1997. Elements of Chemical Reaction Engineering. 2nd Ed. New Delhi：Prentice-hall of India Private Limited.

Froment G F，Bischoff K B. 1979. Chemical Reaction Analysis and design. New York：Wiley.

Jenson V G，Jeffreys G V. 1963. Mathematical Methods in Chemical Engineering. London：Academic Press.

Levenspiel O. 1962. Chemical Reaction Engineering —An Introduction to The Design of Chemical Reactors. New York：John Wiley and Sons，Inc.

Pernicone N. 1997. Scale-up of catalyst production. Catalysis Taday，34：535-547.

Smith J M. 1981. Chemical Engineering Kinetics. 3rd Edtion. 台北：状元出版社.

Solinas M A. 1997. Methodologies for economic and financial analysis. Catalysis Taday，34：469-481.

Trotta R，Miracca I. 1997. Approach to the industrial process. Catalysis Taday，34：429-446.

Trotta R，Miracca I. 1997. Case history：Synthesis and decomposition of MTBE. Catalysis Taday，34：447-455.

第 6 章　工业催化反应器介绍

6.1　引　　言

在国民经济的各个工业部门使用着多种类型的催化反应器，包括气固两相和气液固三相催化反应器。在本章中，将详细地介绍气固固定床催化反应器和气固流化床催化反应器；而对三相反应器和一些新类型和特定领域应用的催化反应器只做简单介绍。工业上广泛应用的催化反应器主要是固定床反应器和流化床反应器。

凡是流体流过装填有固定催化剂颗粒所形成的床层而进行催化反应的装置都称为固定床反应器。其中占有最重要地位的是气体反应物通过固体颗粒催化剂床层进行的催化反应。气固固定床催化反应器是使用最广泛的反应器之一，在石油炼制和大规模基本化学品、中间产物的生产中大量使用，表 6-1-1 列出了一些使用固定床反应器的工业催化过程的例子。与催化剂颗粒处于流动状态的催化反应器相比较，固定床催化反应器具有以下优点：催化剂不易跑损和磨损；气体流动呈活塞流，反应速率较高；而且可以严格控制反应物的停留时间，因此容易获得高转化率和高选择性等。缺点是催化剂利用率相对较低（特别是快反应，使用贵金属催化剂）、降低传递阻力和低压力降难于两全等。

表 6-1-1　一些工业催化反应

反应	原料	产品
加氢/脱氢	苯	环己烷
	丙酮	异丙醇
	硝基苯	苯胺
	苯酚	环己醇、环己酮
	乙苯	苯乙烯
氧化	邻二甲苯、萘	苯酐
	乙烯	环氧乙烷、乙醛
	甲醇	甲醛
	丁烯	顺酐
	乙醇	乙酸
加成	乙炔、HCl	氯乙烯

续表

反应	原料	产品
加成	乙炔、乙酸	乙酸乙烯
其他	丙烯，氨，氧气	丙烯腈
	氮气，氢气	氨

按操作方法，可以把气固固定床催化反应器分为绝热式和非绝热非等温两大类。虽然气固固定床反应器有若干不同的结构，但把其区分为绝热操作和非绝热操作是方便的。绝热催化反应器与外界环境的热交换可以忽略不计，反应的热效应被反映到反应混合物的温度变化。绝热反应器具有结构简单、催化剂可均匀堆放在支撑板上、装填催化剂量较多、设备利用率高、设计放大相对容易等优点。

6.2　绝热固定床催化反应器

在绝热反应器中催化剂以均匀形式装填成一个固定的床层，外面被绝缘的夹套包围。在工业中使用最多的绝热反应器形式如图 6-2-1 所示。当温度变化对催化反应的选择性或得率没有不利影响时可以使用绝热反应器，例如，反应热不大、只有一个反应发生或有几个反应物大大过量时会发生这样的情形。

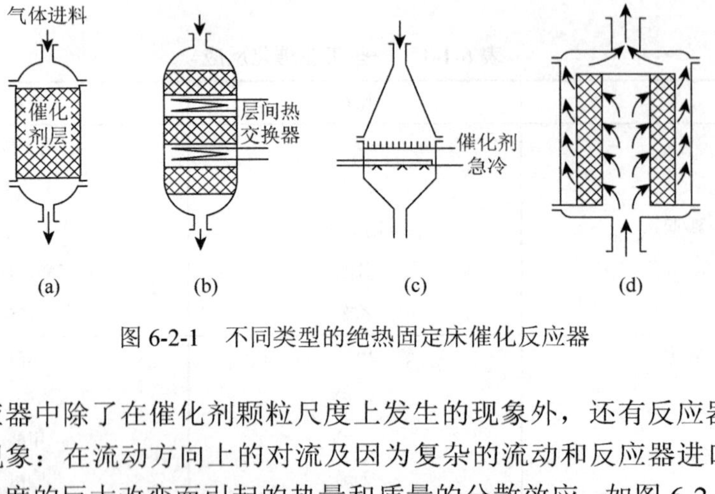

图 6-2-1　不同类型的绝热固定床催化反应器

在反应器中除了在催化剂颗粒尺度上发生的现象外，还有反应器尺度上发生的宏观现象：在流动方向上的对流及因为复杂的流动和反应器进口、出口间的浓度和温度的巨大改变而引起的热量和质量的分散效应，如图 6-2-2 所示。为降低压力降，也可以设计径向（图 6-2-3）或薄层固定床反应器，如甲醇氧化反应器（图 6-2-4）。

在处理有毒有害物质方面，固定床的使用也在增加：从发电厂烟道气中除去氮氧化物、汽车尾气的净化等。

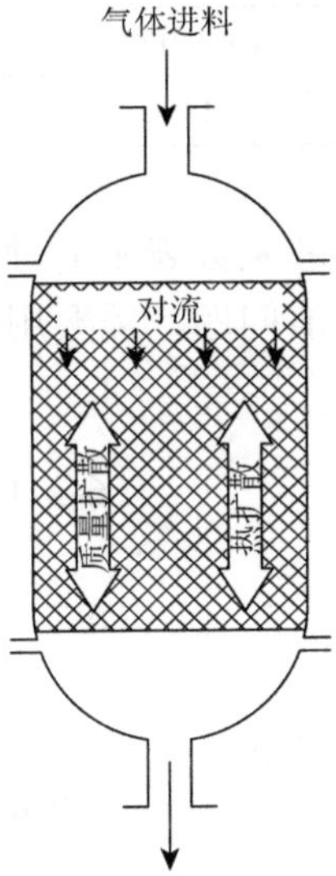

图 6-2-2　轴向反应器中的传递现象图

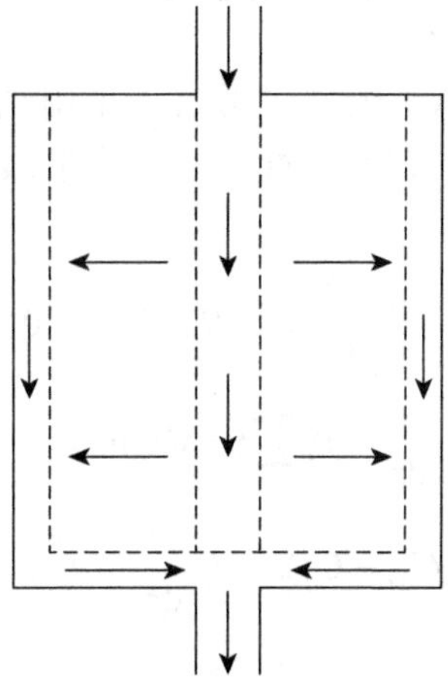
图 6-2-3　径向催化反应器图

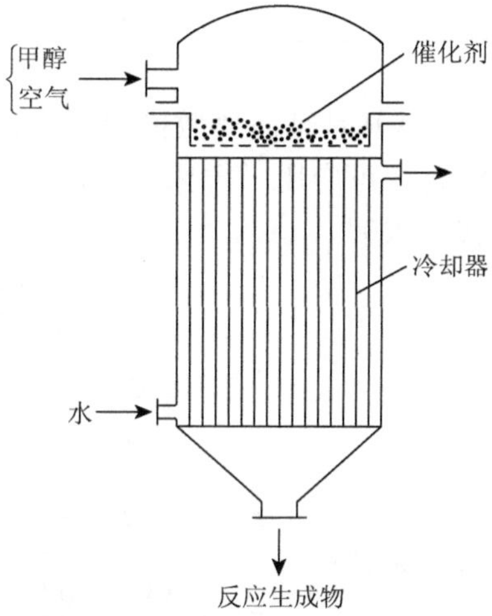

图 6-2-4　甲醇氧化薄层绝热反应器

6.2.1　反应器模型

已经被提出和研究过的固定床催化反应器模型被 Froment 等分类，如表 6-2-1 所示。对绝热反应器，由于质量和热量的对流和分散都是在流体流动的方向，因此没有必要考虑二维模型，使用一维的准均相模型就足够了，也就是表 6-2-1 中的 A Ⅰ 活塞流模型。它对放热不是很大的催化反应（如氨合成、乙苯脱氢等）仅有中等温度变化的情形有合理的描述，此时只需考虑传热和传质的对流机理。如果反应器很长、流过催化剂床层的流速很大、反应热不大和催化剂颗粒小的情况，该活塞流模型就可以非常合理地描述各类绝热反应器。对有 N 个物种和 R 个反应的体系，该模型（对 j 物种）表示为

$$u\frac{\mathrm{d}C_j}{\mathrm{d}z}-\rho_b R_j(C,T)=0 \tag{6-2-1}$$

$$u\rho_f c_{pf}\frac{\mathrm{d}T}{\mathrm{d}z}-\rho_b\sum_i(-\Delta H_i)r_i(C,T)=0 \tag{6-2-2}$$

边界条件：

$$z=0, C_j=C_{0j}, T=T_0 \tag{6-2-3}$$

表 6-2-1 固定床催化反应器模型

维数	A 准均相模型（$T=T_s$，$C=C_s$）		B 非均相模型（$T\neq T_s$，$C\neq C_s$）	
一维	AⅠ	基本、理想、活塞流	BⅠ	+界面梯度
	AⅡ	+轴向混合	BⅡ	+颗粒内梯度
二维	AⅢ	+径向混合	BⅢ	+径向混合

AⅡ是轴向离散模型，它比 AⅠ模型多考虑一个用轴向扩散系数表示的轴向混合，可应用于短床层。由于其具有非线性，是一个非线性边值问题，需要用迭代法求解。

$$\varepsilon D_{ej}\frac{\mathrm{d}^2C_j}{\mathrm{d}z^2}-u\frac{\mathrm{d}C_j}{\mathrm{d}z}+\rho_b R_j(C,T)=0 \tag{6-2-4}$$

$$\lambda_e\frac{\mathrm{d}^2T}{\mathrm{d}z^2}-u\rho_f c_{pf}\frac{\mathrm{d}T}{\mathrm{d}z}+\rho_b\sum_i(-\Delta H_i)r_i(C,T)=0 \tag{6-2-5}$$

边界条件：

$$\begin{aligned}&z=0,-\varepsilon D_{ej}\frac{\mathrm{d}C_j}{\mathrm{d}z}=u(C_{0j}-C_j),-\lambda_e\frac{\mathrm{d}T}{\mathrm{d}z}=u\rho_f c_{pf}(T_0-T);\\&z=L,\frac{\mathrm{d}C_j}{\mathrm{d}z}=\frac{\mathrm{d}T}{\mathrm{d}z}=0\end{aligned} \tag{6-2-6}$$

对强放热反应（如各类氧化反应），需要用非均相模型来考虑因传质和传热引起的在催化剂表面和气相中的不同条件。也就是表 6-2-1 中的最一般化的模型（BⅡ模型加上热量和质量的离散）以考虑着火-熄火现象。

$$-\varepsilon D_{ej}\frac{\mathrm{d}^2C_j}{\mathrm{d}z^2}+u\frac{\mathrm{d}C_j}{\mathrm{d}z}+k_g a_j(C_j-C_{ssj})=0 \tag{6-2-7}$$

$$-\lambda_e\frac{\mathrm{d}^2T}{\mathrm{d}z^2}+u\rho_f c_{pf}\frac{\mathrm{d}T}{\mathrm{d}z}+h_g a(T-T_{ss})=0 \tag{6-2-8}$$

边界条件：

$$\begin{aligned}&z=0,-\varepsilon D_{ej}\frac{\mathrm{d}C_j}{\mathrm{d}z}=u(C_{0j}-C_j),-\lambda_e\frac{\mathrm{d}T}{\mathrm{d}z}=u\rho_f c_{pf}(T_0-T);\\&z=L,\frac{\mathrm{d}C_j}{\mathrm{d}z}=\frac{\mathrm{d}T}{\mathrm{d}z}=0\end{aligned} \tag{6-2-9}$$

这些反应器模型与微观尺度的等温单颗粒扩散反应方程偶合获得整个催化反应器工程模型。一般而言，求解方程组是复杂的，因此在反应速率表达式中使用预先计算好的催化剂颗粒效率因子可以有效简化催化反应器工程模型。为计算方便，最好能使用比较简单的模型。

6.2.2 模型参数的无因次化

引进的无因次变量有

$$z^* = \frac{z}{L},\ C^* = \frac{C}{C_0},\ C_{ss}^* = \frac{C_{ss}}{C_0},\ \Theta = \frac{E(T-T_0)}{RT_0^2},\ \Theta_{ss} = \frac{E(T_{ss}-T_0)}{RT_0^2} \tag{6-2-10}$$

以及会碰到的无因次参数：

$$Bo_{\mathrm{aL}}(\text{Bodenstein准数}) = \frac{ud_{\mathrm{p}}}{\varepsilon D_{\mathrm{e}}}\frac{L}{d_{\mathrm{p}}} = Bo_{\mathrm{a}}\frac{L}{d_{\mathrm{p}}} \tag{6-2-11}$$

$$Pe_{\mathrm{aL}}(\text{Peclet准数}) = \frac{u\rho_{\mathrm{f}}c_{\mathrm{pf}}d_{\mathrm{p}}}{\lambda_{\mathrm{e}}}\frac{L}{d_{\mathrm{p}}} = Pe_{\mathrm{a}}\frac{L}{d_{\mathrm{p}}} \tag{6-2-12}$$

$$J_{\mathrm{D}} = \frac{k_{\mathrm{g}}aL}{u},\ J_{\mathrm{H}} = \frac{h_{\mathrm{g}}aL}{\rho_{\mathrm{f}}c_{\mathrm{pf}}u} \tag{6-2-13}$$

$$Da(\text{Damkohler准数}) = \frac{r(C_0,T_0)L}{C_0u} = \frac{A\exp(-E/RT)C_0^{n-1}L}{u} \tag{6-2-14}$$

$$B(\text{无因次绝热温升}) = \frac{(-\Delta H)C_0}{\rho_{\mathrm{f}}c_{\mathrm{pf}}T_0}\frac{E}{RT_0} = (\beta_{\mathrm{G}})_0 \tag{6-2-15}$$

式中，Bo_{a}、Pe_{a} 基于催化剂颗粒直径；Bo_{aL}、Pe_{aL} 基于反应器长度 L。此外还有已知的参数 β、γ、φ。而要记住 J_{D} 和 J_{H} 与已知的无因次准数 Nu（hg）和 Sh（kG）多少有些关系。

6.2.3 绝热固定床反应器的设计数据

对固定床而言，压力降是一个重要的设计参数，不仅影响催化剂床层的性能，而且影响动力消耗。流体流过固体催化剂颗粒床层的压力损失主要来自于流体与固体颗粒间的摩擦和流体流线的弯曲和变化。影响压力降的因素可以分为两大类：一类来自流体，它的性质（如黏度、密度等）和它的质量流速；另一类来自催化剂床层，它的高度、空隙率和颗粒的物理特性，如颗粒大小、形状、表面粗糙度等。经验告诉我们，计算固定床反应器的压力降推荐使用 Ergun 关联方程：

$$\frac{\Delta P}{L} = \left[\frac{150(1-\varepsilon)\mu}{d_{\mathrm{p}}} + 1.75G\right]\frac{1-\varepsilon}{\varepsilon^3}\frac{G}{d_{\mathrm{p}}\rho_{\mathrm{f}}g_{\mathrm{c}}} \tag{6-2-16}$$

流体在催化剂床层中的流动一般处于湍流，与催化剂颗粒的碰撞、扰流及孔道的扩大、缩小使流体不断分散与汇合，导致轴向（和径向）的混合和扩散。分别用轴向（和径向）有效扩散系数 D_{e}（和 De_{r}）来描述。

气体轴向扩散系数（轴向 Pe_{a} 用 Bo_{a} 表示）使用下面的方程计算：

$$\frac{1}{Bo_{\mathrm{a}}} = \frac{D_{\mathrm{e}}}{vd_{\mathrm{p}}} = \frac{0.5}{1+9.5\dfrac{\varepsilon}{Re\cdot Sc}} + \frac{0.75\varepsilon}{Re\cdot Sc} \tag{6-2-17}$$

利用不同作者的实验数据给出的关联如图 6-2-5 所示。

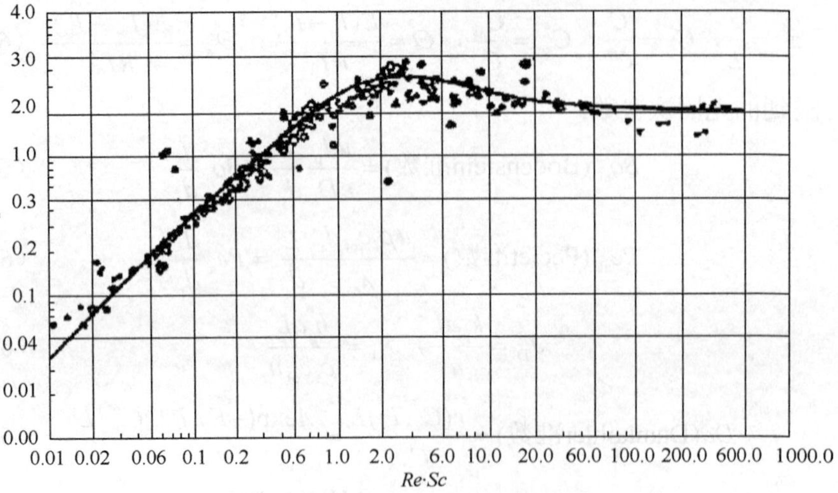

图 6-2-5　气体轴向离散系数关联

上述的几个关联式中都含有床层空隙率。固定床层的空隙率 ε 与催化剂颗粒直径与管直径之比 d_p/d_t 的关系如图 6-2-6 所示。

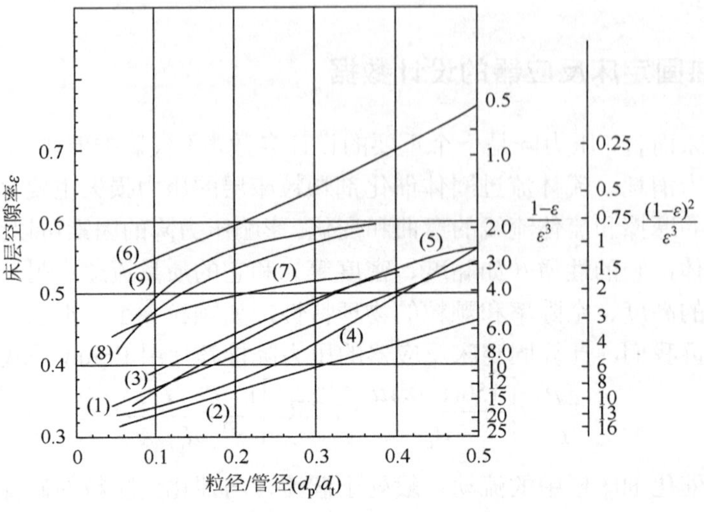

图 6-2-6　固定床层的空隙率

球形：（1）光滑，均一尺寸；（2）光滑，非均一尺寸；（3）黏土，圆柱形；（4）光滑，均一尺寸；（5）刚玉，均一尺寸；（6）1/4 英寸陶质拉西环，不规则形；（7）熔融磁铁；（8）熔融刚玉；（9）铝砂

对固定床层中的传热有与传质类似的机理。轴向热扩散系数使用下面的方程计算：

$$\frac{1}{Pe_a}=\frac{\lambda_e}{u\rho_f c_{pf} d_p}=\frac{\lambda_{af}}{u\rho_f c_{pf} d_p}+\frac{\lambda_{as}/\lambda_f}{Re\cdot Pr}+\frac{u\rho_f c_{pf}}{ahd_p} \qquad (6\text{-}2\text{-}18)$$

高雷诺数下 Pe_a 近似等于 2。

6.2.4　多稳态

A II 模型受到关注是因为有轴向扩散存在而导致在整个反应器内有可能出现多稳态现象。图 6-2-7 表示在两种情形下具有不同轴向扩散系数时反应器进口和出口温度间的关系，第二种情形指出有出现三个解的可能性也就是反应器可能有多个稳定态。对强放热反应，出现多稳态的可能性更大一些。对一级反应，可以使用下面的式子来判别多稳态的出现：

$$B > \frac{4\gamma}{\gamma - 4} \tag{6-2-19}$$

其中，$\gamma = E/(RTs)$。如果满足该条件，在给定 Pe_L 准数时，有一个出现多稳定态的 Da 准数的范围。对较高的 Pe_L 准数，该范围缩小，超过其临界值则只有一个稳定态。非常重要的是，要预先知道是否可能会出现多稳定态现象，这样才能够在只可能出现单一稳定态的参数范围内做最优设计。有分析指出，在工业过程中发生多稳定态的参数范围离工业实践是很远的。但是也有人不那么乐观，在考察熄火点的中间试验反应器中的 CO 氧化反应试验数据（图 6-2-8）与从反应器模型预测的数据之间是相当一致的。

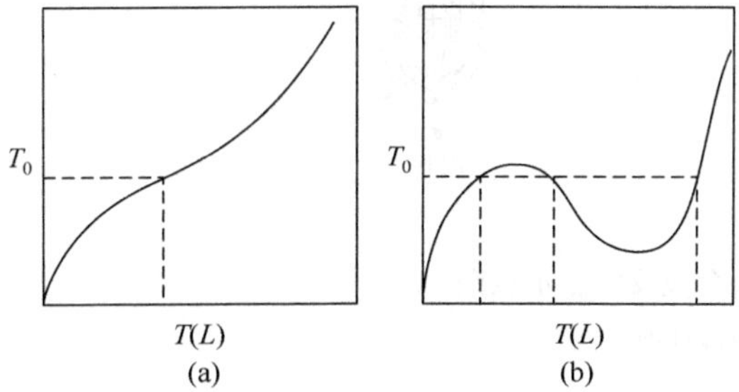

图 6-2-7　含轴向混合一维管式反应器（出口温度）

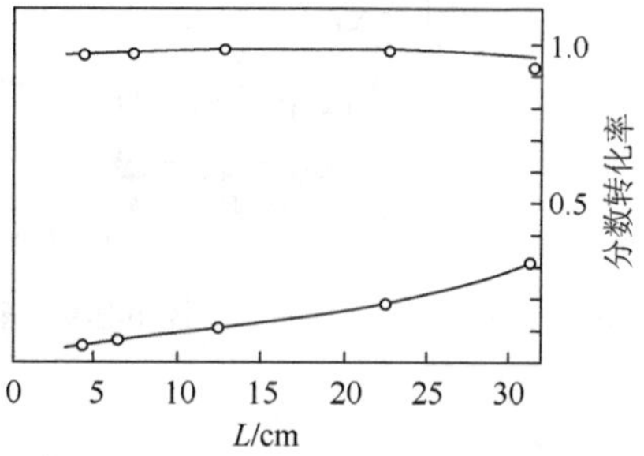

图 6-2-8　反应器模型预测与实验数据的比较（CO 氧化）

6.2.5　设计参数和判据

考虑管式绝热反应器体系时，要使用一些参数（无因次形式）。除了在讨论催化剂颗粒动力学时已知的参数 β、γ、φ 外，还有 Nu、Sh、Bo_a、Pe 和 Da 等。此外，对给定的反应体系，已知的有反应热、本征动力学速率及催化剂本身的特征。于是，对给定的生产速率的设计参数为：①成型催化剂的尺寸；②反应物进口浓度；③线速度（或比 d_t/d_p）；④比 L/d_p；⑤进口温度。C_{0j} 通常不是一个独立变量，因为它们影响分离部分的能量消耗，因此进口浓度的值来自反应和分离两部分间的优化。

只要可能，应该选择：①为了获得合理的绝热温升（低的 β 值），进口浓度不要太高，这样有可能避免多稳定态的问题；②为了避免颗粒间的热量、质量传输和轴向离散的问题，线速度应该足够高；③为了使压力降保持在较低的水平，反应器的高度不能太高。当绝热温升 β 太高时，可以采用多段反应器，并在段与段之间放置热交换器[图 6-2-1（b）]。这一概念对有化学平衡限制的反应非常重要，如图 6-2-9 所示的氨合成例子。中间换热可以采用不同的形式，如图 6-2-10 所示。图 6-2-10（a）是针对吸热反应的，中间用加热器，如乙苯脱氢反应；图 6-2-10（b）是把反应热用来加热原料气体，也可以把换热盘管放在反应器中［图 6-2-10（c）］；图 6-2-10（d）和（e）是采用激冷方式把冷气体（可以是原料气体，也可以是惰性气体）直接加入产物气体中。

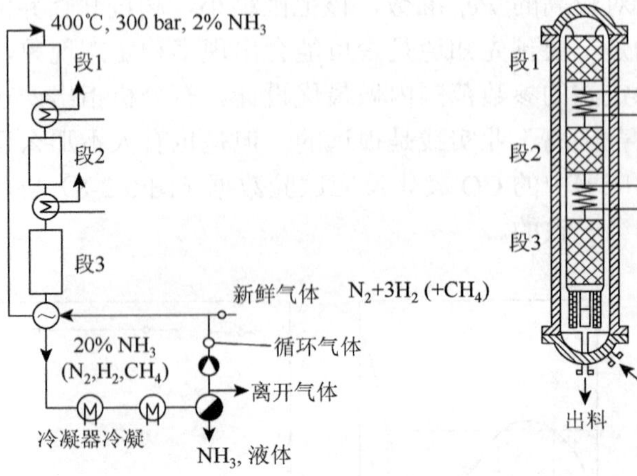

图 6-2-9 多段氨合成反应器示意图

1 bar=100 kPa

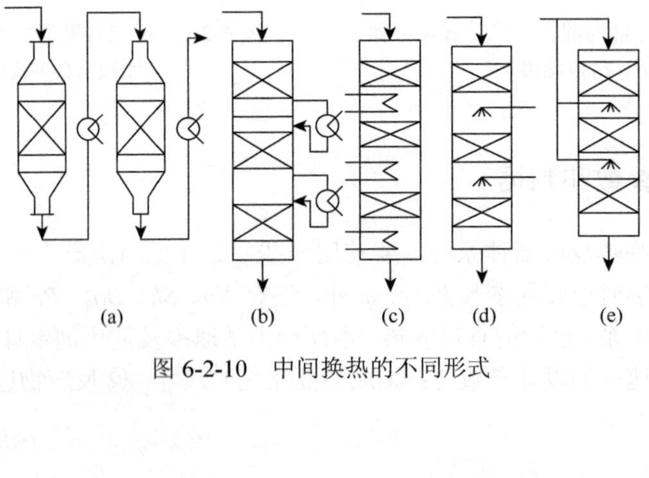

图 6-2-10 中间换热的不同形式

在放大管式绝热反应器时可能受到限制，如果需要有非常高的生产能力，压力降则变成是一个不可逾越的障碍（限制）。为了解决这些问题，已经发展出径向流动反应器［图 6-2-1（d）］，这类反应器可以有更高的产量和更高的生产能力，首先因为有低的压力降，其次也可以使用具有更高催化剂效率因子的较细的催化剂颗粒。用图 6-2-1（d）反应器并做如下假定：不发生沟流和短路，没有轴向和角方向的梯度，可以用早先的模型描述。作为工业应用的例子有乙苯脱氢和氨合成。

6.3　自热固定床催化反应器

在绝大多数情况下，进入反应器的气体必须被加热到催化反应能够引发的温度，绝热反应控制常常需要在进出口气体间安置热交换器，产生自热反应器（图 6-3-1）。经过分析指出自热反应器也可能产生多稳态现象（图 6-3-2）。因此为了避免可能出现的多稳态，涉及这类反应器时必须小心。自热反应器的一个工业应用例子是 NEC 氨合成反应器（图 6-3-3）。其他重要的应用包括用直接可再生热交换控制的自热反应，此时催化剂填料也用作再生热交换器。图 6-3-4 表示它的基本布置。用一个燃烧器把催化固定床加热到反应温度后，冷的反应气体流入催化剂床层，被热的催化剂填料加热发生反应。与此同时催化剂填料被冷却，因此反应前锋移向填料。在离开催化剂床层前，用一个阀使流向转换过来，温度前锋再一次回来并加热已经冷下来的催化剂填料。按此方法建立起稳态操作周期。床层的上部和下部用作再生热交换器，热的中心区是反应区，该过程已经用于工业硫酸制造中的二氧化硫的催化氧化过程。

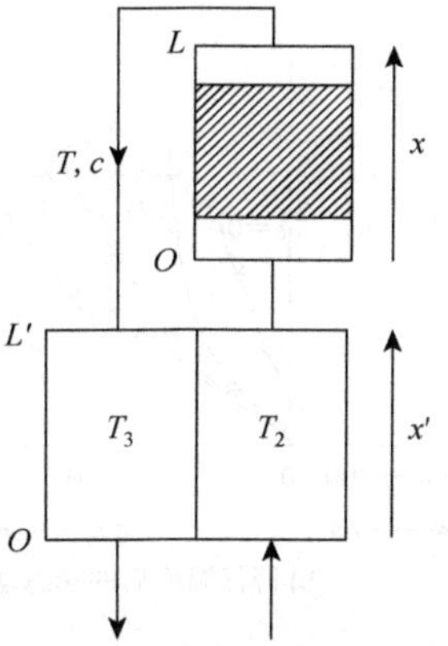

图 6-3-1　自热反应器

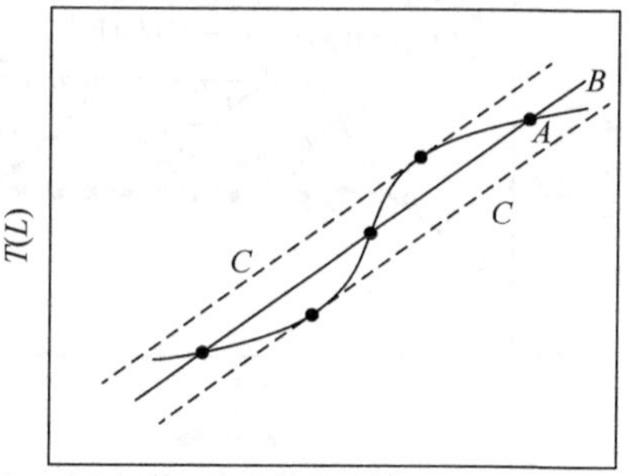

图 6-3-2　自热反应器的多稳态

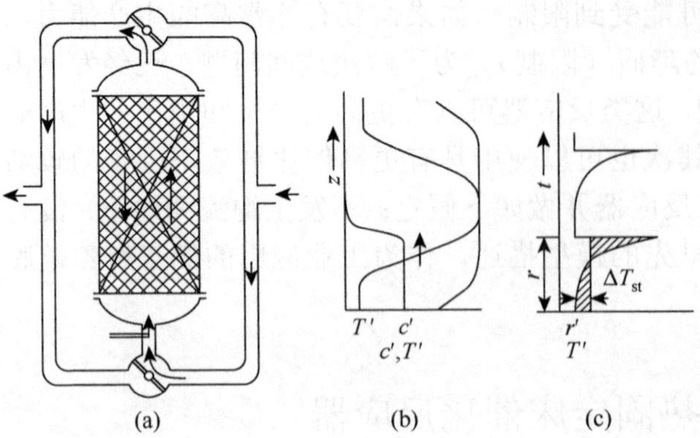

图 6-3-3　NEC 氨合成反应器示意图

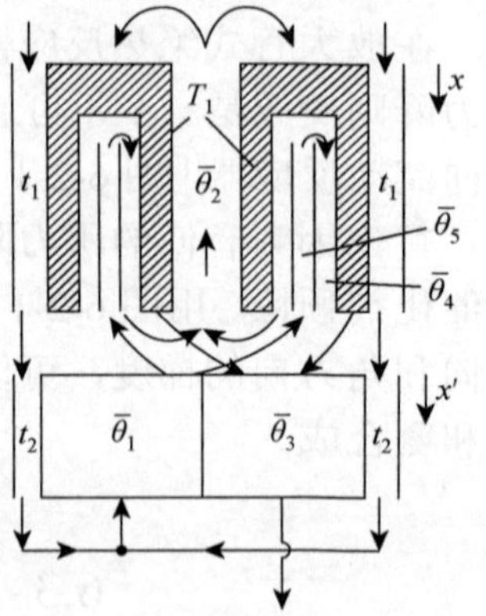

图 6-3-4　直接热交换控制自热反应器

在工业上固定床反应器一般使用稳态操作以保持所有希望的恒定转化率。所以对固定催化反应器而言，在自动控制电路中最重要的是质量流速、进料化学计量比、总压力和加料温度的控制。但对工业操作而言，非稳定态的动态操作也有很大的重要性。对此，已经有研究者给出了非常有意思的试验和模型化工作，也就是温和条件下在 0.5 升的绝热催化反应器中测量了 CO 和 CO_2 甲烷化反应。在进料组成改变（增加或减小）和降低进口温度后测量了轴向温度随时间的变化情况。结果见图 6-3-5。图中也给出了用准均相模型的计算结果。由图可以看到，当进料浓度增加时，在反应器前一部分形成了一个新的主反应区，温度也逐渐升高到一个新的最大值。如果进料温度降低，在固定床层中最大温度开始时快速增加(错位行为)，然后主反应区慢慢向出口方向移动，最终在较低的温度处达到一个新的稳态。

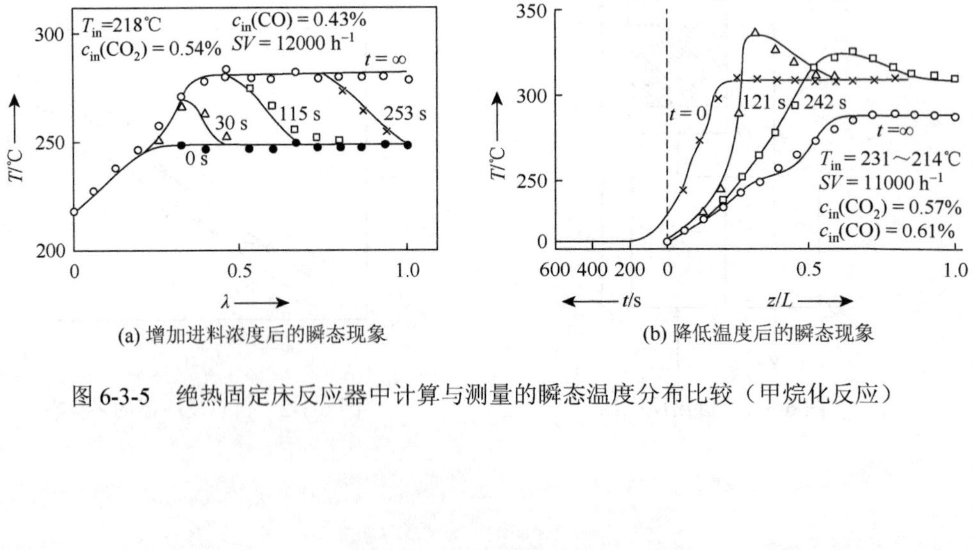

(a) 增加进料浓度后的瞬态现象　　(b) 降低温度后的瞬态现象

图 6-3-5　绝热固定床反应器中计算与测量的瞬态温度分布比较（甲烷化反应）

6.4　非等温非绝热管式反应器

当绝热温升太高并影响催化反应选择性时，使用非绝热管式反应器。在这类反应器中通常利用已经装置于固定床中的循环传热介质进行间接热交换。由于等温性较好可以获得较好的反应性能，它们常常被使用。例如，在乙苯脱氢制苯乙烯的例子中，是为补偿低温时较低的反应速率。多管固定床反应器最普遍的安排是，催化剂放在管子内而热载体在管外进行循环（图 6-4-1）。由于体系的传热特性差，在轴向和径向有明显的温度分布（图 6-4-2），与所谓的“等温固定床反应器”实际上有很大的差别，会产生称为“热点”的峰形轴向温度分布。

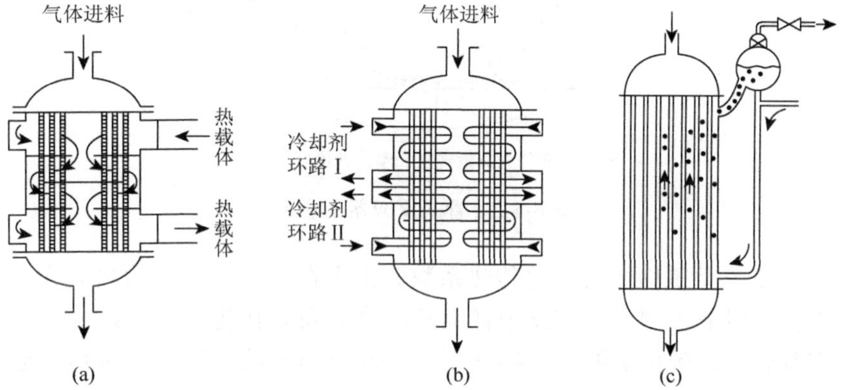

图 6-4-1　非等温非绝热管式反应器

6.4.1　模型

用于描述这类复杂反应器的数学模型是已知的用于绝热反应器的那些模型，见表 6-2-1，只是叠加径向的传质和传热。最简单的模型是 A I（活塞流）：

$$u\frac{\mathrm{d}C_j}{\mathrm{d}z}-\rho_b R_j(C,T)=0 \tag{6-4-1}$$

$$u\rho_f c_{pf}\frac{\mathrm{d}T}{\mathrm{d}z}-\rho_b\sum_i(-\Delta H_i)r_i(C,T)+\frac{4U}{d_\mathrm{t}}(T-T_W)=0 \tag{6-4-2}$$

边界条件：

$$z=0,\ C_j=C_{0j},\ T=T_0 \tag{6-4-3}$$

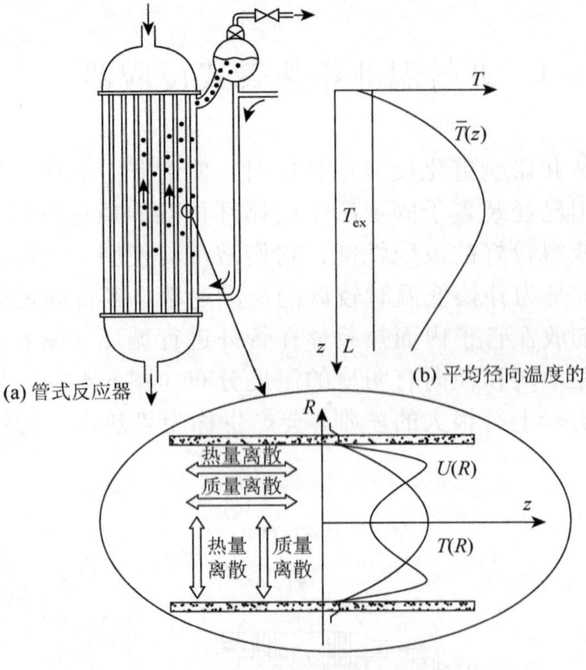

(c) 轴向和径向离散现象和温度速度径向分布

图 6-4-2　管式反应器示意图

U 是用冷却介质移热时的总传热系数。由于在径向有显著的热效应，自然会考虑到依靠模型来预测在反应器中详细的温度分布和转化率。于是提出了二维模型，该模型通过有效传输的概念描述了在径向方向上的质量和热量传输通量。在多数工业上重要的情形中，轴向方向上的质量和热量传输可以不考虑。于是对绝热反应器发生的有 N 个组分 R 个反应的准均相二维模型（质量和能量平衡）为

$$-\varepsilon D_{\mathrm{er}j}\left(\frac{\mathrm{d}^2C_j}{\mathrm{d}r^2}+\frac{1}{r}\frac{\mathrm{d}C_j}{\mathrm{d}r}\right)-u\frac{\mathrm{d}C_j}{\mathrm{d}z}+\rho_{\mathrm{b}}r_j(C,T)=0 \tag{6-4-4}$$

$$-\lambda_{\mathrm{er}}\left(\frac{\mathrm{d}^2T}{\mathrm{d}r^2}+\frac{1}{d}\frac{\mathrm{d}T}{\mathrm{d}r}\right)-u\rho_{\mathrm{f}}c_{\mathrm{pf}}\frac{\mathrm{d}T}{\mathrm{d}z}+\rho_{\mathrm{b}}\sum_i(-\Delta H)_i r_i(C,T)=0 \tag{6-4-5}$$

边界条件：

$$z=0,\ \ 0\leqslant r\leqslant\frac{d_{\mathrm{t}}}{2},\ \ C_j=C_{0j},\ \ T=T_0$$

$$0\leqslant z\leqslant L,\ \ r=0,\ \ \frac{\mathrm{d}C_j}{\mathrm{d}r}=\frac{\mathrm{d}T}{\mathrm{d}r}=0 \tag{6-4-6}$$

$$r=d_{\mathrm{t}}/2,\ \ \frac{\mathrm{d}C_j}{\mathrm{d}r}=0,\ \ \frac{\mathrm{d}T}{\mathrm{d}r}=-\frac{\alpha_{\mathrm{W}}}{\lambda_{\mathrm{e}}}(T-T_{\mathrm{W}})$$

式中的有效热导率 λ_e，在反应器管的中间部分是一个常数，但是越接近反应器管壁越高，一般取平均值。考虑在管壁上的传热参数是 α_W。对强放热反应，气固传热和传质起很重要的作用，此时选用非均相二维模型：

$$-\varepsilon D_{erj}\left(\frac{d^2C_j}{dr^2}+\frac{1}{r}\frac{dC_j}{dr}\right)+u\frac{dC_j}{dz}+k_{gj}a(C_j-C_{ssj})=0 \tag{6-4-7}$$

$$-\lambda_{er}\left(\frac{d^2T}{dr^2}+\frac{1}{d}\frac{dT}{dr}\right)+u\rho_f c_{pf}\frac{dT}{dz}+h_g a(T-T_{ss})=0 \tag{6-4-8}$$

边界条件：

$$\begin{aligned}&z=0,\ C_j=C_{0j},\ T=T_0\\ &0\leqslant z\leqslant L,\ r=0,\ \frac{dC_j}{dr}=\frac{dT}{dr}=0\\ &r=d_t/2,\ \frac{dC_j}{dr}=0,\ \frac{dT}{dr}=-\frac{\alpha_W}{\lambda_e}(T-T_W)\end{aligned} \tag{6-4-9}$$

该方程组与单颗粒的方程组一起形成整个反应器模型。如果使用效率因子可以简化计算。

6.4.2　无因次参数

像绝热反应器模型那样，也可以把上述模型无因次化，但与式（6-2-10）～式（6-2-15）的无因次参数稍有不同。

无因次变量：

$$\begin{aligned}&z^*=\frac{z}{L},\ r^*=\frac{r}{d_t/2}C^*=\frac{C}{C_0},\ C_s^*=\frac{C_s}{C_0},\ C_{ss}^*=\frac{C_{ss}}{C_0},\\ &\Theta=\frac{E(T-T_0)}{RT_0^2},\ \Theta_s=\frac{E(T_s-T_0)}{RT_0^2}\end{aligned} \tag{6-4-10}$$

除了在绝热反应器模型中已经使用的无因次准数 β、γ、φ、Sh、Nu、Bo_a、Pe_a、Da 和 B 外，新引进的及会碰到的无因次参数有

$$Bo_r(\text{径向Bodenstein准数})=\frac{vd_p}{D_{er}} \tag{6-4-11}$$

$$Pe_r(\text{径向Peclet准数})=\frac{u\rho_f c_{pf}d_p}{\lambda_{er}} \tag{6-4-12}$$

$$Da(\text{Damkohler准数})=\frac{r(C_0,T_0)L}{C_0u}=\frac{A\exp(-E/RT)C_0^{n-1}L}{u} \tag{6-4-13}$$

$$Bi(\text{Biot准数})=\frac{\alpha_W d_p}{\lambda_{er}} \tag{6-4-14}$$

6.4.3　设计数据

有效径向热导率和表观壁传热系数的关联为

$$\frac{\lambda_{\mathrm{er}} Bi}{Bi+4}=\frac{\lambda_{\mathrm{ef}} Bi_{\mathrm{f}}}{Bi_{\mathrm{f}}+4}+\frac{\lambda_{\mathrm{rs}} Bi_{\mathrm{s}}}{Bi_{\mathrm{s}}+4} \tag{6-4-15}$$

$$Re>1000,\ Bi=Bi_{\mathrm{f}}=\frac{\alpha_{\mathrm{W}} d_{\mathrm{p}}}{2\lambda_{\mathrm{rf}}}$$
$$Re<10,\ Bi=Bi_{\mathrm{s}}=\frac{\alpha_{\mathrm{W}} d_{\mathrm{p}}}{2\lambda_{\mathrm{rs}}} \tag{6-4-16}$$

图 6-4-3 和图 6-4-4 给出了 Pe_{r} 和 Bi 与 Re 间的关系。也可以使用如下关联：

$$\frac{\lambda_{\mathrm{er}}}{\lambda_{\mathrm{g}}}=A\left(\frac{d_{\mathrm{p}} G}{\mu}\right)^{B}\left(\frac{d_{\mathrm{t}}}{d_{\mathrm{p}}}\right)^{C} \tag{6-4-17}$$

其中，常数 A、B、C 取决于固体颗粒特性，如表 6-4-1 所示。

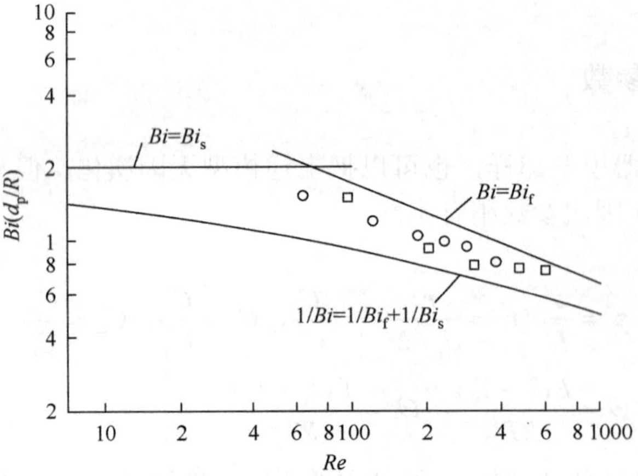

图 6-4-3　*Bi* 准数与 *Re* 准数间的关联

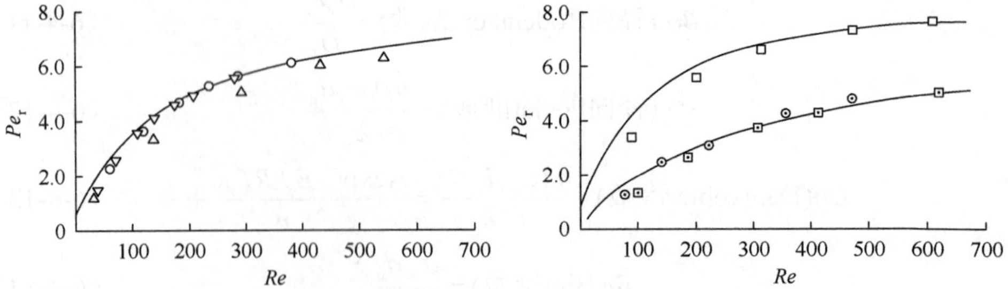

图 6-4-4　径向 *Pe* 准数与 *Re* 数据间的关联

表 6-4-1　方程式（6-4-17）中的常数

固体颗粒特性		A	B	C
低热导系数	球形	0.182	0.75	0.45
	圆柱形或单孔圆环	0.220	0.75	0.45
高热导系数	球形	0.300	0.72	0.60
	圆柱形或单孔圆环	0.380	0.72	0.60

固定床径向有效导热系数，一般为 4～40 kJ/(m·h·K)。

固定床中的壁给热系数 α_W，一般在 400～1000 kJ/(m·h·K)。可以使用的关联式较多。

低热导系数颗粒：

$$\frac{\alpha_W d_t}{\lambda_g}=65\exp\left(-4\frac{d_p}{d_t}\right)\left(\frac{d_t}{L}\right)^{0.2}\left(\frac{d_t G}{\mu}\right)^{0.4} \tag{6-4-18}$$

适用范围：d_p/d_t 0.074～0.254，L/d_t 5～15，d_pG/μ 130～1400。

高热导系数颗粒：

$$\frac{\alpha_W d_t}{\lambda_g}=5.1\left(\frac{d_t}{d_p}\right)^{0.8}\left(\frac{d_t}{L}\right)^{0.1}\left(\frac{d_t G}{\mu}\right)^{0.46} \tag{6-4-19}$$

适用范围：d_p/d_t 0.12～0.20，L/d_t 5～15，d_pG/μ 130～1400。

$$\frac{\alpha_W d_s}{\lambda_g}=0.17Re^{0.79} \tag{6-4-20}$$

适用范围：球形颗粒，$0.05\leqslant d_p/d_t\leqslant 0.3$，$20\leqslant Re\leqslant 7600$。

$$\frac{\alpha_W d_s}{\lambda_g}=0.16Re^{0.93} \tag{6-4-21}$$

适用范围：圆柱形颗粒，$0.03\leqslant d_p/d_t\leqslant 0.2$，$20\leqslant Re\leqslant 800$。

$$D_s=6V_p/S_p \tag{6-4-22}$$

另一个有用的给热系数是固定床床层对管壁的给热系数 α_t，可以使用的关联有

$$\frac{\alpha_t d_t}{\lambda_g}=2.03Re^{0.9}\exp\left(-6\frac{d_s}{d_t}\right) \tag{6-4-23}$$

适用范围：$0.05\leqslant d_s/d_t\leqslant 0.3$，$20\leqslant Re\leqslant 7600$。

球形颗粒：

$$\frac{\alpha_t d_t}{\lambda_g}=1.26Re^{0.95}\exp\left(-6\frac{d_s}{d_t}\right) \tag{6-4-24}$$

适用范围：低热导系数球形颗粒，$0.03 \leqslant d_p/d_t \leqslant 0.2$，$20 \leqslant Re \leqslant 800$。

$$\frac{\alpha_W d_s}{\lambda_g} = 6.0\left(\frac{c_p\mu}{\lambda_g}\right)^{0.123}\left(\frac{d_s G}{\mu}\right)^{0.6}\frac{1}{1-1.59d_t/L}\exp\left(-3.68\frac{d_s}{d_t}\right) \quad (6\text{-}4\text{-}25)$$

适用范围：d_s/d_t 0.08～0.5，L/d_t 10～30，$Re=d_sG/\mu$ 250～6500，$Pr=c_p\mu/\lambda_g=$ 0.722～4.8。

高热导系数球形颗粒：

$$\frac{\alpha_W d_s}{\lambda_g} = 2.17\left(\frac{d_s G}{\mu}\right)^{0.52}\left(\frac{d_t}{d_s}\right)^{0.8}\frac{1}{1-1.8d_t/L} \quad (6\text{-}4\text{-}26)$$

适用范围：d_s/d_t 0.1～0.5，L/d_t 10～30，$Re=d_sG/\mu$ 300～1000。

对径向质量离散，可以用下述关联：

$$\frac{1}{Bo_r} = \frac{\tau_b}{Re\cdot Sc} + \frac{a}{1+\dfrac{b}{Re\cdot Sc}} \quad (6\text{-}4\text{-}27)$$

对球形催化剂颗粒，曲折因子 τ_b 取 0.67，a=0.12，b=78±20；对一般使用，可取 Pe_r 和 Bo_r 在 8～10 之间。

6.5　应 用 实 例

通过与实验的比较可以试验模型的可靠性。在 EniChem 的乙酸锌/活性炭催化剂上进行乙炔加乙酸合成乙酸乙烯的催化反应。参考图 6-5-1，进行了如下一些工作。

（1）使用 Berty 型无梯度反应器在催化剂颗粒上进行动力学测量，主反应动力学方程是 Langmuir-Hinshelwood 型的（转化率在 0%～60%，选择性非常高）；颗粒大小不影响动力学的结果指出，催化剂颗粒的效率因子非常接近于 1。

（2）用如图 6-5-1（a）所示的中间试验反应器和热交换器进行了传热的测量，为了数据的回归处理简单使进口温度分布在径向是恒定的［$T(z, 0)=T(z, d_t/2)$］。测得的参数见图 6-5-1（b）和（c）。

（3）在同一反应器和热交换器［图 6-5-1（a）］中转化率的测量。温度沿反应器径向保持恒定，在有反应时测量其温度分布。试验数据用二维准均相模型和实验测得的参数来说明，无须进行任何调整，只是需要再加用沿径向速度分布的一个关联。结果说明，在离反应器壁 $1.5d_p$ 处显示温度分布的最大值。

图 6-5-1（d）～（f）的结果指出，模型是正确的。这些研究结果用于工业反应器放大，对较小直径的反应器进行更好的设计。

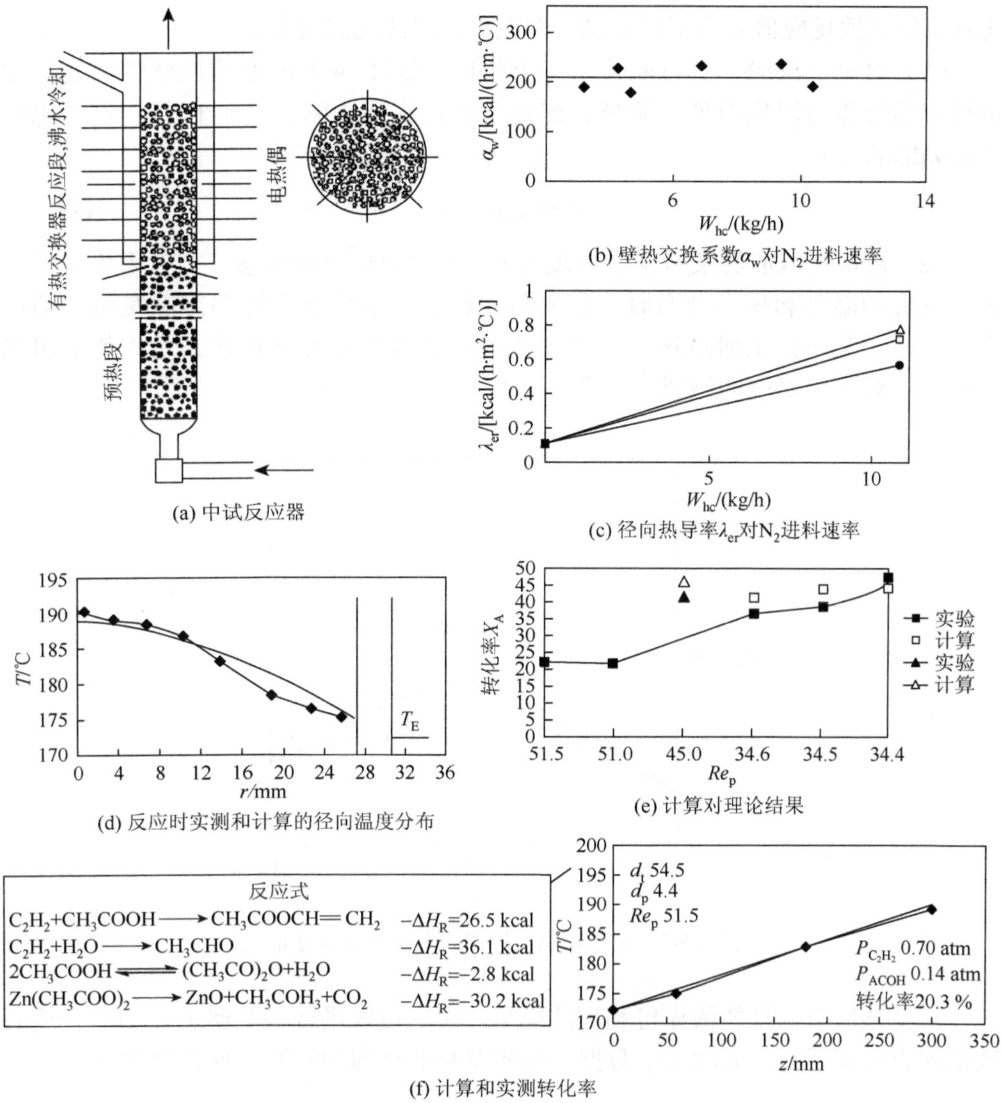

图 6-5-1　乙酸乙烯反应器研究

6.5.1　参数敏感性和飞温

非等温非绝热反应器并不会出现真正的不稳定性问题，只不过是参数敏感性的问题，是对反应器行为应答的放大。例如，因微小的操作参数的变化而引起的温度和转化率变化分布，如果体系的传热容量不能完全适于反应产生的热时，会发生这样的情况。此时，反应器控制是一个艰难的任务，难以察觉的操作条件变化有可能导致反应器完全不被控制，即发生跑温或飞温现象。

（1）对单一反应，有可能找出一个判据来处理 AⅠ模型的敏感性问题。如果反应器行为对温度改变不敏感，满足条件：在最大温度前的任何一点（也就是 $d\Theta/dDa>0$）

$$d^2\Theta/dDa^2<0 \tag{6-5-1}$$

（2）在最大值前的某些间隔温度分布，$d^2\Theta/dDa^2>0$ 敏感，把 AⅠ模型用于氧化反应的温度和压力分布时，有人得到结论：参数敏感性和跑温是可能的：当热点超过某一定值时或用简单活塞流模型获得的温度分布在其最大值前出现拐点时，对入口温度的敏感性见图 6-5-2。

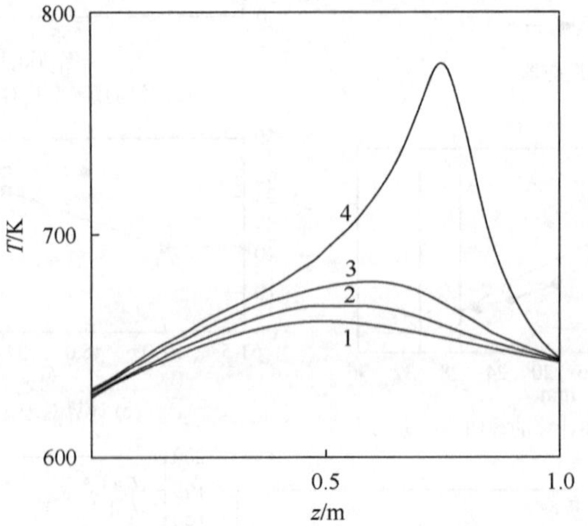

图 6-5-2　对进口温度敏感的反应器温度分布

对复杂情形，只能依靠可利用的模型，用它可以进行参数研究，当然合适的数据库也是需要的，如动力学数据、反应器和催化剂颗粒的传质传热关联等。

6.5.2　一维、二维模型

前面给出的一维和二维模型是一组抛物线形的偏微分方程组，即便用当今的计算机求解它们也是相当困难的。最常用的简化是把偏微分方程组变为常微分方程组，这是在作了仅在轴向存在温度和浓度梯度而径向用平均温度和浓度来表示的假设后获得的。可以用正交配置法，在径向代表浓度和温度的配置点使用合适的多项式来选择，如 Legendre 多项式，配置点 $r^*=2^{1/2}/2$，总传热系数为

$$\frac{1}{U}=\frac{1}{\alpha_{\mathrm{W}}}+\frac{d_{\mathrm{t}}}{8\lambda_{\mathrm{er}}} \tag{6-5-2}$$

使用某些有关径向行为的信息，如径向温度分布可以用一个方程表示时，

$$T^*(R^*)=T_{\mathrm{c}}^*+\frac{1-R^{*2}+2/Bi}{1-R_1^{*2}+2/Bi} \tag{6-5-3}$$

就可以把二维模型变成一维模型。这样一来，反应器可以用比较简单的方程描述，并用来进行基本研究和反应器控制。

6.5.3　设计参数

对管式反应器中的反应体系，有不少参数和无因次量：β_i、γ_i、φ_j、Sh_j、Nu、$Bo_{\mathrm{a}j}$、$Bo_{\mathrm{r}j}$、Da_i、Pe_{a}、Pe_{r} 等。另外，对给定的反应体系，已知反应热、本征动力学速率；对给定的催化剂，也已知一些特性。对给定生产速率，设计参数有：①催化剂颗粒直径；②$d_{\mathrm{t}}/d_{\mathrm{p}}$ 范围 8～50；③L/d_{p}；④进口温度和浓度；⑤冷却介质的温度。采用的设计值有一个避免参数敏感性和跑温的约束。很严格的是 $d_{\mathrm{t}}/d_{\mathrm{p}}$ 比，它决定了从反应器中间的催化剂颗粒到反应器壁的传热。如果有必要，为了限制热点温度，也可以选择极端值 4～5。为了补偿催化剂活性的下降，需使用过量的催化剂，所以必须要注意压力降值应该保持在合理的范围之内 $\Delta P \leqslant 0.5 \sim 1\ \mathrm{kg/cm^2}$，以使能量消耗不会过大。

6.5.4　固定床反应器的控制

固定床反应器的控制与反应器设计密切相关：一个好的反应器设计选择的优化操作条件会远离参数敏感性区域，也就是跑温或飞温的条件范围。目标通常是保持所希望的转化率不变。所以质量流速、进料化学计量比、总压力及进料温度和传热介质温度等的控制是固定床反应器最重要的自动控制电路。

6.5.5　小结

固定床反应器理论使我们能够：①说明实验室、中间工厂和工业反应器的试验数据，使用模型模拟从最简单到很复杂的反应器行为，能够适应系统的复杂性和所要求数据的可利用性；②了解研究体系的特性和限制：在颗粒内外存在的传热或传质阻力，相关或不相关的离散现象；③为了确保好的反应器控制，选择在多稳态或参数敏感性区域（是一个潜在不稳定区域）外的最优操作条件来设计反应器。

6.6　气固流化床催化反应器中的气固流动

6.6.1　引言

流化床反应器是气固体系中最广泛使用的催化反应器之一。自 20 世纪 20 年代初建成第一个沸腾床煤气化炉以来，对流态化原理和规律的认识不断深化，使流态化技术不断发展，导致流化床反应器在工业特别是化学工业中的应用不断扩大，成为应用最广泛的常用设备之一。尤其是 1942 年在石油炼制工业中，成功地在催化裂解中使用了流化床催化反应器，充分发挥了其传热性能好、温度分布均匀的特点，使强吸热催化剂快速失活的催化裂化反应过程的效率和性能大为改进。此后在强放热反应或对温度特别敏感的反应过程中也普遍采用，如萘氧化制苯酐，丙烯氨氧化制丙烯腈等。应用流化床反应器的一些重要的工业催化过程列于表 6-6-1 中。

表 6-6-1　应用流化床反应器的一些工业气固催化反应

生产过程	催化剂失活特性	反应速率和操作条件	催化剂循环量	传热	评价
催化裂化	快速结焦，频繁再生	快，接触时间＜1 s 0.1～0.2 MPa	大	重要，热效率高，用催化剂烧焦产生的热用作为反应热	非常成功
催化重整	缓慢结焦，需再生	较慢，约 500℃，1.4～1.5 MPa	低	循环量低，热效率差	比固定床有利
丙烯腈	有效控制温度和氧过量，失活可以不考虑	快，接触时间：2～3 s，450～470℃，0.1～0.5 MPa	—	无，应对高反应速率，把温度控制在小的范围内	很成功
邻二甲苯	有限	慢，接触时间：10～20 s，450～525℃，0.1～0.3 MPa	低的进料速率	控制温度在数度范围内，防止爆炸和保持良好的选择性	成功，成本比固定床低
氧氯化	中等，催化剂磨损	快，接触时间：2 s，200～350℃，可高达标 MPa	为补偿磨损需添加少量新催化剂	温度控制在小范围内波动，以避免副反应	流化床新应用
顺酐	有限	慢，接触时间：10～20 s，450～525℃，0.1～0.3 MPa	低的进料速率	控制温度在数度范围内，防止爆炸和保持良好的选择性	成功，成本比固定床低

在流化床反应器中细颗粒催化剂在其重力与上升气流浮力的共同作用下

做悬浮运动，颗粒上下左右激烈地翻动。床内流体与固体颗粒的相互搅动和混合，使传热速率高温度易控制，床层的温度分布均匀，不会产生固定床反应器中所谓的“热点”。流态化的气固体系具有与液体相似的流动性质，易于连续加料和出料。虽然流化床有很多优点，但是也有缺点：第一，返混很严重，包括颗粒和气体；第二，气体多以气泡的形式通过反应器，气固接触不良，因此流化床反应器要达到高转化率很难；第三，固体颗粒易于磨损和损失，设备也容易磨损；第四，设计放大比较困难。

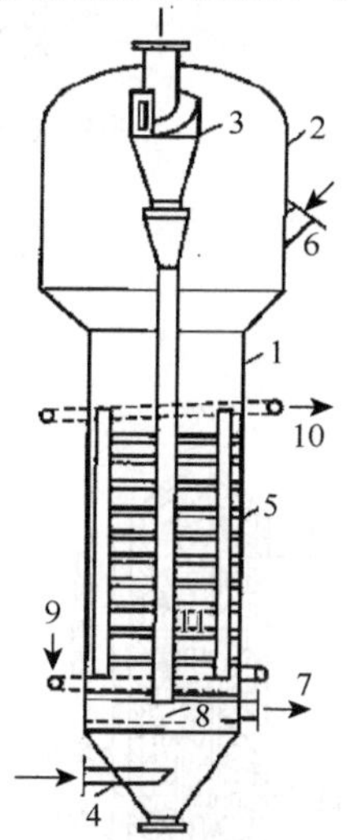

图 6-6-1　流化床反应器

1. 壳体；2. 扩大管；3. 旋风分离器；4. 流化气体进口；5. 换热器；6. 催化剂进口；7. 催化剂排出口；8. 气体分布器；9. 冷却水进口；10. 冷却水出口；11. 内部构件

流化床反应器的基本结构是由壳体、气体分布器、内部构件、换热装置和气固分离器组成，如图 6-6-1 所示。根据催化反应的不同特点，已经发展出多种形式和结构，如图 6-6-2 所示。自由床 [图 6-6-2（a）]，用于热效应不大、副反应不严重的催化反应，高径比不超过 1.5；图 6-6-2（b）由乙炔合成乙酸乙烯的一组自由床；其余为限制床。一般流化床反应器为单层床，但图 6-6-2（c）为多层床。图 6-6-2（f）是多管床，图 6-6-2（g）是催化裂化中应用的双流化床，图 6-6-2（i）是提升管催化裂化装置示意图，图 6-6-2（j）是喷动床。流化床反应器除了催化应用外，在其他领域也有广泛的应用，如干燥、焙烧、燃烧、造粒等。

6.6.2　固体颗粒在床层中的流动和气固流化中的流区

当流体自下而上通过固体颗粒床层时，随着流体速度的增加、压力降增加、速度达到临界流化速度 U_{mf} 时，固体颗粒产生相对运动（称为流态化），此后再增大气体速度，床层开始膨胀，压力降基本保持不变，如图 6-6-3 所示。临界流化速度可以通过压力降-气体速度关系实验测定，也可以适当选用如下的经验关联式计算：

$$U_t = \left[\frac{3.1 d_p S(\rho_s - \rho_g) g}{\rho_g}\right]^{1/2}, 500 < Re < 2\times10^5 \tag{6-6-1}$$

$$U_{mf} = \frac{0.695 d_p^{1.82} (\rho_s - \rho_g)^{0.94}}{\mu_g^{0.88} \rho_s^{0.06}} \tag{6-6-2}$$

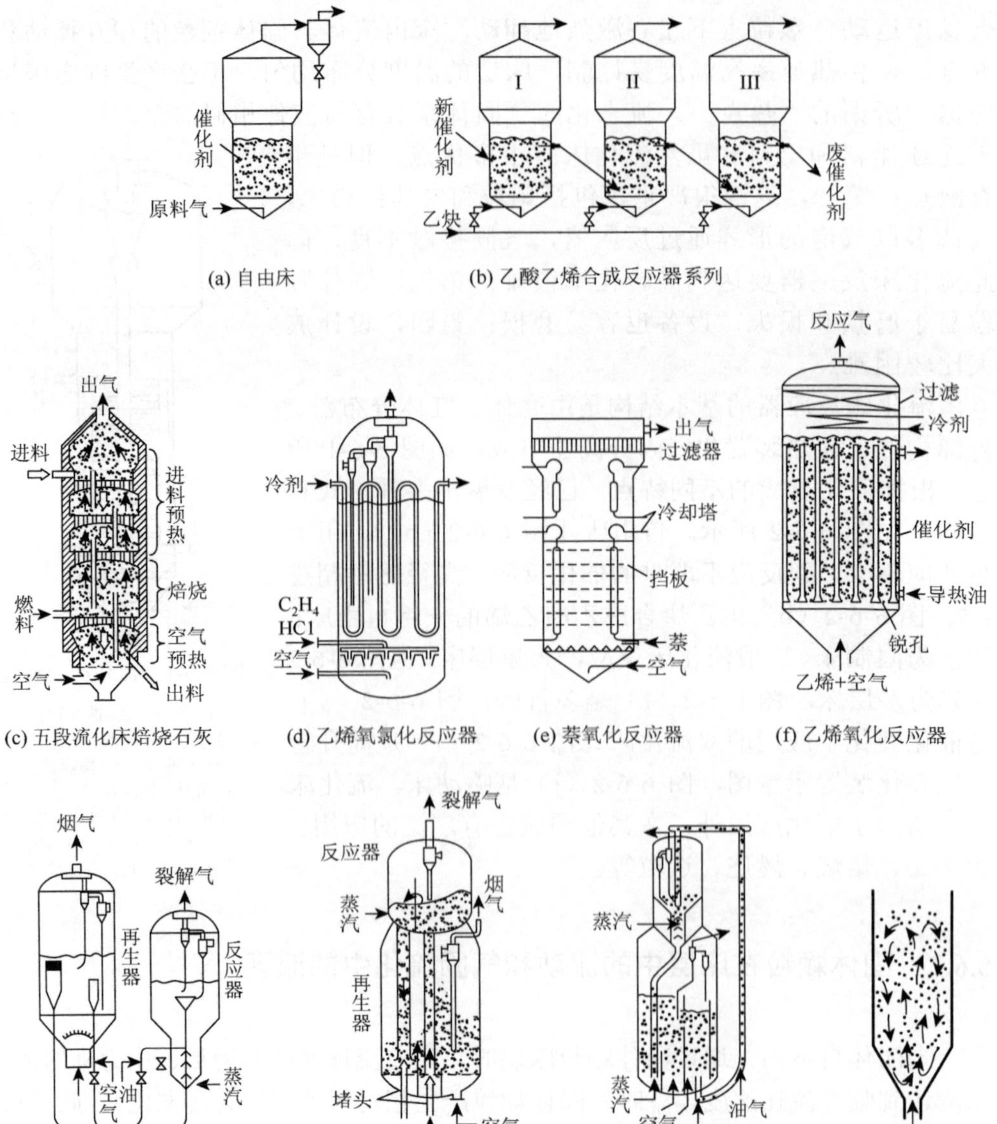

图 6-6-2　不同形式的工业流化床反应器

$$
\begin{aligned}
U_{\mathrm{mf}} &= \frac{d_{\mathrm{p}}^2(\rho_{\mathrm{s}}-\rho_{\mathrm{g}})g}{1650\mu_{\mathrm{g}}},\ Re<20,\ \text{小颗粒} \\
U_{\mathrm{mf}} &= \sqrt{\frac{d_{\mathrm{p}}(\rho_{\mathrm{s}}-\rho_{\mathrm{g}})g}{24.5\rho_{\mathrm{g}}}},\ Re>1000,\ \text{大颗粒}
\end{aligned}
\tag{6-6-3}
$$

$$Re = \frac{d_p u_g \rho_g}{\mu_g} \tag{6-6-4}$$

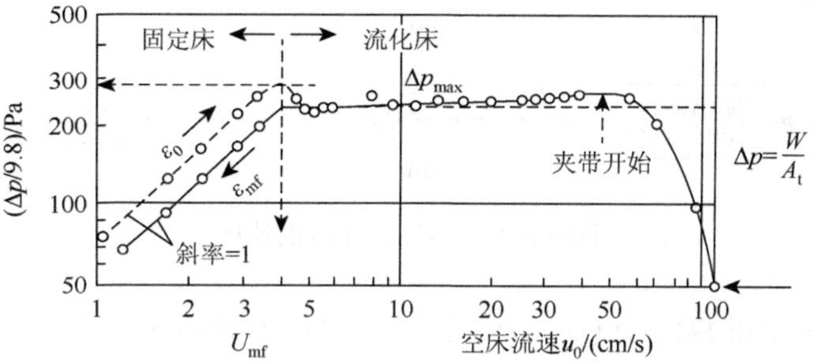

图 6-6-3　从固定床向流化床的过渡

最大流化速度 U_t 也称颗粒带出速度也就是颗粒自由沉降的速度。可以用如下方程计算：

$$U_t = \frac{d_p^2(\rho_s - \rho_g)g}{18\mu_g}, Re < 0.4 \tag{6-6-5}$$

$$U_t = \left[\frac{4}{225}\frac{(\rho_s - \rho_g)^2 g^2}{\rho_s \mu_g}\right]^{1/2} d_p, \quad 0.4 < Re < 500 \tag{6-6-6}$$

对小颗粒，$U_t/U_{mf} \approx 91$；对大颗粒，$U_t/U_{mf} \approx 87$。工业流化床的操作速度范围一般处于临界流化速度和最大流化速度之间。用流化数 $K=U/U_{mf}$ 表示，一般取 K 在 1.5～10 之间。但是也有取 K 在几十到几百之间，催化裂化，K 在 300～1000 之间。

发生颗粒流化时，可以把气固流化状态分成若干个区域。气固流化区取决于颗粒性质、反应器几何体和气体速度。按固体颗粒是否有显著的量被带出容器和是否需要再引进，气固流化区能够被划分为两个大区域：非束缚流区和束缚流区。在非束缚流区固体的循环速率可以是一个变量。束缚流区见图 6-6-4（a），非束缚流区见图 6-6-4（b）。随着通过固体颗粒床层的气体流速增加，流化情况逐渐变化。气体速度大于最小鼓泡速度 U_{mb}，气体鼓泡流过鼓泡床层。$U_{mf} < U_{mb}$，颗粒在自身的局限区域内平滑流化。在鼓泡床层中，密相是连续的（乳浊液），显著量的气体以分散气泡形式通过床层，容易观察到床层的表面。再增加气体速度，床层内的压力波动达到最大，如果下列的关系能够被满足：

$$Re_{tc} = 1.24 Ar^{0.45} \tag{6-6-7}$$

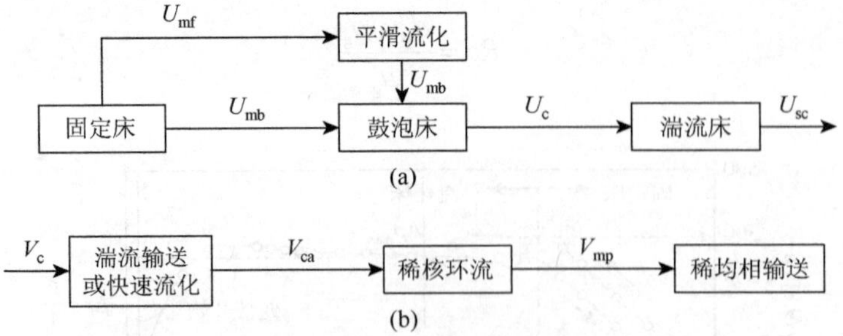

图 6-6-4　气-固流化床的流区

Ar(阿基米德准数) $= \rho_g(\rho_p - \rho_g)d_p^3 g / \mu_g^2$ 对应的速度 U_{tc} 可以认为是湍流流化的开始，其特征是高频率的气泡分裂和并合，因此不能区别出单一气泡。湍流床能够被描述为具有短时间过渡性质的两相体系：空隙和固体团簇以高频率交替转变为连续相和间断相：湍流床在顶部不再显示明显的表面。称为自由区的鼓泡床和湍流床上部空间的特征使固体滞留的衰减呈非常低的指数衰减。当气体速度进一步增加直到 U_{sc} 就认为是进入了束缚流区，此时可以观察到开始有明显的颗粒逸出：

$$Re_{sc} = 1.53 Ar^{0.5} \tag{6-6-8}$$

非束缚流区可以用气体速度和净固体流通量 G_s 来表征，因此其过渡速度应该能够用这两个参数来定义。根据一般关系可以提出如下关系：

$$V_i = U_i + \frac{G_s \varepsilon_i}{\rho_p(1-\varepsilon_i)} \tag{6-6-9}$$

如图 6-6-4（b）已经描述的非束缚流区的实际发展，由式（6-6-9）可以得出湍流或快速流区开始时的速度：

$$V_{tc} = U_{tc} + \frac{G_s \varepsilon_{tc}}{\rho_p(1-\varepsilon_{tc})} \tag{6-6-10}$$

快速流化区操作的下部边界一般不能由式（6-6-10）给出，但是在速度高于 V_{tc} 时仍有 B 型或 C 型的堵塞现象。可以做一个预测：快速流化通常是在循环流化床操作的流区。其特征是：有大的轴向和径向固体浓度梯度；在稠密的底部和稀疏的顶部之间可以观察到滞留且呈指数衰减；核-环形结构的普遍存在。快速流化区的上限是受“A 型堵塞过渡速度”支配的，按式（6-6-9）其定义为

$$V_{ca} = U_{sc} + \frac{G_s \varepsilon_{ca}}{\rho_p(1-\varepsilon_{ca})} \tag{6-6-11}$$

在 $U > U_{ca}$ 时达到稀的核-环形流：轴向滞留分布是非常平滑的而径向仍然存在梯度。当 $U > V_{mp}$ 时，达到“最小压力降速度”[式（6-6-12）]，均匀稀相传输，几乎没有轴向固体浓度梯度，径向梯度也减小。

$$V_{mp} = 10.01(gd_p)^{0.347}\left(\frac{G_s}{\rho_g}\right)^{0.310}\left(\frac{d_p}{d_t}\right)^{-0.139} Ar^{-0.021} \qquad (6\text{-}6\text{-}12)$$

流化的一个特别情形是喷射床，它能够被看作气体高速射流进入床层底部并延伸向上直到上部的自由表面。这样产生一个“固体喷水池”并使向下进入射流和反应器壁间的环形区的颗粒强烈地在内部循环。

6.6.3　流化床反应器气固流动和传递

要预测气固流化床催化反应器的性能需要了解气体是如何通过床层的。在气固流化床中，进入床层中的气体可以分为几个不同的部分：一部分气体以临界流化速度通过用于流化固体颗粒，另一部分以气泡形式通过床层。气泡的存在和运动是气固流化床中的非常重要的现象。它对气固间的接触、流体运动及传热传质和催化反应进行有非常重要的影响。由于影响气泡的因素很复杂，而对气泡本身又难以正确描述，因此了解气泡现象及其他对流化反应器性质的影响及反应器模型的建立变得非常重要了。

气泡的存在使气固流化床层又出现明显不同的区域：气泡相和颗粒相（乳化相）。气泡相中所包含的颗粒仅占床层全部颗粒的 0.2%～0.4%；乳化相中颗粒浓度较高。流化床中的小气泡近似于球形；较大气泡呈扁平状并有扭曲；大气泡呈球帽状，上半部半球形下半部是尾迹。气泡在上升过程中会不断分裂和并合，对气泡的稳定直径和上升速度提出了一些经验关联：

$$d_{b,max} = \left(\frac{U_t}{0.711}\right)^2 \frac{1}{g} \qquad (6\text{-}6\text{-}13)$$

$$d_{b,max} = 0.652[A_t(U_0 - U_{mf})]^{2/3} \qquad (6\text{-}6\text{-}14)$$

$$d_b = d_{b,max} - (d_{b,max} - d_{b0})\exp\left(-\frac{0.3l}{d_t}\right) \qquad (6\text{-}6\text{-}15)$$

适用范围：$0.5 < U_{mf} < 20\ \mathrm{cm/s},\ 60 < d_p < 450\ \mu\mathrm{m},\ U_0 - U_{mf} < 48\ \mathrm{cm/s}$。

上升速度：$$U_b = U_0 - U_{mf} + 0.711(gd_b)^{1/2} \qquad (6\text{-}6\text{-}16)$$

多孔板：$$d_{b0} = 0.327[A_t(u_0 - u_{mf})/N_{0r}]^{0.4} \qquad (6\text{-}6\text{-}17)$$

密孔板：$$d_{b0} = 0.003(u_0 - u_{mf})^2 \qquad (6\text{-}6\text{-}18)$$

$$U_b = \psi(U - U_{mf}) + \alpha U_{br} \qquad (6\text{-}6\text{-}19)$$

其中，A_t 为床层截面积；N_{0r} 为多孔板上的孔数目。气泡的稳定性条件为：$u_b < u_t$ 稳定气泡；$u_b = u_t$ 最大稳定气泡；$u_b > u_t$ 不稳定气泡。

在颗粒相中的气体速度和空隙率可以表示为

$$(\varepsilon_c / \varepsilon_{mf})^3[(1-\varepsilon_{mf})/(1-\varepsilon_c)] = \left(\frac{U_e}{U_{mf}}\right)^{0.7} \tag{6-6-20}$$

$$\frac{U_e - U_{mf}}{U - U_{mf}} = 1/3 \tag{6-6-21}$$

在气固流化床中虽然可以区分气泡相和颗粒相，但是它们之间存在交换。气泡和颗粒间的气体交换如图 6-6-5 所示，而气泡周围的气体和颗粒的运动如图 6-6-6 所示。由于流化床中同时存在气泡相和颗粒相导致其流体力学的极端复杂性，因此基本的反应器模型也就是活塞流和理想混合模型根本不适用。基于简单的两相模型（上升气泡相和乳化相），气体通过两类机理传递：气泡相和乳化相间的直接交换，和通过云相从气泡到密相（颗粒相）的两步交换。气泡在床层中的体积分数可以表示为

慢气泡：　$(U_b \leqslant U_e)\delta = (U - U_{mf})/(U_b - 2U_{mf})$　（6-6-22）

中等速度气泡：　$\delta = (U - U_{mf})/(U_b - U_{mf})$ 或 $\delta = (U - U_{mf})/U_b$　（6-6-23）

快气泡：　$(U - U_{mf})/(U_b - U_{mf}) = (U_b \geqslant 5U_{mf}/\varepsilon_{mf})\delta$　（6-6-24）

基于分析和图示关联，气泡云和尾迹体积可以与气泡体积相关联。

不同区域的固体体积有如下关系：

$$\delta(\gamma_b + \gamma_{cl} + \gamma_e) = 1 - \varepsilon_f = (1-\varepsilon_{mf})(1-\delta) \tag{6-6-25}$$

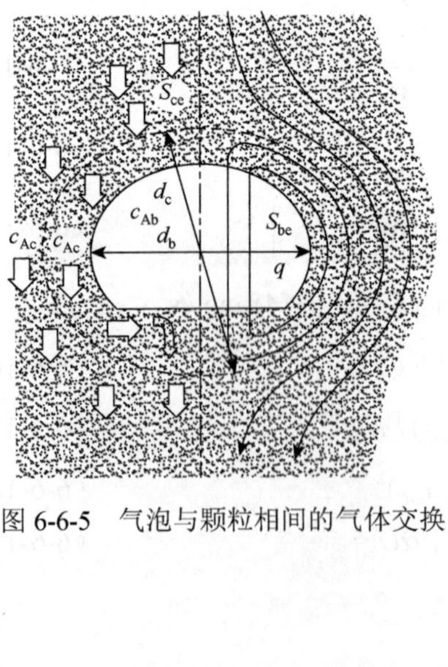

图 6-6-5　气泡与颗粒相间的气体交换

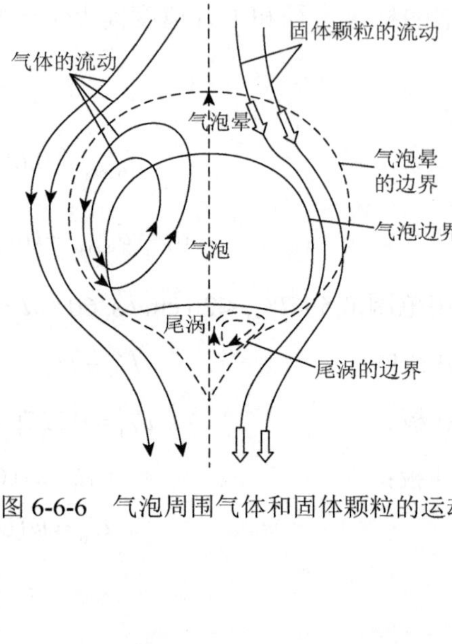

图 6-6-6　气泡周围气体和固体颗粒的运动

随着气体速度增加，气泡尾迹使乳化相的循环增加，使气体向下流动，导致在 U/U_{mf}=6～20 时，气体开始回流。此时在气体转化模型中需要考虑返混。

气泡相和乳化相之间的气体交换在慢气泡情形中可以看成是一步完成的。而对快云状气泡，气体交换需要两步，总传质系数（按单位气泡体积定义，也可以用于与比相间面积项关联）表示为

$$\frac{1}{K_{\mathrm{be}}}=\frac{1}{K_{\mathrm{bc}}}+\frac{1}{K_{\mathrm{ce}}} \tag{6-6-26}$$

实验发现对非吸附气体，传质系数是气泡直径、气体速度、床层直径的函数；而对吸附气体，由于气体发生交换，传质系数要高一个数量级。对细颗粒，有

$$K_{\mathrm{bc}}=4.5U_{\mathrm{mf}}d_{\mathrm{d}}^{-1}+D_{1/2}g_{1/4}d_{\mathrm{b}}^{-5/4} \tag{6-6-27}$$

$$K_{\mathrm{ce}}=6.77(D\varepsilon_{\mathrm{mf}}U_{\mathrm{br}}d_{\mathrm{t}}^{-3})^{1/2} \tag{6-6-28}$$

气体的总交换量可以用下式计算：

$$Q=q+K_{\mathrm{g}}S \tag{6-6-29}$$

$$q=\frac{3\pi d_{\mathrm{b}}^{2}U_{\mathrm{mf}}}{4} \tag{6-6-30}$$

$$K_{\mathrm{g}}(\mathrm{cm/s})=0.975D^{1/2}d_{\mathrm{b}}^{1/4}g^{1/4} \tag{6-6-31}$$

颗粒与流体间的传质系数 K_{g} 也可以用 j 因子关联来计算：

$$j_D=\frac{K_{\mathrm{g}}}{U_0}\left(\frac{\mu_{\mathrm{g}}}{\rho_{\mathrm{g}}D}\right)^{2/3} \tag{6-6-32}$$

$$\begin{aligned} j_{D\varepsilon}&=(0.81\pm0.05)Re^{-0.5},\ 5<Re<500\\ j_{D\varepsilon}&=(0.6\pm0.1)Re^{-0.43},\ 50<Re<20000 \end{aligned} \tag{6-6-33}$$

$$Re=\frac{U_0d_{\mathrm{p}}\rho_{\mathrm{g}}}{\mu_{\mathrm{g}}}$$

在流化床反应器的设计中，颗粒直径及其分布是非常重要的。在流化床反应器发展的初期，采用较粗的颗粒，带出的固体颗粒很少。随着流化技术的发展，颗粒范围在直径 20～70 μm 的细颗粒流化床越来越受到重视。对催化反应而言，从颗粒内外扩散的角度看细颗粒较为有利，但从催化剂回收的角度看大颗粒较为有利。现在采用平均颗粒大小为数十到数百微米的催化剂颗粒。用细颗粒且有较宽粒度分布的流化质量较好且气固接触也较好。细颗粒流化床层的压力降与气体速度间的关系如图 6-6-7 所示，在低速区存在粗颗粒不存在的散式流化状态。细颗粒流化床的优点有床层的传热传质性能好、处理量大、气固接触好、反应效果好、气相返混小等；缺点有固体循环量大返混大、气固分离要求高、催化剂损失量大等。

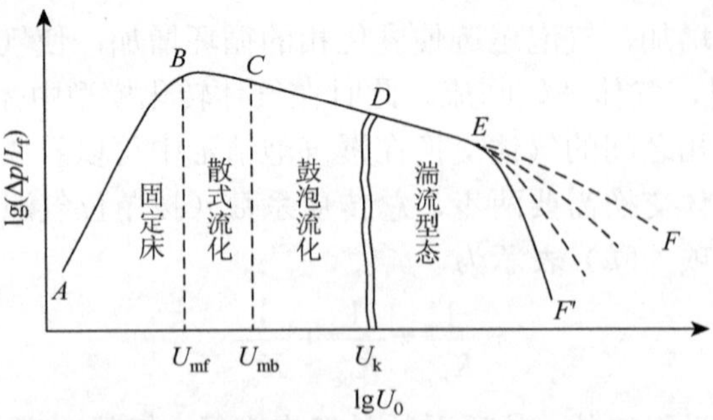

图 6-6-7　细颗粒流化床的 $\frac{\Delta p}{L_f}$ 与 U 的关系图

流化床中由于固体颗粒的高速循环和气体的湍流运动如图 6-6-8 所示，因此传热性能优越，床层内温度分布相当均匀。一般可分为固体颗粒间的传热、气体和固体颗粒间的给热，主要是对流给热和床层流体与反应器壁间的传热。这是反应器设计中要考虑的最后一个问题。不同床层包括固定床、空床层和流化床层与器壁间的给热系数比较见图 6-6-9。可以看到，流化床要远远高于固定床。

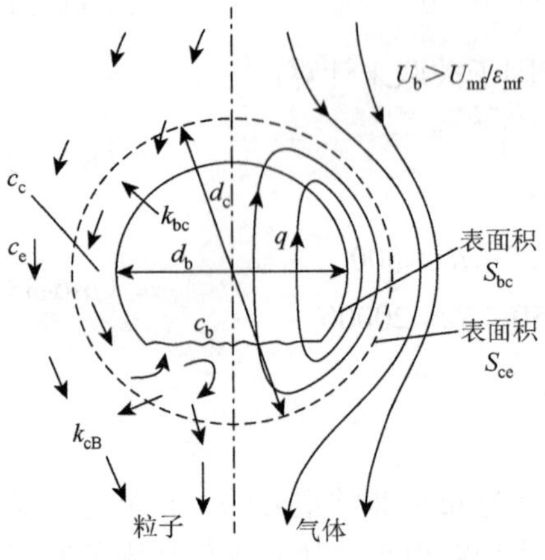

图 6-6-8　相间传递模型示意图

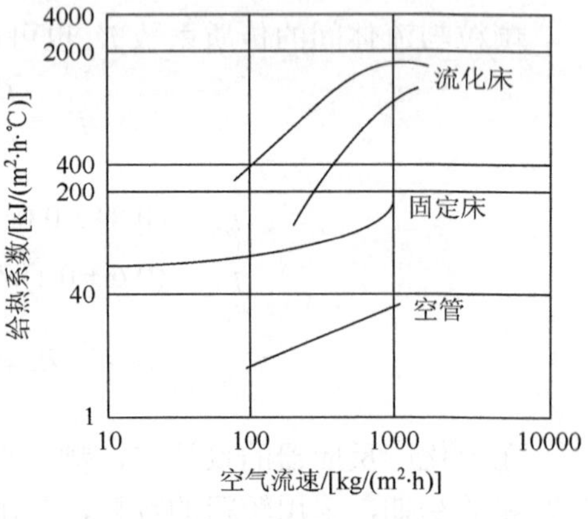

图 6-6-9　床层与器壁间的给热系数

给热系数可用如下关联来计算：

$$q = h_W A_W \Delta T \tag{6-6-34}$$

$$\frac{h_W d_p}{\lambda_g} = 0.16\left(\frac{c_{pg}\mu_g}{\lambda_g}\right)^{0.4} Re^{0.76}\left(\frac{c_{ps}\rho_s}{c_{pg}\rho_g}\right)^{0.4}\left(\frac{U_0^2}{gd_p}\right)^{-0.2}\left(\frac{U_0-U_{mf}}{U_0}\frac{H_{mf}}{H_f}\right)^{0.36} \tag{6-6-35}$$

如果反应强放热，可以在流化床内放置换热装置来完成热量传递。常用的管式换热器有管束式、鼠笼式、蛇管式等，如图 6-6-10 所示。它们的比较见表 6-6-2。

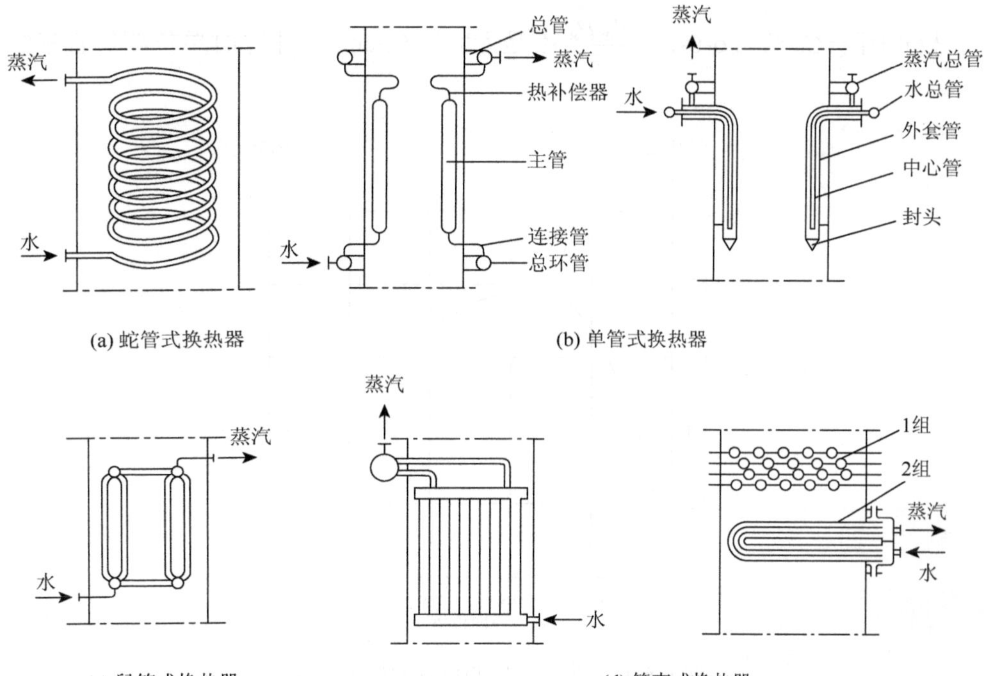

图 6-6-10　流化床中使用的不同形式的换热器

表 6-6-2　不同内部换热器的比较

换热器型式	对流化性能的影响	加工难易	检修难易	特点
单管式	无影响	容易	方便	结构简单
套管式	无影响	容易	方便	温差大的场合有利
管束式	横排式影响大	麻烦	麻烦	传热面积大
鼠笼式	影响小	麻烦	麻烦	焊缝易裂
蛇管式	影响大	麻烦	方便	流化质量要求高的场合不能用
直接喷水	无影响	容易	方便	热量不能充分利用

床层与床内换热器间的给热系数关联如下。

1）垂直管：

$$\frac{h_{\mathrm{W}} d_{\mathrm{p}}}{\lambda_{\mathrm{g}}}=0.01844 C_{\mathrm{R}}(1-\varepsilon)\left(\frac{c_{\mathrm{pg}} \rho_{\mathrm{g}}}{\lambda_{\mathrm{g}}}\right)^{0.43} Re^{0.23}\left(\frac{c_{\mathrm{ps}}}{c_{\mathrm{pg}}}\right)^{0.8}\left(\frac{\rho_{\mathrm{s}}}{\rho_{\mathrm{g}}}\right)^{0.66} \quad (Re=0.02\sim 100) \tag{6-6-36}$$

校正因子 C_g 见图 6-6-11。$\dfrac{c_{pg}\rho_g}{\lambda_g}$ 不是无因次（s/cm^2），计算时单位要符合规定。

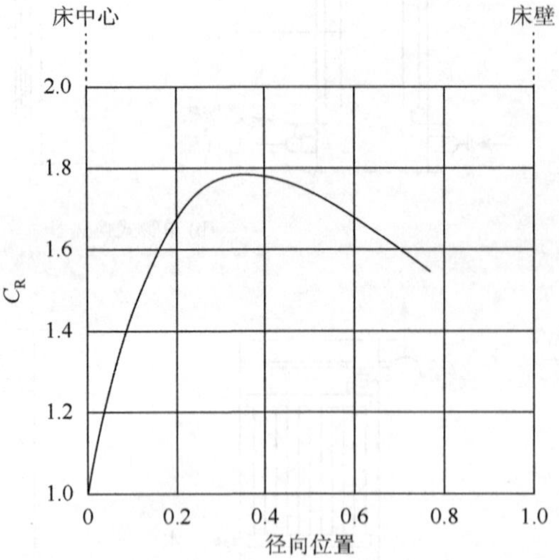

图 6-6-11　离床层中心位置的校正系数

2）水平管：

$$\frac{h_W d_t}{\lambda_g} = 0.66 C_g (1-\varepsilon)\left(\frac{c_{pg}\mu_g}{\lambda_g}\right)^{0.3}\left[Re_p\left(\frac{1-\varepsilon}{\varepsilon}\right)\left(\frac{\rho_s}{\rho_g}\right)\right]^{0.44}\left(Re = \frac{d_t\rho_g U_0}{\mu_g} < 2000\right)$$

$$\frac{h_W d_t}{\lambda_g} = 420\left(\frac{c_{pg}\mu_g}{\lambda_g}\right)^{0.3}\left[Re_p\left(\frac{\mu_g^2}{d_p^3\rho_s g}\right)\left(\frac{\rho_s}{\rho_g}\right)\right]^{0.3}\left(Re = \frac{d_t\rho_g U_0}{\mu_g} > 2500\right) \tag{6-6-37}$$

6.7　气固流化床反应器模型

在建立流化床反应器模型时很多人注意到这样一个事实：在流化床中需要的催化剂比固定床多。已经提出很多模型来比较实验数据和预测工业装置的转化率。建立流化床反应器模型可以有三种思路：①考虑气泡流的两相模型，该模型假设在密相内的流体力学形式是不同的，对气体交换也可以有不同的描述；②考虑乳液相中的轴向气体扩散的总包单相或两相反应器模型，该模型必须确定轴向扩散系数，已有的数据指出，在粗颗粒大反应器中可以认为气体是理想活塞流的；③能够提供气泡内和气泡周围气体流场的所谓流体力学模型，它可以为流化床反应器放大提供坚实的基础，但是远未成熟且要求使用两相或三相的数学描述。

6.7.1　鼓泡流化床反应器模型

对鼓泡流化床，在第三个模型中假设气泡中没有或有很少固体颗粒。此时对一级反应，在气泡相、云相和乳液相中的物料平衡为

$$U_{\mathrm{b}}\frac{\mathrm{d}C_{\mathrm{b}}}{\mathrm{d}z}=-C_{\mathrm{b}}\gamma_{\mathrm{b}}k_{\mathrm{r}}-K_{\mathrm{bc}}(C_{\mathrm{b}}-C_{\mathrm{cl}}) \tag{6-7-1}$$

$$U_{\mathrm{e}}\frac{\mathrm{d}C_{\mathrm{e}}}{\mathrm{d}z}=-C_{\mathrm{e}}\gamma_{\mathrm{e}}k_{\mathrm{r}}-K_{\mathrm{ce}}(C_{\mathrm{cl}}-C_{\mathrm{e}}) \tag{6-7-2}$$

$$0=C_{\mathrm{cl}}\gamma_{\mathrm{cl}}k_{\mathrm{r}}+K_{\mathrm{ce}}(C_{\mathrm{cl}}-C_{\mathrm{e}})-K_{\mathrm{bc}}(C_{\mathrm{b}}-C_{\mathrm{cl}}) \tag{6-7-3}$$

在不少情况下，$U_{\mathrm{b}}\gg U_{\mathrm{e}}$，此时乳液相中的流动可以不考虑；在另一些情况下，因气泡中只有极少的固体颗粒，所以气泡中的反应可以忽略。而其他模型是不包含云-尾迹相，其气体交换直接发生在气泡和乳液相之间，如图 6-7-1 所示。如果气泡为活塞流，乳液相就可以用含有轴项扩散项模型描述，该轴向扩散项是

$$\frac{\mathrm{d}^2C_{\mathrm{e}}^2}{\mathrm{d}z^2}-U_{\mathrm{e}}\frac{\mathrm{d}C_{\mathrm{e}}}{\mathrm{d}z}=c_{\mathrm{e}}\gamma_{\mathrm{e}}k_{\mathrm{r}}-K_{\mathrm{ce}}(C_{\mathrm{cl}}-C_{\mathrm{e}}) \tag{6-7-4}$$

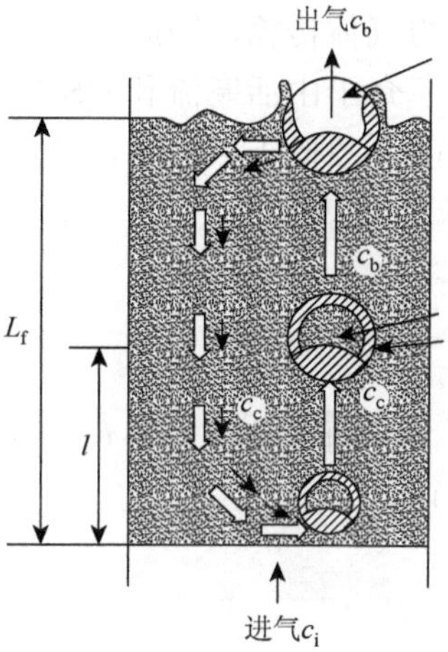

图 6-7-1　鼓泡床模型示意图

由全混薄床层构成的“气泡集成模型”在实际上可以导致气泡在整体上是活塞流的，当然与气泡-床层直径比有关。由于气泡强烈运动使固体颗粒做有规律的循环，乳液相可以认为是完全混合的。此时对乳液相和气泡相（气泡与乳液相间气体进行直接交换）有

$$-(C_{\mathrm{e,out}}-C_{\mathrm{e,in}})=\gamma_{\mathrm{e}}C_{\mathrm{e,out}}k_{\mathrm{r}}\tau_{\mathrm{e}}-K_{\mathrm{be}}(C_{\mathrm{b,out}}-C_{\mathrm{e,out}})\tau_{\mathrm{e}} \tag{6-7-5}$$

$$-(C_{\mathrm{e,out}}-C_{\mathrm{e,in}})=\gamma_{\mathrm{b}}C_{\mathrm{e,out}}k_{\mathrm{r}}\tau_{\mathrm{b}}+K_{\mathrm{be}}(C_{\mathrm{b,out}}-C_{\mathrm{e,out}})\tau_{\mathrm{e}} \tag{6-7-6}$$

这样的假设对分段流化床是可靠的，因为在每一段中床层的高度与一般床层高度相比是很短的，因此气泡的寿命也很短。而进口区可以看成是夹带有固体颗粒的真射流区，也可以看成是气泡频繁凝聚和再分裂的地方。因此应该考虑进入区的特点，就是它有比床层高的相间传质速率。还需要考虑气固完全分离前颗粒滞后影响浓度的稀相空间模型。

众所周知，流化床反应器的放大要比其他类型反应器困难，有成功的也有失败的。文献中有对放大模型的详细分析。使用细颗粒床层的两相模型，

假设气泡相和乳液相都是活塞流，在稀相中无反应。同时讨论了床层中的几何条件变化：放大部分、床层高度、分布器设计、挡板及气泡直径随床层高度和颗粒大小分布的变化。一般而言，可以说转化率下降是由于使用单直孔分布器形成大气泡导致传质界面面积的减小。内构件的使用可以限制气泡增大，使密相中的气体产生再分布；优化设计要求不使用稀相空间也就是使反应器体积增加。对一级反应的模型也扩展到复杂反应，且有工业装置的模型研究。

6.7.2　湍流流化床反应器模型

在湍流床中，导致纯气流通过床层的颗粒聚集具有瞬时性质，它也促使相间的气体传输，因此与鼓泡流化床相比，转化率会有很大的提高。湍流床中的转化率介于由活塞流和 CSTR 模型的预测值之间。在模型中一般假定湍流床的轴向扩散系数低于鼓泡床，使用的关联式有

$$Pe = 0.07Ar^{0.32}(d_{\mathrm{p}}/d)^{-0.4} \qquad (6\text{-}7\text{-}7)$$

$$D_{\mathrm{l}} = 0.1835\varepsilon^{-4.4453} \qquad (6\text{-}7\text{-}8)$$

两个关联式是有差别的，得到的 Peclet 准数分别接近 2 和 8。轴向离散模型可以写成：

$$D_{\mathrm{l}}\frac{\mathrm{d}^2C_{\mathrm{g}}}{\mathrm{d}z^2} - U\frac{\mathrm{d}C_{\mathrm{g}}}{\mathrm{d}z} = C_{\mathrm{g}}(1-\varepsilon)k_{\mathrm{r}} \qquad (6\text{-}7\text{-}9)$$

有些床层存在固体滞留的径向不均一性和悬浮物密度局部增大的不均匀性，有些人把这类床层称为簇湍流床。提出的两区模型考虑了密相和稀相及相间气体传输。湍流床的稀相空间可以用一个接触效率参数表征的活塞流模型来处理。

6.7.3　循环流化床反应器模型

由于它的几何特征和高气体速度，在开始时循环流化床反应器（CFBR）模型与活塞流有密切关系。快速流化和管式气体疏松的轴向固体滞留分布的定性描述见图 6-7-2。由计算底部密相区的准则，如果 $U > U_{\mathrm{Ca}}$，加速区后面的固体滞留几乎是常数，分裂因子（气体与固体实际速度之比）接近 2 的完全发展区。基于很宽范围的实验数据，速度可以用下式估算：

$$\frac{U(1-\varepsilon)\rho_{\rm s}}{\varepsilon G_{\rm s}}=\varPsi=1+\frac{5.6}{Fr}+0.47Fr_{\rm t}^{0.41} \tag{6-7-10}$$

基于固体滞留的轴向分布，对循环流化床提出了三类反应器模型。

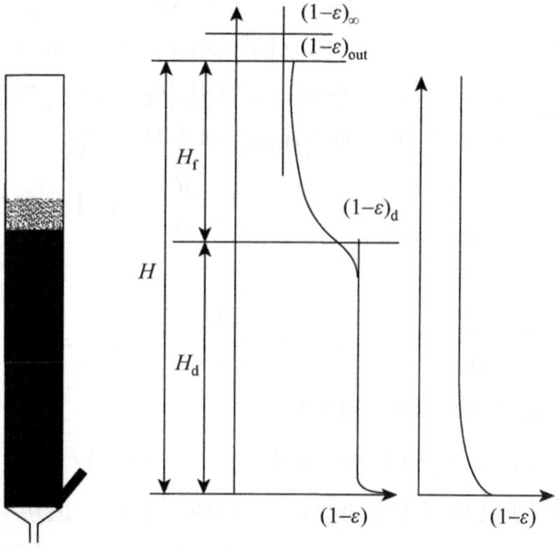

图 6-7-2　循环流化床中的气体滞留分布

1. 第 I 类模型：轴向滞留分布模型

该类模型中常参考平板型径向气体和固体分布，气体主体和颗粒表面间的传质阻力使用接触效率因子（催化剂活性表面与总表面积之比）来表示，该效率因子在 0.4～0.7 之间，随气体速度增加而增大。对气相和固相，该模型表示为

$$U\frac{{\rm d}C_{\rm g}}{{\rm d}z}+k_{\rm s}a_{\rm s}\eta(1-\varepsilon)(C_{\rm g}-C_{\rm s})=0 \tag{6-7-11}$$

$$k_{\rm s}a_{\rm s}(C_{\rm g}-C_{\rm s})=k_{\rm r}C_{\rm s}\alpha_{\rm s} \tag{6-7-12}$$

其中，α 是多孔催化剂的效率因子。在稀相底部上流区，也可以用活塞流模型和接触效率（快床层的稀相区）来表述：

$$U\frac{{\rm d}C_{\rm g}}{{\rm d}z}+k_{\rm r}\eta(1-\varepsilon)C_{\rm g}=0 \tag{6-7-13}$$

$$\eta=1-(1-\eta_{\rm d})\exp(-bh) \tag{6-7-14}$$

对气动传输，η=1。颗粒大小对效率因子也是有影响的。

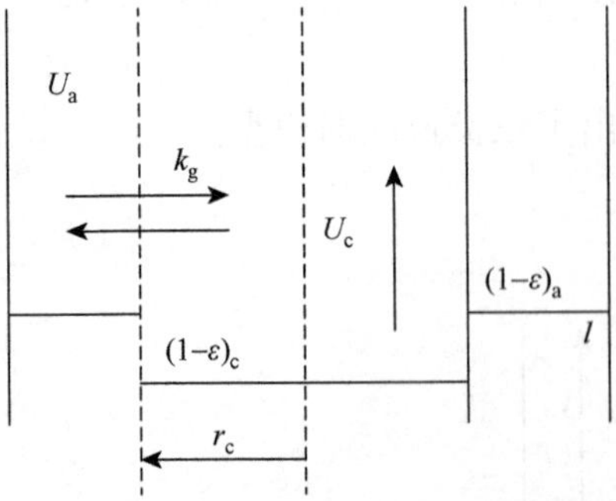

图 6-7-3　核-环结构示意图

2. 第Ⅱ类模型：考虑径向结构

1）核-环模型

核-环结构可以简化 CFBR 物理性质的径向分布，其流动结构如图 6-7-3 所示。壁附近的固体向下流，在稀的中心区（核）四周被一个密相的环回绕，区内气体和固体能够交换。典型的模型表达式为

$$U_c\frac{dC_c}{dz}+k_r(1-\varepsilon_c)C_c+\frac{2k_g}{r_c}(C_c-C_a)=0 \tag{6-7-15}$$

$$U_a\frac{dC_a}{dz}+k_r(1-\varepsilon_a)C_a-\frac{2k_g}{r_c}(C_c-C_a)=0 \tag{6-7-16}$$

在核和环中的空隙率必须满足体积质量平衡：

$$(1-\varepsilon_c)r_c^2+(1-\varepsilon_a)(R^2-r_c^2)=(1-\varepsilon)/R^2 \tag{6-7-17}$$

核-环模型可以预测气体 RDT 曲线、CFBR 性能，也可以实际应用。这些不同基于参数的设置：环中气体静止或返流。对其作改进也可以利用 RDT 测量来计算核的半径：

$$\left(\frac{r_c}{R}\right)^2=\frac{1}{1+1.1Fr(U_p/U)^{0.083Fr}} \tag{6-7-18}$$

壁区（从壁到固体流通量为零的那一点的区域）能够用下式估算：

$$\frac{d_t/2-r_c}{d_t}=0.55Re_t^{-0.22}\left(\frac{H}{d_t}\right)^{0.21}\left(\frac{H-h}{H}\right)^{0.73} \tag{6-7-19}$$

核-半径也可以作为参数，可以从核和环边界上的剪应力平衡得到。核半径一般在提升器半径的 90%～99%，随 U_g 增加和 G_s 下降，用转化率数据拟合可低至 80%。

在核中气体传输系数可以用如下关联计算：

$$Sh_c=k_g d\frac{r_c}{RD}=0.255Sc^{0.5}Re_c^{0.75}\left(\frac{U_p}{U}\right)^{0.25} \tag{6-7-20}$$

用该关联获得的值在 0.05 m/s 左右，也可以把它作为模型参数。

对核-环模型必须至少有一个可调节参数。把它用于放大则需一进步研究。

2）连续径向分布模型

核-环模型不仅被认为是能够考虑颗粒悬浮体系的完整流体力学，有不少物理性质在径向发生连续变化的例子。计算径向颗粒滞留的关联有

$$\varepsilon(r) = \varepsilon_{\text{av}}^{(0.191+(r/R)^{2.5}+3(r/R)^{1.1})} \tag{6-7-21}$$

$$\varepsilon(r) = -(1-\varepsilon_{\text{av}})\beta'(r/R)^2 + \varepsilon_{\text{av}} + \frac{\beta'}{2}(1-\varepsilon_{\text{av}})\beta' = 1.3\sim1.6 \tag{6-7-22}$$

$$\frac{G_{\text{s}}(r)}{G_{\text{s,av}}} - a[1-(r/R)^m]+1+\frac{ma}{m+2} \tag{6-7-23}$$

径向气体速度关联：

$$U(r) = U\left(\frac{3n+1}{N+1}\right)\left[1-\left(\frac{r}{R}\right)\right]^{(n+1)/n} \tag{6-7-24}$$

所有关联中含有可调节参数 α、β、m、n，它们的平均值均未知。而径向气体分布的结果相互矛盾，可以不考虑。经过修正的模型可以用于考虑性质的径向变化。复杂的模型结合催化裂化的反应动力学机理已经成功地应用于直径为 1 m 的循环裂解装置：汽油得率与模型预测值非常一致。只要是气相反应物，模型公式是

$$\frac{\partial U(r)C_{\text{g}}(r)}{\partial r} = \frac{D_{\text{r}}}{r}\frac{\partial}{\partial r}\left[r\frac{\partial C_{\text{g}}(r)}{\partial r}\right] + R(r)_{\text{g}} \tag{6-7-25}$$

对 0.4 m 直径提升管的完全发展区使用两区模型，稀相和密相的浓度在径向保持恒定，气体和固体的速度是使用关联计算的。在稀相中的气体离散被考虑在密与稀相间的气体传输系数中（K=0.3 s^{-1}）。

3. 第Ⅲ类模型

基于基本方程即物料、动量和能量平衡，提出了不少气固两相模型。把化学动力学加进去后就能够描述工业燃烧器。

4. 底部区模型

流化床反应器的底部区是一个很特殊的区域，反应物浓度是轴向阶梯分布，固体颗粒加速向上。对大反应器该区域在 0.5～1 m 之间，在模型处理中可以把它作为一个参数；也可以假定该区中的行为相当于两个串联的 CSTR 传质阻力或一个鼓泡床区加一个短的理想混合喷洒区；也可以把它分为两个轴向都是理想混合的同心区，内区的轴向扩散系数很大而外区几乎为零，或者有气体传输的密相和稀相两个区。

6.8　气固流化床催化反应器设计

一般认为，流化床催化反应器的放大设计难度要远大于其他类型的催化反应

器。因为对流化床催化反应尺寸的放大会导致流化性能的改变，不仅有流化状态的改变（如鼓泡流化、湍流流化），而且床层性质如床层密度、气泡大小和分布、气体和固体的停留时间分布、气固接触状况等也会产生大的改变，从而导致相间的传输，如传质传热及催化反应过程的大变化。流化床催化反应器的设计放大，主要是解决好催化剂性能、操作条件和床层结构等问题。

流化床催化反应器设计的内容首先要选择使用哪一个类型的流化床反应器，以实现良好的流化状态。主要考虑的因素有：催化剂颗粒的物理特性，包括颗粒密度、颗粒大小及其分布、颗粒形状、磨损强度、凝聚性等；采用的操作条件，包括气体流速、反应物浓度、温度和压力等；流化反应器的结构，如床层高度、气体分布器、内部构件、细粉捕集器等。下面分别简略讨论。

床层选择首先要区分使用细颗粒还是粗颗粒床层。对催化反应，一般选用细颗粒流化床。对细颗粒床层最好使用含有细小颗粒的宽颗粒大小分布的催化剂，以获得良好的流化状态，也就是形成的是小直径的气泡、较平稳的压力降和良好的气固接触。催化剂的颗粒密度最好在 0.5～2 g/cm^3，平均粒径在 50～100 μm，而 40 μm 以下的颗粒应该占 20%～40%。对颗粒形状应以最大限度减少和降低磨损为目的，催化剂的磨损强度要尽可能的高以免催化剂的损失过大。

操作温度和压力主要取决于催化剂的性能和操作特性。一般而言，较高的操作温度和压力有利于减小气泡直径、增加床层膨胀、得到较好的流化质量。提高反应气体流速能够增加床层的湍动程度、降低返混、提高接触效率。但是流速过大会使细颗粒催化剂的损失增加，解决的办法是增加反应器高度或/和上部扩大以减低流速。对细颗粒流化床，其流速一般为 0.3～2 m/s。

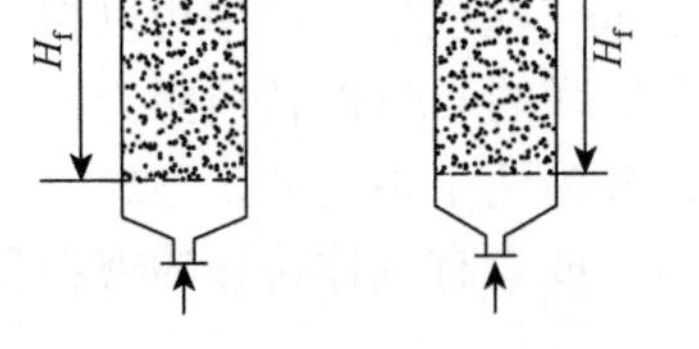

图 6-8-1　流化床主体尺寸示意图

最重要的是流化床催化反应器的结构设计。绝大多数气固催化流化床反应器可以分为有明显界面的密相区和稀相区，如图 6-8-1 所示。密相区中催化剂密度大、空隙率低，它是催化反应发生的主要区域。随离密相区界面距离增加，稀相区中催化剂密度越来越低、空隙率越来越大，直到恒定。流化床催化反应器高度的确定需要综合考虑催化反应动力学特性、传递过程要求和气固两相流动特性。尚未有精确可靠的方法计算，但是可以近似估算，方法简介如下。

先定义床层膨胀比 R：

$$R=\frac{H_{\mathrm{f}}}{H_{\mathrm{mf}}}=\frac{1-\varepsilon_{\mathrm{mf}}}{1-\varepsilon_{\mathrm{f}}}=\frac{\rho_{\mathrm{mf}}}{\rho_{\mathrm{f}}}\quad 或\quad R=\frac{H_{\mathrm{f}}}{H}=\frac{1-\varepsilon}{1-\varepsilon_{\mathrm{f}}}=\frac{\rho}{\rho_{\mathrm{f}}}\tag{6-8-1}$$

床层实际高度 H_f 和空隙率 ε_f 都是重要的设计参数：

$$\varepsilon_f = Ar^{-0.21}(18Re_p + 0.36Re_p^2)^{0.21} \tag{6-8-2}$$

$$Ar = d_p^2 \rho_g g(\rho_s - \rho_g) / \mu_g^2 \tag{6-8-3}$$

$$Re_p = \frac{d_p U_f \rho_g}{\mu_g} \tag{6-8-4}$$

对自由床或设置垂直管束的流化床：

$$R = \frac{0.517}{1 - 0.67U_0^{0.1114}} (0.06\ \text{m/s} < U_0 < 0.92\ \text{m/s}) \tag{6-8-5}$$

对设置挡板或挡网的流化床：

$$R = \frac{0.517}{1 - 0.76U_0^{0.192}} (0.07\ \text{m/s} < U_0 < 0.92\ \text{m/s}) \tag{6-8-6}$$

于是密相的高度：

$$H_f = RH_{mf} \tag{6-8-7}$$

床层分离高度 H_1 和自由空间高度 H_2 的确定主要考虑催化剂的逸出量，应该尽量减少吹出量。有时为了安装移热用的换热器不得不增加自由空间高度。床层分离高度可以使用如下方法计算：

$$\begin{aligned} &H_1(\text{m}) = 1.2 \times 10^3 HRe_p^{1.55} Ar^{-1.1} \\ &15 < Re_p < 300\ ,\ 1.95 \times 10^5 < Ar < 6.5 \times 10^5 \end{aligned} \tag{6-8-8}$$

若有横向挡板，则

$$H_1 = 730 HRe_p^{1.45} Ar^{-1.1} \tag{6-8-9}$$

气流输送的饱和颗粒携带量见图 6-8-2。用携出速率 F_s 和携带粒子浓度 e_s 表示：

$$e_s = \frac{F_s}{A_t U_0} \tag{6-8-10}$$

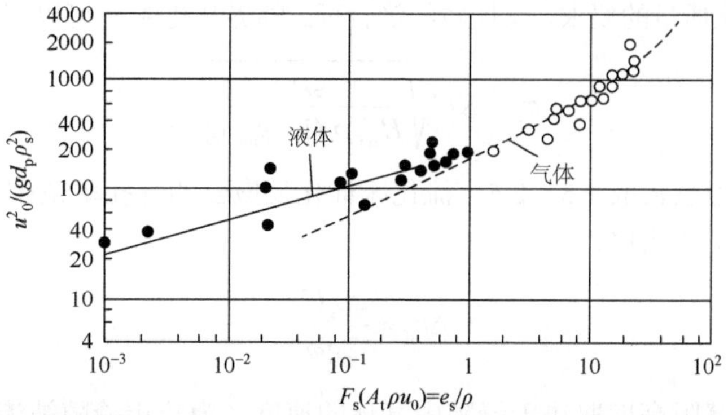

图 6-8-2　两相垂直或水平并流时颗粒饱和携带量曲线

提高操作气体流速，饱和颗粒携带量增加，使旋风分离器的负荷大大增加。把气体均匀送入床层的气体分布器是气固催化流化床反应器设计的重要内容。它位于流化床底部支承全部催化剂颗粒，同时保证有良好的起始流化条件和稳定操作。主要的装置就是气体分布板。工业气体分布板的主要形式有多孔板、泡罩、喷嘴等形式，可以分为直喷孔和侧喷孔两类，如图 6-8-3 所示。

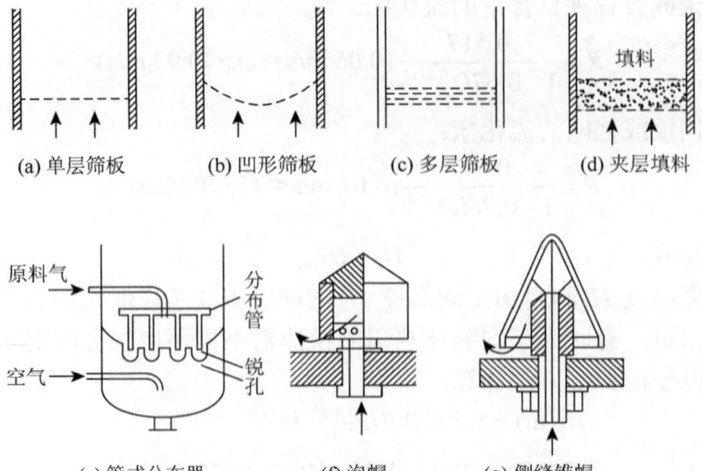

图 6-8-3　流化床反应器的分布器类型

分布板的设计包括结构形式、开孔率、缝隙高度、开孔数目间距及其排列、压力降等。为保证每个孔有完全相同的流率，设计要求的分布板压力降 Δp_d 不小于 350 mm H_2O，且为床层压力降 Δp_b 的 10%～40%。从分布板喷出的气体速度很高，该射流的影响范围约 250 mm。分布板的开孔率直接关系到流化质量、床层压力降和床层操作的稳定性。经验指出，存在等压力降分布板，其开孔率为临界开孔率，此时既能满足流化质量的要求，又比较经济合理。临界开孔率 φ_c 可以用下述公式计算：

$$\varphi_c = KU\sqrt{\frac{\xi\rho_g}{H_{mf}\rho_s(1-\varepsilon_{mf})g}} \tag{6-8-11}$$

分布板阻力系数取 1.5～2.5。流化床催化反应器的开孔率范围一般取 0.4%～1.4%。分布板的压力降：

$$\Delta p_d = \frac{\xi\rho_g U^2}{2g\varphi^2} \tag{6-8-12}$$

分布板的缝隙高度取决于缝隙中气体的速度。为防止缝隙被流化颗粒堵塞，缝隙速度必须大于堵塞速度，对垂直孔和侧孔的堵塞速度可以用下面的式子计算。

垂直孔的堵塞速度：

$$u_{c}(\mathrm{m/s})=\frac{565\rho_{s}d_{p}^{0.6}}{\rho_{s}+1000} \tag{6-8-13}$$

侧孔的堵塞速度：

$$u_{c}(\mathrm{m/s})=\frac{132\rho_{s}d_{p}^{0.4}}{\rho_{s}+1000} \tag{6-8-14}$$

其中，d_p为最大颗粒直径。

分布板上的孔可采用同心圆或三角形排列。开孔数目：

$$\varphi=\frac{d_{f}^{2}n}{D_{t}^{2}} \tag{6-8-15}$$

其中，d_f为缝隙外径；D_t为床层内径；n为开孔数目。需要对缝隙速度进行校验：

$$U_{f}=\frac{V}{fn}=\frac{V}{\pi d_{f}^{2}hn}\geqslant(2\sim5)u_{c} \tag{6-8-16}$$

其中，h为缝隙高度。气体可以采用二次分布。

为了扼制和破碎大气泡的生成、减少返混、改善接触效率、提高操作性能，在固催化流化床层中放置内部构件是一个有效手段。内部构件不仅能改善流化质量还可以作为换热器，它分垂直和水平两大类。内部挡板的工业应用较多，可以有多种形式，如图 6-8-4 所示。

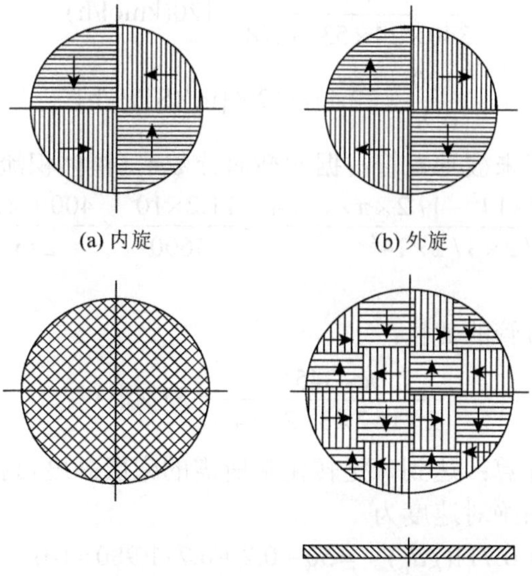

(a) 内旋　(b) 外旋

(c) 挡网　(d) 多旋

图 6-8-4　流化床内的水平构件

在流化床催化反应器的上部稀相区含有较多数量的细颗粒催化剂，虽然扩大段有粒子沉降下来，但是仍有细粉颗粒带出，因此工业上都放置有旋风分离器和过滤器。旋风分离器是一种良好的气固分离装置，它结构简单、设备紧凑，用于流化床可以使细颗粒返回床层以保证流化质量，必要时可以多级使用。过滤器多种多样，可以根据需要选用。

【例 6-1】 丙烯腈合成流化床反应器设计

丙烯氨氧化制丙烯腈是大规模的工业过程，因为丙烯腈是重要的合成纤维原料。包括副反应其总反应热达 670～750 kJ/mol。流化床的一大优点是较适于强放热催化反应。催化剂一般为铋钼系列，粒度范围一般在 10～200 μm，其物性常数如下：d_p=51 μm，ρ_s=2.5 g/cm^3，c_{ps}=0.836 J/(g·K)，u_{mf}=0.2 cm/s，ε_{mf}=0.6。原料气体组成一般为：丙烯：氨：空气=1：（1～1.2）：（10～12）。气体物性常数：ρ_g=0.001 g/cm^3，μ_g=4×10^{-4} g/(cm·s)，λ_g=5.43×10^{-4} J/(cm·s·K)，c_{pg}=1.05 J/(g·K)，Pr=0.77，D_e≈D=0.39 m^2/s。生产 40400 t/a 丙烯腈，丙烯在原料气中的含量为 0.24，转化率为 0.78，反应温度为 400℃，压力为 0.01 atm（表压），反应对丙烯为一级，速率常数 k_r=1.0 s^{-1}。设计床层内换热器有关数据：给热系数=0.184 J/(cm^2·s·K)，金属导热系数=0.348 J/(cm·s·K)，管壁厚=0.5 cm，冷却剂与床层平均温度差=100℃，气体密度和流速可假定不变。

解：（1）内部构件：选用外径为 6 cm 间距为 14 cm 三角形排列的垂直管作内部构件，由此求出气泡的有效当量直径 d_b=10 cm。

（2）床层直径：操作气体速度取 u=50 cm/s，一年生产 340 天。

丙烯进料速率：
$$\frac{40.4\times10^6}{340\times24\times53\times0.78}=120(\text{kmol/h})$$

总气体流速：
$$\frac{120}{0.24}\times22.4=11200[\text{m}^3(\text{STP})/\text{h}]$$

反应器截面及其未被垂直管占据的截面分数=气体体积流速/气体流速

$$\frac{\pi D_t^2}{4}\times\frac{1/2\times3/2\times14^2-1/2\times\pi\times6^2/4}{1/2\times3/2\times14^2}=\frac{11.2\times10^9}{3600}\times\frac{400+273}{273}\times\frac{0.1}{0.1113}\times\frac{1}{50}$$

计算得到 D_t=345 cm。

（3）床层内垂直管的数目：

$$\frac{\pi\times345^2}{2\times1/2\times3/2\times14^2}=318(\text{根})$$

（4）床层高度计算：达到一定转化率所需的床层高度可按鼓泡床层计算。流化床中气泡群上升的绝对速度为

$$u_b=u_0-u_{mf}+0.711(gd_b)^{1/2}=50-0.2+0.711(980\times10)^{1/2}=120.2(\text{cm/s})$$

其他量的计算：
$$\delta_b=\frac{u_0-u_{mf}}{u_b}=\frac{50-0.2}{120.2}=0.414$$

$$(K_{\mathrm{bc}})_{\mathrm{b}} = 4.5u_{\mathrm{mf}}/d_{\mathrm{b}} + 5.85D^{1/2}g^{1/2}/d_{\mathrm{b}}^{5/4} = 4.50.2/10 + 5.85 \times 0.39^{1/2}980^{1/2}/10^{5/4} = 1.24(\mathrm{s}^{-1})$$

$$(K_{\mathrm{ce}})_{\mathrm{b}} = 6.78\left(\frac{D_{\mathrm{e}}\varepsilon_{\mathrm{mf}}u_{\mathrm{b}}}{d_{\mathrm{b}}^3}\right)^{1/2} = 6.78 \times (\frac{0.39 \times 0.6 \times 120.2}{1000})^{1/2} = 1.14(\mathrm{s}^{-1})$$

反应物的转化率：

$$X = 1 - \exp(-K_{\mathrm{f}}),\ 1 - 0.78 = \exp(-K_{\mathrm{f}})$$

$$K_{\mathrm{f}} = 1.52$$

由图 6-8-5 查得 d_{p}=51 μm 时，$\dfrac{V_{\mathrm{W}}}{V_{\mathrm{W}} + V_{\mathrm{b}}} = 0.38$, 得到

$$\frac{V_{\mathrm{W}}}{V_{\mathrm{b}}} = 0.613$$

$$\gamma_{\mathrm{c}} = (1 - \varepsilon_{\mathrm{mf}})\left[\frac{3u_{\mathrm{mf}}/\varepsilon_{\mathrm{mf}}}{0.711(gd_{\mathrm{b}})^{1/2} - u_{\mathrm{mf}}/\varepsilon_{\mathrm{mf}}} + \frac{V_{\mathrm{W}}}{V_{\mathrm{b}}}\right]$$

$$= (1 - 0.6)\left[\frac{3 \times 0.2/0.6}{0.711(980 \times 10)^{1/2} - 0.2/06} + 0.613\right] = 0.251$$

$$\gamma_{\mathrm{e}} = \frac{(1 - \varepsilon_{\mathrm{mf}})(1 - \delta_{\mathrm{b}})}{\delta_{\mathrm{b}}} - \gamma_{\mathrm{b}} - \gamma_{\mathrm{c}} = \frac{(1 - 0.6)(1 - 0.414)}{0.414} - 0.01 - 0.251 = 0.305$$

$$K_{\mathrm{f}} = \frac{L_{\mathrm{f}}k_{\mathrm{r}}}{u_{\mathrm{b}}}\left\{\gamma_{\mathrm{b}} + \frac{1}{k_{\mathrm{r}}/(K_{\mathrm{bc}})_{\mathrm{b}} + \dfrac{1}{\gamma_{\mathrm{c}} + \dfrac{1}{\gamma_{\mathrm{c}} + 1/[k_{\mathrm{r}}/(K_{\mathrm{bc}})_{\mathrm{b}} + 1/\gamma_{\mathrm{e}}]}}}\right\}$$

$$1.52 = \frac{L_{\mathrm{f}} \times 1}{120.2}\left\{0.01 + \frac{1}{\dfrac{1}{1.24} + \dfrac{1}{0.251 + 1/[(1/1.14) + 1/0.305]}}\right\}$$

得到 L_{f}=507 m，

因为

$$L_0(1 - \varepsilon_0) = L_{\mathrm{mf}}(1 - \varepsilon_{\mathrm{mf}})$$

$$L_{\mathrm{mf}} = L_{\mathrm{f}}(1 - \delta_{\mathrm{b}})$$

所以有

$$L_0 = \frac{L_{\mathrm{f}}(1 - \delta_{\mathrm{b}})(1 - \varepsilon_{\mathrm{mf}})}{(1 - \varepsilon_0)} = \frac{507(1 - 0.414)(1 - 0.6)}{1 - 0.5} = 238(\mathrm{cm})$$

即静床层的高度为 238 cm。

（5）分离高度计算

由图 6-8-6 查得，当 D_{t}=345 cm 和 u=50 cm 时，H/D_{t}=1.3，所以分离高度 H=1.3×345=450（cm）。

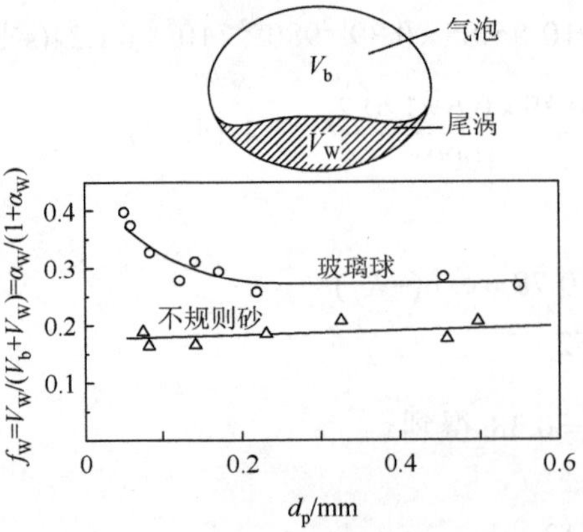

图 6-8-5 尾迹体积与粒径间的关系

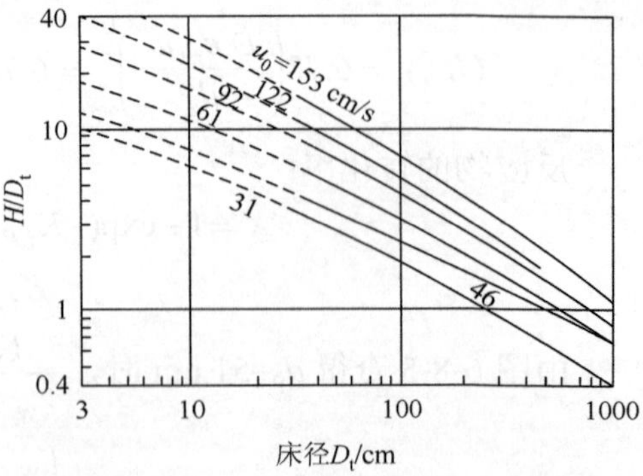

图 6-8-6 分离高度与床径的经验曲线

（6）分布板：取分布板压力降为床层压力降的 10%，于是有

$$0.1\times\frac{W}{A_c}=0.1\times2.5\times238(1-0.5)=29.9(\text{gf/cm}^2)(2.93\text{ kPa})$$

取 Δp_d=35 gf/cm^2（3.43 kPa），分布板形式取为筛板，

$$Re_t=\frac{345\times1\times0.001\times50}{4\times10^{-4}}=43200$$

由图 6-8-7 锐孔阻力曲线查得 C_d'=0.6。

按下面的公式计算锐孔中气体的速度：

$$u_{or}=C_d'\left(\frac{2g\Delta p_d}{\rho_g}\right)^{1/2}=0.6\times\left(\frac{2\times980\times35}{1\times10^{-3}}\right)=4970(\text{cm/s})$$

开孔率为 u/u_{or}=50/4970=0.01。

在单位分布板截面上的开孔数 N_{or} 按下式计算：

$$N_{or}=\frac{u}{\pi d_{or}^2u_{or}/4}$$

计算结果列于表 6-8-1。

表 6-8-1 开孔直径和开孔数

d_{or}/cm	0.1	0.2	0.3	0.51
N_{or}/cm^{-2}	1.28	0.31	0.142	0.051

孔太小易堵塞，太大会使气体分布不均，因此取 d_{or}=0.2 cm，N_{or}=0.32 cm^{-2}。

（7）换热面积计算：

床层与垂直管之间的换热：

$$1-\varepsilon_f=(1-\varepsilon_0)\frac{L_0}{L_f}=(1-0.5)\times 238/5.07=0.236$$

$$u_0=\frac{1.05\times 0.001}{5.43\times 10^{-4}}=1.933(\text{cm/s})$$

$$Re_p=\frac{0.0051\times 0.001}{4\times 10^{-4}}=0.638$$

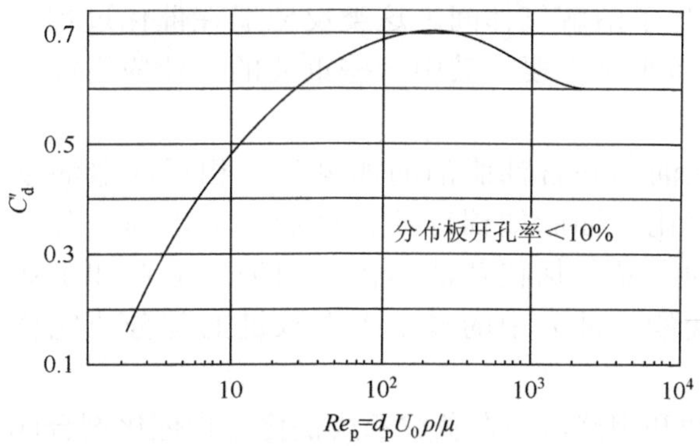

图 6-8-7　锐孔阻力系数

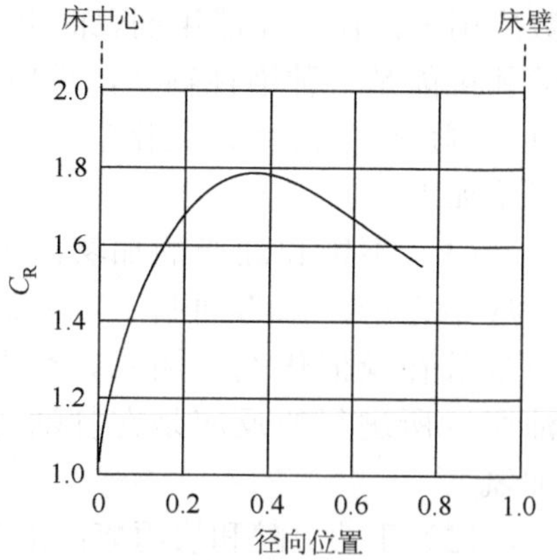

图 6-8-8　离床层中心位置的校正系数

由图 6-8-8 查得校正系数 C_R 为 1.5，

$$\frac{h_W d_p}{\lambda_g}=0.01844C_R(1-\varepsilon)\left(\frac{c_{pg}\rho_g}{\lambda_g}\right)^{0.43}Re^{0.23}\left(\frac{c_{ps}}{c_{pg}}\right)^{0.8}\left(\frac{\rho_s}{\rho_g}\right)^{0.66}$$

$$=0.01844\times 1.5\times 0.235\times 1.923^{0.43}\times 0.638^{0.23}\times 0.8^{0.8}\times 2500^{0.66}=1.14$$

$$h_W=1.14\times\frac{5.43\times 10^{-4}}{0.0051}=0.121\,[\text{J}/(\text{cm}^2\cdot\text{s}\cdot\text{K})]$$

总传热系数 U：

$$\frac{1}{U}=\frac{1}{h_W}+\frac{\delta}{\lambda}+\frac{1}{h_2}=\frac{1}{0.121}+\frac{0.5}{0.348}+\frac{1}{0.148}=16.45$$

$$U=0.0608\,\text{J}/(\text{cm}^2\cdot\text{s}\cdot\text{K})$$

单位时间内反应产生的热量：

$$\frac{120\times 10^3}{3600}\times 0.28\times 5.12\times 10^5=1.33\times 10^7(\text{J/s})=N_t(6\pi\times 507)\times 0.0608\times 100$$

N_t=229（根）

用于传热的管子数占总管数的分数为 229/318=0.72。

6.9 气液固三相反应器介绍

6.9.1 应用

在一个三相催化反应器中，催化剂是固体而反应物为液体和气体。在大多数应用中，在固体催化剂表面上发生的是溶解的气体和液体之间的反应。有时，液体可能是一种惰性物质，反应发生于溶解气体间。这类反应器在催化过程中有范围广泛的应用，在化学工业中越来越重要。其中一些重要的工业应用简要讨论如下。

（1）不饱和油脂的加氢：工业油脂和含油脂油的加氢是三相反应器的重要应用之一，因为油脂不可能被汽化。油脂如棉籽油、豆油、玉米油、葵花子油等在镍催化剂上加氢。获得的产品包括代黄油固体、白油、皂粉和工业油脂。所进行的反应是在甘油三酸酯（油）中的多个碳碳双键的部分或完全加氢。

（2）丁炔二醇和炔丙醇：由乙炔和甲醛溶液在负载乙炔铜化合物催化剂合成丁炔二醇是在三相催化反应器中进行的。该过程称为 Reppe 过程。所进行的反应如下：

$$C_2H_2+HCHO \xrightarrow{\text{负载}Cu_2C_2} HOCH_2—C\equiv CH$$

$$HOCH_2—C\equiv CH+HCHO \xrightarrow{\text{负载}Cu_2C_2} HOCH_2—C\equiv C—CH_2OH$$

在该反应中形成的中间产物丙炔醇，也是很有用的原料，在许多化学过程中都有应用。在高乙炔压力和低甲醛浓度时，它成为主要产品。该过程的一个特征是，由于所用催化剂在其干燥形式时有爆炸性，因此只能随做随用。丁炔二醇可以被进一步加氢制丁烯二醇或丁二醇。这类操作也要在三相反应器中进行，所使用的催化剂是负载 Pd 或 Cu-Ni。

（3）石油馏分的加氢脱硫（HDS）：原油的加氢脱硫在石油炼制工业中是非常重要的。在该过程中，原油中的含硫化合物通过催化加氢而被除去。其发生的主要化学反应可以表示为

$$\text{有机硫}+H_2 \xrightarrow{\text{负载Co-Mo,Ni-Mo}} \text{烃类}+H_2S$$

油中的硫必须被脱去，主要基于如下两个理由：①含硫燃料的燃烧会产生污染大气的 SO_2；②含硫化合物是一类毒物，它会使后续的加工步骤（如催化重整过程）所使用的贵金属催化剂中毒。绝大多数商业加氢脱硫过程使用的是三相催化反应器。

（4）加氢脱氮：该过程与加氢脱硫过程类似，但是从原油中移去的是含氮化合物，也使用三相反应器。发生的反应表示如下：

$$有机氮+H_2 \xrightarrow{负载Co-Mo,Ni-Mo} 烃类+NH_3$$

该过程越来越重要是因为，许多含氮量高的油需要进行加工，包括从油页岩提取出来的合成粗原油、煤低温热解生产的油、低档的天然石油，这些都含有大量的有机硫和有机氮。通常脱硝过程与脱硫过程同时发生，因为有机氮化合物与有机硫化合物一般也是同时存在的。

（5）加氢裂解：加氢裂解是指重石油馏分在氢气存在下在负载金属催化的作用下裂解得到分子量较小的产品的过程。

（6）费托（Fischer-Tropsch，F-T）合成：这是指由一氧化碳和氢合成烃类的一类反应。甲醇的合成一般不属于费托反应，这是以气固催化反应实现的，但是最近的进展表明，合成甲醇也可以使用三相催化反应器，三相过程有某些优点。在三相过程中，两个气体 CO 和 H_2 鼓泡通过惰性液体介质，而悬浮于介质中的催化剂催化甲醇的产生。一氧化碳加氢合成烃类的过程是相对成熟的，在第二次世界大战前，德国、日本和法国都已经建立。这个过程也是在三相反应器中实现的。随着能源危机的发生和原油储量的减少，该过程变得越来越重要了，虽然大规模费托合成工厂（SASOL）在南非一直运行着，目前世界各国对发展新的费托过程投入了大量的人力、物力和财力。

（7）用葡萄糖生产山梨醇：用催化加氢方法从葡萄糖生产山梨醇是一个重要的商业过程，是三相反应器的重要应用之一。山梨醇是生产维生素 C 的重要原料。在该过程中，葡萄糖在雷尼镍或负载镍催化剂上进行加氢。在反应中醛基（—CHO）转化为醇（—CH_2OH）。

（8）纤维素加氢：通过催化加氢纤维素能够被转化为液体燃料。所使用的催化剂是从氢氧化镍在线制备的镍晶体，反应介质是液状石蜡。由于该体系中含有两个固体：纤维素和催化剂；一个液体和一个气体，这是复杂多相反应体系的一个例子。

（9）污染的控制：通过氧化反应使用三相反应器除去某些污染气体（如 SO_2、H_2S）是三相反应器在污染物控制方面应用的例子。例如，来自石油炼制工厂尾气或发电厂的烟道气含有 SO_2，它可以与含活性炭的水接触而被除去，活性炭是氧化 SO_2 为 SO_3 的催化剂。介质水是惰性的，反应发生于溶解的 SO_2 和 O_2 之间。类似地，H_2S 也可以在水介质中由活性炭催化氧化成硫。痕量的污染物也能通过在三相反应器中的氧化而被除去。

（10）高聚物键合催化：含有过渡金属络合物的液相均相催化剂为某些特定反应的高选择性提供了可能性，但是这些很贵的催化剂的回收成为一个困难的问题，也是这些催化过程商业应用开发的主要障碍，这个问题可以通过把它们键合到高聚物上而使催化非均相化而得到解决。因为这些非均相化催化剂可以在三相反应器中使用。可能应用的例子有羰基化和醛化反应。例如，使用键合在聚苯乙烯 DVB 载体上的铑络合物催化剂催化丙烯、H_2和 CO 反应（OXO 合成）合成丁醛，在这个领域三相反应器可能有潜在的应用价值。三相催化反应器也应用于许多加氢和氧化反应中。

6.9.2　三相催化反应器的类型

在工业中使用的三相反应器能够分为两大类：①固定床反应器，催化剂是固定不动的；②浆态反应器，固体催化剂悬浮于液体介质中而且是运动的。

1. 固定床三相反应器

在这一类型的反应器中，流体相流过固定的催化剂床层。固定床反应器可以使用不同的操作模式：①气体和液体同时顺流向下；②液体向下流动而气体逆流向上；③气体和液体同时顺流向上。这些操作见图 6-9-1，其中（a）中的气体和液体同时向下流动，该类反应器通常称为涓流床反应器（trickle bed reactor）；（b）是逆流操作的涓流床反应器；（c）中的气体和液体同时向上顺流，一般称为填料鼓泡床反应器或淹没床反应器（packed bubble-bed reactor）。

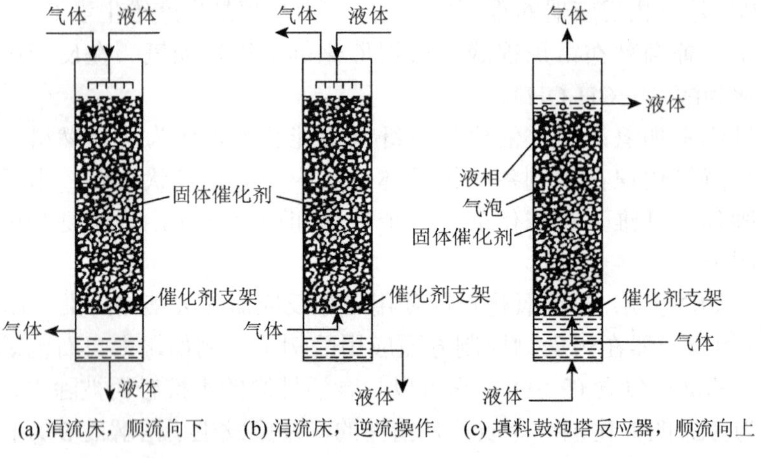

(a) 涓流床，顺流向下　(b) 涓流床，逆流操作　(c) 填料鼓泡塔反应器，顺流向上

图 6-9-1　三相固定床反应器示意图

在涓流床反应器中，液体一般处于离散相，以溪流或膜流的形式向下流动；而气体是连续相与液体一样顺流向下。在工业化学过程中普遍使用的就是这类反应器。顺流之所以比较理想是因为气体和液体可以同时有很大的吞吐量（吞吐量

不受顺流操作时液泛的限制)。在一些特殊情形之下，例如，在污染物控制中离开反应器的气相中溶质的含量非常低，逆流操作可能更为理想。

相反，在填料鼓泡床反应器，气相一般是离散相，而液相是连续相。在高的气体流速和低的液体流速下，相逆转是可能的，也就是气体变成连续相。但是，这样操作模式的使用并不普遍。

2. 浆态反应器

在该类反应器中，催化剂粒子是处于悬浮状态的。根据催化剂粒子被悬浮的模式，这类反应器又可以分成三类，如图 6-9-2 所示：①机械搅拌浆态反应器，在这类反应器中，催化剂粒子是使用机械搅拌的方法使其保持悬浮状态的；②鼓泡塔浆态反应器，在这个类型中，是使用气体鼓泡搅拌的方法使催化剂粒子保持悬浮的，因此使用的催化剂粒子相对来说是比较小的；③三相流化床反应器，在这类反应器中，催化剂粒子的悬浮状态是由气泡运动和顺流的液体流动共同作用的结果。流化床和鼓泡床的主要差别是前者粒子的悬浮主要是由于液体流动的结果，因此可以使用相对较大的催化剂粒子。

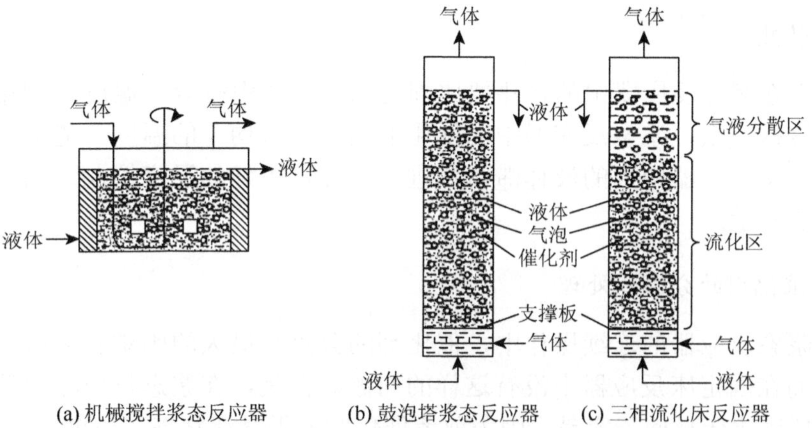

图 6-9-2　三相浆态反应器示意图

6.9.3　固定床和浆态床反应器的比较

1. 总包反应速率

由于三相体系的非均相性质，在反应物转化为产物之前，不得不经过许多其他步骤。主要步骤包括：①从气体到液体的传质；②从液体主体到表面的传质；③在催化剂粒子孔内的扩散，同时发生化学反应。在三相反应器中反应的总包速率常常被这些因素限制。在浆态反应器中传质过程的速率一般要比固定床反应器中快，因为在浆态反应器中使用的催化剂粒子比较小。所以在浆态反应器中，液-固传质和粒子内扩散的速率是高的，使催化剂得到比较有效的利用。但是催化剂负荷，也就是单位反应器体积的催化剂的量，浆态反应器是比较低的。因为反应速率也与催化剂负荷成比例，对单位反应器体积的速率而言，固定床反应器一般要高于浆态床，除非使用的是活性很高的催化剂，此时传质过程完全控制了总包反应速率。但是，对单位催化剂质量而言的反应速率，浆态床一般要高于固定床。在浆态反应器中，均相副反应相对比较大，因为其液体负荷比较大。

除了传质，液相和气相的混合形式也要影响反应速率。混合的两个极端情形是活塞流和完全混合流。在活塞流中，反应物的浓度从入口到出口呈单调下降；而在完全混合反应器中反应物的浓度等于出口浓度。返混一般要降低反应器的性能。在浆态反应器中，液相一般是返混的，而在固定床反应器中一般是接近活塞流的。因此，当要求液体反应物有很高的转化率时，固定床操作要比浆态反应器理想。

2. 传热

由于在浆态反应器中的传热要比固定床反应器中有效，温度控制相对比较容易。这样一来，浆态反应器中的催化剂活性位有均一的温度，避免了热点的形成。浆态反应器中大的液体滞留量进一步促进更好的温度控制，因为液体相有大的热容量。

3. 催化剂的分离和处理

在浆态反应器的连续操作中，催化剂的分离是最大的困难和障碍，主要是过滤，而在固定床反应器中没有这样的问题。但是，在浆态反应器中催化剂的处理要比固定床反应器容易，因为前者催化剂处于悬浮状态。如果一个工艺中，催化剂需要频繁地移出和替代，固定床反应器可能是不合适的，因为替换催化剂通常要停止运转并卸下它。同样在涓流床反应器中碰到的沟流（由于非挥发性的垢污的生成）问题，在浆态反应器中得以避免因为使用的是小的自由运动的催化剂粒子。

4. 固定床反应器的比较

涓流床反应器和填料鼓泡床反应器的比较讨论如下。

（1）在涓流床反应器中，当在低液体流速操作时，有部分催化剂的表面可能没有被润湿而直接暴露于气相反应物。这可能导致很多的复杂性，如热点的生成、飞温，在某些情况下还可能导致差的催化剂利用率。对填料鼓泡塔反应器，催化剂是完全润湿的，不存在上述复杂性。

（2）向下流动操作的压力降要小于向上流动时的压力降（填料鼓泡床操作），因此可以降低泵的能量消耗成本。

（3）如果催化剂容易被焦或其他聚合物沉积而失活，填料鼓泡塔反应器中的高液体流速有利于清除这些沉积物质。因为填料鼓泡塔反应器比涓流床反应器会更有效地洗去这些杂质。

（a）填料鼓泡塔反应器比涓流床反应器有更高的传热效率和移去热的能力，这也是因为较大的液体滞留量和液体流速。

（b）由于低的液体滞留量，均相液体中的副反应的贡献对涓流床反应器是比较小的，而对填料鼓泡塔反应器在某些情形下可能是显著的。

5. 浆态反应器的比较

不同类型浆态的比较讨论如下：①与鼓泡塔和三相流化床反应器比较，机械搅拌反应器的好处是有较高的传热和传质效率；②在机械搅拌反应器中，催化剂的磨损可能是显著的，而对其他两类反应器这个问题是不严重的；③因为没有运动部件，鼓泡塔和三相流化床反应器机械设计要比机械搅拌反应器简单，对后者需要考虑搅拌器合适的密封问题；④与其他两者比较，三相流化床反应器中的催化剂分离是相对简单的，因为所使用的粒子相对较大；⑤对机械搅拌反应器，所要求的功率是最大的，而鼓泡塔的需求最小；⑥在机械搅拌反应器中，催化剂的分布相对比较均匀，而在鼓泡塔和三相流化床反应器中，催化剂粒子的分布可能存在不均匀。

6.9.4　操作模式

对三相反应器而言，通常有两类操作模式。

1. 半间歇操作

此时，反应器中没有液体的净输入流和输出流，而气体是连续流动的。许多加氢反应器是以此半间歇方法操作的。这一模式主要用于慢反应，能方便地把整釜反应物转化为产物。机械搅拌或鼓泡塔浆态反应器能够方便地用作半间歇反应器，如图 6-9-3（a）所示。在涓流床反应器中，要进行类似的操作需要添置附加的设备，如泵以使液体做循环，如图 6-9-3（b）所示。

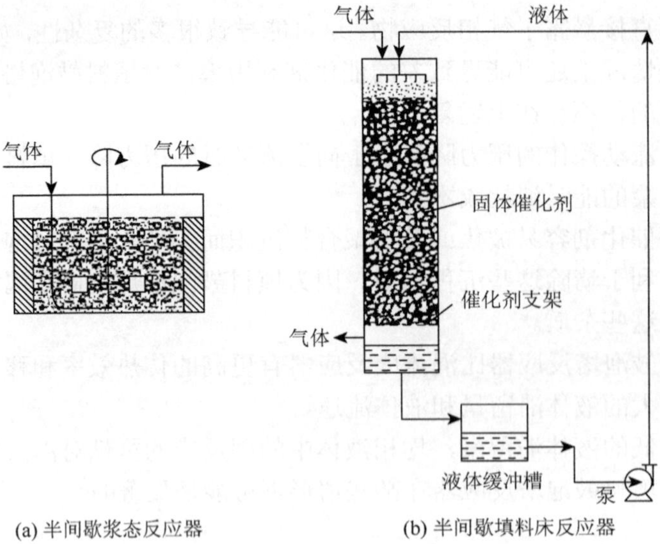

图 6-9-3　半间歇釜式反应器示意图

2. 连续操作

在连续操作模式中，气体相和液体相都在反应器中连续流动。对比较快的催化反应，这个操作模式是比较理想的，因为单程转化率是比较大的。由于无需催化剂分离，涓流床、填料鼓泡塔和三相流化床反应器都能方便地用这个模式操作。而机械搅拌反应器和鼓泡塔浆态反应器要进行这类连续操作，需要有分离催化剂合适的方法。在某些情形下，为了在出口液体中获得高浓度产品，需要使用带部分液体流循环的连续操作。当气相反应物的转化率很小时，它通常可以用一个合适的装置使其循环，如图 6-9-4 所示。在大规模的工业加氢反应器中，这是普遍采用的方法。

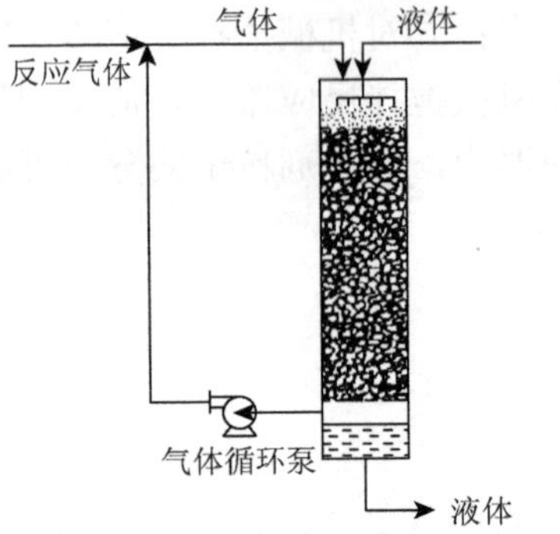

图 6-9-4　带气体循环的连续反应器

如前面已经讨论过的，三相反应器由于传质和反应的偶合导致其特殊的复杂性。在这些反应器中需要考虑的其他因素是相的返混。在一些情况下，非等温效应也是重要的。化学反应本身可能有复杂的反应机理，以致显示非线性动力学，对某些情形，是串联或平行反应。因此，首先必须分析传质和粒内扩散对具有各种复杂反应动力学的反应速率的影响。为了解这些复杂效应，首先要对微分反应器进行分析。因为在微分条件下，在反应器中反应物的浓度被假定是均匀的。因此，此时的返混、非等温效应等都变得不重要了。

在连续反应器中，存在两个额外的复杂因素。一是沿反应器长度的浓度变化导致在不同位置有不同的反应速率；二是气体和液体相返混的影响。因此，除了考虑传质和反应的复杂因素外，连续反应器的设计方程应该把上述的因素一并加以考虑。对不同的情形发展不同的设计方程。

许多工业中三相反应器是以半间歇方式操作的。在这些情形中，液相反应物的浓度是时间的函数，因此微分反应器方程不得不在整个时间范围内积分，以获得所需要的转化率；同时也需要有关传质和动力学参数的信息。每一类反应器有一些自己的特别特性和本身的复杂性。例如，在涓流床反应器中，低液体流速下催化剂可能没有被完全润湿。在鼓泡塔中，催化剂的分布可能是不均匀的。这类反应器的传质特性也受到支配水力学的影响。因此，有必要研究每类反应器的水力学、传质、传热和返混。

6.9.5　涓流床催化反应器

涓流床或喷淋床一般指液体和气体反应物顺流向下流过固体催化剂粒子床层的反应器。这类反应器已经被广泛用于化学、石油化学、石油炼制和水处理工业中。例如，原油和石油馏分的加氢脱硫、加氢脱氮、乙炔甲醛合成 1，4-丁炔和炔烃的选择加氢。溶解气体和液体反应物之间的反应一般发生在催化剂的内表面。为了使催化剂的利用率达到最大，基于气体和液体的传质限制，催化剂外表面是完全或部分被液体覆盖的。宏观上，气体或液体以不同的流区向下流动，如图 6-9-5 所示，有涓流、脉冲流、喷洒流和鼓泡流。在微观或颗粒水平上，床层中流动液体的构型有如下特征：膜流、在颗粒上的溪流、颗粒间桥接钟摆结构、充满液体的通道和充满液体的区块。它们的相对量随多种因素而改变。它们对涓流床反应器的性能有很重要的影响。

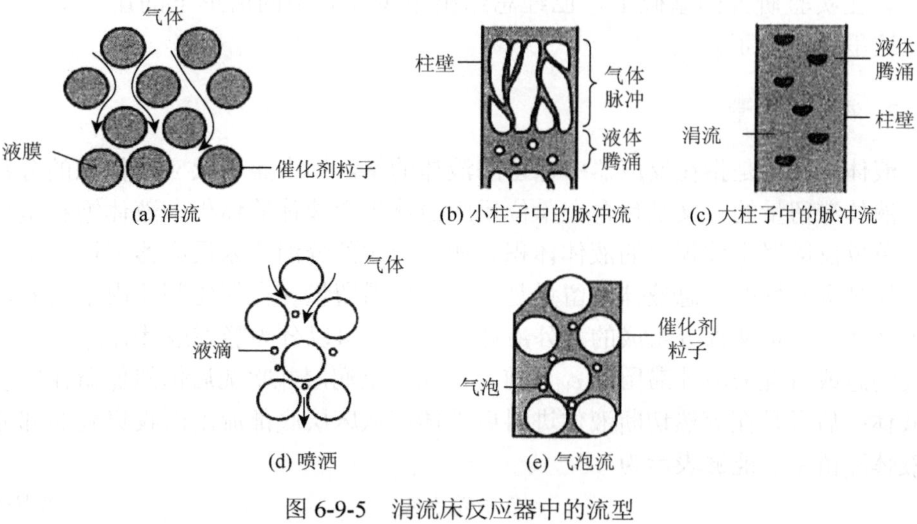

图 6-9-5　涓流床反应器中的流型

对涓流床反应器中的流动形态因气液流速的不同而不同。中试装置的空塔液体流速一般在 0.01～0.3 cm/s，气体的空塔速度（基于操作压力）在 2～45 cm/s；而对工业装置液体的空塔速度在 0.1～2.0 cm/s，气体在 15～300 cm/s。当然不一定局限于这些流速范围。由于液体和气体的流速范围不同，以及由于流体的物理性质不同，涓流床反应器中可以出现不同的流动形态。一般的实验室和工业涓流床反应器是在涓流流区或脉冲流区操作。

涓流床反应器非常类似于固定床吸收塔。其主要差别在于：操作时的气体和液体流速不同，前者低后者高；后者使用的是惰性非多孔的填料，目的是增加气液接触，而后者使用的是有催化活性的多孔性催化剂，其形状可以是圆柱形或球形的。

涓流床反应器的各个方面，如压力降、液体滞留、催化剂润湿效率、催化剂稀释、流区转换、传质、传热、气液界面面积、液体进口分布、周期操作和反应器模型评价等，已经进行过大量的研究，简述如下。

1. 压力降

在设计涓流床反应器中，压力降是一个很重要的参数，因为通过量及传质系数都取决于供应的能量，也就是压力降的函数。涓流床反应器中的压力降可以用实验来测量。压力对压力降有影响，一般说来随操作压力增加，压力降增加。对脉冲流区，压力降因脉冲而增加，其改变的幅度在 0%～100%之间。如果同时发生发泡，压力降进一步增加。一般来说，表征发泡体系是比较困难的。一个现象是，在同样的气体和液体流速下，发现了压力降和液体滞留量的多值性。但是对较高的液体流速和较大的填料粒子（＞2～3 mm）不会发生这种多值现象。在实验研究的基础上，已经总结出不少计算不同情形下的压力降的关联式。这里就略去了。

2. 液体滞留量

液体滞留量是指在反应器中保留的液体的量，用占整个反应器体积的分数表示。液体滞留量的定义是包含在单位反应器体积中液体的体积。液体饱和是指包含在单位反应器空体积中的液体体积。如果像大部分涓流床反应器那样，床层中的颗粒是多孔性的，总液体滞留量是由内液体滞留量（在催化剂孔内中的液体）和外液体滞留量两部分组成的。外液体滞留量又可以分为静态或残存滞留量 ε_{ls}，以及动态或可洗去液体滞留量 ε_{ld}。前者是在完全润湿并吹洗后仍然保留在床层中的液体；后者是在突然切断液体进料后液体在从床层底部流出而收集到的部分。总液体滞留量 ε_l 能够表示为

$$\varepsilon_l = \varepsilon_{ls} + \varepsilon_{ld} \tag{6-9-1}$$

影响液体滞留量的因素有：①液体流速，这是最主要的影响参数；②反应器中的液体分布器；③催化剂粒子的形状和大小；④填料和液体的润湿特性；⑤气体流速。静态滞留量取决于液体的物理性质、颗粒的形状大小和润湿特性。操作压力对静滞留没有影响，但是对动态滞留有影响。对不同涓流床操作条件下，在实验研究的基础上也归纳出计算液体滞留量的多个关联式。对实际问题，则需要根据所研究的体系选用适当的液体滞留关联式。

与液体滞留量密切相关的是“固体表面润湿分数数据”，这涉及在床层中滞留液体的分布。在类似于涓流床反应器的吸收柱中，已经观察到填料的部分润湿，并已提出预测润湿面积分数的关联式。部分润湿现象在催化涓流床反应器性能中起着重要的作用。多孔催化剂表面的润湿与滞留量类似，被分成两类。一类是内润湿，是已经被润湿的内表面积的量。它是在粒内扩散影响可以略去时液体反应物可利用的活性表面积的一个测量，因此也是可利用催化剂最大体积的一个测量。另一类是外有效润湿，是已经被液流润湿的外表面积的量。虽然大部分反应发生于催化剂粒子的内表面，当外传质阻力显著时，外表面的部分润湿能对反应速率产生极大的影响。

内润湿表面积的测量发现，在大多数情况下，催化剂孔内是被液体充满的，即便在最低的界面液体流速 0.5 cm/s 下；润湿的内表面积分数是恒定的，约 0.92。说明内表面积实际上是润湿的，因为催化剂孔内存在毛细现象。但是，在差的液体分布情况下，床层的大部分没有液体流过，润湿可能很差。对强放热反应，在孔内的液体有可能部分蒸发，导致部分内润湿的发生。

一般而言，使用化学方法测量的结果比关联的预测值要高，而且随气体和液体流速的增加而增加。对影响因素，不同的实验方法给出的结果也是不同的。高操作压力有利于改善催化剂粒子的润湿。润湿的好坏程度可以用润湿效率来表示，文献中也给出了若干在涓流流区的润湿效率关联。

3. 气液和液固传质

气液传质（$k_L a_B$），数据通常借用在气体吸收和解吸过程使用的普通填料上归纳获得的关联。对顺流或逆流操作，在文献中有不同操作（不同的气液流速也就是不同的流区）条件下的关联式可供利用。气液传质一般由气相传质系数（$k_g a_B$）和气液界面面积（a_B）组成，文献中也已经分别给出了不同的关联式。操作压力特别是在高压下对气液传质是有影响的，一般情形是气液传质系数随压力的增加而增大。对不同的关联比较指出，不同关联给出的结果不尽一致。

在涓流床反应器的设计中，液固传质系数 k_s 是一个重要的参数。因此进行了大量的研究，获得了不少不同流区的液固传质关联。与气液关联不同，不同的液固传质关联除少数几个外，其他关联预测的结果都比较一致。

4. *液体分布*

不管是从工业反应器性能还是对实验室反应器结果的说明角度看，在涓流床反应器中，液体分布是一个重要的因素。液体的径向分布也会影响催化剂粒子的有效润湿。径向液体分布可以通过在不同环形区中收集的液体来测量。对涓流催化剂床层，进行了大量的实验测量和研究，使用了许多种大小和形状不同的催化剂粒子。

一般来讲，液体的速度分布在一定的床层深度后达到稳定。这个稳定床层深度与填料形状和大小、床层直径、液体物理性质和液体进口分布器的设计有关。使用均匀分布器的稳定深度肯定要短于点分布器。气体流速在 0.1～5 cm/s、液体流速在 0.1～0.5 cm/s 范围内时对液体分布没有影响。颗粒形状和反应器直径都要影响液体的平衡分布和稳定床层长度。在反应柱截面上一般可以区分为两个不同的部分：①填料区，它占据了几乎所有柱子空间；②壁区，也就是反应器壁的环形区。由于壁区的空体积分数要高于填料区，两区的行为是不一样的。壁区的宽度通常是颗粒直径的 2 倍。如果，d_p 小于 6 mm 或者 d_t/d_p 在 12～18 范围内，可以认为在两个区中流动是均匀的；如果 d_t/d_p 大于 12～18，已发现分布是不均匀的。

为了定量估算液体分布，可以使用两个参数模型：①分布因子，定义为在径向移动的液体的分数；②壁因子，以考虑附加于壁上流动的液体。获得的关联把这两个参数作为反应器直径、颗粒直径和形状的函数。使用这些参数有可能预测液体分布（作为床层深度的函数）。

在脉冲流区，使用电导方法测量了气体和液体的分布，结果如图 6-9-6 所示。液体趋向于集中到壁附近和反应器中心。在近似约 r/r_T=0.833 附近，有一个高气体浓度区（气体通道），然后有一个液体区。脉冲流占有两个液体通道之间的部分。对液体分布，已经提出了一些模型，并用实验加以证实。

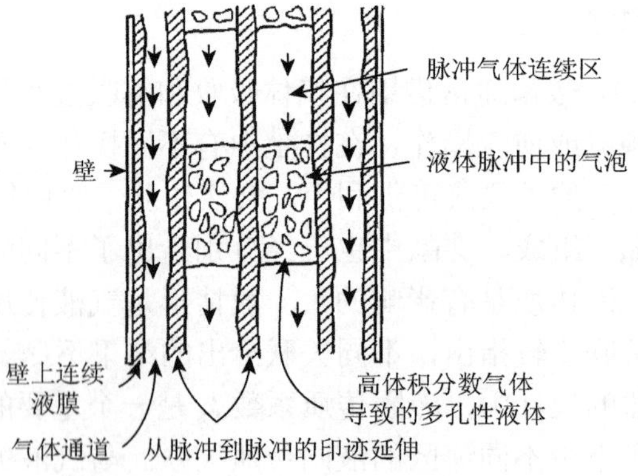

图 6-9-6　预测脉冲流区液体分布的模型

一种气体和液体分布器设计见图 6-9-7。该设计适用于实验室和中间工厂反应器，能够确保均匀的气体、液体分布和最小化进口区反应器长度。

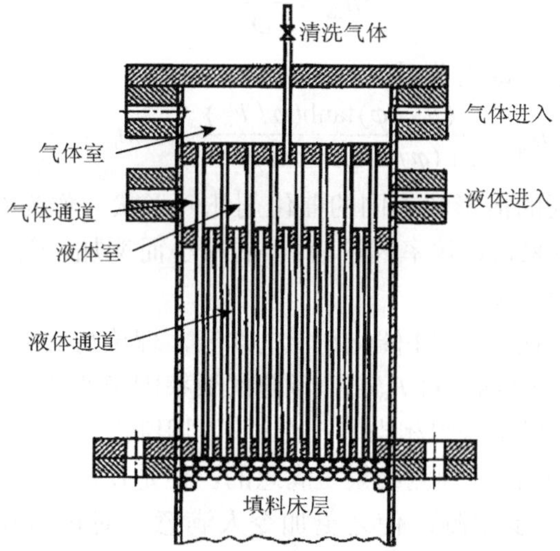

图 6-9-7　滑流床反应器中的气液分布器设计

5. 滑流床反应器模型

滑流床反应器由于同时与气液固三相相关，而且气液的流动形态多变化，为预测滑流床反应器的效率，提出了理论模型和经验模型。有时使用轴向扩散（特别是实验室规模的反应器）或停留时间分布来修正理想活塞流模型。

1）理论模型

已经提出同时考虑部分润湿和过程不均匀性质的理论模型。当催化剂粒子是部分润湿的，在粒子外表面的反应物浓度是不均匀的；而且，颗粒内的浓度分布也是不均匀的。此时，通常的催化剂效率因子的表达式也不可能被应用。影响滑流床反应器效率的主要因素之一是前述的催化剂表面的润湿分数。因此可以在利用三相催化反应总反应速率的概念来获滑流床反应器的总效率：当气体反应物为关键组分时，总效率为（F_w为固体催化剂表面润湿分数）

$$\eta_{op}=\frac{(F_w/\varphi)\tanh\varphi}{1+(\varphi/Sh_{gls})\tanh\varphi}+\frac{(1-F_w)\tanh\varphi/\varphi}{1+(\varphi/Sh_{gs})\tanh\varphi} \qquad (6\text{-}9\text{-}2)$$

其中，φ 是 Thiele 模数，定义为

$$\varphi=L_S\left(\frac{\rho_p k_1}{D_e}\right)^{1/2} \qquad (6\text{-}9\text{-}3)$$

Sh_{gs} 和 Sh_{gls} 的定义为

$$Sh_{gs} = \frac{H_A k_{gs} L_s}{D_e}$$
$$Sh_{gls} = \frac{k_{gls} L_s}{D_e} \tag{6-9-4}$$

当液体反应物是关键组分时，

$$\eta_{op} = \frac{(F_w / \varphi)\tanh(\varphi / F_w)}{1 + (\varphi / Sh_{ls})\tanh(\varphi / F_w)}, \quad Sh_{ls} = \frac{k_s L_s}{D_e} \tag{6-9-5}$$

它们适用于不同的情形和不同的催化剂几何形状。作为初步设计，这些方程都能够被使用。一般来讲，效率因子随 F_W 的减小而增加，因为通过液膜的传质速率要小于直接的气相传质。

对 α-甲基苯乙烯在负载 Pd 催化剂上的加氢，理论与实验结果（极限反应物在气相中）的比较见图 6-9-8。对 F_W=1，预测的效率因子要低于实验值。考虑润湿效应的预测值与实验结果符合得相当好；而对不同限制物情形，见图 6-9-9，以接触时间 t_{sp} 对转化率 X 作图。预测结果是满意的，但是使用高压力下的传质系数和界面面积关联可以进一步预测，使之更加令人满意。对过氧化氢在铜铬催化剂上（1.6 mm 条状）于涓流床反应器（直径 2.2 cm）中在水介质中的分解反应，模型预测与实验结果的比较指出，需要考虑外传质和催化剂外表面不完全润湿的影响。

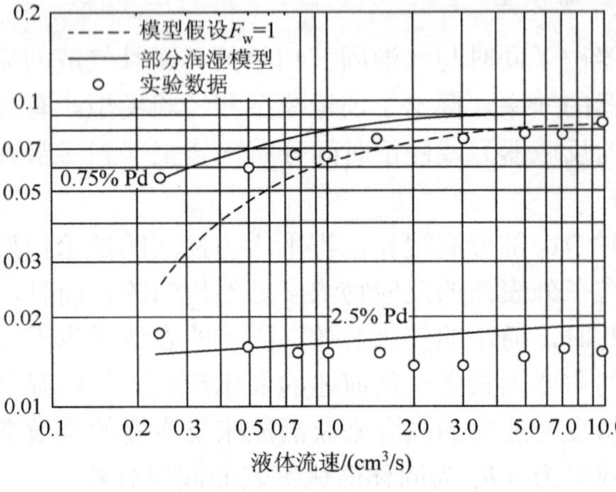

图 6-9-8　α-甲基苯乙烯加氢的总效率因子

2）经验模型

为考虑催化剂粒子的部分润湿，Mears 提出一个基于反应速率与催化剂被液体润湿的分数成比例的反应器性能模型。如果反应对液体反应物为一级，对气体反应物为零级，该模型给出的转化率与操作变量的关系为

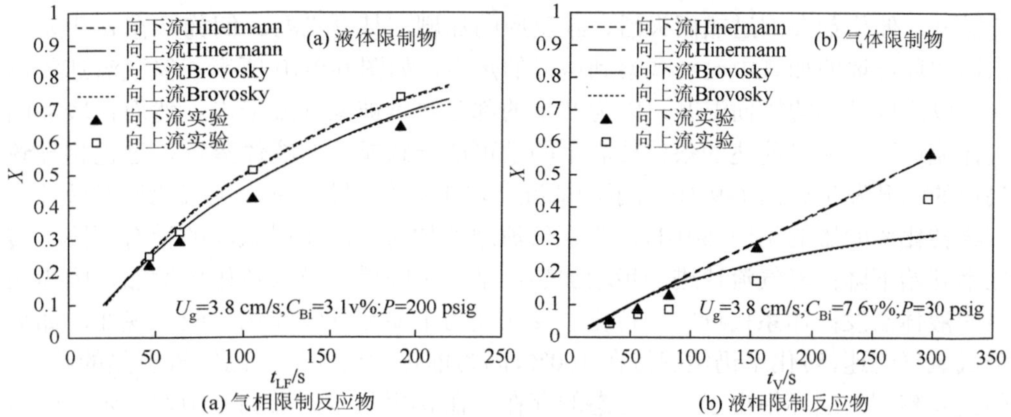

(a) 气相限制反应物　　(b) 液相限制反应物

图 6-9-9　反应模型预测与实验数据间的比较

1psig=6894.76Pa

$$\ln(1-X_B) \propto L^{0.32}\text{LHSV}^{-0.68}d_p^{0.18}\eta_c \tag{6-9-6}$$

在推导该方程时，润湿分数由式（6-9-6）给出，η_c为催化剂效率因子，与d_p有关。上述方程对一类渣油和瓦斯油的加氢脱硫、脱金属和脱氮反应中的可应用性进行了评价。数据在双对数坐标上以（$1-X_B$）对 1/LHSV 按上述方程作图，其斜率范围是 0.532～0.922。如果部分润湿模型能够应用的话，其斜率应该等于 0.68。类似地，也以（$1-X_B$）对 L 作图，斜率范围是 0.5～0.55，而按照模型应该是 0.32。斜率的宽范围改变说明 Mears 的模型是不能令人满意的。在性质上，该模型是经验性的，没有考虑体系的不均匀性。部分润湿的影响与外传输阻力有直接的依赖关系，而这一点在模型中显然没有加以考虑。

同样，如果反应的级数不是 1，转化率与液体空速之间的依赖关系与上述方程也可能不同。提出的其他经验模型有 Henry 模型，它假设反应速率比例于液体滞留量（滞留模型），转化率预测方程为

$$\ln(1-X_B) \propto L^{1/3}\text{LHSV}^{-2/3}d_p^{-2/3} \tag{6-9-7}$$

6. 非等温催化反应

由于在涓流床反应器中从催化剂到流体相的传热与其他三相反应器比较是很差的。因此在一定操作条件下，可能存在轴向温度梯度。此时传热和传质对反应器性能有重要的影响。传热和传质的相互耦合可能使情况变得更加复杂，如液相的蒸发和多稳定态的发生。

当关键反应物为气体时，液相的蒸发会导致液膜中失去相当部分的传质阻力和更加有效地使用催化剂的内表面。而过量的液体蒸发可能导致催化反应从液固体系向气固体系过渡。这一般是不希望的，因为它会引起反应器中发生急变的温

度梯度，催化剂会因过热而失活、副反应的加剧，甚至飞温。例如，在 α-甲基苯乙烯和环己烯的加氢中已经观察到这样的热点，如图 6-9-10 所示。氢气流速的增加可以降低液体的轴向温升，因为产生的部分热量被氢气流带走。然而在较高的气体流速下，如果前述的条件被满足的话可能导致显著的液体蒸发，这也将导致尖锐的温升发生如图 6-9-10 所示的情况。对 H_2-环己烯体系，氢气流速对液体反应物转化率的影响见图 6-9-11。当氢气流速增加时，因床层温度的稍有下降，转化率开始下降；氢气流速进一步增加超过某一个临界值导致转化率增加，因为明显的液体蒸发；体系接近完全转化，反应变为主要是气固催化反应。现在，如果降低氢气流速，转化率仍然保持在 100%，因为催化剂已经处于比气流更热的状态。因此观察到的回环指出了多稳定态的存在。在 α-甲基苯乙烯加氢中在一定条件下在反应器床层中观察有两个热点。

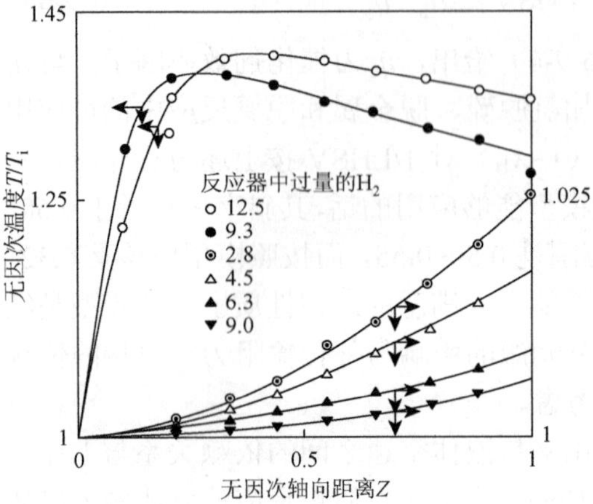

图 6-9-10　氢气流速对 α-甲基苯乙烯加氢温度分布的影响

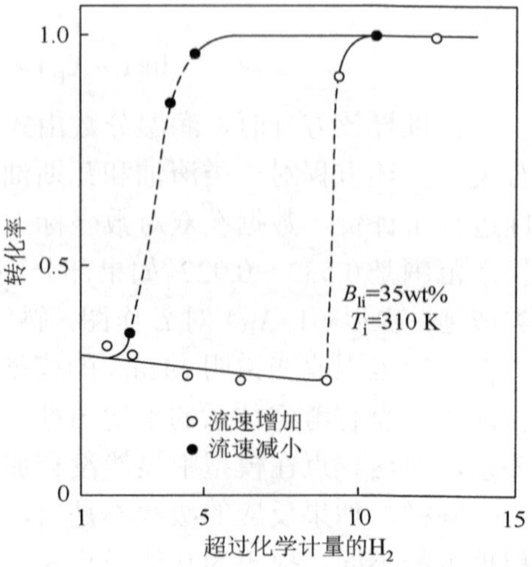

图 6-9-11　氢气流速对 α-甲基苯乙烯转化率的影响

7. 压力对涓流床反应器（TBR）操作参数和反应器性能的影响

大多数工业 TBR 通常在高温高压下使用绝热操作，一般包含的是氢气和非水液体，表观气体和液体的速度可分别达到 30 cm/s 和 1 cm/s。在 TBR 中进行反应的动力学和热力学都要求高温反过来增加气体膨胀和促使溶解于液体的气体脱溶解，所以必须高压（高至 30 MPa）以改进气体的溶解性和增加传质传热速率，降低大量气体的管理成本和降低催化剂因氢不足导致的失活速率。由于 TBRs 中传递-动力学耦合导致的复杂性，应该避免利用在 TBR 真实状态下对传递现象的定量描述来进行反应器的放大和缩小。因为绝大部分文献涉及的都是在大气压下的实验数据。鉴于高压 TBR 的快速进展，很有必要补充高压 TBRs 的进展信息。

压力影响气体和液体的物理化学性质进而影响涓流床反应器的流体力学和传递过程。密度 ρ、分子扩散率 D、动力黏度 ν、热导率 κ、热容 C_P、表面张力 σ、气体溶解度 C^*和 Henry 常数 H 等对压力是最敏感的。TBR 的操作压力范围一般是大气压以上和次临界条件，可以预计压力主要影响气体性质，而液体只对温度敏感。一般来讲，除了 ρ_g、D_g、C^*和 H 外，其他性质基本与压力无关。气体密度随压力增加也随分子量而变化；增加压力会降低气边的分子扩散率；溶质的溶解度随压力而增加。

为说明压力对气体密度和 TBR 流体力学的影响，提出了两个模型：模型 I 和模型Ⅱ。

1）模型 I

其中心思想是高压和气体流速对能量耗散有影响。能量耗散是由于在催化剂表面的抗摩擦力和作用于液体流动的驱赶力。驱赶力由压力梯度（$\Delta P/Z$）、气液界面拖力（$\tau_{lg}\,a_B$）和重力构成。总的力平衡证明，压力梯度与气液界面拖力成比例，因此无因次压力梯度［$\Delta P/(Zg\rho_l)$］是唯一能够确定是否为重力所驱动。除床层特性外，压力梯度取决于气体液体流动速度和流动液体的物理化学性质。这里主要受压力影响的是气体密度。因此对给定气体液体流动速度，气体密度高产生的界面拖力大，也就是压力梯度高。重力取决于液体密度，通常在 TRB 操作压力范围内不受压力影响。所以，气体对压力降的影响可以分为表观气体速度的影响和气体密度的影响。增加反应器操作压力和使用较高分子量的气体都可使气体密度增加，因而导致气液相互作用和压力降的增加。按此可以产生 5 个不同的情形，每一个都描述了反应器压力和气体表观速度对压力梯度、液体滞留、催化剂润湿分数、气液界面面积等的影响。

（1）情形 1：没有气体流，全部压力范围。该情形对应于纯的涓流区。因气体静止，无因次压力梯度为零，液体的流动完全由其重力驱赶。此情形下，高至 30 MPa 的压力不显其重要性，TBR 的流体力学特性由液体流速和性质及床层特性决定。于是在给定液体表观流速下，润湿效率和气液界面面积是最小的，而液体滞留量是最大的。换句话说，孔空间被液体充满，但不沿反应器直径展布和分布到颗粒的外表面。

（2）情形 2：低气体表观速度 u_g，低压：$u_g<2$ cm/s 和 $P<0.35$ MPa，氮气和与其密度相当的气体（该压力范围内）。在低压或近似大气压，低气体流速下，无因次压力梯度仅稍稍随压力和气体流速改变，仍然可以被略去。对 TRB 的流体力学，重力驱赶和与气相无关仍然是一个好的近似。直至 $\Delta P/(Zg\rho_l)<0.1\sim0.2$，仍然是这种情形。

（3）情形 3：高气体表观速度 u_g，低压，$u_g>7$ cm/s 和 $P<0.35$ MPa，氮气和与其密度相当的气体（该压力范围内）。情形 3 和情形 2 对应于大部分 TRB 试验条件。在近大气压和高气体表观速度下，与重力驱赶比较，压力梯度增加，因此无因次压力梯度 $\Delta P/(Zg\rho_l)$增加，导致液体滞留下降、催化剂润湿效率和气液界面面积增加。这是由于气液界面拖力增加减低了液膜厚度，因此改善了液体在催化剂外表面上的分布和因较大的气体流速导致的在反应器直径面上的分布。在此情形下气体流速的影响在高液体流速下比低流速下显著。

（4）情形 4：高气体表观速度 u_g，高压，$u_g<2$ cm/s 和 $P>3.5$ MPa，对氮气和与其密度相当的气体（该压力范围内）。增加压力和气体密度的一个结果是压力降增加，也就是无因次 $\Delta P/$（$\rho_l gZ$）增加。这导致液体滞留、润湿效率和气液界面面积有像在情形 2 中的行为，但较为轻微，因为压力梯度对流速变化比对气体密度变化更为敏感。但无论如何，其变化在低和高液体流速下都比情形 2 的情况要大。情形 4 中的 $\Delta P/$（$\rho_l gZ$）约大于 0.25。

（5）情形 5：高气体表观速度 u_g，高压，$u_g>7$ cm/s 和 $P>3.5$ MPa，对氮气和与其密度相当的气体。对 TRB 流体力学对压力的敏感性而言，这是最重要的情形。随着反应器压力、气体密度和气体流速的增加，无因次压力梯度 $\Delta P/(Zg\rho_l)$急剧增加液体滞留显著减少。因此，在恒定液体流速下液膜厚度减小，而气液界面的剪应力增加。这导致液膜在催化剂外表面和反应器直径面上更好地展布。因此，催化剂润湿效率和气液界面面积显著改进。高压和高气体流速的影响在高液体流速下比低流速下的大。在给定气体表观流速下，由涓流向脉冲流的过渡移向较高的液体流速。定性上说，情形 3 和情形 4 能够被看成是情形 5 的极限情形。前一个是低压的极限，后一个是低气体表观速度的极限。

如果气体密度是通过气体分子量的增加来达到，其流体力学参数遵循上述类似的趋势。

2）模型 II

研究指出，在气体表观速度的临界值（1～2 cm/s）以外，压力（或气体密度）强化了在涓流液膜上的气体剪应力。低于该气体临界速度，压力（或气体密度）的影响是不重要的，以至于加压 TRB 的行为好似操作在大气压附近的行为。低于临界气体速度的操作范围包括在模型 I 中讨论的情形 1、情形 2 和情形 4。在临界气体速度（1～2 cm/s）以上，通过气液界面的高压动量传输变得足够大以至气体能进入液体中。由于气体在液体中的分散而形成小的气泡。这些微泡的大小取决于液体黏性剪应力（使气泡失形和破裂）与界面张力产生的力（使气泡稳定）间的竞争。也就是说，气泡与液体形成了准均相的混合物，导致气体密度和气液界面面积的增加，强化了气边和液边的传质系数。同时使液体滞留下降 $\Delta P/Z$ 增加。该情形对应于模型 I 的情形 5。

由于涓流床的操作压力对流区、压力降、液体和气体滞留、气液传质、催化剂润湿和接触效率等产生明显的影响，也就会明显影响涓流床反应器性能、设计和放大。压力影响主要源于对气体密度的影响，因此用增加气体分子量来增加气体密度也能够达到相同效果。当气体表观流速低于 2 cm/s（情形 2 和情形 4）时，压力影响很小，如同在常压下操作。如果气体有足够的惰性，即 $\rho_g u_g^2 \geqslant 1\% \rho_l u_l^2$ 时，高压操作的压力降等于常压操作的压力降。但是，对高压和高气体流速（情形 5），压力降增加明显，液体滞留显著下降，气液界面面积和体积传质系数增加，催化剂润湿效率改善，从涓流到脉冲过渡的液体流速增大也就是高压下涓流区范围变宽了。在离散气泡流区的液体流速下，为达到脉冲流需要较高的气体流速。

用细颗粒稀释床层能够改善催化剂润湿效率，在高压和高气体流速下改善得到进一步增强，但导致较高的压力降和较低的液体滞留。对气相限制反应物涓流床反应器的性能要优于鼓泡填料床（淹没床），而对液相限制反应物淹没床反应器的性能要优于涓流床；而催化剂完全润湿且在高液体质量流速和/或高压下两者的性能类似。但是稀释床层中，在气体或液体限制条件下两者的性能相同，也就是说使用细颗粒可以使流体动态学和反应动力学产生脱偶作用。现在已经发展的反应器模型能很好地预测反应器性能，不管是液体还是气体限制反应物。

一般说来，大气压数据和模型不能够外推到高压操作，特别是在高气体流速和高分子量气体。只能在特定情形下可以外推。这需要对高压情形进行更多的研究，包括高压实验室数据与预测大规模涓流床反应器数据间的比较；高压实验的新发现、关联和模型在反应器放大或缩小中的应用等。

6.9.6　鼓泡填料塔反应器

气液顺流向上的固定床催化反应器（固定床鼓泡塔反应器）普遍的操作方式是具有连续相的液体和间断离散相的气体。有时也称这类反应器为鼓泡填料塔。它用于有大量液体需要加工但是只有少量气体的情况。如果需要液体有较长的停留时间，这样的操作是很理想的。此种情况下催化剂是被完全润湿的，催化剂的所有表面都能被利用。在鼓泡填料塔中的传质和传热效率也要高于涓流床反应器。与涓流床反应器比较，其缺点有：液体返混显著，反应器效率低；由于液体滞留也大于涓流床反应器，因此在某些情况下会有明显的均相副反应发生。鼓泡填料塔应用的实际例子有：重石油原油的加氢脱硫、硝基化合物的加氢、醇的氨化、在丁二醇合成中甲醛的乙基化等。该类反应器的示意图及气液分布器、气液分离器如图 6-9-12 所示。

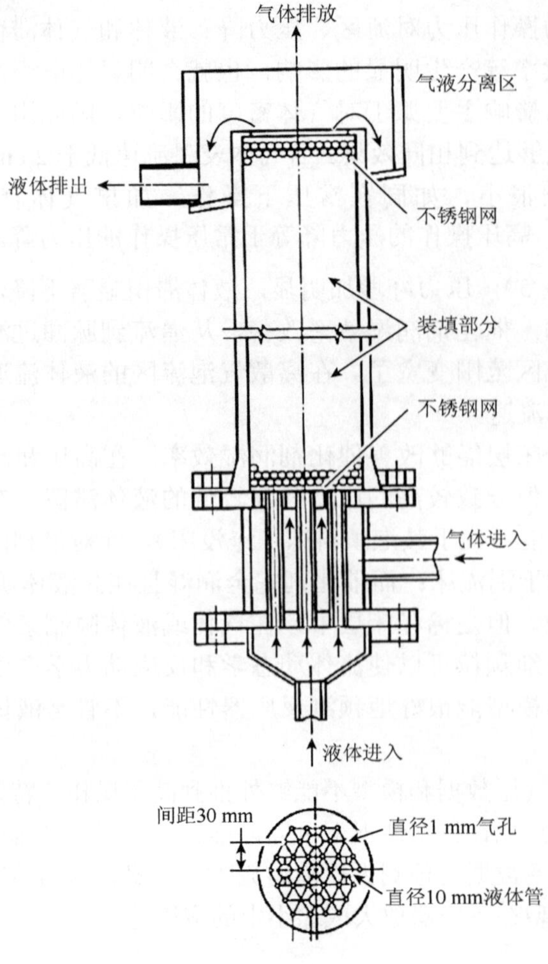

图 6-9-12　顺流向上固定床反应器架构图

在气液顺流向上的固定床催化反应器中，存在两个主要的流区：①低气体流速时的单一相孔流；②高气体流速时的两相孔流。有人认为可以划分为三个流区：喷洒流、气泡流和腾涌流。低液体、气体流速比时操作在喷洒流，此时气体是连续相而液体是分散相。当气泡不破裂流过连续的液体相时是气泡流。当气体速度大于 1～10 m/s、较密相和较疏相交替通过反应柱时为腾涌流。低气体流速时的气泡流可以进一步细分为：低液体流速时的气泡流（Ⅰ）和高液体流时的气泡流（Ⅱ）。喷洒流也可被分为喷洒流和假喷洒流；腾涌流也被细分为脉冲（腾涌）流和假脉冲流。不同流区都有过渡区域。

固定床鼓泡塔反应器的压力降一般也用摩擦因子来关联，不同摩擦因子关联见图 6-9-13。

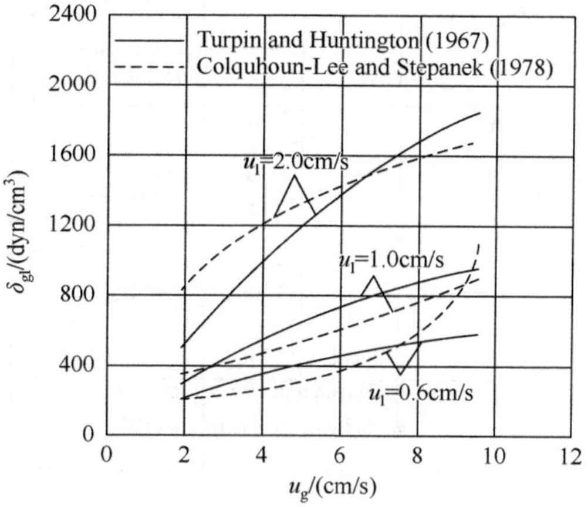

图 6-9-13　压力降关联的比较

对三相固定床反应器，气体滞留和液体滞留是重要的设计参数。如果已知一个，另一个可以用下式估计：

$$\varepsilon_g+\varepsilon_l=\varepsilon_B \tag{6-9-8}$$

$$\frac{\varepsilon_g}{\varepsilon_B}=2\left\{1+\left[1+72.3u_l^{-0.229}\left(\frac{u_l}{u_g^2}\right)^{0.423}\right]^{1/2}\right\} \tag{6-9-9}$$

在实验研究的基础上，文献中给出了一些计算气体和液体滞留的关联。其中气体滞留关联可用于填料鼓泡塔的设计。对液体滞留的关联比较见图 6-9-14，相当离散，选择时要考虑实际条件。文献中也给出了一些预测气液顺流向下的固定床反应器中气液和液固传质关联。向下流的关联用于向上流，误差不大于 30%。使用催化剂作填料的固定床鼓泡塔反应器测量获得气液传质系数所获得的关联有

$$k_L a_B=\alpha' u_l^{\beta'} u_g^{\gamma'} \tag{6-9-10}$$

$$k_L a_B=5.48\times10^{-3}(u_l\delta_{gl})^{1/2} \tag{6-9-11}$$

对不同的填料有不同的参数值 $\alpha'\beta'\gamma'$。这两个关联比较示于图 6-9-15 中。推荐的是关联式（6-9-10）。

用于计算液固传质系数的不同关联的比较见图 6-9-16。它们间的一致性不是很令人满意。推荐使用关联式（6-9-11）和式（6-9-12）。

$$\frac{k_s a_W d_p}{a_p D Sh_0}=0.48\ln\frac{10^2 Re_g}{Re_l}-0.03\left(\ln\frac{10^2 Re_g}{Re_l}\right)^2-0.3 \tag{6-9-12}$$

Sh_0 是 u_g=0 时的 Sh 准数：

$$Sh_0=(2.14Re_l^{0.5}+0.99)\left(\frac{\mu_l}{\rho_l D}\right)^{1/3} \tag{6-9-13}$$

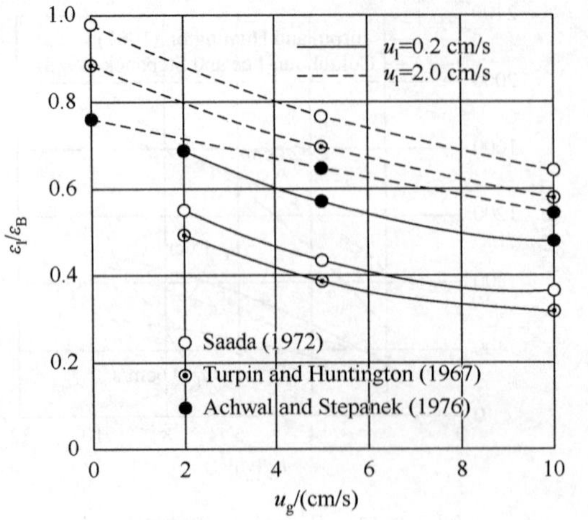

图 6-9-14　固定床鼓泡塔反应器中液体滞留关联的比较

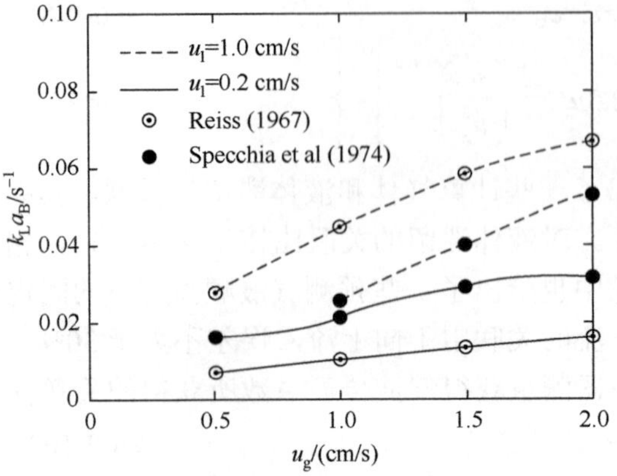

图 6-9-15　顺流向上固定床反应器中的气液传质系数关联的比较

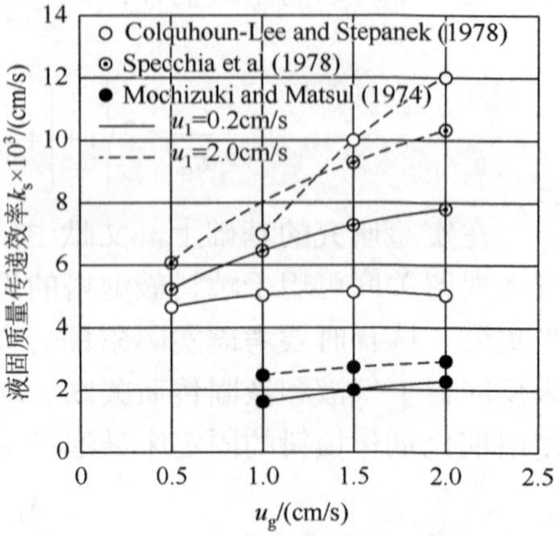

图 6-9-16　顺流向上固定床反应器中的液固传质系数关联的比较

仅对低液体流速小于 0.8 cm/s 适用。

6.9.7　三相流化床反应器

在三相流化床反应器中催化剂颗粒主要是被液体流化的，而气体流以间断的气泡形式顺流流动。三相流化床反应器与鼓泡塔反应器的一个重要差别是：前者通过液体的运动进行动量传递，而后者是通过气泡运动进行动量传递。不像鼓泡塔反应器，三相流化床反应器可以使用相对较大的催化剂颗粒。这类反应器适合于连续操作，因为催化剂粒子的分离是容易的。三相流化床反应器在工业上的主要应用是石油产品的加氢，包括加氢脱硫、加氢裂解生产烯烃、部分氧化生产芳烃和从己二酸和氨生产己二腈等。

三相流化床反应器一般以向上顺流方式操作，但是在某些情形下，例如，催化剂颗粒（离子交换树脂）密度低于液体密度时，它们也能以逆流形式操作（液体向下流，气体向上流）。在工业上使用的三相流化床反应器的一种设计是，颗粒用液体的内循环来保持流化的，液体的内循环可以用一个泵的驱动来达到。这样可以使用的流体流速比流化粒子所要求的低，主要用于流化大的催化剂颗粒。如果不内循环，会由于使用的液体流速过大而导致单程转化率过低。

为了解三相液固流化床首先需要了解液固流化床（两相），因为催化剂颗粒基本上是由于液体的运动而被流化的。保持催化剂颗粒处于悬浮，液体速度需要有一个最小的使颗粒悬浮的速度，文献中已经给出计算这个最小速度的关联式，也给出预测床层中液体滞留量、床层膨胀因子的关联。

1. 流区

在三相流化床中可以观察到三个明显的不同流区：气泡流区、慢速流区、气体连续（离散液体流）流区。气泡流区的特征是间断的气泡流过液相，而且流动的速度相对较快。当气体流速增加时，气泡有并合的趋势而导致大的漫流。慢速流区的特征是通过床层的较密和较稀混合物常常改变比例。在非常高的气体流速和低的液气流比下，流型反转气体变成连续相液体以液滴形式变成离散相。三相流化床通常操作于气泡流区。在实践中，除非是特别应用，气体连续流区应用是不普遍的。基于流化的类型能够对流型进行分类。

（1）颗粒流化，此时固体催化剂均匀悬浮于床层中。一般在气泡流区观察到，在流体力学上比较接近于液固流化床。

（2）集团流化，其特征是固体分布高度不均匀。该类型类似于气固流化床。在气体连续流区和某些慢速流区观察这类流化。

（3）过渡区，这是上述两种类型的中间区，同时具有颗粒流化和集团流化的特征。这种情形一般存在于慢速流区。

三相流化床反应器中的流型也可以分为均相和非均相流两类。近似对应于上述的气泡流区和慢速流区。

2. 床层收缩和膨胀现象

在某些情形的三相流化床中，例如，对小颗粒固体，可以观察到的一个有趣现象是引入气体时的床层收缩现象。这类收缩是由于在气泡后部形成液体尾流。这些尾流中没有多少固体，所以流动快于其余液体。由于总液体体积保持不变，其余液体的流动必须慢下来。在某一气体流速下，可以观察到这样的收缩。如果气体流速进一步增加，床层开始膨胀。实际上仅在小颗粒床层中能够观察到床层的收缩。在实验研究的基础上，提出了预测床层收缩和膨胀的关联式。一般说来，床层膨胀随液体流速而增加；气体速度对床层膨胀的影响有赖于引入气体时床层是否收缩；对小颗粒床层直至某一气体速度观察到床层的收缩。进一步增加气体速度，床层膨胀。

3. 气体和液体滞留

一般说来，在三相流化床反应器中气体滞留量随气体速度增加。而液体流速对气体滞留的影响与催化剂粒子性质有关。对较密或较大直径的颗粒，气体滞留随液体流速增加而减小；对较轻的颗粒没有观察这一现象，此时在一定情况下，气体滞留与液体流速无关。当气体流速小于 1.5 cm/s 时，固体对气体滞留几乎无影响。在较高的气体流速下，固体的存在会减少气体滞留量。对小颗粒固体，气体滞留量要低于无固体时的滞留，而对较大颗粒，气体滞留量要高于无固体时的滞留。

对液体滞留来说，其滞留量随气体流速增加；随颗粒增大而降低直至达到一个临界大小（2.8 mm），颗粒大小的进一步增加反而使液体滞留量增加。

固体润性对气体和液体滞留影响的研究指出：对非润湿固体，气体滞留量在类似条件下要比可润湿固体低 40%。而液体滞留量反而要高一些。

气泡直径的测量指出，它随颗粒大小而变。当颗粒增大时，气泡并合速率增加，因此气泡的直径减小。一般说来，气泡因为颗粒的渗入而破裂（由于颗粒的惯性力超过气泡的表面张力），由此，从力的平衡可以给出气泡的临界大小：

$$d_{\mathrm{p},临界} = \frac{3S_{\mathrm{T}}}{\rho_{\mathrm{p}} u_{\mathrm{B}}^2} \tag{6-9-14}$$

4. 气液传质

一般说来，三相流化床中的液边气液传质系数 $k_{\mathrm{L}}a_{\mathrm{B}}$ 与气体速度成比例，而与液体速度无关。对不同类型的固体颗粒 $k_{\mathrm{L}}a_{\mathrm{B}}$ 对 u_{g} 的说明性作图见图 6-9-17。为比较，无颗粒时的数据也同时给在图中。可以看到，对细小颗粒 $k_{\mathrm{L}}a_{\mathrm{B}}$ 比无颗粒时的值小；而对大的颗粒它们反而是比较高的，因为大颗粒有利于气泡破裂而使气液界面面积 a_{B} 增加。

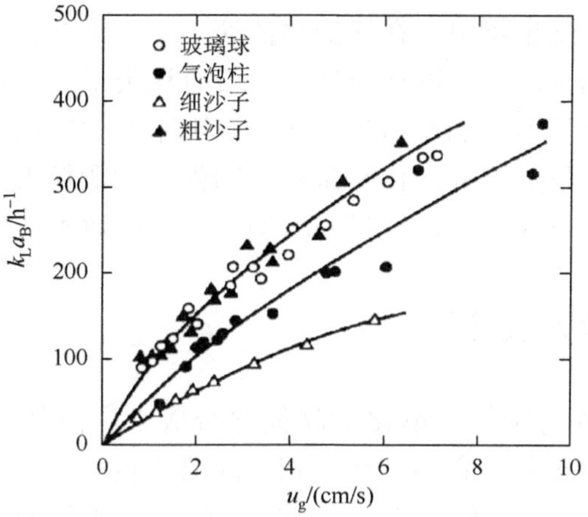

图 6-9-17　三相流化床中气液传质系数关联

在三相流化床中，颗粒大小对 $k_L a_B$、k_L、a_B 的影响研究指出，对较大颗粒，$k_L a_B$ 与液体流速无关；而对较小颗粒，$k_L a_B$ 随液体流速增加而增加。液边气液传质系数 k_L 与液体流速无关，而液边气液传质系数 k_L 对气体流速的依赖关系多少有些复杂。对小颗粒（直径 0.198 cm）它随气体速度增加而增加；对大颗粒（直径 0.586 cm）它与气体速度无关。而对中间大小的颗粒（直径 0.408 cm）它随气体速度增加而减小。

如上所述，气液传质阻力随颗粒大小的增加而下降。但是，对气固传质阻力和反应阻力（如果粒内扩散是控制步骤）随颗粒大小的增加而增加。这一相反影响导致的有趣结果是：在三相流化床中反应器中存在一个最佳的催化剂颗粒大小，在此大小时过程的速率为最大。对 α-甲基苯乙烯的加氢反应，图 6-9-18 说明了这个预测的准确性。文献中也给出了若干预测气液传质和液固传质的关联。

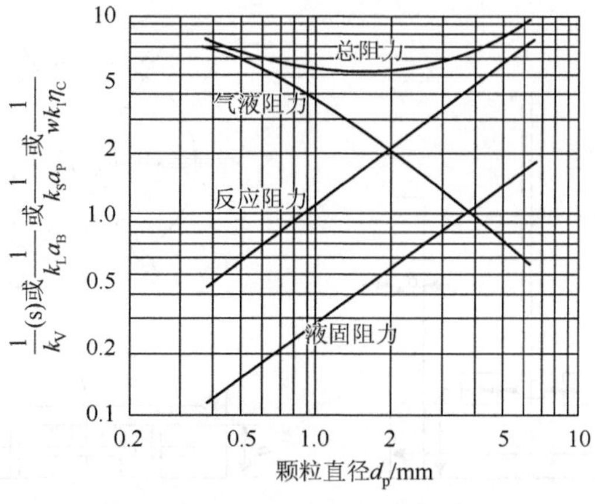

图 6-9-18　三相流化床反应器中 α-甲基苯乙烯加氢反应中不同阻力对总阻力的贡献

传热系数的测量结果指出，在低液体流速下，气泡的存在有利于反应器壁与床层间传热系数的增大；而在液体流速区，没有这类增大。在三相流化床反应器中，传热系数随气体流速增加而增加。床层空隙率的效应如下：传热系数值首先增加达到一最大值，然后下降。传热系数也随催化剂颗粒大小的增加而增大直至接近毫米级的颗粒。颗粒大小进一步的增加对传热系数不产生影响。

6.9.8　机械搅拌浆态反应器

在许多化学过程特别是精细化学品催化合成中广泛使用机械搅拌浆态反应器。通常是间歇操作过程。它与其他三相反应器比较有一些特别的优越之处，即有高效的传质和传热。由于使用的是小颗粒催化剂，颗粒内扩散阻力也是很小的，催化剂的利用率很高。鉴于在这类反应器中能获得高的传质和传热速率，它们最适合于实验室的动力学研究。其缺点是需要大的功率用于搅拌、显著的液体返混、在连续操作中需要进行困难的催化剂分离——液固分离。

设计机械搅拌浆态反应器需要的参数可以用关联来获得。常用的机械搅拌浆态反应器和搅拌器设计需要的参数见图 6-9-19。通常使用的搅拌器是涡轮型的径向流搅拌桨。在机械搅拌浆态反应器设计中存在一个搅拌桨直径与容器直径的最佳比，在该比条件下，容器中心和外围的催化剂颗粒以相同的速度运动。不同形状容器的这一最佳比如下：平底容器，$d_I/d_T=0.45\sim0.5$；盘形底容器，$d_I/d_T=0.4$；球形底容器，$d_I/d_T=0.35$。为保持催化剂颗粒均匀悬浮，一般应该使用挡板。标准的挡板尺寸是容器直径的 1/12～1/10，在大部分情形下 4 块挡板就足够。为了有合适的气体分布和避免在液体的自由表面形成涡旋也有必要使用挡板。气体的进口应该尽可能接近桨叶，要使用一个环形分布器而不要只用一个喷口。分布器的宽度应该是桨叶直径的约 0.8 倍。

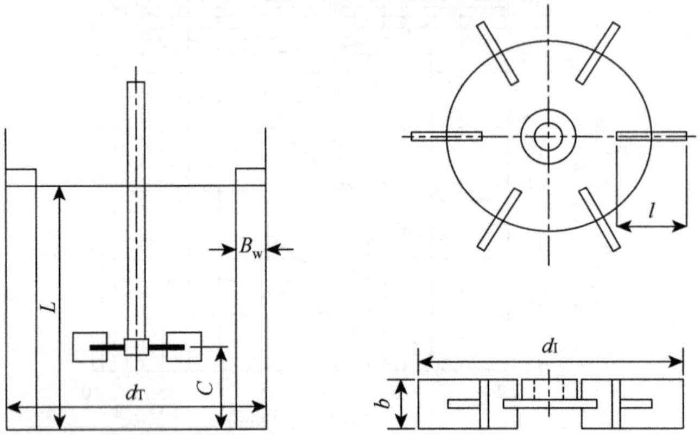

图 6-9-19　带搅拌器设计的搅拌反应器示意图

1. 搅拌

为了有效地和最大限度地利用催化剂，必须使全部固体颗粒保持悬浮，没有催化剂沉于反应器底部。为做到这一点，要求有最小的搅拌度，以便选择合适的操作条件。预测完全悬浮所需要的最小搅拌速度可使用经验关联：

$$N_m = \frac{\beta_2 d_p^{0.2} \mu_l^{0.1} g^{0.45} (\rho_p - \rho_l)^{0.45} w'^{0.13}}{\rho_l^{0.55} d_I^{0.85}} \tag{6-9-15}$$

其中，w'是百分催化剂负荷（g/100 g 溶液）；N_m为完全悬浮所需要的最小搅拌速率；β_2是一常数。对盘形涡轮，

$$\beta_2 = 2\left(\frac{d_T}{d_I}\right)^{1.33} \tag{6-9-16}$$

不同催化剂负荷需要的最小搅拌速度如图 6-9-20 所示。

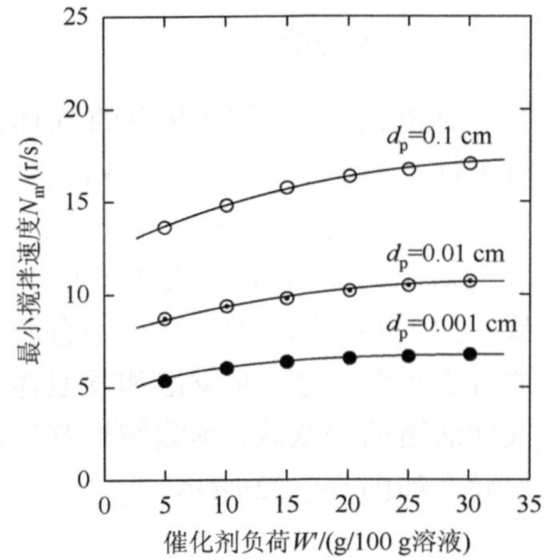

图 6-9-20　颗粒完全悬浮的最小搅拌速度

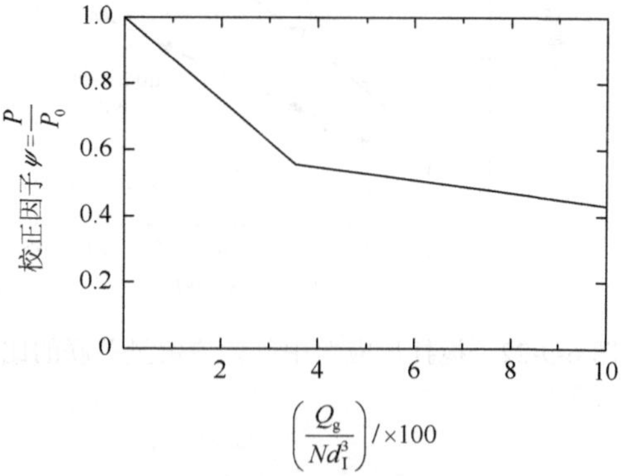

图 6-9-21　计算功率消耗的校正因子对 Q_g/Nd_I^3 作图

搅拌器的功率消耗是重要的经济指标。没有气体和固体时搅拌液体的功率消耗能够从下式定义的功率数目求得

$$N_p = \frac{P_0}{N^3 d_I^5 \rho_l} \tag{6-9-17}$$

N_p 已经被关联为搅拌器雷诺数 Re_a 的函数。如果 $Re_a > 10000$，对板型桨叶搅

拌器 N_p 为一常数 6.3，对曲线型桨叶搅拌器为 4。当 Re_a＜10000 时，N_p 需要用另外的关联式计算。

如果有气泡存在，功率消耗下降。可以用关联因子来计算功率消耗：

$$P=\psi P_0 \tag{6-9-18}$$

$$\frac{Q_g}{Nd_I^3}<3.5\times10^{-2};\quad \psi=1.0-\frac{1.26Q_g}{Nd_I^3} \tag{6-9-19}$$

$$\frac{Q_g}{Nd_I^3}>3.5\times10^{-2};\quad \psi=0.62-\frac{1.85Q_g}{Nd_I^3} \tag{6-9-20}$$

因子 ψ 或 P/P_0 与 $Q_g/(Nd_I^3)$的一般化作图见图 6-9-21。

对低催化剂负荷和低密度催化剂，这类校正可能是没有意义的。对三相浆液体系中的涡轮和螺旋桨搅拌器，当 Re_a＞20000 时，功率数目是一常数。一般来讲，功率数目在高雷诺数下是催化剂负荷的一个中等函数。

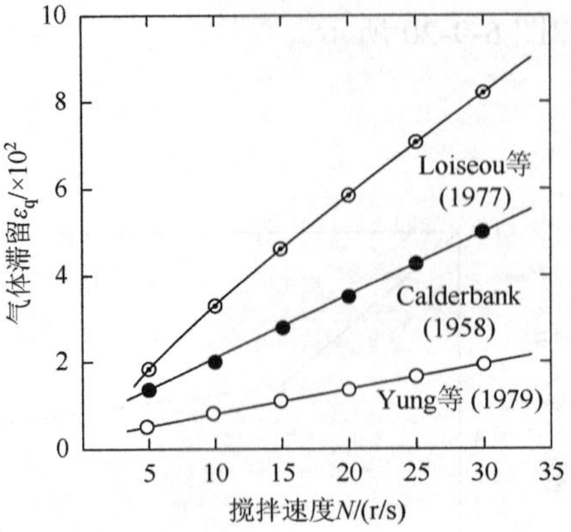

图 6-9-22 搅拌反应器中气体滞留量关联的比较

2. 气体滞留

对机械搅拌反应器中的气体滞留进行了不少研究。气体滞留是功率消耗和界面气速的函数，在机械搅拌反应器中气体滞留量取决于这些参数，如表 6-9-1 所示。文献中有若干适合于预测气液、非发泡和发泡体系气体滞留的关联式，预测结果有一定差异，如图 6-9-22 所示。

表 6-9-1 计算气体滞留量关联中一些参数的指数

研究者	下述量的指数			
	u_g	P	S_T	μ_L
Foust 等	0.53	0.47	—	—
Calderbank 等	0.50	0.40	−0.6	0.0
Yoshida 等	0.75	0.27	—	—
Loiseau 等	0.36	0.27	−0.36	−0.056
Yung 等	0.5	0.26	−0.65	—

3. 气液传质和液固传质

机械搅拌反应器中的气液传质研究，绝大部分是没有固体的气体吸收。主要是水溶液中，对有机溶剂可利用的数据有限。传质系数 k_La_B 主要取决于 N 和 d_I，在一定程度上也取决 u_g。不同作者在机械搅拌反应器中获得数据给出的 k_La_B 的关联中，N、d_I 和 u_g 及其他参数的指数是不一样的，如表 6-9-2 所示。研究者也发现存在一个临界速度 N_c，在其之上，k_La_B 与气体流速关系不是很大，主要取决于搅拌速度。对分离的 k_L 和 a_B，也提出预测关联。

表 6-9-2　计算机械搅拌反应器 k_La_B 关联中一些参数的指数

研究者	下述量的指数				
	N	d_I	u_g	S_T	μ_L
Calderbank 等	1.2	2.0	0.5	−0.6	−0.666
Yagi 等	2.2	1.51	0.28	−0.6	−0.9
Bern 等	1.16	1.979	0.32	—	—

这里重要的是固体粒子对 k_La_B 值的影响。对 k_La_B 值的大多数研究是基于气液体系，没有详细研究固体颗粒的影响。经过研究有人发现，虽然直至 10%的催化剂负荷，固体颗粒对 k_La_B 值没有影响，但是，超过 10%，k_La_B 值有相当的降低。一般来讲，在实际中使用的催化剂负荷都小于 10%，因此，已经存在的用于气液体系的 k_La_B 值关联也能够使用于三相体系。

对机械搅拌反应器已经提出了一些放大的准则。常用的两个普遍的准则是单位体积的等功率消耗和搅拌器的等末端速度。前者要求 $N^3d_I^5$ 保持恒定以保证在放大后获得相同的 k_La_B 值；后者要求 Nd_I 保持恒定。一般认为，基于等功率消耗更为合理。对机械搅拌反应器中的液固传质，提出了若干预测关联。这些液固传质系数关联比较见图 6-9-23，以 k_s 作为搅拌器速度的函数（两个粒子大小）。实验证实，只要颗粒完全悬浮，液固传质系数与设备的几何形状无关。

4. 密闭搅拌反应器

密封的搅拌反应器是一个没有组分离开的反应器，相当于消耗速率的气体是由一个储存器连续地供应。该类反应器体系的优点是未反应气体不需要循环。该类体系应用于没有气体副产物显著累积的情形。如果有气体副产物或进料气体中含有惰性气体，反应气体的浓度可能随着反应的进行有显著的降低。这说明只适合用于纯的气体反应物进料。这类反应器中的气液传质一般是要低于气体以相当速度喷入反应器的体系。当然可以用不同的方法改进它，如对气体做部分循环、使用气体引入搅拌器和使用双搅拌系统等。

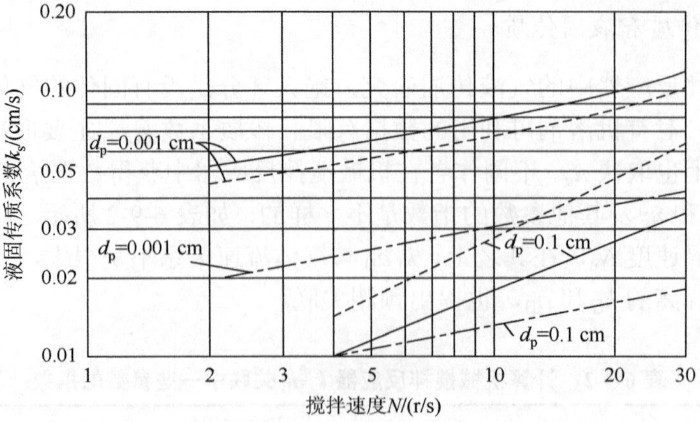

图 6-9-23　搅拌反应器中液固传质系数关联比较

6.9.9　鼓泡塔浆态反应器

在鼓泡塔浆态反应器中，气体分散通过悬浮有催化剂颗粒的很深的液体池。在这类反应器中，通过气泡运动把动量传递给液体，一般使用粉末催化剂。该类操作通常在高径比为 4～10 的柱子中实现。对液体反应物的转化，操作可以是半间歇式；但液体反应物也可以是连续式的操作。这类反应器的优点有：没有运动部件，无需为搅拌器密封；维护费用低；粒内扩散阻力小催化剂的利用率高；与搅拌反应器比较只需较小的平面空间；与固定床反应器比较可以用高液体循环速率带来的较有效热传输效率；与机械搅拌反应器比较功率消耗低等。鼓泡塔浆态反应器的主要缺点为：液相有相当大的返混、需要克服较大的压力降、当高径比大于 10 时气液界面面积有相当快速的下降。

鼓泡塔浆态反应器已经应用于许多工业过程，如费托合成烃类、己内酰胺生产等。带有专利性设计（固液分离）的连续鼓泡塔浆态反应器如图 6-9-24 所示。在另一类鼓泡塔浆态反应器设计中，催化剂和液体使用外部的泵进行循环，可以使用较高的催化剂负荷，可以逆流也可以顺流，如图 6-9-25 所示。

当催化剂颗粒小于 50 μm 并且催化剂的负荷不超过 15%时，浆液可以作为准均相体系处理，此时水力学类似于气液两相体系。依据气体和液体的流速及浆液体系的物理性质，鼓泡塔浆态反应器中的流区可以分为以下部分。

（1）均相气泡流：气体速度小于 5 cm/s 时发生，其特征是窄的气泡大小分布，气泡间只有非常小的相互作用。

（2）非均相气泡流：在较高气体速度时（大于 7 cm/s）有足够的气泡并合发生，伴随小气泡有大气泡出现，所以称为非均相气泡流区。

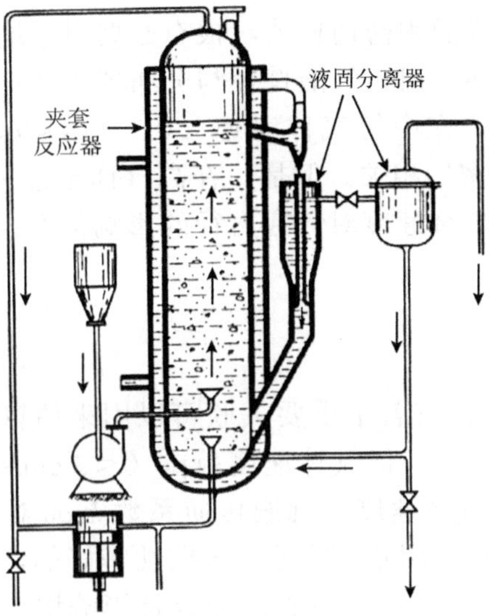

图 6-9-24　用泵循环的鼓泡塔浆态反应器示意图

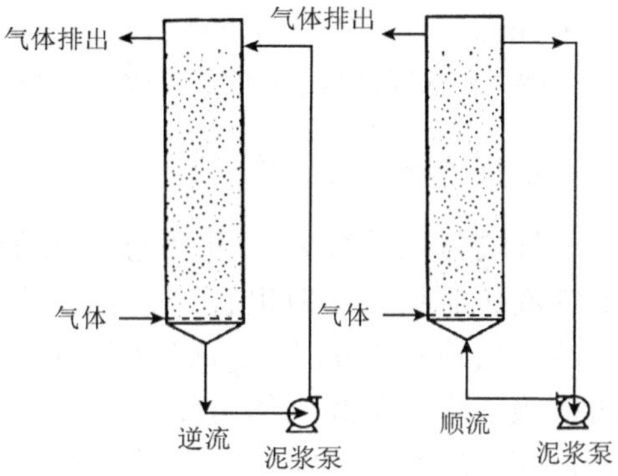

图 6-9-25　连续鼓泡塔浆态反应器示意图

（3）翻腾湍流腾涌流区：在大气体流速和小直径反应器中发生。通过并合形成的气泡的直径变得与反应器直径可比较了。这些气泡被反应器壁稳定作为气块在反应器中运动。

（4）对发泡体系，流区可分为：气泡流、过渡状态 1、细末状发泡流、过渡状态 2、泡沫流。

1. 催化剂颗粒的悬浮

为保证催化剂的全部利用，所有催化剂必须全部悬浮。对鼓泡塔浆态反应器可能存在一个最小的气体速率，大于它的催化剂颗粒完全悬浮。显然，存在一临界固体滞留量，它定义为在给定操作条件下能够保持完全悬浮的最大的固体量。有若干关联式可以计算它。虽然这些关联能够用于确保催化剂完全悬浮的计算；但是不能确保均一悬浮。沿反应器高度可以存在催化剂的浓度分布，它会影响反应器的性能。然而对一级反应，已经证明如果液体完全返混，固体分布对反应器性能的影响是不显著的。

2. 气体滞留和平均气泡直径

在鼓泡塔中的气体滞留是指反应器的分数气体含量，它指出了气体在反应器中的停留时间、有效气液界面面积等，因此很重要。有若干关联式可以用来计算气体滞留。气体滞留可以用于计算气液界面面积。

由于平均气泡直径与传质系数和气液界面面积密切相关，很有必要对平均气泡直径做出估算。在低气体流速（u_g＜0.5 cm/s）时，气泡直径与分布器小孔直径密切相关，与小孔中的气体速度关系不大。在中等气体流速（0.5 cm/s＜u_g＜10 cm/s）时，气泡直径与小孔中的气体速度密切相关。但是，在高气体流速（u_g＞10 cm/s）时，分布器小孔直径与小孔中的气体速度对气泡直径的影响都不大。有一些关联式可以用来估算平均气泡直径。

3. 气液和液固传质

气液传质系数 k_La_B 几乎总是放在一起的，有若干重要关联可以用来估算这个气液传质系数。但也有计算 k_L 的单独关联。在低气体速度范围（＜3 cm/s），气液传质系数 k_La_B 与 u_g 成比例，而在较高气体速度，气液传质系数 k_La_B 对 u_g 的依赖下降。在低气体速度范围（＜3 cm/s），不同关联间的一致性是好的，但是在高流速时，差别就很大了，如图 6-9-26 所示。喷嘴的设计也是影响均一气泡流区的气液传质系数 k_La_B，也提出若干重要的液固传质关联，其中的两个见图 6-9-27。

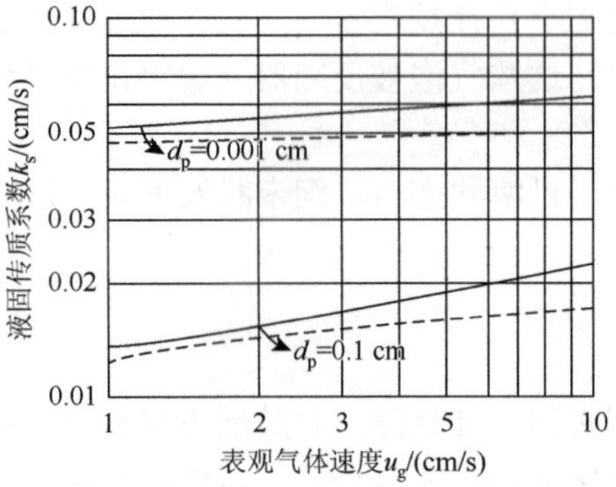

图 6-9-26　鼓泡塔中 k_s 关联的比较

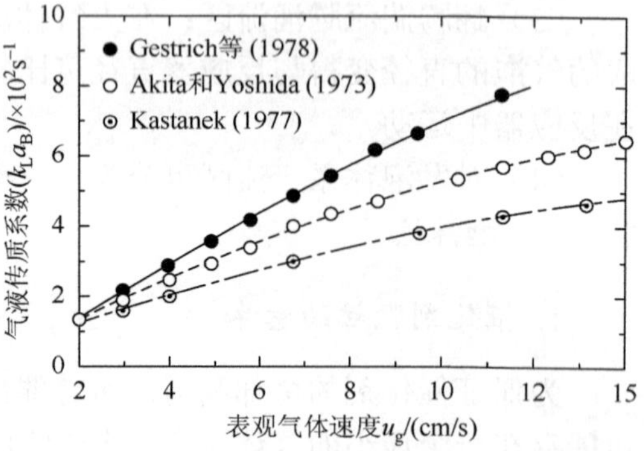

图 6-9-27　鼓泡塔中气液传质关联的比较

4. 催化剂分离

连续鼓泡塔浆态反应器的一个最严重的问题是催化剂的连续分离和循环。为此，不得不设计一个不会导致液体流中断的过滤和循环催化剂的合适装置。为了定量地回收价格不菲的贵金属催化剂（常在工业中使用），需要一个有效的过滤体系。不同过滤设备的选用取决于操作的规模和类型。显然过滤器不能让催化剂通过，而且过滤器还应该利于清洗，以便催化剂能够回收和循环。对小的间歇过程（容量 200～400 立升），可采用套筒过滤器；对大容量 2000～4000 立升，可以使用垂直叶片过滤器或离心滤饼排放过滤器。

连续鼓泡塔浆态反应器一个设计的示意图（图 6-9-24）指出的关键特征是出口的浆液进入有夹套的沉降器以分离大部分催化剂，这样通过喷射口的上方和重力催化剂能够再回到反应器。离开沉降器的液体进入第二个液固分离器再除去余留的极少量催化剂。

参 考 文 献

陈甘棠. 2007. 化学反应工程. 北京：化学工业出版社.

张濂. 2005. 化学反应器分析. 上海：华东理工大学出版社.

朱炳辰. 2001. 催化反应工程. 北京：中国石化出版社.

朱炳辰. 2007. 化学反应工程. 北京：化学工业出版社.

朱开宏. 2002. 化学反应工程分析. 北京：高等教育出版社.

Al-Dahhan M H，Larachi F，Dudukovic M P，et al. 1997. High-pressure trickle-bed reactors：A review. Industrial and Engineering Chemistry Research，36：3292-3314.

Andrigo P，Bagatin R，Pagani G. 1999. Fixed bed reactors. Catalysis Today，52：197-221.

Aris R. 1975. The Mathematical Theory of Diffusion and Reaction in Permeable Catalysts. Oxford：Clarendon Press.

Bansal A，Wanchoo R K，Sharma S K. 2008. Two-phase pressure drop in a trickle bed reactor involving Newtonian/Non-Newtonian liquid phase. Chem Eng Comm，195：1085-1106.

Biardi G，Baldi G. 1999. Three-phase catalytic reactors. Catalysis Today，52：223-234.

Coulson J M. 1964. Chemical Engineering. 2nd Ed. Oxford：Pergamon Press.

Cybulski A，Moulijn J A. 1994. Monoliths in heterogeneous catalysis. Catalysis Reviews-Science and Engnieering，36（2）：179-270.

Desmet G，Greef J D，Verelst H，et al. 2003. Performance limits of isothermal packed bed and perforated monolithic bed reactors operated under laminar flow conditions. I. General optimization analysis. Chemical Engnieering Science，58：3203-3214.

Donati G，Paludetto R. 1999. Batch and semibatch catalytic reactors（from theory to practice）. Catalysis Today，52：183-195.

Dudukovic M P，Larachi F，Mills P L. 2002. Multiphase catalytic reactors：A perspective on current knowledge and future trends. Catalysis Review，44（1）：123-246.

Fiswick R P，Natividad R，Kulkami，et al. 2007. Selective hydrogenation reactions：A comparative study of monolith CDC，stirred tank and trickle bed reactors. Catalysis Today，128：108-114.

Fogler G S. 1997. Elements of Chemical Reaction Engineering. 2nd Ed. New Delhi：Prentice-Hall of India Private Limited.

Froment G F，Bischoff K B. 1990. Chemical Reactor Analysis and Design. 2nd Ed. New York：John Wiley and Sons，Inc.

Gianetto A，Silveston P L. 1986. Multiphase Chemical Reactors. New York：Hemisphere.

Gunial P R，Kashid M N，Ranade V V，et al. 2005. Hydrodynamics of trickle-bed reactors：Experiments and CFD modeling. Industrial and Engineering Chemistry Research，44：6278-6294.

Iliuta I，Thyrion F C. 1996. Residence time distribution of the liquid in gas-liquid cocurrent upflow fixed-bed reactors. Chemical Engnieering Science，51：4579-4593.

Irandust S，Andersson. 1988. Monolithic catalysts for nonautomobile applications. Catalysis Reviews-Science and Engnieering，30（3）：341-392.

Kunii D，Levenspiel O. 1991. Fluidization Engineering. 2nd Ed. London：Butterworth-Heinemann.

Levenspiel O. 1962. Chemical Reaction Engineering—An Introduction to The Design of Chemical Reactors. New York：John Wiley and Sons，Inc.

Marmo L，Rovero G，Baldi G. 1999. Modelling of catalytic gas-solid fluidised bed reactors. Catalysis Today，52：235-247.

Marwan H，Winterbottom J M. 2004. The selective hydrogenation of butyne-1, 4-diol by supported palladiums：A comparative study on slurry，fixed bed，and monolith downflow bubble column reactors. Catalysis Today，105：325-330.

Mills P L，Chaudhari R V. 1997. Multiphase catalytic reactor engineering and design for pharmaceuticals and fine chemicals. Catalysis Today，37：367-404.

Nijhuis T A，Beers A E，Vergunst T，et al. 2001. Preparation of monolithic catalysts. Catalysis Review，43（4）：345-380.

Ramachandran P A. 1983. Three-Phase Catalytic Reactors. New York：Gordon and Breach Science Publishers.

Sheintuch M，Nekhamkina O. 2001. Pattern formation in models of fixed-bed reactors. Catalysis Today，70：369-382.

Smith J. 1981. Chemical Engineering Kinetics. 3rd Ed. 台北：状元出版社.

Stankiewicz A. 1989. Advances in modelling and design of multitubular fixed-bed reactors. Chemical Engineering and Technology，12（2）：113-130.

Wammes W J A，Middelkamp J，Huisman W J，et al.1991. Hydrodynamics in a cocurrent gas-liquid trickle bed at elevated pressures. AIChE Journal，37：1854.

Werther J. 1992. Scale-up modeling for fluidized bed reactors. Chemical Engnieering Science，47：2457.

Wurzel T，Malcus S，Mleczko L. 2000. Reaction engineering investigations of CO_2 reforming in a fluidized-bed reactor. Chemical Engnieering Science，55：3955-3966.

主要编写人员简介

阎子峰，教授、博士生导师。1988 年和 1991 年于兰州大学化学专业分别获理学学士学位和理学硕士学位，1994 年在中国科学院兰州化学物理研究所获理学博士学位，之后在中国石油大学从事教学、科研与管理工作，1998 年破格晋升为教授，2000 年被聘为博士生导师。曾任山东省第十届、第十一届省人大代表，现任中国石油大学（华东）国际合作与交流处处长、港澳台事务办公室主任。目前为中国石油大学化学工程与技术、化学学科博士生导师，重质油国家重点实验室教授，发起成立中国-沙特炼油技术合作研究中心（SCORC），同时兼任中国化工学会理事，中国化学会催化委员会委员，中国化学会分子筛委员会委员，山东省化学化工学会常务理事兼催化专业委员会主任委员，澳大利亚昆士兰大学客座教授，《科学通报》特邀编辑，*Journal of Porous Materials*、*Material Research Innovations*、*Journal of Applied Chemistry*、*Applied Petrochemical Research* 等国际刊物编委，曾任 *Catalysis Today*、*Energy & Fuels*、*Asia Pacific Journal of Chemical Engineering*、*Journal of Porous Materials*、*Dry Technology* 等国际刊物客座编辑。

20 多年来，主持承担 30 余项国家重点基础研发项目、国家自然科学基金项目、中国石油炼油催化剂重大专项等国家、省部级重大研究课题和攻关项目，承担 5 项与 Shell（壳牌）公司、KACST 等国际合作项目，在催化材料与催化剂、纳米催化技术、新型碳材料与新能源技术等领域取得一系列创新性成果，先后形成多项工业化催化材料技术，主办/承办国内外学术会议 7 个，多次受邀在国际国内学术会议上做 Plenary/Keynote 报告，获得“伊朗最高外国专家国家奖”（2008）、Cognizure Prof. Joseph Wang Award（2015）、山东省自然科学奖一等奖 2 项、教育部高等学校自然科学奖 1 项、山东省科技进步奖 2 项等省部级科技奖励 10 余项，出版《纳米催化技术》等专著 2 部，《催化原理导论》双语教材 1 部，获得 20 余项国家发明专利，在国际学术刊物发表学术论文 300 余篇，*h* 因子 38，5 篇论文入选前 1%高被引论文，他引超过 6000 余篇次。指导的博士研究生获得 2 篇全国优秀博士论文百篇提名奖，1 篇获得伊朗 Khawrazmi 优秀博士论文奖，4 篇山东省优秀博士/硕士学位论文。

陈诵英，教授、博士生导师。1964 年毕业于浙江化工学院（现浙江工业大学），1967 年研究生毕业于中国科学院化工冶金研究所。1970 年被分配到中国科学院山西煤炭化学研究所工作，1978 年任课题组长，1988 年被聘任为研究员。1984～1985 年赴美国加州大学戴维斯分校化工系进修。1989 年负责筹建煤转化国家重点实验室，1993 年建成并任首届主任兼任开放研究室主任。1991 年被评为中国科学院优秀研究生导师，享受政府特殊津贴。1997 年调杭州大学工作，任浙江省应用化学重点研究实验室常务副主任。1998 年四校合并后为浙江大学教授，博士生导师。2002～2003 年应邀赴台湾大学进行燃料电池材料的合作研究。2004～2010 年应聘任上海师范大学特聘教授。

长期从事吸附、催化、纳米材料包括纤维催化剂制备应用的研究，同时涉及色谱、催化反应工程、煤炭转化、多孔固体特别是活性炭的表征测试等领域。培养博士研究生 30 多名，硕士研究生 10 多名。为研究生授课 10 多门。先后主持负责或承担国家级基金 8 项，主持承担的其他课题近 30 项。获山西省科技进步类一等奖、二等奖 4 项；获中国科学院自然科学奖三等奖 2 项；参与的钯/碳纤维脱氧催化剂获国家发明奖三等奖。获授权发明专利 14 项。为浙江省企业研发催化剂多种，创造的年利润超亿元。在国内外学术刊物上发表论文 300 余篇。

出版的著作（均为第一作者）有：《吸附于催化》（合著，河南科学技术出版社，2001），《催化反应动力学》（合著，化学工业出版社，2007），《催化反应工程基础》（化学工业出版社，2011），《催化反应器工程》（合著，化学工业出版社，2011），《催化剂制备原理与技术》（合著，化学工业出版社，2012），《精细化学品催化合成技术（上）：绿色催化技术》（合著，化学工业出版社，2014），《精细化学品催化合成技术（下）：催化合成反应与技术》（合著，化学工业出版社，2015），《结构催化剂与环境治理》（合著，化学工业出版社，2016）。译著有：《动力学和催化》（中国科学院山西煤炭化学研究所，1978），《多相催化中的传质》（烃加工出版社，1980），《催化过程化学》（化学工业出版社，1982）。

发起并召开学术会议：全国催化剂制备会议、全国环境催化会议和催化动态分析学术会议。曾被聘为全国九所以上高等院所的兼职和客座教授；应国内外有关大学、科研院所和大公司邀请讲学或做专题报告约 70 次。参加国际学术会议约 20 次。担任中国颗粒学会和第一届、第二届中国色谱学会理事，颗粒测试专业委员会常委，中国兵工学会活性炭专业委员会副主任，浙江省石油学会常务理事。兼任或曾任《化工学报》、《催化学报》、《色谱》、《石油化工》、《燃料化学学报》、《中国粉体技术》、《煤炭转化》、《天然气学报》（英文版）、《活性炭》等期刊编委。

徐杰，研究员、博士生导师。1981 年 12 月郑州大学化学系毕业。现担任中国科学院大连化学物理研究所大连洁净能源国家实验室（筹）洁净能源部部长、中国化学会催化专业委员会委员、中国化学会均相催化专业委员会委员、中国化学会绿色化学专业委员会委员，任《催化学报》、*J. Energy Chemistry*、*Materials Focus* 和 *Energy and Environment Focus* 等期刊编委，大连市第四、第五批优秀专家。长期从事有机催化的应用基础研究，在物理化学、催化化学和有机合成交叉学科的基础上，以具有重要科学意义和应用背景的石油化工、精细化工、能源化学品合成等反应为对象，进行催化新材料、合成新方法、技术新路线等科学研究，为工业应用提供绿色催化合成和资源优化利用新技术和新方法。研究方向主要为烃类催化选择氧化、催化选择加氢、生物质转化和催化新材料制备和应用。主持和完成国家高技术发展计划（863）、国家自然科学基金重点和面上项目、国家“十一五”科技支撑、中国科学院知识创新工程重要方向、中国科学院东北振兴科技行动计划重点、中国科学院战略性科技先导专项等项目多项。与国内外企业合作，先后完成多项工业化技术和应用研究成果，包括：10 万吨/年“对二甲苯氧化制对苯二甲酸”降溴催化剂的工业应用、7 万吨/年“环己烷催化氧化制环己酮”工业试验、甲苯液相催化选择氧化新工艺中试、2000 吨/年“乙苯氧化制苯乙酮”工业应用、1000 吨/年甘油催化加氢制 1, 2-丙二醇、2.5 万吨/年丙酮催化加氢缩合、5000 吨/年山梨醇催化加氢裂解制玉米化工醇、20 万吨山梨醇催化加氢裂解制生物基多元醇等技术示范和技术转化。

围绕烃类 C—H 键的催化选择氧化活化、生物质 C—C 键和 C—O 键的催化选择加氢裂解等关键科学问题，发展了金属氧化物催化剂、有机修饰催化剂、有机自由基循环催化剂体系制备技术，开发出氧化-还原循环均相催化剂新体系。在催化加氢研究方向，以新型催化剂载体开发研究为重点，开发了金属合金及其负载催化剂，对苯选择加氢制环己烯、丙酮加氢缩合、甘油选择加氢制 1, 2-丙二醇及山梨醇加氢裂解制低碳二元醇进行了开发研究。在 *J. Am. Chem. Soc.*、*Angew. Chem. Int. Ed.*、*Energy Environ. Sci.*等重要杂志发表 SCI 论文 260 余篇，获得授权发明专利 80 余项，完成鉴定和验收成果多项。已培养毕业的博士研究生 42 名，曾获得辽宁省科技发明奖和中国产学研合作创新个人奖（2013）。

辛勤，研究员、博士生导师。1962 年毕业于吉林大学。曾任催化基础国家重点实验室学术委员会副主任、中国科学院大连化学物理研究所学位委员会副主任、中国化学会催化专业委员会秘书长。现任《催化学报》顾问，中国化学会催化委员会顾问委员，中国科学院大连化学物理研究所咨询委员会副主任。享受国务院政府特殊津贴。

主要从事直接醇燃料电池、纳米材料、催化原位表征等催化基础研究。主持了同比利时天主教鲁汶大学催化和材料中心、西班牙石油和催化研究院、英国利物浦大学表面科学和催化研究中心、法国里昂大学、意大利米兰大学、希腊 Thessalia 大学、挪威科技大学、美国通用汽车公司、韩国三星集团公司九个长期国际合作项目。他发展的原位红外光谱方法、双分子探针方法技术和装备先后为国内外近百个实验室采用。

在国内外期刊发表 500 余篇研究论文，Web of Science 检索引用率一万余次。中英文专著 9 部。2014 年入选 Thomson Reuters（汤森路透）发布的 21 个主要学科领域“全球最有影响力科学家”榜单；2015 年入选爱思唯尔公布的“世界最高被引科学家”榜单。1994 年由于组建催化基础国家重点实验室所做出的贡献荣获由国家教育委员会、国家科学技术委员会、中国科学院等七部委联合颁发的“金牛奖”。

获国家发明二等奖 1 次，国家自然科学奖二等奖 1 次，教育部自然科学奖一等奖 1 次，辽宁省自然科学奖一等奖 1 次，中国分析测试协会科学技术奖一等奖 1 次（CAIA 奖）；中国科学院自然科学奖、发明奖和科技进步奖（二等奖以上奖励计 7 次），辽宁省自然科学奖二等奖 1 次，国家自然科学基金委员会优秀奖一次。两次获中国科学院优秀博士生导师奖和一次杰出贡献教师奖。2016 年获中国科学院杰出科学技术成就奖。

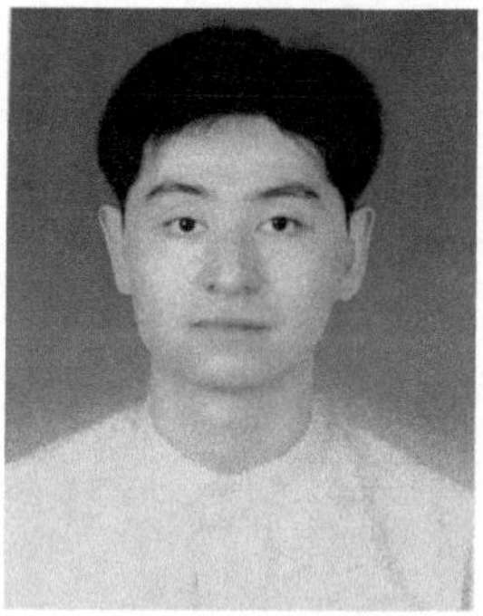

路勇，华东师范大学上海市绿色化学与化工过程绿色化重点实验室教授，博士生导师。1992 年本科毕业于四川大学化学系物理化学专业，获学士学位。1997 年博士毕业于中国科学院兰州化学物理研究所物理化学专业多相催化方向，获理学博士学位。1997～2000 年在中石化石油化工科学研究院于何鸣元院士指导下从事博士后研究，留院工作受聘为高级工程师、任科研组长。2000～2001年和2001～2004年分别在新加坡国立大学化工系和美国 Auburn（奥本）大学化工系从事博士后研究。2004 年 8 月入职华东师范大学担任教授至今。入职后，紧扣“结构催化剂与反应器”这一催化与化工交叉领域的国际新兴前沿，同步开展科学研究与应用开发，发展形成了独特的“3D 空隙整装结构‘非涂层’催化功能化及其 C1 能源与环境催化应用”新方向。提出了金属 foam/fiber 基体“非涂层”原位催化功能化的“自上而下”（top-down）逆向设计策略，原创性地构建了湿式化学刻蚀、原电池反应置换活化、分子筛原位生长、介孔 Al_2O_3 同源氧化衍生、偶联剂辅助的纳米类核壳一步跨尺度组装等的结构催化剂制备新方法和新技术，突破了“涂层技术”通适性差的局限性，将结构催化剂从规则 2D 空隙蜂窝和微通道结构拓展到了非规则 3D 空隙金属 foam/fiber 等结构，实现了反应器（top）内流动和热/质传递与表界面（down）催化反应的协同耦合，进而可提高催化剂的利用效率、提升稳态反应速率和选择性、减缓催化剂失活，尤其为众多 C1 能源化工反应过程存在的传质/传热限制等问题的解决，以及为满足环境催化（VOC 催化燃烧）和“模块”化工厂等对高通量、低压降等的特殊要求提供了新的技术途径。在煤/生物质基合成天然气（SNG）、甲醇制丙烯（MTP）、CO 氧化偶联合成 DMO 及 DMO 加氢合成 EG（煤制乙二醇）、VOCs/CH_4 催化燃烧、气相醇选择氧化、甲烷干重整、催化精馏等多个过程的应用中得到强有力的验证，与世界 500 强香港中华煤气集团建立了全面合作关系，有的技术已进入中试开发，个别催化剂已实现工业试制。

主持国家自然科学基金委员会“‘十五’能源发展中的若干关键科学问题”重大项目课题 1 项、面上项目 5 项，科技部“973”项目课题 1 项、“863”“氢能源”专项课题 1 项，教育部“高等院校博士点专项基金”项目 1 项和上海市科委重大项目子课题 1 项。承担企业委托开发项目多项。在包括 *AIChE J*、*ACS Catal*、*J. Catal*、*Appl. Catal. B*、*Chem. Commun.*、*ChemSusChem*、*Green Chem.* 等化工、催化和化学综合领域的国际著名学术期刊发表论文 100 余篇，被引用 2000 余次。获授权中国国家发明专利 30 余项、美国专利授权 2 项。入选教育部“新世纪优秀人才支持计划”、上海市教委“曙光人才计划”、上海市科委“科技启明星计划（及跟踪）”。

魏飞，清华大学化学工程系教授，绿色反应工程与工艺北京市重点实验室主任。1984 年毕业于石油大学炼制系有机化工专业，1990 年获石油大学有机化工博士学位。中国颗粒学会副理事长，能源颗粒材料专业委员会主任，曾/现任欧美等 5 种化工、材料期刊编辑/国际编委，国际循环流化床、碳纳米管会议主席，在国际学术会议上作邀请或大会报告 100 余次，是 Thomson Reuters（汤森路透）2016 年材料领域国内 45 位高被引科学家之一，也是爱思唯尔化工高被引学者。教育部“长江学者”特聘教授，国家杰出青年科学基金获得者。

主要研究领域为气固多相反应及纳米材料制备，清洁能源化工工艺及其工程化。以流态化中的流动与传递调控为核心，从“多相传递→新型流化设备→工艺”三个层面开展系统研究，提出“相分离分区流化抑制返混”概念及“纳米聚团流态化”概念，创制了浓度与温度场灵活可控的多级流化床、顺重力场流化床及纳米聚团流化床等化工技术与装备新体系，攻克多级流化床内超传递、强返混与级间返混控制难题、反应器放大与工程化关键问题。已成功实现气固下行床催化裂化、纳米聚团床批量生产碳纳米管、高速湍动床甲醇制芳烃、苯胺、氯乙烯、丙烯腈、间苯二腈等 30 套新概念反应器产业化，研究成果获国家科技进步奖二等奖（2002 年、2008 年），中石化科技进步奖一等奖（2001 年、2007 年），教育部自然科学、技术发明奖一等奖（2005 年、2012 年、2015 年）。授权发明专利 205 项（含国外专利 5 项），发表 SCI 论文 583 篇，引用 2.4 万余次，其中 ESI 高被引论文（前 1%）35 篇，单篇最高引用 763 次，h 因子 75。

方向晨，1982 年毕业于华东理工大学，一直在中国石化抚顺石油化工研究院从事石油炼制和催化反应工程技术的研究工作，并于2005年获化学工程博士学位。

在我国炼油工业发展的不同时期，围绕高硫原油加工、汽柴油质量升级及提高加氢装置运行效率等方面，创造性地将催化反应工程知识应用于解决生产中的难点，主持多项创新性炼油加氢新技术开发，为我国加氢行业跨入国际领先行列做出重要贡献。获国家技术发明奖二等奖 2 项、省部级科技进步奖一等奖 10 项。作为第一发明人获授权专利 30 项、国家发明专利金奖 1 项。发表论文 46 篇（第一作者），主编和参与编写加氢技术专著 3 部。培养研究生 33 人。是中国石化突出贡献专家、省优秀专家，获中国化学会 2012 年度化学贡献奖。其主要成就和贡献为：

（1）系统地研究了油品加氢过程中各主要反应的反应机理，建立了相关反应动力学模型，并广泛应用于生产实践。在严格的适当集总原则之上，创造性地构建了在横向上按烃类结构族组成、纵向上按烃类分子大小（沸点）进行集总划分的二维集总反应动力学模型。该模型对各种条件的加氢反应均具有很好的适应性。已被广泛用于为现有生产装置提供技术咨询服务、为新建和改造装置提供设计基础数据，其可靠性和指导作用已被广为认可。

（2）深化集成创新，为含硫原油加工、提高装置运行效率开发引领性加氢技术。开发的加氢裂化——灵活加氢处理技术、劣质蜡油加氢处理部分转化技术、加氢裂化装置扩能改造及产品质量提升应用技术，分获 2000 年、2003 年和 2012 年中国石化科技进步奖一等奖。这些技术整体性能达到国际先进水平，它们的广泛应用改写了国内传统炼油工艺流程。

（3）创新技术开发思路，破解汽柴油质量升级的技术难题。创新性地提出通过将稠环芳烃的加氢反应控制在“开环而不断链”这一步，并通过“烷基转移再脱硫”途径实现超深度加氢脱硫，发明了 MCI-劣质柴油加氢改质技术、含空间位阻的大分子硫化物脱除关键技术及相关催化材料创制，分获 2001 年和 2013 年国家发明奖二等奖（2013 年排名第二）。开发的 FDC 单段两剂多产煤柴油加氢裂化成套技术和 OCT-M 系列汽油选择性加氢脱硫技术，分获 2006 年和 2009 年中国石化科技进步奖一等奖。这些技术不但满足了工业生产的需要，同时赶超国际一流水平，部分技术引领了相关领域的创新。

（4）瞄准国际炼油技术方向，开发前沿炼油技术。未来的炼油技术将向着分子炼油、绿色低碳方向发展。所主导的沸腾床渣油加氢、气液逆流加氢、低能耗加氢裂化新工艺、柴油液相循环加氢、稠环芳烃选择性加氢转化等引领性技术均已取得突破。

王继锋，1988 年毕业于兰州大学化学系，获硕士学位，一直在中国石化抚顺石油化工研究院从事临氢催化领域科学技术研究，现为抚顺石油化工研究院主管催化专业副总工程师，教授级高工、院学委会委员、中国化学会催化委员会委员、中国石化集团公司高级专家。

作为课题负责人主持国家课题 2 项，总公司课题 6 项；参加国家课题 1 项，总公司课题 6 项，为我国加氢行业跨入国际领先行列做出重要贡献。获省部级科技进步奖一等奖 6 项、二等奖 7 项，国家科技进步奖三等奖 1 项。申报专利 120 项，获授权 47 项，发表论文 25 篇。培养研究生 19 人。其主要成就和贡献为：

（1）填补加氢裂化预处理催化剂国产化空白。开发出 3936 加氢裂化预处理催化剂，填补国内空白。3936 催化剂加氢脱氮活性、稳定性均达到当时国内外广泛使用的 HC-K 催化剂水平。在该催化剂研究过程中，解决了一系列关键技术问题，稳定可靠地实现了大规模工业生产。3936 催化剂及其换代和衍生产品已累计生产 1 万多吨，创直接产值近 20 亿元，并相继在镇海、茂名等百余套（次）加氢裂化和加氢处理装置上成功应用。

（2）指导并参与多项催化剂技术开发工作。组织多项催化剂相关技术的研究、放大、生产和应用，解决其中关键性问题。如加氢催化剂器外预硫化安全生产技术；柴油深度脱硫 FH-UDS 系列和渣油加氢系列催化剂的破碎问题；解决加氢异构生产润滑油基础油 WSI 技术催化剂放大问题；调整体相法催化剂的研制路线，使该剂迅速研制成功。

（3）瞄准国际技术前沿方向，开展重大基础课题研究。与复旦大学等高校科研单位合作，开展国家重大基础研究课题“重油催化转化过程导向的功能分子筛材料的创制”。开发原位晶化合成分子筛、纳米组装法制备含 Y、β、MCM-48 和 MCM-41 微、介孔的复合分子筛等基础研究。进行分子模拟研究，如“基于分子模拟技术的 NaY 沸石晶化形貌分析”等。

胡长禄，教授级高工。中国石油天然气股份有限公司石油化工研究院加氢首席专家兼重整与芳烃研究室主任，集团公司高级技术专家，享受国务院政府津贴。

现从事石油加工技术研究，先后承担国家“973”项目课题1项，国家发改委项目1项，重大专项2项。目前，负责中国石油渣油固定床加氢成套技术（S-RHT）工艺研发和茂名工业应用，负责中国石油上流式加氢工艺研究和齐鲁石化工业应用，主持中国石油常压渣油固定床加氢和 WEPEC 工业应用，主持中国石油沸腾床渣油加氢整套技术研发项目，完成5万吨/年工业示范装置工艺包编制；负责中国石油催化汽油加氢技术、柴油加氢催化剂、加氢裂化催化剂和渣油加氢催化剂在中石油的工业应用。先后获得“海南炼化 800 万吨/年炼油技术集成及大型化渣油加氢技术开发”等国家科技进步奖二等奖1项，省部级一等奖2项、二等奖1项，参编《含硫含酸原油加工技术》等专著2部，发表论文近20篇，申请国家发明专利30多项。

刘晨光，教授、博士生导师。1982 年毕业于华东石油学院炼制系化学专业，获理学学士学位；1985 年毕业于华东石油学院北京研究生部应用化学专业，获工学硕士学位；1991 年毕业于石油大学（北京）化工系，获工学博士学位。1985 年起，在中国石油大学从事教学科研工作，1994 年晋升教授，先后担任中国石油大学（华东）化学工程学院院长，工业催化学科带头人，重质油国家重点实验室主任，中国石油天然气集团公司催化重点实验室副主任，中国石油天然气集团公司加氢领域技术专家，还兼任教育部科学技术委员会化学学部委员，教育部高等学校教学指导委员会化学专业委员会委员，山东省化学化工学会常务理事，山东省石油学会理事，山东省自然科学基金委员会委员，《石油学报》编委等学术职务。

长期从事石油化学和催化加氢技术研究，主要学术和技术成果为：

（1）提出了重质油族组成分离和结构分析的新方法，从而深化了对重质油芳香分、胶质和沥青质结构的认识，为重质油的深度转化提供了理论基础，在此方面发表了多篇研究论文，被国内外同行多次引用并写入多部石油化学教材和专著。

（2）研究了劣质重油在分散型催化剂上的加氢裂化反应，对分散型催化剂的催化作用机理和重油各组分的加氢裂化机理提出了新的观点，并由此指导开发出具有独立知识产权的劣质重油悬浮床加氢裂化工艺。

（3）研究了金属硫化物的催化作用机理和加氢脱硫、脱氮和芳烃加氢反应机理，提出了金属硫化物活性相形成的机制，发现金属硫化物活性相纳米粒子适度堆垛有利于提高加氢活性，并由此提出了活性相结构控制的技术。以此为基础研制出了高活性的柴油加氢新型催化剂，该催化剂在 3 套工业装置上成功获得工业应用，产品达到国Ⅴ标准清洁柴油生产的目标。

（4）创新性地提出了负载型金属硫化物催化剂制备的新方法，并由此开发出高活性的硫化型柴油加氢催化剂，打破了国外公司在硫化型加氢催化剂制备技术上的垄断，取得了 3 项国家发明专利，该催化剂成功获得工业应用，产品达到国Ⅴ标准清洁柴油生产的目标。

（5）创新性地提出了介孔 Ni-Mo-W 氧化物制备的新方法，制备出高比表面、大孔容、介孔 Ni-Mo-W 氧化物的技术，并由此开发出超高活性的非负载型柴油加氢催化剂，填补了国内该类型加氢催化剂制备技术的空白，达到了国Ⅴ标准清洁柴油生产技术的要求。

（6）近 10 年来，公开发表研究论文 402 篇，其中 109 篇被 SCI、EI 和 ISTP 收录，获得授权发明专利 18 项，获得省部级科技进步奖一等奖 2 项、二等奖 1 项、三等奖 4 项，公开出版教材 2 部，专著 1 部。

李永旺，研究员、博士生导师。1994年获博士学位，留中国科学院山西煤炭化学研究所工作。1995～1997年赴比利时进行合作研究，1999年作为洪堡学者赴德国合作研究，2000年回所工作。1997年入选中国科学院“百人计划”，2006年度国家杰出青年基金获得者，现任国家能源煤基液体燃料技术研发中心主任、国家煤炭间接液化工程实验室主任、煤转化国家重点实验室副主任、中科合成油技术有限公司总经理。任《燃料化学学报》副主编，《化工学报》、《中国煤化工》和《工业催化》编委，《中国能源》理事，中国国际工程咨询公司煤炭转化能源专家组成员。在国内外学术刊物发表论文550篇，其中国际刊物论文330篇，撰写专著中的6个章节，获得授权专利108项，其中国际PCT专利7项，参与制订国家标准6项，拥有工艺软件版权1项。获周光召奖、国家能源科技进步奖、中央统战部先进个人、全国先进工作者、全国“五一劳动奖章”、新世纪百千万人才工程国家级人选、山西省特级劳动模范、中国科学院杰出科技成就奖、国家技术发明奖二等奖等多项奖项。

以李永旺研究员为带头人的中科合成油技术团队，以敏锐的科研洞察力追踪国际国内的科技前沿发展动态和国家战略需求，紧紧把握住煤基合成油技术发展方向，有效地集合了国内科研和工程技术力量，形成了以80余名研究员、副研究员和博士为核心的，覆盖量子化学、化工催化、动力学、流体力学、化学分析、过程模拟计算以及化工工艺、设备和仪表等领域的技术研发团队，科研和管理人员总数已经达到1000余人，建立起了基础研究—实验室开发—工程开发和设计—装备开发设计以及制造工艺开发—催化剂生产—现场服务和信息反馈等的运行和发展机制，实现技术从研发向产业化转移无缝过渡的新型技术创新体系。

李永旺研究员主持形成的以高温浆态床合成反应器与催化剂为核心技术的成套煤制油工业技术，在内蒙古伊泰集团和山西潞安集团两个16万吨/年示范厂得到长周期工业运行和技术验证（已运行7年以上），在全球单套最大规模的神华宁煤400万吨/年煤制油装置上实现工业应用（2016年），使得我国完全自主掌握了国际领先水平的煤炭间接液化工业技术，奠定了我国煤制油工业发展的技术基础，目前采用该技术正在实施的煤制油项目总规模约1300万吨/年。

刘中民，1964年生，理学博士、研究员、博士生导师、中国工程院院士。现任中国科学院大连化学物理研究所所长，国家能源低碳催化与工程研发中心主任，甲醇制烯烃国家工程实验室主任。中国民主同盟大连市委员会主任委员。

长期从事应用催化研究，作为技术总负责人合作完成了多项创新成果并实现产业化。完成了世界首次甲醇制烯烃（DMTO）技术工业性试验及首次工业化；完成了世界首套10万吨/年煤基乙醇工业示范项目，引领了我国新兴煤制大宗化学品和清洁燃料产业的发展。先后荣获国家技术发明奖一等奖等十余项省部级以上科技奖励，何梁何利基金科学与技术创新奖等多项个人科技奖励，是国家“五一劳动奖章”获得者，新世纪百千万人才工程国家级人选。领导的研究集体获得中国科学院杰出成就奖，甲醇制烯烃国家工程实验室入选国家创新人才推进计划重点领域创新团队。

2006年，作为技术总负责人完成了世界上首次万吨级甲醇制烯烃（DMTO）技术工业性试验，通过了中国石油和化学工业联合会组织的专家鉴定。神华集团采用DMTO技术建设了世界上首个甲醇制烯烃工业示范装置。2011年起进入商业化运营，当年生产聚烯烃产品超过50万吨，实现利润超过10亿元。为进一步保持技术的国际领先地位，刘中民带领团队进行了新一代甲醇制烯烃（DMTO-Ⅱ）技术开发。2010年完成万吨级工业性试验，吨烯烃甲醇消耗又降低10%以上。“煤代油制烯烃技术迈向产业化”获得由两院院士评选的2010年中国十大科技进展。2014年，甲醇制烯烃技术获国家技术发明奖一等奖。2016年，甲醇制烯烃国家工程实验室荣获中国科学院“十二五”突出贡献团队称号。

主持研制成功其他多项具有自主知识产权的新技术并实现产业化，包括：固体酸催化中压丙烯水合制异丙醇技术（已投产两套装置，合计产能8万吨/年），正丁烯与乙酸直接加成生产乙酸仲丁酯技术（已投产一套装置，产能5万吨/年），甲醇制二甲醚技术（已投产两套装置，合计产能30万吨/年），二甲醚羰基化制乙醇技术完成10万吨/年工业化示范装置开车工作。

培养指导研究生60多名，发表论文300多篇，申请专利600多件。任《催化学报》、《能源化学》（英文）、《过程工程学报》编委，比利时Namur大学客座教授，曾任第13、第14届国际分子筛会议（International Zeolite Conference）国际学术委员会委员。多次在国际会议上做邀请报告。2015年荣获何梁何利基金科学与技术创新奖的产业创新奖。

陈耀强，1952 年生，理学博士、二级教授、博士生导师。现任四川大学催化材料研究所所长，《催化学报》编委，《化学研究与应用》编委，中国化学会催化委员会委员，四川省学术和技术带头人，享受国务院政府特殊津贴。中国稀土学会理事，中国稀土学会专家组成员，中国稀土学会催化专业委员会常务委员，中国稀土行业协会专家组专家，中国环保产业协会机动车废气净化专业委员会顾问，中国内燃机学会第八届理事会后处理技术分会委员，中国环境学会大气分会理事，四川省机动车尾气净化工程技术研究中心主任，四川省环境保护环境催化材料工程技术中心主任。

先后从事高分散 Rh 原子簇催化剂的制备、CO 加氢反应、吸附态化学及吸附态动力学、甲烷氧化偶联、甲烷部分氧化制合成气、耐高温高比表面催化材料、高性能稀土储氧材料、汽车尾气净化催化剂、摩托车尾气净化催化剂、SCR 催化剂、DOC、CDPF、天然气催化燃烧等研究。作为项目负责人，主持项目 28 项，其中国家自然科学基金 7 项（1 项为重点项目子项目），“973”子课题 2 项，“863”子课题 3 项，四川省计委重大攻关项目 1 项，省部级基金 8 项，与企业合作项目 8 项。研制成功的天然气催化燃烧炉具有高效节能和环境友好的双重优点，已实现产业化。在机动车尾气净化催化剂方面进行了系统的研究。在汽油车催化剂的关键催化材料稀土储氧材料、耐高温高比表面材料、三效催化剂、密偶催化剂、稀燃和理论空燃比 CNG 催化剂、柴油车的 Cu 分子筛 SCR、Fe 分子筛 SCR、复合分子筛 SCR、DOC 催化剂、CDPF 等实现了产业化。所领导的研究团队是国内覆盖汽油车、摩托车、CNG 车、柴油车和替代燃料车全范围机动车尾气净化催化剂专业研发团队。与四川中自尾气净化有限公司合作，建成高性能稀土储氧材料、耐高温高比表面材料和机动车尾气净化的催化剂三条生产线。已批量向整车厂和主机厂提供多种车型尾气净化催化剂。

发表论文 240 余篇。鉴定成果 4 项，获准国家发明专利 10 项。2013 年获四川省科技进步奖一等奖（排名第一）。培养硕士、博士研究生 103 名。

宗保宁，1963 年生，副总工程师、教授级高级工程师。1981～1985 年在北京大学应用化学专业学习，获学士学位，1985～1991 年在中国石化石油化工科学研究院学习，获博士学位。1991 年至今在中国石化石油化工科学研究院工作（1995～1996 年在德国马普学会做博士后），任研究室主任。

致力于将新催化材料与新反应工程结合实现石油化工过程的技术创新。首次实现了非晶态镍催化剂和磁稳定床反应器的工业应用。开发了己内酰胺、过氧化氢和环己酮绿色生产技术。作为“973”计划项目首席科学家组织产、学、研协同创新，推动了我国绿色化工技术的发展。

发现 Ni 催化剂结构由晶态变为非晶态、加氢活性增加 2～4 倍。但是非晶态合金热稳定性差和比表面积小这两个缺点限制了它在催化反应中的实际应用。加入稀土使晶化温度提高了 160℃；提出采用加入铝、再碱抽铝的造孔方法，使比表面积增加了两个数量级；在国际上首次实现工业生产和应用。结合非晶态镍催化剂的磁性，开展磁稳定床反应器的研究和开发。建立了磁稳定床的操作相图；实现了均匀磁场放大；发明了溶解氢反应工艺。在万吨级工业示范的基础上，已建成 8 套 30 万吨/年的磁稳定床反应器工业装置，在国际上首次实现了磁稳定床反应器的工业应用。

共同开发成功己内酰胺绿色生产技术，包括：钛硅分子筛与浆态床集成用于环己酮氨肟化合成环己酮肟；纯硅分子筛与移动床集成用于环己酮肟气相重排；非晶态合金催化剂与磁稳定床集成用于己内酰胺精制。己内酰胺绿色生产技术在国际上率先实现工业应用，建成国际首套 20 万吨/年工业装置。C 和 N 原子利用率分别由 80%和 60%提高到 90%以上，无副产硫酸铵，投资下降 70%，生产成本下降 50%。2015 年，采用己内酰胺绿色生产技术的产量超过 200 万吨，使我国由主要依赖进口成为世界第一生产大国，全球市场份额超过 40%，迫使当年转让我国技术的国外公司纷纷关停己内酰胺生产装置。

作为第一完成人获 2005 年国家技术发明奖一等奖，授权中国发明专利 240 项、美国发明专利 9 项，近十年发表 SCI 论文 50 篇。先后获得中国青年科学家奖、光华工程科技青年奖、何梁何利科学技术进步奖和侯德榜化工科技成就奖。